Nimtz • Strafrecht für Polizeibeamte • Band 1

Strafrecht für Polizeibeamte

Band 1: Grundlagen und Delikte gegen die Person

von
Dr. Holger Nimtz
Leitender Regierungsdirektor

VERLAG DEUTSCHE POLIZEILITERATUR GMBH
Buchvertrieb

Bibliografische Information der Deutschen Nationalbibliothek

Die Deutsche Nationalbibliothek verzeichnet diese Publikation in der Deutschen Nationalbibliografie; detaillierte bibliografische Daten sind im Internet über http://dnb.d-nb.de abrufbar.

www.VDPolizei.de

5. überarbeitete Auflage 2016

Satz: VDP GMBH Buchvertrieb, Hilden
Druck und Bindung: Griebsch & Rochol Druck, Hamm
Printed in Germany
ISBN 978-3-8011-0782-6

Vorwort

Dieses Buch verfolgt das Ziel, den Bedürfnissen der Polizeistudenten/-schüler nach Systematik, Klarheit und Begrenzung des Stoffes gerecht zu werden, ohne praxisrelevante Bereiche zu ignorieren. Der Lernende soll in die Lage versetzt werden, strafrechtlich relevante Sachverhalte zu erkennen und folgerichtig zu beurteilen. Damit wird die notwendige Basis für das weitere polizeiliche Einschreiten gelegt.

Den Erläuterungen der Straftatbestände sind schematische Darstellungen nebst Definitionen vorangestellt. Dies gewährleistet einen schnellen Überblick für die polizeiliche Praxis und die Prüfungsvorbereitung. Ausgangspunkt der Darstellung ist der Standpunkt der Rechtsprechung. Wesentliche rechtswissenschaftliche Streitstände werden dargestellt, im Übrigen wird auf abweichende Meinungen verwiesen. Die zahlreichen Vertiefungshinweise erleichtern das Selbststudium. Sie dienen auch der wissenschaftlichen Erarbeitung und sind Hilfen für Seminar-/Projekt- und Thesisarbeiten. Die Hinweise zu Übungsfällen und die Kontrollfragen ermöglichen eine stringente Lernkontrolle.

Gelungene Rechtsanwendung erfordert neben Kenntnis der Struktur und Systematik des Rechts in erster Linie Kenntnis des Gesetzes. Daher ist die stetige Kombination dieses Lehrbuches mit dem Gesetzestext für den Lernerfolg unabdingbar.

Der vorliegende Band wird ergänzt durch den Band 2, der Erläuterungen zu den übrigen polizeirelevanten Delikten enthält.

Lob, Kritik und Anregungen werden gerne entgegengenommen!

holger.nimtz@fhoev.nrw.de

Köln, im Mai 2016

Holger Nimtz

Inhaltsübersicht

Abkürzungen/Literatur

A	Auflage
a.A.	andere(r) Ansicht
Abk.	Abkürzung
abl.	ablehnend
Abs.	Absatz
abw.	abweichend
a.F.	alte Fassung
a.l.i.c.	actio libera in causa
Alt.	Alternative
Anl.	Anlage
Aufl.	Auflage
BayObLG	Bayerisches Oberstes Landesgericht
Bd.	Band
BGB	Bürgerliches Gesetzbuch
BGH	Bundesgerichtshof
BGHZ	Entscheidungen des Bundesgerichtshofs in Zivilsachen (zitiert nach Band und Seite)
BGHSt	Entscheidungen des Bundesgerichtshofs in Strafsachen (zitiert nach Band und Seite)
BImSchG	Bundesimmissionsschutzgesetz
BT-Drs	Bundestagsdrucksache
BtMG	Betäubungsmittelgesetz
BVerfG	Bundesverfassungsgericht
BVerfGE	Entscheidungen des Bundesverfassungsgerichts (zitiert nach Band und Seite)
DPolBl	Deutsches Polizeiblatt (zitiert nach Heft und Seite)
EMRK	Europäische Menschenrechtskonvention
FamRZ	Ehe und Familie im privaten und öffentlichen Recht, Zeitschrift für das gesamte Familienrecht (zitiert nach Jahr und Seite)
f./ff.	folgende/fortfolgende
FHöV	Fachhochschule für öffentliche Verwaltung
Fi, Fischer	Fischer, Strafgesetzbuch und Nebengesetze, Kommentar, 63. Auflage, München 2016
FN	Fußnote
FPR	Familie, Partnerschaft, Recht (zitiert nach Jahr und Seite)
GA	Goltdammers Archiv, Archiv für Strafrecht (zitiert nach Jahr und Seite)
Göhler	Gesetz über Ordnungswidrigkeiten, Kommentar, 16. Auflage, München 2012 (zitiert mit Bearbeiter)
GG	Grundgesetz für die Bundesrepublik Deutschland

GS	Großer Senat
HdP	Lisken/Denninger, Handbuch des Polizeirechts, 5. Auflage, München 2012 (zitiert mit Bearbeiter)
HI-Virus	Humanes Immundefizienz-Virus
h.L.	herrschende Lehre
h.M.	herrschende Meinung
JA	Juristische Arbeitsblätter (zitiert nach Jahr und Seite)
Jauerning	Jauerning, Bürgerliches Gesetzbuch, Kommentar, 16. Auflage, München 2015
JGG	Jugendgerichtsgesetz
Joecks	Joecks, Studienkommentar StGB, 11. Auflage, München 2014
JR	Juristische Rundschau (zitiert nach Jahr und Seite)
JURA	Juristische Ausbildung (zitiert nach Jahr und Seite)
JuS	Juristische Schulung, Zeitschrift für Studium und Ausbildung (zitiert nach Jahr und Seite)
JZ	Juristenzeitung (zitiert nach Jahr und Seite)
KJ	Kritische Justiz (zitiert nach Jahr und Seite)
KK	Karlsruher Kommentar zur Strafprozessordnung, 7. Auflage, 2013 (zitiert mit Bearbeiter)
KritV	Kritische Vierteljahresschrift für Gesetzgebung und Rechtswissenschaft (zitiert nach Jahr und Seite)
Kühl	Kühl, Strafrecht Allgemeiner Teil, 7. Auflage, München 2012
KV	Körperverletzung
Lackner/Kühl, La/Kü	Lackner/Kühl, Strafgesetzbuch, Kommentar, 28. Auflage, München 2014
LG	Landgericht
Lit.	Literatur
LK	Leipziger Kommentar, Strafgesetzbuch, 12. Auflage, Berlin 2006
Meyer-Goßner	Meyer-Goßner, Strafprozessordnung, Kommentar, 59. Auflage, München 2016
Maurach AT	Maurach, Strafrecht Allgemeiner Teil, Karlsruhe 1958
MDR	Monatsschrift für deutsches Recht (zitiert nach Jahr und Seite)
NJW	Neue Juristische Wochenschrift (zitiert nach Jahr und Seite)
NK	Neue Kriminalpolitik (zitiert nach Jahr und Seite)
Nr.	Nummer
NRW	Nordrhein-Westfahlen
NStZ	Neue Zeitschrift für Strafrecht (zitiert nach Jahr und Seite)
NStZ-RR	NStZ- Rechtsprechungsreport
OLG	Oberlandesgericht
OWiG	Gesetz über Ordnungswidrigkeiten

Palandt	Palandt, Bürgerliches Gesetzbuch, Kommentar, 75. Auflage, München 2016
Pfeiffer	Pfeiffer, Strafprozessordnung, Kommentar, 5. Auflage, München 2005
PolG	Polizeigesetz
PSP	Polizei – Studium – Praxis (zitiert nach Ausgabe, Jahr und Seite)
RG	Reichsgericht
RGSt	Entscheidungen des Reichsgericht in Strafsachen (zitiert nach Band und Seite)
RiStBV	Richtlinien für das Straf- und Bußgeldverfahren
Rn.	Randnummer(n)
Rspr.	Rechtsprechung
s.	siehe
S.	Satz, Seite
Sch/Sch	Schönke/Schröder, Strafgesetzbuch, Kommentar, 29. Auflage, München 2014 (zitiert mit Bearbeiter)
Schmitt AT	Schmidt, Strafrecht Allgemeiner Teil, 12. Auflage, München 2013
Schmidt/Priebe I	Schmidt/Priebe, Strafrecht – Besonderer Teil I: Straftaten gegen die Person und die Allgemeinheit, 15. Auflage, Grasberg 2016
Schwind	Schwind, Kriminologie, 22. Auflage, Heidelberg 2013
SK	Systematischer Kommentar zum Strafgesetzbuch, Loseblattsammlung (zitiert mit Bearbeiter)
StPO	Strafprozessordnung
stRspr.	ständige Rechtsprechung
str.	streitig
StV	Strafverteidiger (zitiert nach Jahr und Seite)
StVO	Straßenverkehrsordnung
v.	von, vom
vgl.	vergleiche
Vorbem.	Vorbemerkungen
VRS	Verkehrsrechtssammlung, Entscheidungen aus allen Gebieten des Verkehrsrechts (zitiert nach Band (Jahr) und Seite)
W-Beulke	Wessels/Beulke/Satzger, Strafrecht – Allgemeiner Teil, 45. Auflage, Heidelberg 2015
W-Hettinger	Wessels/Hettinger, Strafrecht – Besonderer Teil 1, 39. Auflage, Heidelberg 2015
zust	zustimmend
ZStW	Zeitschrift für die gesamte Strafrechtswissenschaft (zitiert nach Band, Jahr und Seite)

1. Teil

Einführung

1 Strafrecht als Teil der Rechtswissenschaften

1.1 Begriff und Einordnung

1 **Materielles und formelles Strafrecht**

Strafrecht umfasst materielle und formelle Regelungen. Beim materiellen Strafrecht geht es um die Frage, welches Verhalten strafbar ist und welche (Rechts-)folge ein Verstoß gegen Strafrechtsnormen nach sich ziehen kann. Dabei kann Folge der Straftat nach dem dualistischen System einerseits eine Strafe, aber auch eine sogenannte Maßregel der Besserung und Sicherung sein. Das materielle Strafrecht zielt also ab auf die Straftatbestände und die möglichen Folgen von Verstößen.

Strafen sind in die Vergangenheit gerichtete Sanktionen auf begangenes Unrecht. Dazu zählen im Strafrecht gemäß §§ 38 ff. StGB Geld- und Freiheitsstrafen, aber auch das Fahrverbot, § 44 StGB. Maßregeln der Besserung und Sicherung sind dagegen in die Zukunft gerichtete Reaktionen auf tatbestandsmäßiges, nicht zwingend schuldhaftes Verhalten. Hier geht es darum, die Allgemeinheit vor gefährlichen Tätern zu schützen.[1]

2 Das formelle Strafrecht enthält Regelungen, ob und auf welche Weise das rechtstaatliche Strafverfahren betrieben wird. Es dient somit der Verwirklichung des Strafanspruches des Staates, der sich aus dem materiellen Recht ergibt. Mithilfe des formellen Strafrechts wird das materielle Recht im Einzelfall verwirklicht.

Beispiel

T hat in einem Kaufhaus eine CD eingesteckt und damit den Kassenbereich durchquert, ohne die CD zu bezahlen. Als er vom Detektiv darauf angesprochen wird, kommt es zu einem Gerangel. T kann jedoch festgehalten werden. Die herbeigerufenen Polizeibeamten nehmen T vorläufig fest. Im weiteren Verlauf des Verfahrens werden durch Kriminalbeamte Zeugen vernommen, die Staatsanwaltschaft erhebt Anklage gegen T beim zuständigen Amtsgericht. Der Amtsrichter verurteilt T am Ende einer Gerichtsverhandlung zu einer Freiheitsstrafe.

Ob T sich nach rechtlichen Gesichtspunkten eines (räuberischen) Diebstahls (§§ 242, 252 StGB), einer Körperverletzung (§ 223 StGB), eines Hausfriedensbruches (§ 123 StGB) oder/und einer Nötigung (§ 240 StGB) strafbar gemacht hat, ist eine Frage des materiellen Rechts.

Die Regelungen über die vorläufige Festnahme (§ 127 i.V.m. § 112 StPO), Zeugenvernehmung (§ 163 Abs. 3 StPO), Anklageerhebung (§ 170 Abs. 1 StPO) und die Gerichtsverhandlung (§§ 226 ff. StPO) sind Bereiche des formellen Rechts.

Das materielle Strafrecht ist primär im Strafgesetzbuch, das formelle Strafrecht in der Strafprozessordnung niedergelegt. Gegenstand des Strafrechts (im engeren Sinne) ist das materielle Strafrecht.

1 Vgl. zum Rechtsfolgensystem Rn. 28 ff.

Systematisierung 3

Zur Systematisierung des Rechts bestehen verschiedene Modelle. Eine klassische Grobunterteilung orientiert sich an den beteiligten Rechtssubjekten: Privatrecht (= Zivilrecht) und öffentliches Recht. Durch Privatrecht wird das Verhältnis zwischen den Bürgern geregelt, das Öffentliche Recht regelt hingegen das Verhältnis von Bürgern zum Staat bzw. das innerstaatliche Verhältnis. Das Strafrecht regelt einen speziellen Bereich des Bürger-Staatsverhältnisses, nämlich die Durchsetzung des Strafanspruches des Staates. Strafrecht ist damit ein Teil des öffentlichen Rechts. Historisch hat es sich jedoch als eigenständiges Rechtsgebiet entwickelt.

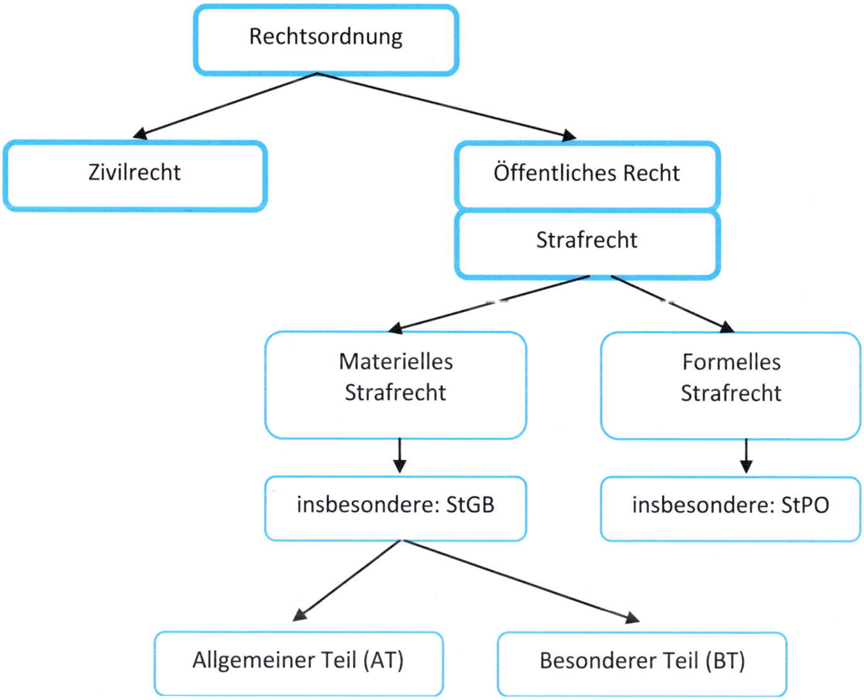

Kriminalwissenschaften 4

Zu den Kriminalwissenschaften zählen alle Disziplinen, die sich primär mit kriminellem Verhalten von Menschen befassen.[2] Zu den nichtjuristischen Kriminalwissenschaften zählen Kriminalistik (Die Lehre von der Technik der Aufklärung von Verbrechen) und Kriminologie (Die Lehre vom Verbrechen). In Abgrenzung zu den nichtjuristischen Kriminalwissenschaften wird Strafrecht auch als juristische Kriminalwissenschaft verstanden. Die allgemeine Einteilung „Kriminalwissenschaften" geht von dem Phänomen Kriminalität aus und grenzt die normativen juristischen Wissenschaften von den empirischen Wissenschaften ab.[3]

2 Vgl. dazu auch Schwind Rn. 11.
3 Erfahrungswissenschaften wie Kriminologie und Kriminalistik.

5 ## 1.2 Strafrechtliche Rechtsquellen

- ***Aufsatz-Literatur**: Satzger JURA 2009, 759 (Der Einfluss der EMRK auf das deutsche Straf- und Strafprozessrecht – Grundlagen und wichtige Einzelprobleme); Walter JuS 2006, 967 (Einführung in das internationale Strafrecht); Dannecker JURA 2006, 95 und 173 (Materielles Strafrecht und EU); Kreß JA 2005, 220 (Strafrecht in der EU vor der Herausforderung durch OK und Terrorismus); Engelhart JURA 2004, 734 (Der Weg zum Völkerstrafgesetzbuch); Hecker, JA 2002 723 (Europäisches Strafrecht als Antwort auf transnationale Kriminalität); Schünemann GA 2002, 501 (Ein Gespenst geht um in Europa); Klip NStZ 2000, 626 (Harmonisierung des Strafrechts in Europa); Eisele JA 2000, 896 (Einführung in das Europäische Strafrecht); Eisele JA 2000, 991 (Europäisches Strafrecht-Systematik des Rechtsgüterschutzes durch die Mitgliedstaaten).*
- ***Leitentscheidungen**: BVerfGE 113, 273 (Europäischer Haftbefehl).*

6 **EMRK**

Die Europäische Menschenrechtskonvention[4] des Europarates vom 4.11.1950 hat in Deutschland den Rang eines Bundesgesetzes. Sie enthält einen Katalog von Grundrechten und Menschenrechten. In strafrechtlicher Hinsicht sind insbesondere verfahrensrechtliche Regelungen wie der Grundsatz „in dubio pro reo" (Art. 2 Abs. 2 EMRK) verankert.[5] Seit 1998 kann jeder Einzelne gegen eine Verletzung seiner Rechte aus der Konvention Beschwerde führen. Materiell rechtliche Regelungen enthält die Menschenrechtskonvention nicht.

7 **Völkerstrafrecht**

Am 1.7.2002 trat das Statut des Internationalen Strafgerichtshofes in Kraft, der Weltstrafgerichtshof als ständiges internationales Strafgericht nahm seine Arbeit in Den Haag auf. 139 Staaten unterzeichneten das Statut von Rom. U.a. USA, China, Israel und Irak lehnten bislang eine Unterzeichnung ab.

Der Strafgerichtshof ist zuständig für die anerkannten Völkerrechtsverbrechen Völkermord, Verbrechen gegen die Menschlichkeit und Kriegsverbrechen. Er kann jedoch nach eigener Prüfung die Verfolgung nur aufnehmen, wenn ein Mitgliedstaat diese nicht oder nicht ernsthaft betreibt. Durch das Völkerstrafgesetzbuch vom 26.6.2006 wurde das Statut in das deutsche Strafrecht integriert, sodass die genannten Verbrechen auch in Deutschland – unabhängig vom Tatort – verfolgt werden können, vgl. § 1 VStGB.

8 **Recht der Europäischen Union**

Soweit transnationales Recht – wie etwa das Recht der Europäischen Gemeinschaft – strafrechtliche Belange regelt, geht es bundesdeutschen Regelungen vor, sobald es vom nationalen Gesetzgeber in nationales Recht umgesetzt ist. Aber die Europäische Union hat selbst bisher keine ausdrückliche Befugnis, Strafgesetze zu erlassen.[6] Jedoch sind seit dem Vertrag von Amsterdam im Jahre 1999 verstärkt Bemühungen um ein europäisches Strafrecht festzustellen. Strafrecht steht mitten in einem „dynamischen Prozess der Europäisierung"[7]. Ein europäisches Strafgesetzbuch – wie es häufig gefordert wird – existiert aber noch nicht.

---

4 Konvention zum Schutz der Menschenrechte und Grundfreiheiten; Konvention Nr. 005 des Europarates.
5 Vgl. dazu Grundprinzipien des Strafrechts Rn. 18 ff.
6 W-Beulke Rn. 77a.
7 W-Beulke Rn. 77b m.w.N.

Strafgesetzbuch 9

Strafrecht ist in erster Linie nationales Recht. Von ganz besonderer Bedeutung im materiellen Strafrecht ist das Strafgesetzbuch. Es gliedert sich in einen Allgemeinen Teil und einen Besonderen Teil. Der Allgemeine Teil enthält Regelungen, die generell für alle Verstöße gegen strafrechtliche Verhaltensregeln gelten. Im Besonderen Teil sind einzelne Verhaltensweisen unter Strafe gestellt, es werden einzelne Delikte beschrieben. Ausgangspunkt der Systematik ist das zu schützende Rechtsgut.

Beispiel
T erstach O, dabei war er erheblich alkoholisiert. Unter welchen rechtlichen Voraussetzungen T wegen Mordes zu bestrafen ist, bestimmt sich nach den Regeln des Besonderen Teils (vgl. §§ 212, 211 StGB). Ob und in welchem Umfang eine Strafmilderung aufgrund der Alkoholisierung in Frage kommt, bestimmt sich nach den Rechtsregeln des Allgemeinen Teils (vgl. §§ 20, 21 StGB).

Das Strafgesetzbuch gilt örtlich grundsätzlich nur in Deutschland, hat aber nach §§ 5 bis 7 StGB internationale Wirkung, wenn

- die Tat durch einen deutschen Staatsangehörigen begangen wurde und dies auch im Tatortland mit Strafe bedroht ist §§ 5, 7 StGB;
- sich die Tat gegen besondere inländische Rechtsgüter richtet, § 5 StGB;
- Deutsche Opfer einer Straftat werden, § 5 StGB;
- es um international geschützte Rechtgüter geht, § 6 StGB.

In diesen Fällen kann auch eine Auslandstat in Deutschland verfolgt werden.

Strafrechtliche Nebengesetze 10

In einer Reihe von Verwaltungsgesetzen sind ebenfalls strafrechtliche Normen enthalten. Sie werden als strafrechtliche Nebengesetze bezeichnet. Darin werden Verstöße gegen die Bestimmungen des Gesetzes als Straftat geahndet. Diese Gesetze können sowohl Bundes- wie auch Landesrecht sein.

Beispiele
§§ 29-29a Betäubungsmittelgesetz (BtMG); § 37 ff. Waffengesetz (WaffG); §§ 21-28 Versammlungsgesetz (VersG); § 21 Straßenverkehrsgesetz (StVG); § 18 Landes-Immissionsschutzgesetz NRW (LImschG/NRW).

Formelles Strafrecht 11

Das formelle Strafrecht ist primär in der Strafprozessordnung geregelt. Darüber hinaus bestehen Regeln über die Zuständigkeiten der Gerichte im Gerichtsverfassungsgesetz (GVG). Für das Strafverfahren gegen Jugendliche (14–18 Jahre) und Heranwachsende (18–21 Jahre) gilt als spezielle Regelung das Jugendgerichtsgesetz (JGG).

Beispiel
Der 23-jährige T und der 17-jährige K begingen zusammen einen Tankstellenüberfall mittels Schusswaffe. Sie machten sich damit strafbar gemäß §§ 249, 250 Abs. 2 Nr. 1, 25 Abs. 2 StGB (materielles Strafrecht). Das Strafverfahren gegen T bestimmt sich nach den Regelungen der Strafprozessordnung, für das Strafverfahren gegen K gilt vorrangig das Jugendgerichtsgesetz (formelles Strafrecht).

Weitere gesetzliche Regelungen über das Strafverfahren finden sich u.a. im Strafvollzugsgesetz (StVollzG), Gesetz über die Entschädigung von Zeugen und Sachverständige (ZuSEG), Bundeszentralregistergesetz (BZRG), Gesetz über die internationale Rechtshilfe in Strafsachen (IRG).

1.3 Funktion des Strafrechts

12 • ***Aufsatz-Literatur***: *Maas NStZ 2015, 305 (Wann darf der Staat strafen?); Hefendehl JA 2011, 401 (Der fragmentarische Charakter des Strafrechts); Kühl JA 2010, 833 (Der Umgang des Strafrechts mit Moral und Sitten); Rönnau JuS 2009, 209 (Der strafrechtliche Rechtsgutsbegriff); Momsen/Rackow JA 2004, 336 (Straftheorien); Maultzsch JURA 2001, 85 (Hegels Rechtsphilosophie als Grundlage systemtheoretischer Strafbegründung); Ambos/Steiner JuS 2001, 9 (Sinn des Strafens auf innerstaatlicher und supranationaler Ebene); Neubacher JURA 2000, 514 (Materieller Verbrechensbegriff und Rechtsgutverletzung- Rechtsgüterlehre Birnbaums und die moderne Strafrechtsschule).*

• ***Leitentscheidungen***: *BVerfGE 45,187 („Lebenslange Freiheitsstrafe“, Urteil vom 21.06.77 , lebenslange Freiheitsstrafe für Mord; zu den Straftheorien); BVerfGE 96, 245 (ultima ratio strafrechtlicher Sanktion).*

13 **Rechtsgüterschutz**

Strafrecht dient dem Rechtsgüterschutz. Als Rechtsgüter bezeichnet man die Lebensgüter, Sozialwerte und rechtlich anerkannten Interessen des Einzelnen oder der Allgemeinheit, die wegen ihrer besonderen Bedeutung für die Gesellschaft Rechtsschutz genießen.[8] Durch den Schutz von Individual- oder Gemeinschaftsgütern sollen gesellschaftliche Grundwerte gesichert und im Konfliktfall verteidigt werden. Sozial schädliche bzw. unerwünschte Verhaltensweisen sollen bekämpft werden. Damit hat das Strafrecht eine gesellschaftliche Ordnungs- und Schutzfunktion.

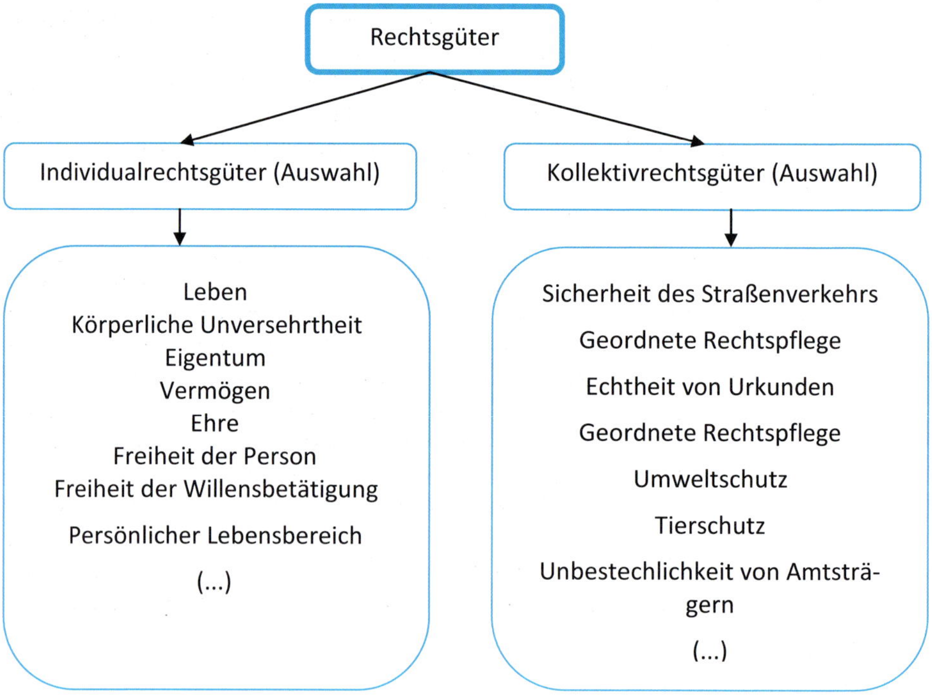

8 W-Beulke Rn. 6.

Der Ordnungszweck hat jedoch fragmentarischen Charakter. Das Strafrecht hat als Ultima Ratio nicht den Zweck, sämtliche unerwünschte Verhaltensweisen zu sanktionieren. Das Bundesverfassungsgericht hat wiederholt festgestellt, dass der Zweck des Strafrechts (lediglich) darin besteht, besonders gefährliches und gemeinschädliches Verhalten zu sanktionieren. [9] Weniger gravierende Rechtsverstöße stellen Verwaltungsunrecht dar und werden als Ordnungswidrigkeiten geahndet. 14

Garantiefunktion 15

Strafrecht dient darüber hinaus jedoch auch dem Schutz der Beschuldigten. Denn nicht nur der Bürger ist gehalten, sich entsprechend der (Straf-) Gesetze konform zu verhalten. Auch der Staat darf nur solche Verhaltensweisen strafrechtlich verfolgen, die gesetzlich normiert sind. Damit dient das Strafrecht nicht nur dem Opferschutz, es ist vielmehr auch die „Magna Carta des Verbrechers".[10]

Strafzweck 16

Nach den sogenannten absoluten (absolutus = losgelöst) Straftheorien ist die Strafe zweckfrei. Nach Immanuel Kant (1724-1804) und Georg Wilhelm Friedrich Hegel (1770-1831) als wichtigste Vertreter der absoluten Straftheorie, liegt der Grund des Strafens allein im Ausgleich des begangenen Unrechts, Strafe ist Vergeltung des Übels mit Übel. [11]

Ganz überwiegend wird der Zweck der Strafe nach den relativen Straftheorien jedoch darin gesehen, eine Wiederholung der Straftat zu verhindern, hier steht also die Prävention im Vordergrund. [12] Dies kann in erster Linie durch die Einwirkung auf den Täter geschehen. Durch die Strafe soll der Täter abgeschreckt werden (negative Individualprävention), es soll ihm Gelegenheit zur Resozialisierung gegeben werden (positive Individualprävention). Durch die Bestrafung des Einzelnen wird jedoch auch mittelbar auf die Allgemeinheit eingewirkt. Denn die Bestrafung Einzelner schreckt auch andere vor Begehung von Straftaten ab (negative Generalprävention), bestätigt das Rechtsbewusstsein und kann der Verarbeitung von Rachegelüsten dienen (positive Generalprävention).

Nach heutiger Auffassung, bestätigt durch das Bundesverfassungsgericht, wird eine Kombination der Zwecke zur Legitimation des Strafens herangezogen: „Das geltende Strafrecht und die Rechtsprechung der deutschen Gerichte folgen weitgehend der sogenannten Vereinigungstheorie, die – allerdings mit verschieden gesetzten Schwerpunkten – versucht, sämtliche Strafzwecke in ein ausgewogenes Verhältnis zueinander zu bringen. Dies hält sich im Rahmen der dem Gesetzgeber von Verfassungs wegen zukommenden Gestaltungsfreiheit, einzelne Strafzwecke anzuerkennen, sie gegeneinander abzuwägen und miteinander abzustimmen. Demgemäß hat das Bundesverfassungsgericht in seiner Rechtsprechung nicht nur den Schuldgrundsatz betont, sondern auch die anderen Strafzwecke anerkannt. Es hat als allgemeine Aufgabe des Strafrechts bezeichnet, die elementaren Werte des Gemeinschaftslebens zu schützen. Schuldausgleich, Prävention, Resozialisierung des Täters, Sühne und Vergeltung für begangenes Unrecht werden als Aspekte einer angemessenen Strafsanktion bezeichnet." [13] 17

9 BVerfGE 96, 245; 45, 187, 253; 45, 272.
10 Von Liszt, Strafrechtliche Aufsätze und Vorträge, 2. Band, Berlin 1905, 80.
11 Vergeltungstheorie; vgl. instruktiv: Informationen zur politischen Bildung, Heft 248, 1999.
12 Namhafte Begründer: Paul Johann Anselm von Feuerbach (1775-1833) und Franz von Liszt (1851-1919).
13 BVerfG Urteil v. 21.6.1977, BvL 14/76.Vgl. auch BVerGE 32, 98 (109).

2 Grundprinzipien des Strafrechts

18 • ***Aufsatz-Literatur***: *Ahlbrecht StV 2016, 257 (Unschuldig schuldig – zur Unschuldsvermutung in der EU); Satzger JURA 2016, 154 (Gesetzlichkeitsprinzip und Rechtfertigungsgründe); Pollähne StV 2015, 784 (Unmittelbarkeit, Unschuldsvermutung und – (anderweitig-)Unverzichtbares – wider den Bedeutungsverlust der Hauptverhandlung –; Schlothauer StV 2015, 668 (Strafverfahren und Öffentlichkeit); Landau NStZ 2011, 537 (Strafrecht nach Lissabon); Trüg StV 2010, 528 (Quo curris, Strafverfahren? – Zum Verhältnis der objektiven Dimension der Beschleunigungsmaxime zur Wahrheitsfindung); Rönnau/Soyka NStZ 2009, 12 (Bestimmtheitsgebot im Fall „Hoyzer"); Tepperwien NStZ 2009, 1 (Beschleunigungsgebot); Pommer JURA 2007, 662 (Legalitätsprinzip); Laue JURA 2005, 89 (Rechtsprechung des EuGH zum strafrechtlichen Beschleunigungsgebot); Satzger Jus 2004, 943 (Internationalisierung des Strafrechts als Herausforderung für den Bestimmtheitsgrundsatz).*

• ***Leitentscheidungen***: *EGMR StV 2016, 1 (Unschultsvermutung nach Freispruch – mit Anm. Stuckenberg); EGMR StV 2011. 325 (Folterverbot im Strafverfahren – Fall Magnus Gäfgen); BGH StV 2010, 57 (Faires Verfahren und Fragerecht); BVerfG NStZ-RR 2009, 138 (zum Verstoß gegen das Analogieverbot bei § 113 Abs. 2 StGB); BVerfGE 20, 323 (zum Schuldprinzip); BVerfGE 90, 145 (zur Strafbarkeit des Konsums von Cannabisprodukten, Verhältnismäßigkeitsgrundsatz im Strafrecht); BVerfGE 105, 135 (Bestimmtheitsgebot gilt auch bei der Strafandrohung, Nichtigkeit des § 43a StGB-Vermögensstrafe);*

2.1 Das Gesetzlichkeitsprinzip Nullum crimen, nulla poena sine lege (kein Verbrechen, keine Strafe ohne Gesetz)

Art. 103 Abs. 2 GG, Art. 7 Abs. 1 EMRK, § 1 StGB:

19 **Inhalt**

Eine Person darf nur bestraft werden, wenn ihr Verhalten einen gesetzlich umschriebenen Tatbestand erfüllt. Dieser in Art. 103 Abs. 2 GG, Art. 7 Abs. 1 EMRK und § 1 StGB normierte Grundsatz dient der Einschränkung staatlicher Willkür. Er ist damit unabdingbarer Bestandteil in einem Rechtsstaat. So wird garantiert, dass der Bürger nicht mit unvorhergesehener Strafverfolgung überzogen wird. Daher spricht man auch von der „Garantiefunktion". Daraus ergibt sich im Wesentlichen die Konsequenz, dass nur tatbestandsmäßiges Handeln strafbar ist (Tatbestandsprinzip).

Weitere Konsequenzen sind der Bestimmtheitsgrundsatz, das Rückwirkungsverbot, das Analogieverbot und das Verbot von strafschärfendem/-begründendem Gewohnheitsrecht.

Bestimmtheitsgrundsatz 20

Nach dem Bestimmtheitsgrundsatz müssen Strafrechtsnormen klar inhaltlich konkretisiert sein. Für den Normadressaten muss klar sein, welche Verhaltensweise unter Strafe gestellt ist. Jeder soll vorhersehen können, welches Verhalten mit welcher Strafe bedroht ist, um sein Verhalten entsprechend einrichten zu können.[14] Die Auslegung von Strafrechtsnormen hat die Grenze im hinreichend bestimmten Wortsinn.

Beispiel
Die Verurteilung wegen bloßer Sitzblockaden mit der Begründung, dies stelle Gewalt im Sinne von § 240 StGB (Nötigung) dar, ist wegen Verstoßes gegen das Bestimmtheitsgebot verfassungswidrig.[15]

Rückwirkungsverbot 21

Strafrechtsnormen gelten ab dem Zeitpunkt der Verkündung im Bundesgesetzblatt. Handlungen, die vor dieser Verkündung erfolgten, dürfen nicht zur Bestrafung führen.

Beispiel
Am 31.3.2007 wurde § 238 StGB zur Bekämpfung des Stalking im Bundesgesetzblatt verkündet. Nachstellungshandlungen eines Stalkers, die vor dem 31.3.2007 erfolgten, dürfen nicht nach § 238 StGB bestraft werden.

Analogieverbot 22

Analoge (= entsprechende) Anwendung von Normen ist insbesondere im Zivilrecht eine übliche juristische Methode. Darunter versteht man die Anwendung einer Rechtnorm auf einen damit nicht geregelten Fall. Voraussetzung dafür ist die Vergleichbarkeit der Interessenlage des nicht geregelten Falles mit derjenigen, die die Regelung schützen will. Strafrechtsnormen dürfen dagegen zu Lasten des Täters nicht entsprechend angewandt werden. Dies würde der Garantiefunktion des Strafrechts zuwiderlaufen. Die Auslegung des Tatbestandes ist nur soweit zulässig, bis die Wortlautgrenze noch nicht überschritten ist. Somit kommt der Auslegung von Straftatbeständen eine ganz besondere Bedeutung zu.

Beispiel
Gemäß § 248b StGB ist der unbefugte Gebrauch eines Fahrrads strafbar. Dies darf auf die unbefugte Ingebrauchnahme eines Kick-Boards nicht übertragen werden, auch wenn die Interessenlage – der Schutz vor unbefugter Gebrauchnahme eines Fortbewegungsmittels – gleich ist. Vom Wortsinn „Fahrrad" ist „Kickboard" nicht erfasst.

Gewohnheitsrecht 23

Unter Gewohnheitsrecht sind nicht kodifizierte Rechtsregeln zu verstehen. Sanktionen des Täters dürfen sich nicht auf gewohnheitsrechtlich anerkannte Rechtsgrundsätze stützen. [16] Daher wurde die gewohnheitsrechtlich anerkannte Rechtsfigur der actio libera in causa (Handlungen oder Unterlassungen, deren Ursache frei gesetzt wurde) zur Bestrafung alkoholisierter Täter durch den Bundesgerichtshof als verfassungswidrig eingestuft. [17]

---

14 BGHSt 23, 171; BGHSt 37, 230.
15 BVerfGE 73, 257.
16 Vgl. BVerfG NJW 86, 1672.
17 BGHSt 41, 235; vgl. dazu im 2. Teil, 2.3 Schuld, Rn. 167 ff.

2.2 Das Schuldprinzip
Nulla poene sine culpa (keine Strafe ohne Schuld)

24 **Überblick**

Das Rechtsstaatsprinzip aus Art. 20 Abs. 3 GG umfasst nicht nur die Rechtssicherheit, sondern auch die materielle Gerechtigkeit. Daraus folgt, dass ein strafrechtlicher Vorwurf immer persönliche Vorwerfbarkeit voraussetzt. Der Täter muss in der Lage gewesen sein, das Unrecht seines Verhaltens zu erkennen und demgemäß zu handeln. Strafrechtliche und strafrechtsähnliche Ahndung einer Tat ohne Schuld des Täters ist rechtsstaatswidrig.[18] Diesem Grundsatz kommt verfassungsrechtlicher Rang zu.

Aus dem Schuldprinzip ergibt sich weiter, dass Tatbestand und Rechtsfolge in einem angemessenen Verhältnis zueinander stehen müssen. Auch die Verhängung einer konkreten Strafe muss sich an der Schuld des Täters orientieren.[19] Daher bestimmt § 46 Abs. 1 StGB: Die Schuld ist Grundlage für die Zumessung der Strafe.

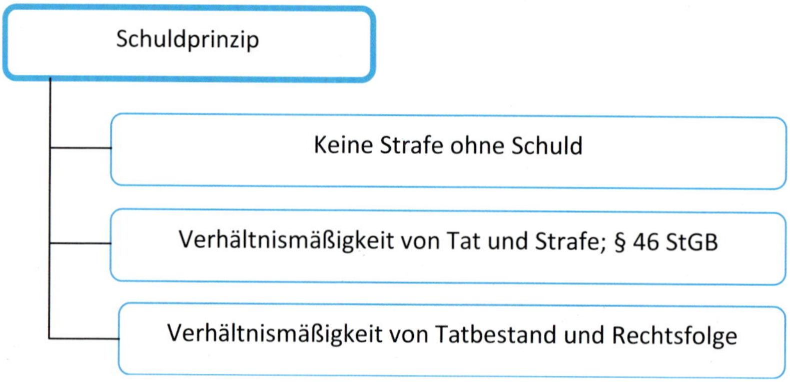

25 **Bemessung der Strafe**

Wenn sich aus dem Schuldprinzip ergibt, dass Tat und Strafe in einem angemessenen Verhältnis stehen müssen, so ist unklar, wie die konkrete Strafe unter dieser Prämisse gefunden werden kann. Nach der herrschenden Spielraumtheorie existiert für die Strafzumessung ein gewisser Spielraum, in dessen Rahmen die Strafe noch schuldangemessen ist. Daraus folgt, dass die Strafe nicht mit dem Argument angegriffen werden kann, sie sei schuldunangemessen, soweit sie sich im Rahmen des Spielraumes befindet. Diesen zu bestimmen, stellt die eigentliche Schwierigkeit dar.[20]

Maßgeblich für die Bestimmung der konkreten Strafe sind insbesondere

- der Schuldvorwurf (was wird dem Täter konkret vorgeworfen?)
- das Vorleben nebst wirtschaftlichen und persönlichen Verhältnissen (welche Delikte hat der Täter bereits zuvor verwirklicht?)
- Verhalten des Täters im Strafverfahren (hat der Täter Unrechtseinsicht, zeigt er Reue?)

18 BVerfGE 20, 323; 90, 145 (185 f.).
19 Vgl. dazu BVerfGE 105, 154.
20 Vgl. dazu BGHSt 29, 320.

2.3 Verfahrensprinzipien

Überblick 26

Zu den Grundsätzen des Strafrechts gehören neben den materiellen Prinzipien insbesondere Verfahrensprinzipien. Denn die Art, wie der Staat mit Beschuldigten umgeht, ist ein Gradmesser für seine Rechtsstaatlichkeit.

Verfahrensgrundsätze ergeben sich direkt aus dem Rechtsstaatsprinzip, dem Grundgesetz, der Menschenrechtskonvention oder der Strafprozessordnung. Die Wesentlichsten sind:

- Unschuldsvermutung, Art. 6 Abs. 2 EMRK
- Beschuldigter muss sich nicht selbst belasten (Nemo-tenetur-Grundsatz)
- In dubio pro reo (Im Zweifel für den Angeklagten)
- Legalitätsprinzip, § 163 Abs. 1 StPO
- Öffentlichkeitsprinzip, § 169 GVG
- Garantie rechtstaatlicher Mindestanforderungen, zu denen insbesondere folgende Rechte gehören:
  - Recht auf faires Verfahren (Art. 6 Abs. 1 EMRK)
  - Recht auf gerichtliches Gehör (Art. 103 Abs. 1 GG)
  - Recht auf unabhängigen, gesetzlichen Richter (Art. 97 GG)
  - Recht auf Verteidigung (Art. 6 Abs. 3c EMRK)
  - Beschleunigungsgebot (Art. 6 Abs. 1 EMRK)[21]
  - Recht auf Dolmetscher (Art. 6 Abs. 3e EMRK)
  - Verbot der Doppelbestrafung (Art. 103 Abs. 3 GG)
  - Folterverbot (Art. 3 EMRK, Art. 104 Abs. 1 S. 2 GG)
  - Recht auf Angehörigenbenachrichtigung bei Festnahme (Art. 104 Abs. 4 GG) Grundbekanntgabe bei Festnahme (Art. 5 Abs. 2 EMRK)
  - Unverzügliche Vorführung vor einen Richter nach Festnahme (Art. 5 Abs. 3 EMRK, Art. 104 GG, § 128 StPO)

21 Vgl. dazu BGH StV 2009,241 (Verstoß gegen Beschleunigungsgebot bei mehrfacher Urteilsaufhebung).

3 Rechtsfolgen der Straftat

3.1 Erwachsenenstrafverfahren

27 • ***Aufsatz-Literatur***: *Exner JURA 2016, 255 (Die Folgen strafbaren Verhaltens für die Fahrerlaubnis); Detter NStZ 2015, 20 und 683 (Zum Maßregelrecht); Walter JA 2015, 87 (Die Maßregel der Unterbringung in einem psychiatrischen Krankenhaus); Kreuzer StV 2011, 122 (Neuordnung der Sicherungsverwahrung: Fragmentarisch und fragwürdig trotz sinnvoller Ansätze); Branneisen StV 2011, 311 (Die elektronische Überwachung des Aufenthaltsortes als neues Instrument der Führungsaufsicht); Bunz JURA 2011, 14 (Eine Einführung in die Grundlagen der Strafzumessung); Müller StV 2010, 207 (Die Sicherungsverwahrung, das Grundgesetz und die Europäische Menschenrechtskonvention); König JA 2009, 809 (Grundwissen zur Zumessung der Geldstrafe); Ullenbruch NStZ 2007, 62 (Nachträgliche Sicherungsverwahrung); Folkers NStZ 2006, 426 (Nachträgliche Sicherungserwahrung); Schneider NStZ 2004, 649 (Beendigung der Unterbringung in einem psychiatrischen Krankenhaus bei „Zweckerreichung").*
• ***Leitentscheidungen***: *Pohlreich NStZ 2011, 560 (Die Rechtsprechung des EGMR zum Vollzug von Straf- und Untersuchungshaft); EGMR StV 2010, 181 (Sicherungsverwahrung ist Strafe i.S.d. Art.7 I EMRK; Vollstreckungsdauer); (BVerfGE 45,187 („Lebenslange Freiheitsstrafe" BVerfG Urteil vom 21.6.77 , Verfassungsmäßigkeit der lebenslangen Freiheitsstrafe für Mord; zu den Straftheorien); BVerfG NJW 2004, 739 („Sicherungsverwahrung", Urteil vom 5.2.2004, Verfassungsmäßigkeit des Wegfalls der Höchstdauer der erstmaligen Sicherungsverwahrung).*
• ***Übungsfälle***: *Wölfel JuS 2005, 633 (Widerruf Strafaussetzung zur Bewährung); Eisenberg JuS 2000, 368 (Umwandlung des Sanktionssystems).*

28 **Überblick**

Im Strafverfahren gegen Erwachsene sieht das Strafgesetzbuch 2 Grundarten vor, auf rechtswidriges Verhalten zu reagieren: repressiv mit Strafe und/oder präventiv mit Maßregeln der Besserung und Sicherung. Zudem kann das Gericht Nebenfolgen anordnen.

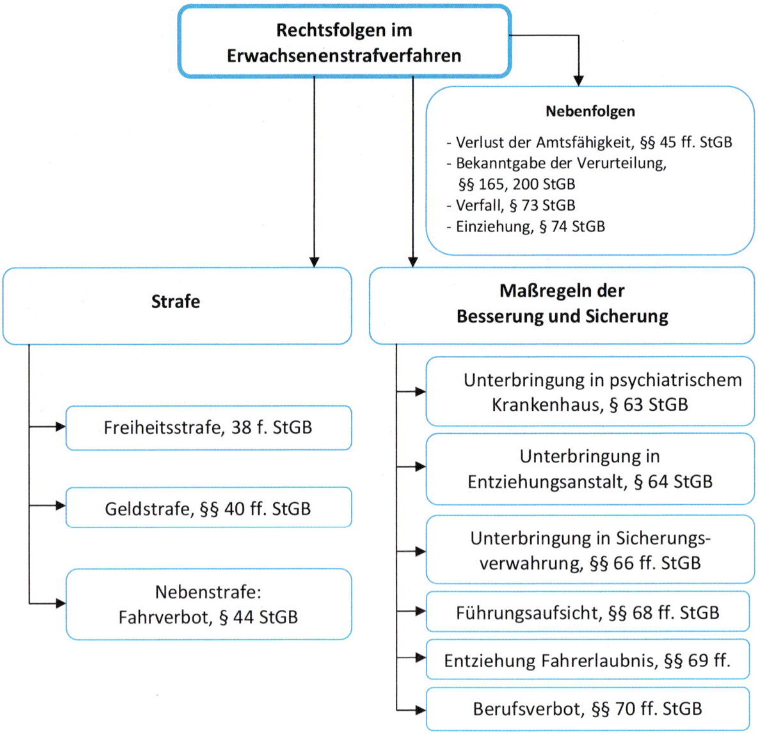

Freiheitsstrafen 29

Das Mindestmaß der zeitigen Freiheitsstrafe beträgt 1 Monat, das Höchstmaß 15 Jahre, § 38 Abs. 2 StGB. Lebenslange Freiheitsstrafe ist entsprechend dem Wortsinn grundsätzlich lebenslang, jedoch muss dem Verurteilten nach BVerfGE 45, 187 die Chance eröffnet werden, die Freiheit wiederzugewinnen. Dies führt zu einer Regelüberprüfung nach 15 Jahren Strafvollzug gemäß § 57a StGB.

Kurze Freiheitsstrafen unter 6 Monaten sollten gemäß § 47 StGB nur in Ausnahmefällen mit besonderer Begründung verhängt werden. Im Normalfall soll an deren Stelle die Geldstrafe treten.

Bewährung 30

Bei zeitigen Freiheitsstrafen von maximal 2 Jahren kann die Strafe zur Bewährung ausgesetzt werden. Grundgedanke ist, dem Täter Gelegenheit zu geben, durch straffreies Leben und Erfüllung von Auflagen und Weisungen nach der Verurteilung von der Strafverbüßung verschont zu werden, um so seine Resozialisierung zu fördern und Schäden durch den Vollzug kurzer Freiheitsstrafen zu vermeiden.[22]

Von der regulären Strafaussetzung zur Bewährung ist der Sonderfall der Aussetzung des Strafrestes nach § 57 StGB zu unterscheiden. Nach dieser Vorschrift kann der einwilligende Häftling nach Verbüßung von zwei Dritteln seiner Strafe entlassen werden, sofern dies unter Berücksichtigung des Sicherheitsinteresses der Allgemeinheit verantwortet werden kann. Diese Regelung hat in der Praxis eine große Bedeutung. Schließlich kann eine verurteilte Person nach § 57 Abs. 2 StGB bereits nach der Verbüßung der Hälfte der Strafe entlassen werden, wenn sie erstmalig eine Freiheitsstrafe von nicht mehr als 2 Jahren verbüßen muss und die Gesamtwürdigung von Tat, Persönlichkeit des Verurteilten und seiner Entwicklung während des Strafvollzugs ergibt, dass besondere Umstände vorliegen, die eine vorzeitige Entlassung rechtfertigen. Dann wird die Vollstreckung des jeweils verbleibenden Strafrestes zur Bewährung ausgesetzt.

Geldstrafen 31

Die Geldstrafe wird in Tagessätzen verhängt. Die Anzahl der Tagessätze beträgt mindestens 5, höchstens 360. Die Höhe eines Tagessatzes wird nach dem Nettoeinkommen pro Tag abzüglich etwaiger Unterhaltsverpflichtungen bestimmt, § 40 StGB. Die Höhe der Unterhaltsverpflichtungen richtet sich nach den einschlägigen familienrechtlichen Tabellen.

> **Beispiel**
> T wird verurteilt wegen Diebstahls zu 40 Tagessätzen. Er verdient Netto 900 € pro Monat, hat keine Unterhaltsverpflichtungen. Die Tagessatzhöhe beträgt 30 €. Die Geldstrafe beträgt 40 x 30 = 1200 €.

Ist die Geldstrafe uneinbringlich, verhängt das Gericht Ersatzfreiheitsstrafe gemäß § 43 StGB. Ein Tagessatz entspricht einem Tag Freiheitsstrafe.

Verwarnung mit Strafvorbehalt 32

Hat der Täter bis zu 180 Tagessätze verwirkt, so kann das Gericht ihn lediglich verwarnen und die Verurteilung zur Strafe vorbehalten. Praktisch handelt es sich um eine „Geldstrafe auf Bewährung" für Fälle geringeren Gewichts.

---

22 Sch/Sch-Stree § 56, Rn. 3.

33 **Maßregeln der Besserung und Sicherung**

Als präventive Reaktionsmöglichkeit auf begangenes Unrecht sieht § 61 StGB einen Katalog von Maßregeln vor. Sie stellen keine Strafe dar, sondern finden ihre Rechtfertigung im Sicherungsbedürfnis der staatlichen Gemeinschaft sowie in deren Verpflichtung, besserungsfähige Täter nach Möglichkeit zur resozialisieren. Sie können daher angeordnet werden, obwohl den Täter keine Schuld trifft. Wurde die Schuld des Täters festgestellt, so kann die Maßregel neben der Strafe festgesetzt werden. Schwierigkeiten bereitet die Prognose zur Gefährlichkeit des Täters.

33a **„Fußfessel"**

Am 1.1.2012 wurde im hessischen Bad Vilbel die „Gemeinsame elektronische Überwachungsstelle der Länder"[23] eröffnet, die bundesweit Träger von sogenannten Fußfesseln überwacht. Die elektronische Aufenthaltsüberwachung wird in Deutschland bislang nur präventiv eingesetzt. Sie kann gemäß § 68b Abs. 1 Nr. 12 StGB als Weisung im Rahmen der Führungsaufsicht gerichtlich angeordnet werden. Voraussetzung ist die vollständige Verbüßung einer Strafe von mindestens drei Jahren oder einer Maßregel, eine Katalogstraftat von § 66 Abs. 3 S. 1 StGB und die Gefahr erneuter Begehung einer solchen Gewalttat. Zielgruppen sind also entlassene gefährliche Gewalt- und Sexualstraftäter. Unzulässig ist aber eine anlassunabhängige, permanente Ortung. Die elektronische Aufenthaltsüberwachung hat 2 Einsatzmöglichkeiten. Ohne aufenthaltsbeschränkende Weisungen soll sie die Selbstkontrolle der verurteilten Person stärken und bei späterem Tatverdacht die nachträgliche Feststellung des Aufenthatsortes ermöglichen. Mit aufenthaltsbeschränkenden Weisungen nach § 68b Abs. 1 S. 1 Nr. 1 und 2 StGB dient sie der Kontrolle des Aufenthaltes und auch dem konkreten Opferschutz durch Meidung eines kriminogenen Umfeldes. Im System können Verbotszonen und -zeiten hinterlegt werden, deren Missachtung automatisch einen Alarm auslöst. Mit Hilfe von GPS kann der Proband von der Zentrale in Bad Vilbel aber jederzeit geortet werden. Der Proband hat sich dann zu melden bzw. wird durch die Überwachungsstelle angerufen. Missachtet er weitere Weisungen, wird die örtliche Polizei eingeschaltet. Verstöße gegen das ordnungsmäßige Tragen und Bedienen des Überwachungsgerätes sowie gegen Aufenhaltsanordnungen stellen als Weisungsverstöße während der Führungsaufsicht Straftaten gemäß § 145a StGB dar.

33b **Nebenstrafe Fahrverbot**

Wird jemand wegen einer Straftat, die er bei oder im Zusammenhang mit dem Führen eine Kraftfahrzeuges oder unter Verletzung der Pflichten eines Kraftfahrzeugführers begangen hat, zu einer Freiheitsstrafe oder einer Geldstrafe verurteilt, so kann ihm das Gericht gemäß § 44 StGB für die Dauer von einem Monat bis zu drei Monaten verbieten, im Straßenverkehr Kraftfahrzeuge jeder oder einer bestimmten Art zu führen. Fahrverbot stellt damit eine Nebenstrafe dar. In der Regel ist ein Fahrverbot anzuordnen bei den Verkehrsstraftaten nach § 315c Abs. 1 Nr. 1 und § 316 StGB. Voraussetzung ist immer ein besonderer Bezug zwischen der Straftat und dem Führen eines Kraftfahrzeuges.

Im Rahmen der Koalitionsverhandlungen zwischen CDU und SPD zur Regierungsbildung 2014 hat die Arbeitsgruppe Inneres und Justiz beschlossen, Fahrverbot als eigenständiges Sanktionsmittel neben Geld- und Freiheitsstrafen auch für Taten ohne Bezug zum Stra-

23 Beteiligt sind alle Bundesländer mit Ausnahme Brandenburgs.

ßenverkehr einzuführen. Der Deutsche Richterbund hat dagegen verfassungsrechtliche Bedenken im Hinblick auf den Gleichheitsgrundsatz. Es benachteilige Straftäter, die keine Fahrerlaubnis besäßen. Sie müssten dann eine Geld- oder Freiheitsstrafe hinnehmen.

Heranwachsende 34

Auf Heranwachsende (18 – 21 Jahre) sind grundsätzlich Erwachsenensanktionen nach dem Strafgesetzbuch anzuwenden. Gemäß § 105 Abs. 1 JGG kann jedoch auch Jugendrecht angewendet werden. In der Praxis wird in der überwiegenden Anzahl der Strafverfahren gegen Heranwachsende Jugendrecht angewandt.[24]

24 Siehe Rn. 35 ff.

3.2 Jugendstrafverfahren

35 • ***Aufsatz-Literatur**: Bung StV 2011, 625 (Internationale und innerstaatliche Perspektiven für ein rationales und humanes Jugendkriminalrecht); Hombrecher JA 2008, 452 (Rechtsfolgen im Jugendstrafverfahren); Hanft JURA 2008, 368 (Ausbildungsrelevante Besonderheiten im Strafverfahren gegen Jugendliche und Heranwachsende); Ogrodowski Kriminalistik 2008, 529 und 583 (Geschlossene Unterbringung von Jugendlichen); Pedal JuS 2008, 414 (Voraussetzungen der Jugendstrafe); Walter/Wilms NStZ 2007, 1 (Jugendstrafe); Kusch NStZ 2006, 65 (Für Abschaffung des Jugendstrafrechts); Ostendorf NStZ 2006, 320 (Gegen Abschaffung des Jugendstrafrechts); Walter/Wilms NStZ 2004, 600 (Kriminalrechtlicher Erziehungsgedanke und elterliches Erziehungsrecht); Keiser Jus 2002, 981 und 1077 (Grundfälle zum Jugendstrafrecht);Mitsch JURA 2002, 242 (Die Anwendbarkeit des Jugendstrafrechts auf Heranwachsende).*

• ***Leitentscheidungen**: BGH NStZ 2004, 294 (zur Anwendung von Jugendrecht auf Heranwachsende)*

• ***Übungsfälle**: Schöch JuS 2005, 348; Arloth JuS 2001, 566.*

36 **Überblick**

Das Jugendstrafverfahren ist geprägt vom Erziehungsgedanken. Die rasante persönliche Entwicklung, die Jugendliche mitmachen, führt nicht selten zu entwicklungsbedingtem Fehlverhalten. Es fehlt noch oft die Verinnerlichung von gesellschaftlichen Werten und Normen. Darauf angemessen zu reagieren ist Ziel des Jugendgerichtsgesetzes. Es enthält ein spezielles Rechtsfolgesystem für Jugendliche.

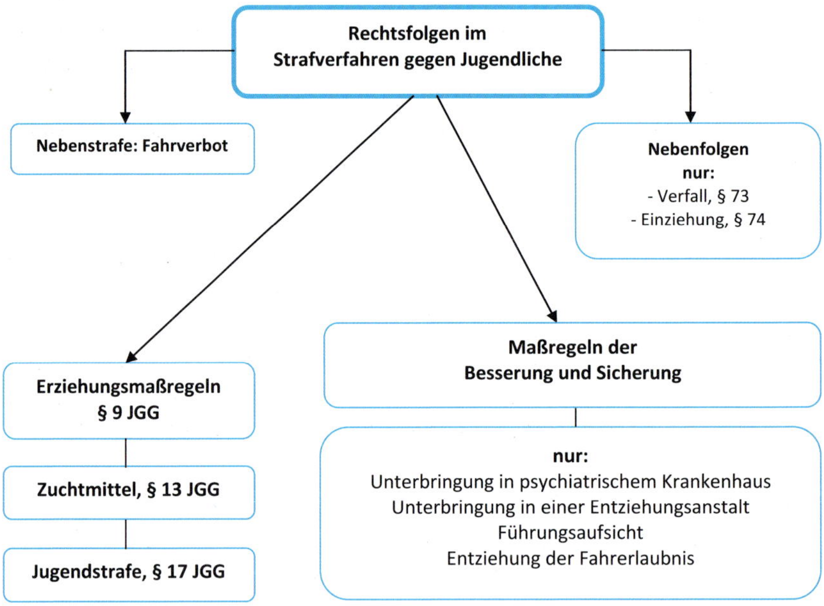

37 **Anwendungsbereich**

Jugendliche sind Personen, die das 14., aber noch nicht das 18. Lebensjahr vollendet haben, § 1 Abs. 2 JGG. Auf Heranwachsende (18-21 Jahre), findet das Jugendgerichtsgesetz ebenfalls, aber eingeschränkt, Anwendung. Bei ihnen sind nach der gesetzlichen Wertung des § 105 StGB grundsätzlich die Sanktionen des Strafgesetzbuches wie bei den übrigen Erwachsenen anzuwenden. Gemäß § 105 Abs. 1 JGG ist bei der Ahndung der Tat Jugendstrafrecht anzuwenden, wenn

- die Gesamtwürdigung der Person unter Berücksichtigung der Umweltbedingungen festgestellt wird, dass der Täter zur Tatzeit nach seiner Entwicklung einem Jugendlichen gleich stand oder
- es sich nach Art, Umständen oder Motiv um eine Jugendverfehlung handelt.

Eine solche Reifeverzögerung ist anzunehmen, wenn der Täter noch prägbar ist und „Entwicklungskräfte noch in größerem Umfang wirksam werden können“[25].

Erziehungsmaßregeln, §§ 9 ff. JGG 38

Erziehungsmaßregeln haben allein den Zweck, erkannte Erziehungsdefizite auszugleichen. Zu diesem Zweck können Weisungen erteilt werden oder kann die Anordnung erfolgen, Hilfe zur Erziehung anzunehmen. Letzteres spielt praktisch keine Rolle. Als Weisung können insbesondere Teilnahme an einem Anti-Aggressionstraining, Betreuungsweisung, oder auch Teilnahme am Verkehrsunterricht angeordnet werden, vgl. § 10 Abs. 1 JGG. Erfüllt der Jugendliche die Weisung nicht, kann gemäß § 11 Abs. 3 JGG Jugendarrest verhängt werden.

Zuchtmittel, §§ 13 f. JGG 39

Gegen die ganz überwiegende Zahl der Jugendlichen und Heranwachsenden werden Zuchtmittel verhängt.[26] Sie enthalten präventive und repressive Aspekte: neben der Erziehung sollen sie dem Täter auch eindringlich das begangene Unrecht vor Augen führen. Sie haben die Funktion eines „Denkzettels“.

§ 13 Abs. 2 JGG unterscheidet die zulässigen Zuchtmittel Verwarnung, Erteilung von Auflagen und Jugendarrest, also kurzzeitigen Freiheitsentzug.

Jugendstrafe, §§ 17 f. JGG 40

Die schärfste Sanktion Jugendstrafe stellt entsprechend ihrem Wortsinn eine echte Strafe im Sinne des Schuldausgleichs dar. Sie darf nur verhängt werden, wenn

- **Schädliche Neigungen** vorliegen
  Dies ist nach der Rechtsprechung zu bejahen, wenn erhebliche Anlage- oder Erziehungsmängel die Gefahr begründen, dass die Gemeinschaftsordnung ohne längere Gesamterziehung durch weitere Straftaten erheblich gestört wird. [27]

  oder
- **Schwere der Schuld** festgestellt wird
  Dies bestimmt sich in erster Linie nach dem Maß der persönlichen Schuld, also nach der Form der Schuld und dem Grad der Schuldfähigkeit.[28]

Die Strafrahmen des allgemeinen Strafrechts gelten nicht. Die Jugendstrafe darf grundsätzlich max. 5 Jahre betragen, wenn die Tat im Erwachsenenstrafrecht mit Höchststrafe von mehr als 10 Jahren angedroht ist, darf sie maximal 10 Jahre betragen.

25 BGH NStZ 2004, 294 (295).
26 Nach Hombrecher JA 2008, 452 ca. 80 % der Jugendlichen und 70 % der Heranwachsenden.
27 BGH NStZ 2002, 89.
28 Vgl. BGHSt 15, 224.

4 Abgrenzung zum Ordnungswidrigkeitenrecht

41 • ***Aufsatz-Literatur***: *Keller Kriminalistik 2009, 311 (Ordnungswidrigkeiten, Ordnungsstörungen und polizeiliches Einschreiten); Pieper Kriminalistik 2009, 381 (Zuständigkeit und Befugnisse der Polizei im Rahmen von Ordnungswidrigkeiten); Mitsch JA 2008, 241 und 409 (Grundzüge des Ordnungswidrigkeitenrechts); Vockeroth DVP 2008, 89 (Die Verwarnung in der Ordnungswidrigkeitenverwaltung in Theorie und Praxis); Achenbach GA 2008, 1 (Ahndung materiell sozialschädlichen Verhaltens durch bloße Geldbuße?).*

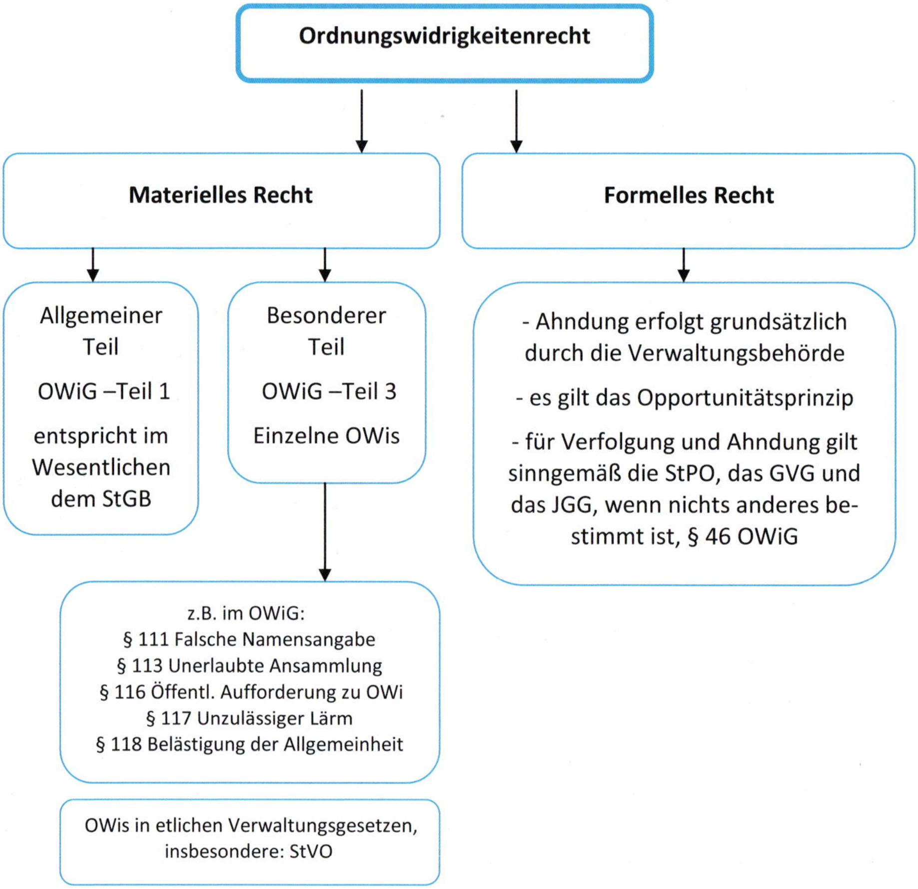

42 **Überblick**

Das Ordnungswidrigkeitenrecht ist ein Teilgebiet des Strafrechts im weiteren Sinne. Es gehört verfassungsrechtlich zum Bereich des Strafrechts, vgl. Art. 74 Abs. 1 Nr. 1 GG – Regelungskompetenz des Bundes. Es hat sich in Deutschland erst nach 1945 entwickelt und ist aus dem Strafrecht entstanden. [29] Durch Ordnungswidrigkeiten soll Ordnungs- und Verwaltungsunrecht bekämpft werden, die Begehung einer Ordnungswidrigkeit stellt kein

29 Mitsch JA 2008, 241; vgl. auch Göhler-Gürtler/Seitz, Einleitung, Rn. 1.

kriminelles Unrecht dar. Damit werden durchgängig Taten mit geringerem Unrechtsgehalt dem Ordnungswidrigkeitenrecht zugeordnet. Zweck der Ahndung ist nicht Sühne, sondern Mahnung.

Eine Ordnungswidrigkeit ist gemäß § 1 Abs. 1 OWiG eine rechtswidrige und vorwerfbare Handlung, die den Tatbestand eines Gesetzes verwirklicht, das die Ahndung mit einer Geldbuße zulässt.

Der Gesetzgeber hat hinsichtlich der Qualifizierung eines Regelverstoßes als Straftat oder Ordnungswidrigkeit einen Ermessensspielraum.[30]

> **Beispiel**
> Vermummung bei öffentlichen Versammlungen ist eine Straftat gemäß § 27 Abs. 2 Nr. 2 VersG. Zuvor stellte dies nur eine Ordnungswidrigkeit dar.

Allgemeine Vorschriften 43

Strukturell wird die Anlehnung des Ordnungswidrigkeitenrechts an das Strafrecht in der Gesetzgebungstechnik deutlich. Das Ordnungswidrigkeitengesetz ist ähnlich gegliedert wie das Strafgesetzbuch. Allgemeine Vorschriften über die Ordnungswidrigkeiten sind in Teil 1 des Ordnungswidrigkeitengesetzes erfasst. Sie entsprechen zum Großteil fast wortgleich den Vorschriften des Strafgesetzbuches. Unterschiede zum Allgemeinen Teil des Strafgesetzbuches bestehen insbesondere in folgenden Bereichen:

- **Begrifflichkeiten hinsichtlich des Handelnden**
  Während im Strafrecht von Verdächtiger, Beschuldigter, Angeschuldigter oder Angeklagter die Rede ist, wird der Handelnde im Ordnungswidrigkeitenrecht durchgängig „Betroffener“ genannt.

- **Vorwerfbarkeit, §§ 11, 12, 165 OWiG**
  Während die Straftat schuldhaft begangen werden muss, spricht man im Ordnungswidrigkeitenrecht auch im Gesetz (vgl. § 1 OWiG) von Vorwerfbarkeit, um den quantitativen Unterschied zum kriminellen Unrecht deutlich hervorzuheben.

- **Versuch, § 13 Abs. 2 OWiG**
  Die Versuchsregelungen entsprechen den Regelungen im StGB. Ordnungswidrigkeiten sind jedoch im Gegensatz zu Verbrechen nur strafbar, wenn dies gesetzlich bestimmt ist. Dies ist allgemein nur selten der Fall.

- **Beteiligung, § 14 OWiG**
  Im Ordnungswidrigkeitenrecht gilt der Einheitstäterbegriff. Eine Unterscheidung zwischen Täterschafts- und Teilnahmeformen findet nicht statt.

- **Rechtsfolgen**
  Das Ordnungswidrigkeitenrecht kennt als Sanktion nur die Geldbuße sowie als Nebenfolge die Einziehung (§§ 22-29 OWiG), das Fahrverbot (§ 25 StVG) sowie den Verfall von Vermögenswerten(§ 29a OWiG) und die Einziehung (§§ 22 ff. OWiG).

30 Theisen, Ordnungswidrigkeitenrecht, Witten 2008, 13.

- **Verjährung**
  Die Verjährungszeit ist deutlich kürzer als im Strafrecht, nämlich grundsätzlich 6 Monate bis 3 Jahre, § 31 Abs. 2 OWiG. Verfolgung von Verkehrsordnungswidrigkeiten verjährt bereits nach 3 Monaten (§ 26 Abs. 3 StVG i.V.m. § 31 Abs. 2, 3 OWiG).

- **Sanktionierung**
  Die Sanktionierung erfolgt mit Strafrecht durch Strafurteil eines Gerichts, bei Ordnungswidrigkeiten durch Bußgeldbescheid der Verwaltungsbehörde.

44 **Tatbestände**

Ordnungswidrigkeiten-Tatbestände sind nur zu einem ganz kleinen Teil im Ordnungswidrigkeitengesetz geregelt. Der weitaus größte Teil findet sich in den Verwaltungsgesetzen, allen voran der Straßenverkehrsordnung als Bundesregelung. Verwaltungsgesetze des Landes enthalten Ordnungswidrigkeitentatbestände für Bereiche, die in die Kompetenz der Länder fallen. Des Weiteren finden sich solche Tatbestände auch in Satzungen der Kommunen. Das Erfordernis der gesetzlichen Bestimmtheit gemäß § 3 OWiG, Art. 103 Abs. 2 GG erfüllen damit Gesetze im formellen und materiellen Sinne. Bei Letzteren (Rechtsverordnungen und Satzungen) muss jedoch die Ordnungswidrigkeit auf ein materielles Gesetz zurückführbar sein.

Beispiele
§ 53 WaffG (Bundesgesetz)
§ 49 StVO (Rechtsverordnung des Bundes)
§ 17 LImSchG/NRW (Landesgesetz)
§ 22 Kölner Straßenordnung (Kommunale Verordnung)

45 **Verfahrensrecht**

Im Gegensatz zum Strafgesetzbuch enthält das Ordnungswidrigkeitengesetz in den §§ 35-110e einen umfangreichen prozessualen Teil.

Im Übrigen gelten gemäß § 46 Abs. 1 OWiG die Vorschriften der Strafprozessordnung sinngemäß. Eingriffsmaßnahmen zur Verfolgung von Ordnungswidrigkeiten sind dementsprechend der Strafprozessordnung zu entnehmen und entsprechen denen der Strafverfolgung. Anstaltsunterbringung, Verhaftung und vorläufige Festnahme, Beschlagnahme von Postsendungen und Telegrammen sowie Auskunftsersuchen über Umstände, die dem Post- und Fernmeldegeheimnis unterliegen, sind jedoch gemäß § 46 Abs. 2 OWiG unzulässig.

46 **Opportunitätsprinzip**

Gemäß § 47 Abs. 1 OWiG liegt die Verfolgung von Ordnungswidrigkeiten im pflichtgemäßen Ermessen der Verfolgungsbehörde. Gemäß § 53 OWiG hat die Polizei nach pflichtgemäßem Ermessen Ordnungswidrigkeiten zu verfolgen. Es gilt – im Gegensatz zu §§ 152 Abs. 2, 160 Abs. 1 StPO zum Strafrecht – nicht das Legalitäts-, sondern das Opportunitätsprinzip. Die Verfolgung hat nach „pflichtgemäßem" Ermessen zu erfolgen, d.h. sie muss sich insbesondere am Gleichheitsgrundsatz gemäß Art. 3 GG orientieren.

Zusammentreffen von Ordnungswidrigkeiten und Straftat 47

Ist eine Handlung gleichzeitig Straftat und Ordnungswidrigkeit, so wird gemäß § 21 Abs. 1 OWiG nur das Strafgesetz angewendet. Wird eine Strafe nicht verhängt, kann die Handlung aber als Ordnungswidrigkeit geahndet werden. Im Strafverfahren ist die Staatsanwaltschaft für die Verfolgung der Tat auch unter dem rechtlichen Gesichtspunkt einer Ordnungswidrigkeit zuständig, soweit ein Gesetz nichts anderes bestimmt, § 40 OWiG.

Beispiel

Der 16-jährige A wird mit einer Blutalkoholkonzentration von 0,6 ‰ auf einem Mofa angetroffen, das durch technische Veränderungen ca. 40 km/h schnell fahren kann. A ist nicht im Besitz einer Fahrerlaubnis.

Durch das Fahren hat sich A gemäß § 21 StVG (Fahren ohne Fahrerlaubnis) strafbar gemacht, zudem beging er eine Ordnungswidrigkeit gemäß § 24a StVG. Wird das Strafverfahren gemäß § 45 JGG von der Staatsanwaltschaft eingestellt, so kann die Ordnungswidrigkeit durch die zuständige Verwaltungsbehörde verfolgt werden.

5 Strafrecht lernen

48 • ***Aufsatz-Literatur**: Lammers JuS 2015, 289 (Lernen im Jurastudium und in der Examensvorbereitung); Linderkamp/Kreke JURA 2015, Heft 1 JURA INFO II-VI (Motivations- und Lerntipps für das Jurastudium – Teil 1); Werdes PSP 4/2013, 43 (Lernstrategien für das Studium); Roeder JuS Magazin 2 2009, 5 (Gedankenbilder für das Verständnis der juristischen Methodik); Weiß Polizei und Wissenschaft 2009, Heft 3, S. 2 (Empirische Studie zum Lernen im polizeiwissenschaftlichen Studium); Wirtz Die Polizei 2006, 37 (Für ein wissenschaftlicher geprägtes Leitbild strafrechtlicher Ausbildung der Polizei); Guhr JURA 2006, 740 (Hinweise zu effektivem Lernen); Edenfeld JURA 2004, 604 (Strukturiertes Lernen und Überzeugen); Schmidt JuS 2003, 551 und 649 (Grundlagen rechtswissenschaftlichen Arbeitens); Edenfeld JA 1996, 843 (Die Struktur – das A und O des Juristischen Lernens); Schapp JURA 2001, 217 (Juristische Methode als Weg zum Verstehen und Anwenden des Rechts); Haft JA 1989, 291 (Juristisches Lernen- Mängel und Verbesserungsmöglichkeiten).*

5.1 Lernziele

49 **Wissenserwerb-Wissensanwendung**

Lernen ist der Erwerb von Kenntnissen und Fertigkeiten. Zur Beurteilung von Umfang und Tiefe der erforderlichen Kenntnisse und Fertigkeiten ist das Lernziel von entscheidender Bedeutung. Bei der curricularen Entwicklung neuerer (Bachelor-) Studiengänge polizeiwissenschaftlichen Inhalts rückt daher die Bedeutung von Lernzielen deutlicher in den Vordergrund.

Der Lernende sollte sich vor Beginn der Erarbeitung neuer Lernbereiche das jeweilige Lernziel klar vor Augen halten. Dies ist der Beginn eines erfolgreichen Lernprozesses, der auch zur erheblichen Zeitersparnis beitragen kann.

Die für Strafrecht erforderlichen Kenntnisse ergeben sich aus den Curricula bzw. den Modulbeschreibungen. Dabei unterscheidet man allgemein die Lernziele Kennen, Verstehen, Anwenden und Beurteilen.

Mit „Kennen" ist die bloße Wiedergabe des Gelernten gemeint. „Verstehen" bedeutet die Verarbeitung und Anordnung des Gelernten. Die Übertragung des Gelernten auf andere Zusammenhänge wird als „Anwenden" bezeichnet. Schließlich sind die kritische Bewertung des Gelernten sowie das Finden neuer Lösungsansätze das „Beurteilen".

Nach den Curricula/Modulbeschreibungen der Fachhochschulen für die Polizeiausbildung sind entscheidende Lernziele im Fach Strafrecht ganz überwiegend das Verstehen und Anwenden. Dies ergibt sich schon aus dem allgemeinen Ziel der Strafrechtslehre für den Polizeiberuf. Die Anwendung des Wissens erfolgt im Strafrecht durch das Beurteilen von Praxisfällen. Daraus folgt, dass von Anfang an nicht nur die Wissensaufnahme stehen darf, sondern auch sehr früh das Lösen von Fällen Bestandteil des strafrechtlichen Lernens sein muss. Deduktion, die Ableitung vom erworbenen strafrechtlichen Wissens (allgemein) zur Einzelfalllösung (speziell) bildet das Fundament strafrechtlichen Arbeitens.

Das strafrechtliche Lernen darf sich aber nicht erschöpfen in bloßem technokratischen Wissenserwerb und entsprechender Wissensanwendung. Auch mit Blick auf die spätere Beruftstätigkeit muss strafrechtliches Lernen von Anfang an über ein rein positivistisches Denken hinausgehen. Die Werte der Grundrechte und die wesentlichen Bestandteile der verfassungsmäßigen Ordnung finden ihren Niederschlag auch und gerade im Strafrecht. Diese Verflechtungen im Rechtssystem sind von vornherein zu beachten und immer mitzuverfolgen.

Strafrechtliches Lernen muss sich daher am Rechtssystem als Ganzem orientieren und geht über die isolierte Beschäftigung mit dem Fachgebiet hinaus. Da unterscheidet sich das Lernen an polizeilichen Fachhochschulen nicht von dem an allgemeinen Hochschulen.

Lernziel ist darüber hinaus auch die kritische Auseinandersetzung mit strafrechtlichen Normen im Hinblick auf verfassungsrechtliche Wertentscheidungen. Dies ist ein Spannungsfeld, welches gerade in der polizeilichen Arbeit besondere Bedeutung hat.

Darauf ergibt sich die Konsequenz, dass strafrechtlicher Wissenserweb auch immer die Frage nach der Ratio einer Norm und dem Zusammenhang im Rechtsgefüge bedeutet.[31]

Dieses gilt es von Anfang an zu beachten, die Gefahr des allzu schematisch-kasuistischen Denkens besteht nicht nur aufgrund der Stofffülle des gesamten Studiums allemal.

Erforderlich sind also das Wissen und Verstehen strafrechtlicher Normen im Verfassungsgefüge sowie die Übertragung des Wissens auf einen konkreten Fall. Neben der Beherrschung der juristischen Technik ist ebenso das Formulieren der Lösung in sachangemessener Sprache Lernziel im Strafrecht.

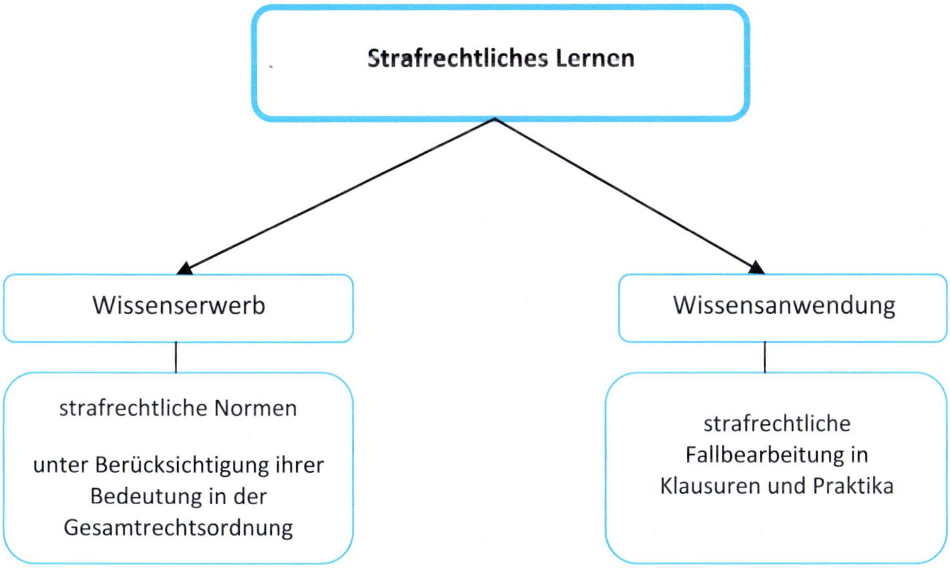

31 Vgl. dazu Wirtz, Die Polizei 2006, 37.

5.2 Lernprozess

50 **Voraussetzungen**

Faktoren für einen erfolgreichen Lernprozess sind günstige äußere und persönliche Bedingungen wie Arbeitsatmosphäre, Arbeitsmittel, Zeitmanagement, Emotionale Situation, Konzentrationsfähigkeit, Motivation, Lerntypus.[32] Aber auch bei optimalen Bedingungen ist die Frage, wie die Lernziele erreicht werden können, damit noch nicht beantwortet. Es bedarf dazu einer geeigneten Lernstruktur.

51 **Erfolgsfaktoren**

Für das Lernen allgemein, aber insbesondere in der Rechtswissenschaft, sind aus lernpsychologischer Sicht die aktive Aufnahme mit anschließender Wiederholung für einen langfristigen Lernerfolg prägend. Entscheidend ist die Wissenskonstruktion durch den Lernenden. Dies ist an drei wesentliche Erfolgsfaktoren festzumachen: Verständnis, Struktur und Wiederholung.

Der Lernstoff muss aktiv mit Verständnis aufgenommen werden, dann in eine Struktur gebracht und schließlich wiederholt werden.

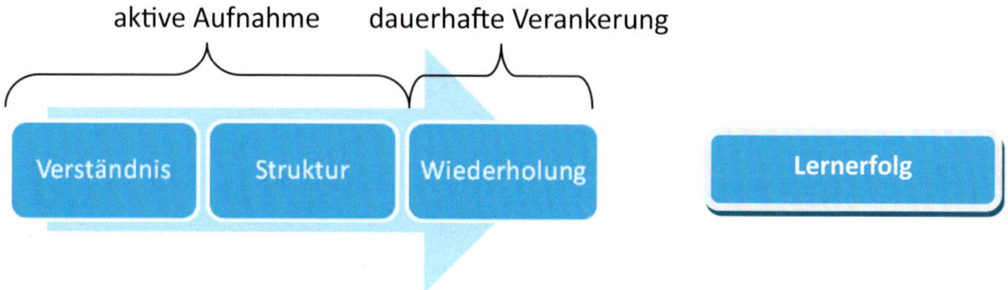

52 **Aktive Aufnahme**

Beständigen Lernerfolg erreicht man nur mit aktiver, ganzheitlicher Aufnahme des Lernstoffes. Die Eigenaktivität spielt beim Lernen eine ganz zentrale Rolle. Wissenserwerb ist nicht nur Folge der passiven Wissensaufnahme, sondern der aktiven Verwebung in das eigene Wissensnetz. Daher darf nicht lediglich analytisch-abstrakt, sondern muss vielmehr auch bildhaft gedacht werden. So werden das Merken erleichtert und viele Wiederholungsrunden entbehrlich. Daher sollte der jeweilige Beispielsfall bewusst durch- und mitgedacht werden. Eigene Beispiele sollten entwickelt und als Normalfall oder als Abweichung von der Norm durchdacht werden. Aktive Aufnahme bedeutet auch eine ständig fragende Haltung einzunehmen, zu bearbeitende Texte individuell zu markieren.

53 **Verstehen**

Wissenserwerb im Strafrecht erfolgt in erster Linie durch Literatur- oder Internetrecherche und durch aktive Beteiligung in den Lehrveranstaltungen. Für einen erfolgreichen

---

32 Vgl. dazu Boeglin, Wissenschaftliches Arbeiten – Schritt für Schritt, Paderborn 2007; Schräder-Naef, Rationeller Lernen lernen, 21. Auflage, Augsburg 2007.

Lernprozess müssen die aufgenommenen Inhalte aber immer tatsächlich verstanden werden. Ein ohne Verständnis auswendig gelernter Inhalt bleibt schlecht im Gedächtnis haften, der Lernaufwand erhöht sich enorm. Ein solch auswendig gelernter Inhalt ist für das Lernziel der Anwendung letztlich nutzlos. Daher ist die Kenntnis von Sinn und Zweck einer Vorschrift immens wichtig. Ebenso ist nicht nur die Lösung des Problems wichtig, sondern auch und gerade die Begründung dazu. Erforderlich ist eine fragende Haltung.

Beispiel
Die Rechtsprechung grenzt Raub und räuberische Erpressung nach dem äußeren Erscheinungsbild der Tat ab: Gibt das Opfer die Beute heraus, soll räuberische Erpressung vorliegen, nimmt der Täter sich die Beute, soll es sich rechtlich um einen Raub handeln. Hier stellt sich zunächst die Frage, warum eine Abgrenzung erforderlich ist. Danach ist zu fragen, wieso gerade das äußere Erscheinungsbild maßgeblich sein soll. Ohne die Klärung dieser Fragen entwickelt sich kein Verständnis. Damit kann dieses Problem nicht auf Falllösungen übertragen werden.

Zur Aufnahme des Lernstoffs werden je nach Lerntyp verschiedene Wege bevorzugt. Manche Lernende können insbesondere durch Lesen neue Inhalte erfassen, andere ziehen als auditive Typen das Hören vor. Bei vielen wird es eine Mischform sein. Aber entscheidend dabei ist, die Aufnahme aktiv zu gestalten: durch Beteiligung in den Lehrveranstaltungen, durch Markieren von Schlüsselworten im Text, durch selbstständiges Erstellen von Übersichten und Skripten.

Eine gute Hilfe ist auch der regelmäßige Austausch mit anderen. Strafrechtliche Diskussionen über den Lernstoff fördern das Verständnis, die Kommunikationsfähigkeit und die Motivation.

Struktur 54

Der Lernstoff muss so früh wie möglich in eine Struktur gebracht werden. Je genauer die Einfügung des neuen Lernstoffes in ein bestehendes Wissensnetz gelingt, desto eher besteht die Chance des Verständnisses und Merkens. Um diese Struktur zu gestalten, bietet sich das Anlegen von Assoziogrammen (Struktur- oder Gedächtniskarten) in der Technik des Mind-Mapping an. Mind-Maps dienen dazu, eine visualisierte Struktur für die Darstellung der Informationen und Gedanken zu einem Thema zu finden und zu konstruieren. Dabei wird auf einem Papier im Querformat der Schlüsselbegriff in die Mitte geschrieben, weitere Unterpunkte zweigen davon ab, von diesen neuen Begriffen zweigen wiederum weitere Begriffe ab, bis eine übersichtliche Struktur entsteht.[33] Das Ganze kann mit verschieden Farben unterlegt oder mit kleinen Symbolen bereichert werden. Mind-Maps eigenen sich besonders, Themen auszuarbeiten, Mitschriften von Lehrveranstaltungen zu fertigen, Gelesenes in Grundzügen festzuhalten sowie Vorträge vorzubereiten. Ebenso kann damit Lernstoff systematisch wiederholt werden. Inzwischen existiert auch geeignete Software, diesen Prozess am PC zu gestalten.

33 Instruktiv Grüning, Garantiert erfolgreich lernen, 2. Auflage, Nördlingen 2009, 58 ff.

Beispiel
Mind-Map für den Lernbereich „Schuld".

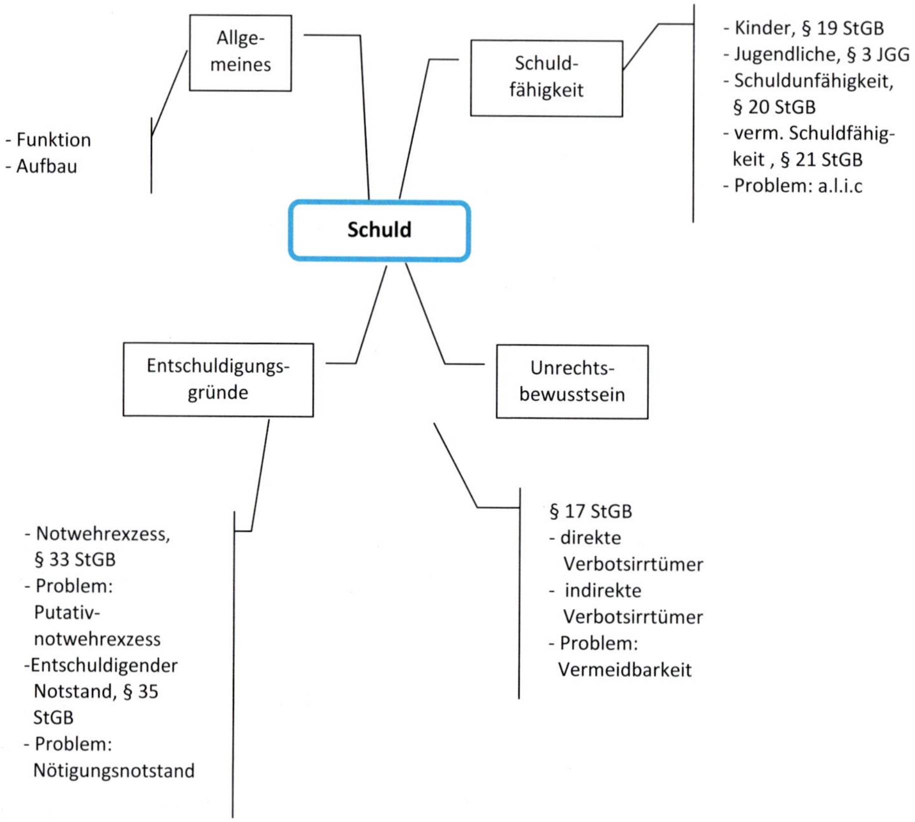

55 Eine Variante des Mind-Mapping ist die 3er-Struktur. Damit können strafrechtliche Inhalte gut strukturiert und wiederholt werden. Dabei nimmt man ein DIN A 4-Blatt quer und fertigt eine Tabelle mit den Spalten „Allgemeines", „Aufbauschemata/Definitionen", „Problembereiche" an. Sobald man einen Lernbereich abgeschlossen hat, bringt man den Lerninhalt in diese Struktur und ist so gut in der Lage, diesen im Gedächtnis zu verankern.

Beispiel
Der Lernbereich „Körperverletzungsdelikte §§ 223, 224 StGB" in der 3er-Struktur.

Allgemeines	Schemata/Definitionen	Problembereiche
Systematik Geschütztes Rechtsgut Sinn der Qualifikation § 224	Aufbau § 223 Aufbau § 224 Def.: • körperliche Misshandlung • Gesundheitsbeschädigung • Waffe • gef. Werkzeug • hinterlistiger Überfall • Gift • gesundheitsgefährlicher Stoff • Leben gefährdende Behandlung • mit anderem Beteiligten gemeinschaftlich	Erheblichkeitsschwelle Ärztlicher Heileingriff Gift und HIV bei § 224 Beteiligter bei § 224 Lebensgefahr bei § 224

Der Schwerpunkt des Lernens sollte dabei auf der ersten und mittleren Säule liegen. Denn die Kenntnis über Einordnung und Struktur der Tatbestände ist der Schlüssel für die Anwendung im Einzelfall.

Dauerhafte Verankerung 56

Lernen ist ein dauerhafter Kampf gegen das Vergessen. Zur Erreichung eines beständigen Lernerfolges ist bereits die ganzheitliche, aktive Aufnahme des Lernstoffes von immenser Wichtigkeit.[34] Um das Wissen beständig auf hohem Niveau zu halten, ist aber auch fortlaufendes Wiederholen unabdingbar. Dafür gibt es verschiedene Methoden, wie etwa das Anlegen einer Wiederholungsmappe[35] oder das Lernkarteisystem.[36]

Nach dem System der Wiederholungsmappe nach Grüning wird eine Mappe mit 12 Fächer angelegt, für jeden Tag (außer Sonntag) 2 Fächer. Der Lernstoff einer Lernperiode sollte übersichtlich in einer Mind-Map festgehalten werden. Bevor nun nach einer Pause mit der neuen Lernperiode begonnen wird, wiederholt man den eben noch gelernten Stoff anhand der Mind-Map und legt diese dann in das Fach 1 des nächsten Tages. An diesem nächsten Tag wird der Lernstoff des Vortages nunmehr das zweite Mal wiederholt, anschließend wird die Mind-Map in das zweite Fach des entsprechenden Tages gelegt. Dieses jeweilige Fach 2 ist für die Wochenwiederholung. Nach einer Woche wird der Stoff das dritte Mal wiederholt. Mit dieser Methode sollen auch aus lernpsychologischer Sicht die optimalen Wiederholungsintervalle gewährleistet sein.[37] Das System bietet sich insbesondere an, um einen Gesamtüberblick über eine komplexe Materie zu verinnerlichen. 57

34 Vgl. Rn. 52.
35 Vgl. Grüning, Garantiert erfolgreich lernen, 2. Auflage, Nördlingen 2009, 147 ff.
36 Vgl. Leitner, So lernt man lernen, Erfstadt 2007, 64 ff.
37 Grüning, Garantiert erfolgreich lernen, 2. Auflage, Nördlingen 2009. 147 ff.

58 Nach dem Lernkarteisystem nach Leitner wird der Lernstoff in Frage und Antwort auf Karteikarten geschrieben, sodann in einen Karteikasten mit 5 Fächern ins Fach 1 gelegt. Dabei ist Fach eins 1 cm, Fach zwei 2 cm, Fach drei 4 cm, Fach vier 8 cm und Fach fünf 16 cm groß. Alle Karten im Fach 1 werden nun durchgegangen. Die richtig beantworteten Karten wandern in Fach 2, die falsch- oder unbeantworteten Karten verbleiben im Fach 1, wo auch neuer Lernstoff auf Karten hinzukommt. Ist Fach 2 voll, geht man diese Karten ebenfalls durch, die richtig beantworteten legt man ins Fach 3, die nicht- oder falschbeantworteten verbleiben im Fach 2. So geht das System weiter bis zum Fach 5.[38]

Dieses System bietet sich insbesondere für das Lernen von Deliktsschemata oder Definitionen an.

5.3 Anwendung

59 **Polizeiliche Praxis**

Gemäß § 163 Abs. 1 StPO ist die Polizei verpflichtet, alle Straftaten zu erforschen und keinen Aufschub gestattende Anordnungen zu treffen, um die Verdunkelung der Sache zu verhüten. Um diesem Legalitätsprinzip gerecht werden zu können, sind strafrechtliche Kenntnisse unabdingbar.

Der Polizeibeamte muss also eine Einsatzlage danach beurteilen, ob ein Ermittlungsverfahren einzuleiten ist und muss ggf. strafprozessuale Maßnahmen treffen. Strafrechtlich relevantes Geschehen ist in einer Strafanzeige festzuhalten. Die Polizei hat den Sachverhalt zu erforschen. Schließlich hat sie gemäß § 163 Abs. 2 StPO ihre Erkenntnisse „ohne Verzug" der Staatsanwaltschaft zu übersenden. In der polizeilichen Praxis geht es also im Hinblick auf Strafrecht in erster Linie um die Beurteilung von Lebenssachverhalten, die schriftliche Fixierung dessen und schließlich die Ermittlung, mit welchen Beweismitteln der Verdacht nachgewiesen oder ausgeräumt werden kann.

60 **Polizeiwissenschaftliches Studium**

Die Anforderungen der Praxis werden in der Ausbildung durch die Fallbearbeitung eingeübt. Dabei wird grundsätzlich der nach der juristischen Methodik übliche Gutachtenstil verlangt. Die Überprüfung der Kenntnisse in Leistungsnachweisen ist durch die Fallbearbeitung geprägt. Daraus ergibt sich, dass zum strafrechtlichen Lernen zwingend das Erlernen von Falllösungen gehört. Wer damit erst kurz vor einer anstehenden Klausur beginnt, beginnt zu spät.

38 Leitner, So lernt man lernen, Erfstadt 2007, 64 ff..

6 Strafrechtliche Fallbearbeitung

- ***Aufsatz-Literatur**: Staake JURA 2011, 177 (Das Ziel der Auslegung); Christensen/Pötters JA 2010, 566 (Methodische Fehler in juristischen Prüfungen); Kretschmer JURA 2010, 468 (Die gestohlene [?] Tageszeitung – eine etwas andere Klausurlösung); Pilniok JuS 2009, 394 (Rechtswissenschaftliches Argumentieren für Studierende in Anfangssemester); Henseler Jura 2009, 554 (Fallbearbeitung im Strafrecht am Beispiel Eigentumsdelikte); Fahl JA 2008, 350 (10 Tipps zum Schreiben von strafrechtlichen Klausuren und Hausarbeiten); Würdinger/Bergmeister JURA 2007, 15 (Analogie und Umkehrschluss); Stiebig JURA 2007, 908 (Einführende Hinweise zur strafrechtlichen Klausurtechnik); Planert Kriminalistik 2007, 491 (Gutachterliche Fallbearbeitung im Strafrecht); Walter JURA 2006, 344 (Juristischer Stil); Möllers JuS 2001, L 65, 81 (Juristischer Stil).* 61

6.1 Darstellungsstile

Gutachtenstil 62

In einem rechtlichen Gutachten werden alle möglichen und nicht ganz fern liegenden Lösungsmöglichkeiten aufgezeigt. So wird das Ergebnis wissenschaftlich erarbeitet. Wissenschaftlich heißt insofern das Vorgehen nach einer bestimmten Methode, der Methode des Gutachtenstils. Beim Gutachtenstil wird zunächst die Ausgangsfrage gestellt, danach definiert man abstrakt, wendet die Definition sodann auf den Einzelfall an und stellt schließlich das Ergebnis fest. Insofern geht man in 4 Schritten vor: Hypothese, Definition, Subsumtion und Konklusion. Daraus folgt, dass maßgeblicher Modus der gebrauchten Verben der Konjunktiv, die Möglichkeitsform ist. Typisch sind „könnte", „müsste", „wäre".

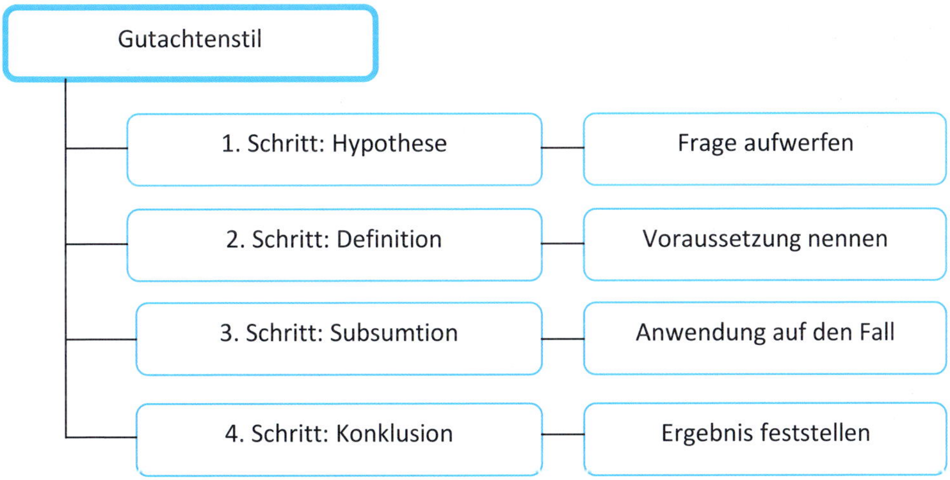

Beispiel 63

Prüfung des Tatbestandsmerkmales „gefährliches Werkzeug" bei § 224 Abs. 1 Nr. 2 StGB:

- **Hypothese**: „Bei der Bierflasche könnte es sich um ein gefährliches Werkzeug im Sinne der Vorschrift handeln."
- **Definition**: „Gefährliche Werkzeuge sind solche, die aufgrund ihrer Beschaffenheit und der konkreten Art der Anwendung geeignet sind, erhebliche Verletzungen beizubringen."
- **Subsumtion**: „A schlug O mit der Flasche auf den Kopf, wodurch O eine Platzwunde an der Augenbraue erlitt."
- **Konklusion**: „Also handelt es sich um ein gefährliches Werkzeug."

64 **Urteilsstil**

Beim Urteilsstil stellt man das Ergebnis vorneweg, um es schließlich zu begründen. In dieser Form werden strafrechtliche Urteile verfasst. Die maßgebliche Form der Verben ist der Indikativ, die Wirklichkeitsform. Typisches Bindewort bei diesem Stil ist „denn".

Beispiel

Prüfung des Tatbestandsmerkmales „gefährliches Werkzeug" bei § 224 Abs. 1 Nr. 2 StGB: „Bei der Bierflasche handelt es sich um ein gefährliches Werkzeug. Denn gefährliche Werkzeuge sind solche, die aufgrund ihrer Beschaffenheit und der konkreten Art der Anwendung geeignet sind, erhebliche Verletzungen beizubringen. A schlug O mit der Flasche auf den Kopf, wodurch O eine Platzwunde an der Augenbraue erlitt."

65 **Stilmischung**

Die strafrechtliche Fallbearbeitung hat grundsätzlich im Gutachtenstil zu erfolgen. Dies kann jedoch nicht durchgängig eingehalten werde, da sonst der Umfang der Darstellung zu groß und die Verständlichkeit leiden würde. Teilweise ist der Urteilsstil zu wählen, teils reichen aber auch Verkürzungen davon in Form der (begründungslosen) Kurzsubsumtion und gar die bloße Feststellung.

Beispiele

„Das Handy, ein beweglichen Sache, könnte für A fremd sein. Dies ist der Fall, wenn ..." (begründungslose Kurzsubsumtion).

„Das Handy ist eine bewegliche Sache, da es als körperlicher Gegenstand fortbewegt werden kann." (Kurzbegründung).

„A handelte rechtswidrig und schuldhaft." (bloße Feststellung).

Die Schwierigkeit in der Fallbearbeitung besteht darin, die richtige Stilmischung zu finden. Dies hängt letztlich vom Studienfortschritt, der zu bewältigenden Aufgabe und der zur Verfügung stehenden Zeit ab. Als Grundregel kann lauten, dass problematische Prüfungen im Gutachtenstil, evidente Gegebenheiten in der bloßen Feststellung abzuhandeln sind.

66 **Problemdarstellung**

Die Anforderungen der Fallbearbeitung erschöpfen sich nicht lediglich in der methodisch korrekte Anwendung des Gesetzes. Vielmehr liegt das Wesen juristischer Betrachtung gerade in der Lösung von Problemfällen. Diese müssen in der Falllösung den Schwerpunkt bilden. Juristisch problematische Konstellationen liegen immer dann vor, wenn der Gesetzestext mehrdeutig, dessen Anwendung unsystematisch ist, oder ein Sachverhalt nicht ohne weiteres unter die gesetzliche Regel subsumiert werden kann. Auch die Ausweitung der Rechtsprechung einzelner Tatbestände bis an die Grenze inhaltlicher Bestimmtheit tut sein Übriges. Oftmals bereitet schon das Erkennen von streitiger Rechtsanwendung Schwierigkeiten. Eine Strategie dagegen ist die Normalfallmethode nach Haft.[39] Dabei muss man sich klar machen, welcher der geregelte Normalfall ist, den der Gesetzgeber bei Schaffung des Gesetzes im Blick hatte. Sodann ist zu klären, ob der gestellte Fall eben diesen Normalfall abbildet. Ist das nicht der Fall, ist der problematische Punkt herauszuarbeiten.

Beispiel

T hetzt im Verlauf eines Streites seinen Hund Rex auf O. O wird von Rex mehrfach gebissen. Strafbarkeit nach § 223 StGB (Körperverletzung)?

---

39 Haft, Einführung in das juristische Lernen, 6. Auflage, Bielefeld 1997.

Der Normalfall der Körperverletzung liegt darin, die körperliche Integrität durch Schläge oder Tritte des Täters zu beeinträchtigen. Durch die Vergleichbarkeit der mittelbaren Verletzungszufügung liegt auch im Beispielsfall eine Strafbarkeit gemäß § 223 StGB vor.

Die Problemdarstellung hat immer im Gutachtenstil zu erfolgen. Einleitende Formulierungen können sein

- „Fraglich ist..."
- „Fraglich ist, wie es sich auswirkt, dass ..."
- „Problematisch könnte sein, dass ..."

Man knüpft also am Problem an und entwickelt sodann die möglichen Lösungswege. Schließlich präsentiert man das Ergebnis.

Beispiel
„Fraglich ist, wie es sich auswirkt, dass ...
Einerseits könnte man dies ..., andererseits könnte man ...
Dabei wird jedoch verkannt, dass ...
Daher sprechen die besseren Gründe für ..."

Eine Problemdarstellung, die lediglich an bestehenden Meinungen anknüpft („Nach Meinung 1 ..., nach Meinung 2 ..."), sollte vermieden werden.

Beispiel 67
Gutachtenstil (gerechtfertigte Körperverletzung): B verletzt N, der gerade A schlagen will.
„B könnte sich durch das Rammen seines rechten Knies in den Unterleib des N gemäß § 223 Abs. 1 Alt. 1 StGB strafbar gemacht haben."

I. Tatbestand

Dann müsste B den N körperlich misshandelt haben.
Unter körperlicher Misshandlung wird jede üble, unangemessene Behandlung verstanden, die das körperliche Wohlbefinden oder die körperliche Unversehrtheit nicht nur unerheblich beeinträchtigt.

Die durch das Rammen des Knies erlittenen Schmerzen im Unterleib beeinträchtigen den N sowohl in seiner körperlichen Unversehrtheit als auch in seinem körperlichen Wohlbefinden in nicht unerheblichem Maße. Eine körperliche Misshandlung i.S.d. § 223 Abs. 1 Alt. 1 StGB liegt deshalb vor. Der objektive Tatbestand ist erfüllt.

In subjektiver Hinsicht muss B vorsätzlich gehandelt haben.

Vorsatz ist der Wille der Verwirklichung des Straftatbestandes in Kenntnis aller seiner objektiven Tatumstände.

B wusste genau, was er tat, und wollte N auch verletzen, er hat den Erfolg seines Handelns wissentlich herbeigeführt. Er handelte deshalb vorsätzlich.

Der subjektive Tatbestand ist erfüllt. B handelte tatbestandsmäßig.

II. Rechtswidrigkeit

B konnte gemäß § 32 StGB aus Notwehr gehandelt haben.
Notwehr ist nach § 32 StGB die Verteidigung, die erforderlich ist, einen gegenwärtigen rechtswidrigen Angriff von sich oder einem anderen abzuwenden.

Demnach müsste zunächst ein rechtswidriger, gegenwärtiger Angriff vorliegen.

Unter einem Angriff versteht man die Bedrohung von Rechtsgütern durch menschliches Verhalten. Ein Angriff ist dann gegenwärtig, wenn er unmittelbar bevorsteht, gerade stattfindet oder noch fortdauert.

In Anbetracht der Tatsache, dass N zu einem Schlag gegen den Kopf des A mit einem Bierkrug ausholt, liegt hier ein gegenwärtiger Angriff vor, der sich gegen das Rechtsgut des A, nämlich auf Leib und Leben, richtet.

Das Verhalten des N müsste überdies eine erforderliche und gebotene Verteidigungshandlung darstellen. Die Verteidigungshandlung ist erforderlich, wenn es kein milderes Mittel gibt, den Angriff abzuwehren. Geboten ist die Verteidigung, die sich nicht als Rechtsmissbrauch darstellt.

In Anbetracht des heftigen Angriffs durch N stand B kein anderes, ebenso geeignetes Mittel zur Abwehr zur Verfügung. Es sind zudem keine Anhaltspunkte dafür vorhanden, das Verhalten des B als rechtsmissbräuchlich zu erachten. Die objektiven Rechtfertigungsvoraussetzungen der Notwehr in Form der Nothilfe sind gegeben.

Der Täter muss auch in Kenntnis der Notwehrlage und mit Verteidigungswillen gehandelt haben. Aufgrund der Tatsache, dass B gewollt einen Angriff des N gegenüber dem A abgewehrt hat, ist der Verteidigungswille gegeben.

B handelte daher nicht rechtswidrig.

III. Ergebnis

B hat sich nicht nach § 223 Abs. 1 Alt. 1 StGB strafbar gemacht.

68 **Erkennen von Schwerpunkten**

Die Normalfallmethode erleichtert nicht nur das Ermitteln von juristischen Problemfällen, sondern damit auch das Erkennen von Schwerpunkten der gesamten Falllösung.

Beispiel
T schlägt O nieder, weil dieser vor einer halben Stunde auf dem Spielplatz T´s Kind beleidigt hat. Hier liegt tatbestandsmäßig eine Körperverletzung durch T gemäß § 223 StGB vor. Es könnten überdies die Notwehrregeln einschlägig sein. Im Normalfall der Notwehr reagiert der Angegriffene sofort auf Angriffe gegen seine Person. Hier weicht der Fall dahingehend ab, dass (1.) nicht T selbst angegriffen wurde, (2.) der Angriff nicht auf die körperliche Integrität abzielte und (3.) dass der Angriff bereits einige Zeit später erfolgte. Darauf wird in der Falllösung besonders einzugehen sein.

6.2 Methodik der Fallbearbeitung

4-Schritt-Methode 69

Bei der Bearbeitung eines strafrechtlichen Falles benötigt man die Kenntnisse des Rechts, das Vermögen, juristisch zu denken sowie die Fähigkeit zur richtigen Entscheidung von Interessen- und Wertkonflikten.[40] Um diese Fähigkeiten unter Beweis zu stellen, bedarf es einer professionellen Vorgehensweise. Nur mit systematischem Vorgehen ist eine besondere Güte in kürzester Zeit möglich. Dazu bietet sich ein Vorgehen im 4er-Schritt an: Sachverhalt erfassen, Grobprüfung, Feinprüfung und Reinschrift. Dies muss kontinuierlich geübt werden, um es in der Praxis oder im Klausurfall präsent zu haben.

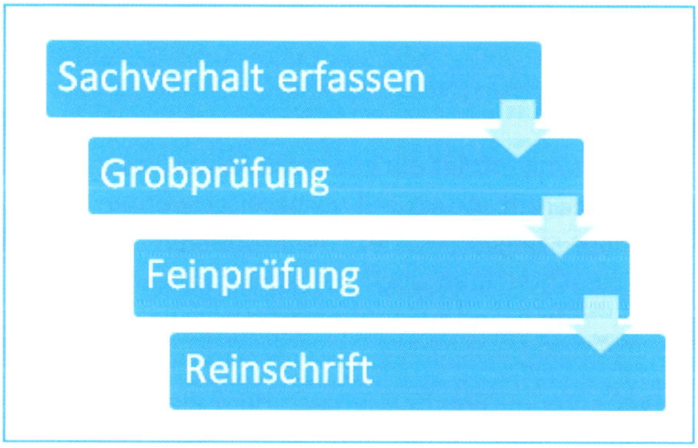

1. Schritt: Sachverhalt erfassen 70

Besondere Sorgfalt ist bei der Erfassung des Sachverhalts notwendig. Dabei kann der Aufgabentext direkt farblich markiert werden. Bei komplexeren Geschehnissen ist eine Skizze hilfreich, bei der die Personen und deren Beziehungen untereinander dargestellt werden. Man „malt den Fall". Es ist darauf zu achten, dass der Sachverhalt nicht verändert wird, dies wird als schwerer Fehler gewertet. Auch Sachverhaltsunterstellungen sind unzulässig.

Die Sachverhaltserfassung hat unter Beachtung der Aufgabenstellung nebst Bearbeitungshinweisen zu erfolgen, die sorgfältig am Anfang zu lesen sind. Die spätere Lösung hat sich strikt an der Fallfrage zu orientieren. Alle darüber hinaus gehende Erörterungen sind überflüssig und damit ist das erstellte Gutachten fehlerbehaftet.

2. Schritt: Grobprüfung 71

Bei der Grobprüfung ist als Erstes eine Struktur durch Bildung von Handlungsabschnitten festzulegen, handelnde Personen sind darunter einzuordnen. Die Handlungsabschnitte sind grundsätzlich chronologisch abzuarbeiten. Diese Grobstruktur ist auf einem gesonderten Blatt niederzuschreiben. Es schließt sich dann das Herausfiltern von möglicherweise strafrechtlich relevantem Verhalten an. Erst danach erfolgt die Zuweisung zu etwaigen Delikten. In diesem Bearbeitungsstadium sollten alle Delikte notiert werden, die nicht ganz fernliegend in Betracht kommen könnten. Die Inhaltsübersicht des Strafgesetzbu-

40 Kaufmann JuS 1961, 14.

ches kann dazu zur Hilfe genommen werden. Schon jetzt sollte man erkannte rechtliche Problem- oder Schwerpunkte besonders kennzeichnen.[41]

Beispiel

2. Schritt Grobprüfung:

Das Geschehen vor dem Haus (Struktur: Handlungsabschnitte bilden)

I. Strafbarkeit von A

B schlagen	→	§§ 223, 224 I Nr. 5, 227 StGB **P**: Unmittelbarkeitszusammenhang?
Aufforderung an C, B festzuhalten	→	§§ 223, 26 StGB
Uhr mitnehmen	→	§§ 242, 246 **P**: B schon tot/Vorsatz?

72 **3. Schritt: Feinprüfung**

Im Anschluss an die Grobprüfung erfolgt die genauere Feinprüfung. Auf einem gesonderten Blatt sollte nun die Reinschrift strukturell vorbereitet werden. Dazu bestimmt man die Reihenfolge der Deliktsprüfungen, skizziert die Prüfungen und legt die Darstellungsschwerpunkte fest. Jetzt beachtet man auch die Konkurrenzen: Delikte, die erkennbar durch andere konsumiert werden, sind zu identifizieren und in der Reinschrift letztlich nur zu erwähnen.

Abschließend sind die gefundenen Ergebnisse nach dem eigenen Rechtsgefühl zu kontrollieren. Das Rechtsgefühl ist ein zuverlässigerer Kompass als alle juristischen Anstrengungen.[42] Widerspricht ein Ergebnis dem eigenen Rechtsgefühl, ist es nochmal kritisch zu hinterfragen und ggf. zu ändern.

73 **4. Schritt: Reinschrift**

Mit der Vorlage der Feinprüfung erfolgt die Reinschrift. Dabei ist schon äußerlich auf einen ausreichenden Rand, eine klare Struktur, ein ordentliches Schriftbild und die Rechtschreibregeln zu achten. Absätze kennzeichnen neue Gedankengänge. Das Schreiben eines strafrechtlichen Gutachtens ist kein linearer Vorgang: Die geeignete Stilmischung mit inhaltlich richtiger Schwerpunktsetzung macht den Unterschied.

41 Zum Erkennen von Problemfällen nach der Normalfallmethode siehe Rn. 66.
42 Haft, Strafrecht Allgemeiner Teil, 9. Auflage, München 2004, 290.

Lernkontrolle „Einführung“

1	Erläutern Sie den Unterschied zwischen formellem und materiellem Strafrecht.
2	Erläutern Sie den Unterschied zwischen dem Allgemeinen und dem Besonderen Teil des Strafgesetzbuches.
3	Was versteht man unter „strafrechtlichen Nebengesetzen“?
4	Erläutern Sie den Unterschied zwischen den absoluten und den relativen Straftheorien.
5	Was versteht man unter General- und Spezialprävention?
6	Nennen Sie die gesetzlichen Grundlagen und Elemente des Gesetzlichkeitsprinzips.
7	Was versteht man unter „Bestimmtheitsgrundsatz“ im Strafrecht?
8	Nennen Sie die Rechtsfolgen im Erwachsenen- und im Jugendstrafrecht.
9	Nennen Sie die wesentlichen Unterschiede zwischen Straf- und Ordnungswidrigkeitenrecht.
10	Nennen und erläutern Sie die 4 Schritte des Gutachtenstils und die 4 Schritte der Fallbearbeitung.

2. Teil

Die Straftat

1 Einteilung strafbaren Verhaltens

74 **Überblick**

Zur Deliktssystematisierung gibt es unterschiedliche Anknüpfungspunkte. Im Wesentlichen kann an das Verhalten des Täters, an seiner Vorstellung, an die unter Strafe gestellte Handlung oder an der angedrohten Strafe angeknüpft werden.

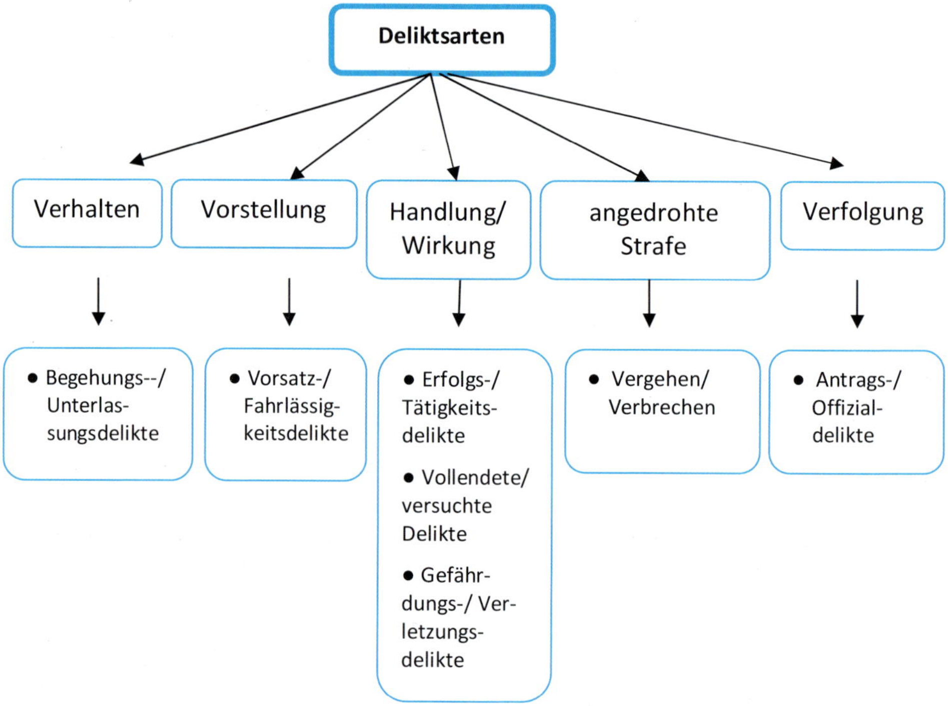

75 **Begehungs-/Unterlassungsdelikte**

Ganz überwiegend wird durch Strafgesetze aktives Tun pönalisiert (= Begehungsdelikte). Vereinzelt ist auch explizit ein Nichtstun unter Strafe gestellt (echtes Unterlassungsdelikt). Hat der Täter jedoch rechtlich dafür einzustehen, dass ein strafrechtlicher Erfolg nicht eintritt, kann er gemäß § 13 StGB wegen bloßem Unterlassen auch im Hinblick auf ein Delikt bestraft werden, das nach dem Wortlaut nur durch Tun erfüllt werden kann (unechtes Unterlassungsdelikt).

Beispiele

§ 223 StGB, Körperverletzung, kann grundsätzlich nur durch eine Handlung des Täters begangen werden (= Begehungsdelikt). Bei § 323c StGB, Unterlassene Hilfeleistung, ist ein Unterlassen unter Strafe gestellt (= echtes Unterlassungsdelikt). Hilft der Ehemann seiner Ehefrau trotz Verletzungen nicht und erleidet sie dadurch weitere Gesundheitsschäden, kann sich der Ehemann der Körperverletzung durch Unterlassen strafbar machen, §§ 223, 13 StGB (unechtes Unterlassungsdelikt).

Vorsatz-/Fahrlässigkeitsdelikte 76

Ein strafrechtlicher Vorwurf kann grundsätzlich nur erhoben werden, wenn der Täter bewusst und gewollt einen gesetzlichen Tatbestand erfüllt, vgl. § 15 StGB: Strafbar ist nur vorsätzliche Handeln, wenn nicht das Gesetz fahrlässiges Handeln ausdrücklich mit Strafe bedroht. Fahrlässigkeit liegt vor, wenn der Täter vorwerfbar die Sorgfalt außer Acht lässt, zu der er nach den Umständen verpflichtet ist. Kern des Fahrlässigkeitsvorwurfes ist demnach der Sorgfaltspflichtverstoß. Die in der Praxis wichtigsten Fahrlässigkeitsdelikte sind fahrlässige Körperverletzung (§ 229 StGB), fahrlässige Tötung (§ 222 StGB), fahrlässige Trunkenheit im Verkehr (§ 316 Abs. 2 StGB), fahrlässiger gefährlicher Eingriff in den Straßenverkehr (§ 316 Abs. 4 und 5 StGB), fahrlässige Brandstiftung (§ 306 StGB).

Erfolgs-/Tätigkeitsdelikte 77

Mit Strafrechtsnormen werden zum einen die Erzielung eines bestimmten – negativen – Erfolges unter Strafe gestellt (Erfolgsdelikte), zum anderen aber auch schlicht unerwünschte Handlungen.

> **Beispiele**
> Durch § 212 StGB wird unter Strafe gestellt, dass man den Tod eines anderen Menschen vorsätzlich herbeigeführt hat (Erfolgsdelikt). Mit § 316 StGB wird das Fahren unter erheblichem Alkoholeinfluss unter Strafe gestellt (Tätigkeitsdelikt).

Kupierte Erfolgsdelikte sind solche, bei denen der Erfolg nicht tatsächlich eingetreten ist, dieser aber vom Täter angestrebt werden muss.

> **Beispiel**
> Bei § 242 StGB (Diebstahl) ist die Zueignung der weggenommenen Sache nicht erforderlich, der Täter muss aber in dieser Absicht handeln.

Erfolgsqualifizierte Delikte sind solche, bei denen die zumindest fahrlässige Herbeiführung einer bestimmten Folge im Rahmen einer vorsätzlichen Verwirklichung eines (Grund-) Deliktes besonders bestraft wird.

> **Beispiel**
> Wer bei einer vorsätzlichen Körperverletzung (Grunddelikt) fahrlässig den Tod eines anderen verursacht (schwere Folge), macht sich gemäß § 227 StGB wegen Körperverletzung mit Todesfolge (erfolgsqualifiziertes Delikt) strafbar.

Vollendete/Versuchte Delikte 78

Mit der Erfüllung des Tatbestandes ist die Tat vollendet, hat der Täter zur Erfüllung des Tatbestandes angesetzt und ggf. schon einzelne Tatbestandsmerkmale verwirklicht, wurde die Tat lediglich versucht. Nach § 23 Abs. 2 StGB kann der Versuch milder bestraft werden als die vollendete Tat.

Gefährdungs-/Verletzungsdelikte 79

Gefährdungsdelikte sind solche, bei denen im Gegensatz zu Verletzungsdelikten zur Erfüllung des Tatbestandes die konkrete oder abstrakte Gefahr ausreicht, ein Rechtsgut zu beeinträchtigen.

> **Beispiele**
> Bei § 316 StGB (Trunkenheit im Verkehr) ist es ausreichend, dass allein abstrakt eine Beeinträchtigung der Sicherheit des Straßenverkehrs eintreten könnte (abstraktes Gefährdungsdelikt). Bei § 315c StGB (Gefährdung des Straßenverkehrs) muss es dagegen zu einer konkreten gefährlichen Situation kommen (konkretes Gefährdungsdelikt). Bei § 223 StGB (Körperverletzung) bedarf es der Verletzung der körperlichen Unversehrtheit (Verletzungsdelikt).

80 **Verbrechen/Vergehen**

Nach § 12 StGB sind Verbrechen rechtswidrige Taten, die im Mindestmaß mit Freiheitsstrafe von 1 Jahr oder darüber bedroht sind. Vergehen sind dagegen rechtswidrige Taten, die im Mindestmaß mit einer geringeren Freiheitsstrafe oder mit Geldstrafe bedroht sind. Kriminologisch wird der Begriff des Verbrechens aber auch allgemeiner für jegliche Art strafbaren Verhaltens gebraucht.

81 **Offizial-/Antragsdelikte**

Offizialdelikte sind solche, die von Amts wegen verfolgt werden, ohne dass es eines Strafantrages bedarf. Dies ist der Regelfall. Bei wenigen Straftaten bedarf es zur Verfolgung eines Strafantrages, sogenannte Antragsdelikte.

Gründe dafür, die Strafverfolgung vom einem Antrag abhängig zu machen sind insbesondere

- Persönliche Beziehung zwischen Täter und Verletztem

  Beispiele
  § 247 StGB (Haus- und Familiendiebstahl); § 194 StGB (bei Beleidigung); § 230 StGB (bei einfacher und fahrlässiger Körperverletzung).

- Bagatelle

  Beispiele
  § 123 StGB (Hausfriedensbruch); Diebstahl geringwertiger Sache (§ 248a StGB).

Gemäß § 77 Abs. 1 StGB ist grundsätzlich der Verletzte antragsberechtigt. Der Antrag ist gemäß § 77b StGB innerhalb von 3 Monaten zu stellen. Die Frist beginnt mit Ablauf des Tages, an dem der Berechtigte von der Tat und der Person des Täters Kenntnis erlangt. Der Antrag kann zurückgenommen, dann aber nicht mehr gestellt werden, § 77d StGB. Der Antrag ist gemäß § 158 StPO entweder bei der Polizei, bei der Staatsanwaltschaft oder bei Gericht zu stellen.

Zu unterscheiden sind absolute und relative Antragsdelikte.

Absolute Antragsdelikte sind solche, bei denen eine Verfolgung ohne Antrag nicht erfolgen darf. Relative Antragsdelikte sind solche, bei denen eine Verfolgung auch ohne Antrag erfolgen kann, wenn ein besonderes öffentliches Interesse daran besteht.

Beispiele
Relative Antragsdelikte: § 248a StGB (Diebstahl und Unterschlagung geringwertiger Sachen); § 230 StGB (bei einfacher und fahrlässiger Körperverletzung).

Absolute Antragsdelikte: § 247 StGB (Haus- und Familiendiebstahl); § 248b (Unbefugter Gebrauch eines Kraftfahrzeugs).

82 **Privatklagedelikte**

Während bei den Antragsdelikten die Stellung eines Strafantrages Strafverfolgungsvoraussetzung ist, geht es bei Privatklagedelikten um das Gerichtsverfahren. Privatklagedelikte sind enumerativ in § 374 StPO aufgeführt. Es handelt sich dabei um Vergehen mit geringerem Unrechtsgehalt. Bei Privatklagedelikten darf die Staatsanwaltschaft gemäß § 376 StPO nur Klage erheben, wenn dies im öffentlichen Interesse liegt. Besteht kein öffentliches Interesse, so ist das Strafverfahren einzustellen und der Verletzte wird auf den Privatklageweg verwiesen. Dies bedeutet, dass der Verletzte an Stelle der Staatsanwaltschaft Klage vor dem Amtsgericht erheben kann bzw. muss. Er hat damit auch das Kostenrisiko zu tragen.

Die Notwendigkeit der Zahlungen von Sicherheitsleistung (§ 379 StPO), Gebührenvorschuss (§ 379a StPO), Kostenvorschuss für das Sühneverfahren (§ 380 StPO) und des in der Regel notwendigen Rechtsanwaltshonorars machen die Privatklage in der justiziellen Praxis bedeutungslos.

Sonderdelikte 83

Des Weiteren werden auch Jedermann- von den Sonderdelikten unterschieden. Sonderdelikte sind Delikte, die nicht von jedermann, sondern nur von bestimmten Personen begangen werden. Echte Sonderdelikte sind solche, bei denen die geforderte persönliche Stellung die Strafbarkeit begründet.

Beispiel
§§ 331 ff. StGB (Vorteilsannahme pp.) können nur von Amtsträger begangen werden.
Unechte Sonderdelikte sind solche, bei denen die persönliche Sonderstellung die Strafe modifiziert

Beispiel
§ 340 StGB (Körperverletzung im Amt).

Eigenhändige Delikte 84

Eigenhändige Delikte sind Delikte, die aufgrund ihrer besonderen Tatbestandsstruktur oder aufgrund des geschützten Rechtsgutes nur durch den begangen werden können, der die tatbestandliche Handlung vornimmt. Mittäterschaft und mittelbare Täterschaft sind nicht möglich, wohl aber Teilnahme.

Beispiel
§ 153 StGB (uneidliche Falschaussage).

Lernkontrolle „Einteilung der Delikte“

1	Erläutern Sie allgemein den strafrechtlichen Vorwurf bei Vorsatz- und bei Fahrlässigkeitsdelikten.
2	Was ist ein „Tätigkeitsdelikt“? Nennen Sie 1 Beispiel.
3	Erläutern Sie die Strafbarkeit des Versuchs.
4	Was ist ein „Gefährdungsdelikt“? Nennen Sie 1 Beispiel.
5	Wie unterscheiden sich Verbrechen von Vergehen?
6	Was ist ein „Antragsdelikt“?
7	Was ist ein „Offizialdelikt“?
8	Nennen Sie 3 Privatklagedelikte.
9	Was versteht man unter „Sonderdelikten“?
10	Nennen Sie 1 Beispiel für ein eigenhändiges Delikt.

2 Elemente der Straftat

- ***Aufsatz-Literatur***: *Saliger JA 2007, 326 (Rechtsprobleme des Unrechtstatbestandes); Lesch JA 2002, 602 (Unrecht und Schuld im Strafrecht).* 85

Überblick 86

Strafbares Verhalten liegt vor, wenn es 3 Voraussetzungen erfüllt:

Tatbestandsmäßigkeit
Erfüllung des geschriebenen Tatbestandes

Rechtswidrigkeit
Tatbestandsverwirklichung ist rechtswidrig

Schuld
Tatbestandsverwirklichung ist vorwerfbar

In der strafrechtlichen Fallbearbeitung sind also 3 Elemente zu prüfen: Der Täter muss den Tatbestand erfüllen, er muss zudem rechtswidrig und schuldhaft handeln. Fehlt es an einer dieser Voraussetzungen, hat der Täter sich nicht strafbar gemacht, die Prüfung wird beendet. 87

2.1 Tatbestand

- *Aufsatz-Literatur: Saliger JA 2007, 326 (Rechtsprobleme des Unrechtstatbestandes); Kerbein JuS 2002, 454 (Tatobjekt als Bezugspunkt für die Tathandlung); Graus JuS 1995, L 41-L 44; Suhr JA 1990, 303 (Rechtsgut und Tatobjekt).* 88

Begriff 89

Deliktsnormen bestehen aus 2 Teilen: Tatbestand und Rechtsfolge. Der Tatbestand kennzeichnet als Grundvoraussetzung des Unrechts den strafrechtlichen Vorwurf. Durch den geschriebenen Tatbestand wird das unerwünschte Verhalten benannt, welches als rechtsgutschädlich zur Strafbarkeit führt. Die Rechtsfolge bezeichnet die Konsequenz, die die Erfüllung des Tatbestandes mit sich bringen kann.

> **Beispiel**
> Die Wegnahme einer fremden, beweglichen Sache in der Absicht rechtswidriger Zueignung (Tatbestand) kann mit Freiheitsstrafe bis zu 5 Jahren oder Geldstrafe geahndet werden (Rechtsfolge), § 242 Abs. 1 StGB.

90 Tatbestand als Teil des Unrechts

Aus dem Gesetzlichkeit- und dem Schuldprinzip folgt, dass strafbares Verhalten mindestens 2 Voraussetzungen erfüllen muss: es muss gegen geschriebenes Recht verstoßen und individuell vorwerfbar sein. Der Täter muss also Unrecht begehen, welches er zu verantworten hat. Daher erfolgt nach dem überkommenen zweistufigen Deliktsaufbau[43] die strafrechtliche Prüfung in zwei Schritten: zunächst ist festzustellen, ob der Täter Unrecht begangen hat, um danach die persönliche Vorwerfbarkeit zu prüfen. Dieses Unrecht ist im Tatbestand beschrieben. Jedoch kennzeichnet die Tatbestandsmäßigkeit allein ein Verhalten noch nicht als Unrecht. Vielmehr muss dieses Verhalten auch von der Rechtsordnung missbilligt werden. Dies ist nicht der Fall, wenn ein Rechtfertigungsgrund vorliegt. Daher ist der Unrechtstatbestand nicht gegeben, wenn der Täter zwar einen Tatbestand erfüllt, jedoch gerechtfertigt handelte.

Wegen dieser besonderen Bedeutung der Rechtswidrigkeit als Unrechtsmerkmal ist zwischen der Prüfung des Tatbestandes und der Schuld nach dem ganz vorherrschenden dreistufigen Deliktsaufbau die Rechtswidrigkeitsprüfung als eigenständige Kategorie einzuschieben.[44]

Beispiel
A erschießt B. Dies erfüllt den Tatbestand des § 212 StGB (Totschlag) und spricht damit für begangenes Unrecht. Jedoch liegt Unrecht nicht vor, wenn A in Notwehr handelte. Dann ist sein Tun durch § 32 StGB (Notwehr) gerechtfertigt. Er hat kein Unrecht begangen.

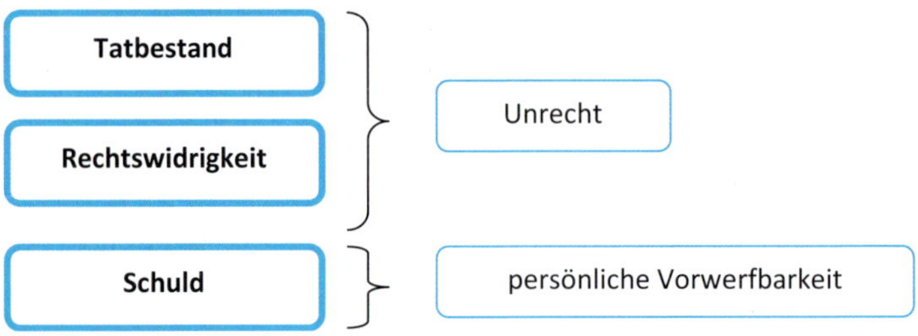

91 Elemente des Tatbestandes

Der Tatbestand gliedert sich bei vorsätzlich begangenen Begehungs- und Unterlassungsdelikten wie auch bei versuchten Delikten in einen objektiven und einen subjektiven Teil. Bei wenigen Delikten schließt sich der Prüfungspunkt „objektive Bedingung der Strafbarkeit" an. Im objektiven Teil wird die Erfüllung der objektiven Tatbestandsmerkmale der jeweiligen Norm geprüft. Gemäß § 15 StGB ist grundsätzlich nur vorsätzliches Handeln strafbar. Im subjektiven Teil erfolgt die Prüfung, mit welcher Vorstellung der Täter die Tatbestandsmerkmale erfüllte, es erfolgt die Prüfung des Vorsatzes.[45] Ggf. wird die Prüfung durch spezielle subjektive Tatbestandsmerkmale der zu prüfenden Norm ergänzt.

Beispiel
Bei Diebstahl (§ 242 StGB) ist zu prüfen, ob der Täter eine fremde bewegliche Sache weggenommen hat (objektiver Tatbestand). Im subjektiven Tatbestand ist zu erörtern, ob er dies bewusst und gewollt tat (Vorsatz) und in Absicht rechtswidriger Zueignung handelte (besonderes subjektives Merkmal der Norm).

43 SK-Günther, vor § 32 Rn. 7 ff; Freund JuS 1997, 235 (238).
44 Vgl. nur Kühl § 1, Rn. 22.
45 Vgl. zu den Vorsatzarten und sonstigen subjektiven Merkmalen ausführlich Rn. 94 ff.

Bei Fahrlässigkeitsdelikten wird aufgrund der Struktur des Deliktes auf eine Differenzierung zwischen objektivem und subjektivem Tatbestand verzichtet.[46]

Tatbestandsstruktur 92

Die Art des strafrechtlichen Vorwurfes bestimmt die Struktur des Tatbestandes, also was und in welcher Reihenfolge zu prüfen ist. Wird dem Täter eine Rechtsgutschädigung/-gefährdung durch (vorsätzliches oder fahrlässiges) aktives Tun vorgeworfen, so bestimmt sich die Tatbestandsstruktur nach dem Begehungsdelikt. Wird dem Täter dagegen ein (vorsätzliches oder fahrlässiges) Untätigbleiben vorgeworfen, so bestimmt sich die Struktur nach dem echten oder unechten Unterlassungsdelikt. Wird dem Täter lediglich der Versuch der Rechtsgutbeeinträchtigung durch Tun oder Unterlassen zur Last gelegt, bestimmt sich die Struktur nach den Regeln des Versuchs, §§ 22–24 StGB.

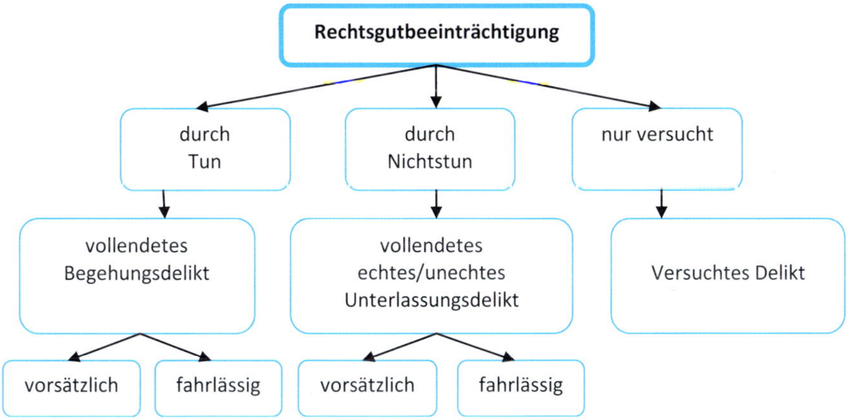

2.1.1 Objektiver Tatbestand

Objektiver Tatbestand 93

Im objektiven Tatbestand erfolgt die Prüfung der objektiven Tatbestandsmerkmale als äußere Tatseite. Bei Tätigkeitsdelikten erschöpft sich die Prüfung in der Tathandlung mit den objektiven Tatumständen, bei Erfolgsdelikten muss zusätzlich der eingetretene Erfolg festgestellt werden. Als Verbindung zwischen der Handlung des Täters und dem Erfolg müssen Kausalität und objektive Zurechnung gegeben sein.[47]

Beim Unterlassungsdelikt umfasst der objektive Tatbestand neben dem Untätigbleiben insbesondere die Möglichkeit der Erfolgsabwendung und die Garantenstellung. [48] Bei Versuch erschöpft sich der objektive Tatbestand im unmittelbaren Ansetzen zur Deliktsverwirklung.[49] Bei Fahrlässigkeitsdelikten ist Kernstück die vorwerfbare Sorgfaltspflichtverletzung.[50]

46 Vgl. dazu Teil 2, 3, Rn. 203 ff.
47 Vgl. im Einzelnen Teil 2, 3 Das vollendete Begehungsdelikt, Rn. 191 ff.
48 Vgl. im Einzelnen Teil 2, 4 Das Unterlassungsdelikt, Rn. 225 ff.
49 Vgl. im Einzelnen Teil 2, 5 Der Versuch, Rn. 259 ff.
50 Vgl. im Einzelnen Teil 2, 3 Rn. 203 ff.

2.1.2 Subjektiver Tatbestand

94 • ***Aufsatz-Literatur**: Rönnau, JUS 2010, 675 (Grundwissen-Strafrecht: Vorsatz); Witzigmann JA 2009, 488 (Mögliche Funktionen und Bedeutungen des Absichtsbegriffs im Strafrecht); Henn JA 2008, 699 (Der subjektive Tatbestand der Straftat – Teil 1: Der Vorsatzbegriff); Satzger JURA 2008, 112 („Vorsatz - einmal näher betrachtet"); Jeßberger/Sander JuS 2006, 1065 (dolus alternativus); Sowada JURA 2004, 814 (dolus generalis); Geppert JURA 2001, 55 (Abgrenzung von Vorsatz und Fahrlässigkeit).*

• ***Leitentscheidungen**: Steinberg/Stam NStZ 2011, 177 (Der Tötungsvorsatz in der Revision des BGH); BGHSt 7, 363 (Lederriemen-Fall: zur Abgrenzung Vorsatz zur bewussten Fahrlässigkeit); BGHSt 14, 193 (Jauchegrube-Fall: zum dolus generalis).*

• ***Übungsfälle**: Singelnstein JA 2011, 756 („Gasexplosion mit Folgen" – insb. bedingter Vorsatz); Ambos JURA 2004, 492; Langer JURA 2003, 135; Berz/Saal JURA 2003, 205; Kühl/Schramm JuS 2003, 681; Knauer JuS 2002, 53; Dessecker JURA 2000, 592; Amelung/Boch JuS 2000, 261; Dessecker JURA 2000, 592; Kudlich JuS 2000, L 13 und L 15.*

95 **Gegenstand des subjektiven Tatbestandes**

Der subjektive Tatbestand umfasst die psychische Einstellung des Täters zur Tat, die „innere" Tatseite. Gemäß § 15 StGB ist grundsätzlich nur vorsätzliches Handeln strafbar. Der Gesetzgeber hat damit für alle Delikte die Mindestvoraussetzung des subjektiven Tatbestandes beschrieben. Darüber hinaus enthalten einzelne Delikte zusätzliche Merkmale, die die psychische Einstellung des Täters beschreiben.

Beispiele

Bei § 242 StGB muss der Täter „in der Absicht rechtswidriger Zueignung" handeln. Beim Mordtatbestand gibt es eine Reihe von subjektiven Tatbestandsmerkmalen: Mordlust, Handeln zur Befriedigung des Geschlechtstriebes, Habgier, niedrige Beweggründe, Ermöglichungsabsicht, Verdeckungsabsicht.

96 **Vorsatz**

Vorsatz bedeutet nach einer allgemeinen Formel „Das Wissen und Wollen" der Tatbestandsverwirklichung".[51] Dies ist insofern ungenau, da sich das Wollen nur auf Handlungen und Erfolge beziehen kann, jedoch nicht auf Gegebenheiten. Daher ist Vorsatz genauer zu beschreiben mit

„Wille der Verwirklichung eines Straftatbestandes in Kenntnis aller seiner objektiven Tatumstände".[52]

Vorsatz hat somit eine Wissenskomponente (intellektuelles Element) und eine Wollenskomponente (voluntatives Element). Für das Wissenselement ergibt sich das schon aus § 16 StGB, wonach sich nicht strafbar macht, wer einen Umstand des Tatbestandes nicht kennt. Je nach Vorsatzart liegt der Schwerpunkt mehr auf der einen oder der anderen Komponente. Der Vorsatz muss sich immer auf die Verwirklichung bzw. Kenntnis der objektiven Tatbestandsmerkmale zum Zeitpunkt der Ausführungshandlung beziehen.[53]

Beispiel

A stiehlt im Kaufhaus eine Flasche Wein. Er führt, ohne zu wissen, eine geladene Schusswaffe bei sich, die ihm seine Frau zugesteckt hat. Eine Strafbarkeit wegen § 244 StGB (Diebstahl mit Waffen) schließt sich aus.

97 **Tatumstands- und Bedeutungskenntnis**

Zum Vorsatz gehört die Kenntnis des Tatumstandes und der rechtlichen Bedeutung des Handelns. Es ist aber nicht erforderlich, genau unter Straftatbeständen subsumieren zu können.

51 Kühl § 5, Rn. 6 m.w.N.
52 W-Beulke Rn. 203.
53 BGHSt 36, 221 (223).

Es reicht die Erfassung des natürlichen Sinngehaltes. Handelt es sich um wertende Tatbestandsmerkmale, genügt nach der sogenannten „Parallelwertung in der Laiensphäre“, den rechtlichen Bedeutungsinhalt zu erfassen.

Beispiel

Wer Luft aus einem Autoreifen lässt, begeht nach h.M. eine Sachbeschädigung gemäß § 303 StGB. Dieses Wissen ist für vorsätzliches Handeln nicht erforderlich. Es reicht die Kenntnis, durch die Tathandlung die bestimmungsgemäße Brauchbarkeit des Fahrzeuges zu beeinträchtigen. Dies kann regelmäßig bejaht werden.

Vorsatzarten 98

Der Gesetzgeber hat in § 15 StGB lediglich vorsätzliches Handeln gefordert, Einzelheiten aber offengelassen. Einigkeit besteht darüber, dass damit als Mindestvoraussetzung der Eventualvorsatz erforderlich ist. Demgegenüber unterscheidet man noch die Wissentlichkeit (direkten Vorsatz) und die Absicht.

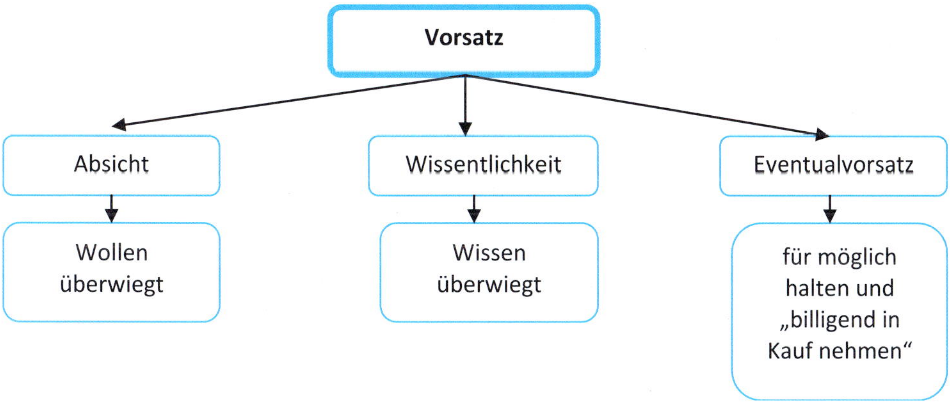

Absicht 99

Mit Absicht (dolus directus 1. Grades) ist der starke, zielgerichtete Wille zur Tatbestandsverwirklichung gemeint. Dabei muss das angestrebte Ziel der Tatbestandsverwirklichung nicht das Endziel des Täters darstellen. Es genügt, dass die Tatbestandsverwirklichung notwendiges Zwischenziel ist.

Da Eventualvorsatz für vorsätzliches Handeln ausreicht, hat der Vorsatzgrad „Absicht“ seine Relevanz insbesondere als besonderes subjektives Tatbestandsmerkmal.

Beispiele

Diebstahl (§ 242 StGB: Absicht rechtswidriger Zueignung); Betrug (§ 263 StGB: Absicht, sich oder einem Dritten einen rechtswidrigen Vermögensvorteil zu verschaffen); Mord (§ 211 StGB: handeln, um eine andere Straftat zu ermöglichen oder zu verdecken = Ermöglichungs- oder Verdeckungsabsicht).

Wissentlichkeit 100

Wissentlichkeit (dolus directus 2. Grades; direkter Vorsatz) ist gegeben, wenn der Täter um die Tatbestandsverwirklichung sicher weiß.

Da grundsätzlich Eventualvorsatz für vorsätzliches Handeln ausreicht, hat auch der Vorsatzgrad „Wissentlichkeit“ seine Relevanz insbesondere als besonderes subjektives Tatbestandsmerkmal.

Beispiele
Vortäuschung einer Straftat (§ 145d StGB: wider besseres Wissen ...); Falsche Verdächtigung (§ 164 StGB: „Wider besseres Wissen ...“); Verleumdung § 187 StGB: „wider besseres Wissen ...“); Strafvereitelung (§ 258 StGB: „wissentlich...“).

101 **Eventualvorsatz**

Die Feststellung des Eventualvorsatzes (dolus eventualis, bedingter Vorsatz) ist in der Praxis von großer Wichtigkeit, da er Mindestvoraussetzung für vorsätzliches strafbares Verhalten ist. Dabei ist insbesondere die Abgrenzung zur bewussten Fahrlässigkeit von großer Relevanz.

Da es beim Vorsatz um die Vorstellung des Täters geht, ist die Feststellung rein tatsächlich schwierig.

Beispiel
A stößt B im Streit den Treppenabgang zur U-Bahn hinunter. B erleidet schwerste Kopfverletzungen. A hat eine gefährliche Köperverletzung (§§ 223, 224 Abs. 1 Nr. 5 StGB) begangen. Fraglich ist, ob er sich auch wegen versuchten Totschlages (§§ 212, 22, 23 StGB) strafbar gemacht hat.

Strafprozessual ist die innere Tatseite durch Vernehmung des Täters und etwaiger Zeugen festzustellen. Sollte dies nicht zum Erfolg führen, ist letztlich vom objektiven Geschehen auf den Eventualvorsatz zu schließen. [54] Je gefährlicher eine Tathandlung objektiv war, desto eher ist tatsächlich Tötungsvorsatz anzunehmen. Daher wird die Bejahung des Tötungsvorsatzes im obigen Beispiel vom äußeren Tatgeschehen abhängen: Wucht des Stoßes, Art der Treppe, Zustand des Opfers vor dem Geschehen (alkoholisiert?) usw.

Aber auch rechtlich bestehen verschiedene Auffassungen, welche Anforderungen an den Eventualvorsatz zu stellen sind:

- Nach der Möglichkeitstheorie ist Eventualvorsatz schon zu bejahen, wenn der Täter die Verwirklichung des Tatbestandes für möglich hält.[55]
- Nach der Wahrscheinlichkeitstheorie muss der Täter die Tatbestandsverwirklichung für wahrscheinlich halten.[56]
- Nach der Gleichgültigkeitstheorie handelt der Täter vorsätzlich, wenn er die Tatbestandsverwirklichung aus Gleichgültigkeit gegenüber dem geschützten Rechtsgut in Kauf genommen hat.[57]
- Nach der vorzugswürdigen Ansicht der Rechtsprechung müssen beide Elemente des Vorsatzes, Wissen und Wollen, wenn auch nur abgeschwächt, vorhanden sein. Eventualvorsatz liegt nach der sogenannten Billigungstheorie des BGH vor, wenn der Täter den Erfolgseintritt für möglich und nicht ganz fernliegend hält und zumindest „billigend in Kauf nimmt“. [58] Unter „billigen“ ist dabei aber nicht ein Gutheißen gemeint. Es reicht, dass sich der Täter mit der Tatbestandsverwirklichung abfindet.

---

54 Vgl. BGH NJW 2006, 386.
55 Schmidthäuser JuS 1980, 241; Morkel NStZ 1981, 176; Kindhäuser GA 1994, 197.
56 Prittwitz JA 1988, 486; Schumann JZ 1989, 427.
57 Beulke JURA 1988, 641; Sch/Sch-Cramer/Sternberg-Lieben § 15, Rn. 84; Schroth JR 2003, 250.
58 BGHSt 14, 256; BGH NStZ 2003, 603.

Abgrenzung Eventualvorsatz – bewusste Fahrlässigkeit 102

Eventualvorsatz liegt nach ständiger Rechtsprechung vor, wenn der Täter den Erfolgseintritt für möglich und nicht ganz fernliegend hält (intellektuelle Komponenten – Wissen) und zumindest billigend in Kauf nimmt (voluntative Komponente – Wollen).

Beim bewusst fahrlässigen Handeln sieht der Täter die Möglichkeit des Erfolgseintritts ebenfalls, vertraut aber ernsthaft darauf, dass der Erfolg nicht eintritt.[59]

Nach Kurzformeln[60]:

Bewusste Fahrlässigkeit	=	**„wird schon gut gehen"**
Eventualvorsatz	=	**„na wenn schon"**

Beispiele

A hat in einer Gaststätte alkoholische Getränke zu sich genommen. Er fährt mit dem Auto nach Hause, obwohl er erkennt, dass er fahruntüchtig sein könnte. Er vertraut aber darauf, noch fahrtüchtig zu sein. Im Rahmen einer Alkoholkontrolle wird eine Blutalkoholkonzentration zur Tatzeit von 1,15 ‰ festgestellt (Fahrlässige Trunkenheit im Verkehr, strafbar gemäß § 316 Abs. 2 StGB).

A hat in einer Gaststätte alkoholische Getränke zu sich genommen. Er fährt mit dem Auto nach Hause obwohl er erkennt, dass er fahruntüchtig sein könnte. Es ist ihm aber letztlich gleichgültig, da er das Geld für ein Taxi nicht ausgeben möchte und wegen der geringen Kontrolldichte im ländlichen Raum davon ausgeht, nicht erwischt zu werden. Im Rahmen einer Alkoholkontrolle wird eine Blutalkoholkonzentration zur Tatzeit von 1,15 ‰ festgestellt (Vorsätzliche Trunkenheit im Verkehr, strafbar gemäß § 316 Abs. 1 StGB).

59 Instruktiv: BGH NStZ 1984, 19; BGH NStZ 2001, 475; BGH NStZ 2006, 169.
60 Braunschneider, Das Skript Strafrecht, Frankfurt 2005, 46.

2.1.3 Objektive Bedingungen der Strafbarkeit

103
- ***Aufsatz-Literatur**: Satger JURA 2006, 108 (Die objektive Bedingung der Strafbarkeit); Geisler GA 2000, 166 („Objektive Strafbarkeitsbedingungen und „Abzugsthese"); Gottwald JA 1998, 771 (Die objektive Bedingung der Strafbarkeit).*
- ***Leitentscheidungen**: BGHSt 4, 161 (Fackelzug-Fall: zur Rechtmäßigkeit der Vollstreckungshandlung bei § 113 StGB)*

104 **Begriff und Erscheinungsformen**

Bei objektiven Bedingungen der Strafbarkeit handelt es sich um Voraussetzungen des Tatbestandes, die nicht vom Vorsatz umfasst sein müssen. Daher werden sie nach dem subjektiven Tatbestand geprüft. Es reicht deren bloßes Vorliegen. Solche Strafbarkeitsbedingungen sind Teil nur weniger Tatbestände, vgl. im Einzelnen dazu dort:

Delikt	Objektive Bedingung der Strafbarkeit
§ 113 StGB (Widerstand gegen Vollstreckungsbeamte)	Rechtmäßigkeit der Diensthandlung
§ 185 StGB (Üble Nachrede)	Nichterweislichkeit der Tatsache
§ 231 StGB (Beteiligung an einer Schlägerei)	Tod oder schwere Körperverletzung
§ 323a StGB (Vollrausch)	Begehen einer rechtswidrigen Tat

2.1.4 Qualifikationen und Privilegierungen

105 **Überblick**

Bei Qualifikationen handelt es sich um unselbstständige Deliktsnormen, die auf einer Grundnorm aufbauen. Sie verschärfen die Strafbarkeit.

Beispiele

Grunddelikt	Qualifikation
223 StGB (Körperveletzung)	224 StGB (gefährliche Körpverletzung)
242 StGB (Diebstahl)	244 StGB (Diebstahl mit Waffen, Bandendiebstahl, Wohnungeinbruchsdiebstahl) 244a StGB (Schwerer Bandendiebstahl)
249 StGB (Raub)	§ 250 StGB (Schwerer Raub)
§ 212 StGB (Totschlag)	§ 211 StGB (Mord)[61]

61 Nach h.M., vgl. Teil 3, 2, Rn. 474.

Qualifikationen müssen, wie die Grundtatbestände, vorsätzlich erfüllt werden. Daher gliedert sich der Tatbestand in einen objektiven und subjektiven Teil.

Bei Erfolgsqualifizierungen handelt es sich um Sonderfälle der Qualifizierungen, bei denen gemäß § 18 StGB hinsichtlich des qualifizierten Erfolges Fahrlässigkeit ausreicht.

Bei Privilegierungen handelt es sich um unselbstständige Deliktsnormen, die auf einer Grundnorm aufbauen. Sie mildern die Strafbarkeit.

Beispiel
Gemäß § 218 Abs. 3 StGB (Schwangerschaftsabbruch) wird die Täterin leichter bestraft, wenn sie den Schwangerschaftsabbruch bei sich selbst begeht.

Aufbau 106

Zur kombinierten Darstellung von Grundnorm und Qualifizierung/Privilegierung in Falllösungen bestehen 3 Möglichkeiten:

Möglichkeit 1: Grunddelikt wird vollständig durchgeprüft (Tatbestand, Rechtswidrigkeit, Schuld). Danach erfolgt die Prüfung der Qualifikation.

Möglichkeit 2: Der Tatbestand (objektiv und subjektiv) des Grunddeliktes wird geprüft. Anschließend erfolgt der Tatbestand (objektiv und subjektiv) der Qualifikation. Danach erfolgt die Prüfung von Rechtswidrigkeit und Schuld.

Möglichkeit 3: Der objektive Tatbestand des Grunddeliktes wird geprüft, dann erfolgt die Prüfung des objektiven Tatbestandes der Qualifikation. Anschließend prüft man den subjektiven Tatbestand des Grunddeliktes und der Qualifikation. Dann erfolgt die Prüfung von Rechtswidrigkeit und Schuld.

Beispiel

§§ 223, 224 Abs. 1 Nr. 2 StGB:

I. Tatbestand

1) objektiver Tatbestand
   Körperliche Misshandlung
   Gefährliches Werkzeug
2) subjektiver Tatbestand
   Vorsatz bzgl. körperliche Misshandlung und gefährliches Werkzeug

II. Rechtswidrigkeit

III. Schuld

IV. Ergebnis

Alle Möglichkeiten sind in Falllösungen zulässig. Im Sinne der schlanken, übersichtlichen Darstellung sollte nach Möglichkeit 3 verfahren werden.

2.2 Rechtswidrigkeit

107 • **Aufsatz-Literatur**: *Satzger JURA 2016, 154 (Gesetzlichkeitsprinzip und Rechtfertigungsgründe); Ladiges JuS 2011, 879 (Erlaubte Tötungen); Satzger JURA 2010, 753 (Die rechtfertigende Pflichtkollision); Rönnau JuS 2009, 594 (Subjektive Rechtfertigungselemente); Roxin JuS 2004, 177 (Strafrechtliche Beurteilung elterlicher Züchtigung); Gropengießer JURA 2000, 262 (Konkurrenzverhältnis Notwehr und rechtfertigender Notstand); Sternberg-Lieben JA 1996, 129 (Allgemeines zur Notwehr); Geppert JURA 1995, 103 (Subjektive Rechtfertigungselemente).*

• **Übungsfälle**: *Gaul/Haseloff/Zapf JA 2011, 672 („Ende eines Hundelebens" – Rechtfertigungsgründe); Bott/Kühne JURA 2009, 72 (Züchtigungsrecht); Valerius JuS 2007, 1105 (Grundrechte als Rechtfertigungsgrund); Weißer/Kreß JA 2003, 857; Börner JURA 2003, 85; Kretschmer JURA 1998, 244; Joerden JuS 1996, 622.*

108 **Indizwirkung des Tatbestandes**

Tatbestandsmäßiges Handeln ist ein Indiz für Unrechtsbegehung, mithin für rechtswidriges Handeln. Daher ist bei tatbestandsmäßigem Handeln die Rechtswidrigkeit zu unterstellen. Dies gilt nicht, wenn es sich

- um einen sogenannten offenen Tatbestand handelt

  oder

- wenn der Täter einen besonderen Grund für sein Handeln, einen Rechtfertigungsgrund, für sich in Anspruch nehmen kann.

109 **„Offene" Tatbestände**

Bei §§ 240, 253 StGB ist aufgrund der Weite der Tatbestände die Rechtswidrigkeit durch tatbestandsmäßiges Handeln nicht indiziert. Sie muss vielmehr im Rahmen einer Verwerflichkeitsprüfung gesondert festgestellt werden, vgl. §§ 240 Abs. 2, 253 Abs. 2 StGB. Bei offenen Tatbeständen ist die Verwerflichkeit des Handelns immer vor der Prüfung eines Rechtfertigungsgrundes festzustellen. Denn ein rechtlich verwerfliches Handeln kann nicht gerechtfertigt sein.[62]

110 **Rechtfertigungsgründe**

Hat der Täter rechtlich anerkannte Gründe für sein tatbestandsmäßiges Handeln, so begeht er kein Unrecht. Den unrechtsbegründenden Tatbeständen stehen also Erlaubnistatbestände gegenüber. Diese Erlaubnistatbestände (= Rechtfertigungsgründe) können sich aus der gesamten Rechtsordnung ergeben.

Die wesentlichsten Rechtfertigungsgründe sind:

62 Siehe im Einzelnen Teil 3, Rn. 569.

StGB	§ 32 StGB	Notwehr
	§ 34 StGB	rechtfertigender Notstand
BGB	§ 227 BGB	Notwehr
	§ 228 BGB	Defensivnotstand
	§ 229 BGB	Selbsthilferecht
	§ 859 BGB	Besitzwehr
	§ 904 BGB	Aggressivnotstand
StPO/PolG	§ 127 StPO	Festnahmerecht für Jedermann
	z.B.: § 81a StPO	Eingriffsermächtigungen
StVollzG	§ 87 StVollzG	Festnahmerecht
Gewohnheitsrecht		Einwilligung rechtfertigende Pflichtenkollision

Struktur der Rechtfertigungsgründe 111

Jeder Rechtfertigungsgrund hat einen objektiven und einen subjektiven Teil. Die Tatbestandsmerkmale des Erlaubnissatzes müssen auch in Kenntnis der rechtfertigenden Voraussetzungen erfüllt werden. Fehlt das subjektive Rechtfertigungselement, ist die Tat nicht gerechtfertigt.[63]

Beispiel
A triff den verhassten B auf der Straße, hält ihn fest, um ihn zur Rede zu stellen. A wusste dabei nicht, dass B gerade auf der Flucht nach einem kurz zuvor begangenen Diebstahl war.

63 Zu den möglichen Irrtumskonstellationen Rn. 367 ff.

2.2.1 Notwehr

112 • ***Aufsatz-Literatur***: *Mitsch JA 2016, 161 (Vorläufige Festnahme und Notwehr); Rönnau JuS 2015, 880 (Antizipierte Notwehr); Kretschmer JURA 2012, 189 (Notwehr im Showdown); Erb NStZ 2011, 186 (Zur Aushöhlung des Notwehrrechts durch lebensfremde tatrichterliche Unterstellungen; Erforderlichkeit); Sickor JURA 2008, 14 (Notwehrfähigkeit einer Zutrittsverweigerung durch Türsteher); Meyer/Ulbrich JA 2006, 775 (Das „schneidige“ Notwehrrecht); Norouzi JA 2005, 306 (Folter in Nothilfe - geboten?!); Erb JURA 2005, 24 (Nothilfe durch Folter); Kaisike JURA 2004, 832 (Begründung und Grenzen der Nothilfe); Kasiske JURA 2004 , 832 (Begründung des Notwehrrechts); Zieschang JURA 2003, 527 (Einschränkung der Notwehr bei persönlichen Beziehungen); Engländer JURA 2001 (Vorwerfbare Notwehrprovokation); Küpper JA 2001, 438 (Abwehrprovokation); Gropengießer JURA 2000, 262 (Konkurrenzverhältnis Notwehr und rechtfertigender Notstand).*

• ***Leitentscheidungen***: *RGSt 55, 82 (Obstdieb-Fall, zur Gebotenheit bei krassem Missverhältnis); BGHSt. 24, 256 (zur Einschränkung bei provozierten Angriffen); BGH, Urteil v. 2.11.2011 - 2 StR 375/11 (Putativnotwehr gegen Polizeibeamte, Kurzzusammenfassung NJW-Spezial 2012, 89); BGH NStZ 2015, 574 (Notwehr gegen Polizeivollzugsbeamte;, strafrechtlicher Rechtmäßigkeitsbegriff mit Anm. Engländer).*

• ***Übungsfälle***: *Dittert PSP 3/2013, 28 (Überfall auf den Juwelierladen); Rengier/Brand JuS 2008, 418; Knauer JuS 2007, 1011; Thoss JURA 2005, 128; Norouzi JuS 2004, 494; Laubenthal JA 2004, 39; Jeßberger JURA 2003, 71; Eisele JURA 2003, 40, 44; Berz/Saal JURA 2003, 205; Fahl JURA 2003, 60; Sternberg-Lieben JuS 2002, 576; Britz JuS 2002, 465; Momsen/Sydow, JuS 2001, 1194; Amelung/Boch JuS 2000, 261; Haft/Eisele JURA 2000, 313.*

113

Notwehr, § 32 StGB

I. Tatbestandmäßigkeit

II. Rechtswidrigkeit

1) Objektives Rechtfertigungselement
   - a) Notwehrlage
     - aa) gegenwärtiger
     - bb) rechtswidriger
     - cc) Angriff
   - b) Notwehrhandlung
     - aa) erforderliche Verteidigungshandlung
     - bb) gegen den Angreifer
     - cc) gebotene Verteidigungshandlung

2) Subjektives Rechtfertigungselement

   Verteidigungswille

III. Schuld

IV. Besonderheiten

V. Ergebnis

Angriff ist die unmittelbare Bedrohung rechtlich geschützter Güter durch menschliches Verhalen (Sch/Sch § 32, Rn. 3).

Gegenwärtig ist der Angriff, wenn er unmittelbar bevorsteht, begonnen hat oder fortdauert.

Rechtswidrig ist der Angriff, wenn er objektiv im Widerspruch zur Rechtsordnung steht (Sch/Sch § 32, Rn. 19/20).

Erforderlich ist die Verteidigung, wenn sie zur Abwehr des Angriffs geeignet ist und das relativ mildeste Gegenmittel darstellt (vgl. Sch/Sch § 32, Rn. 34).

Geboten ist die Verteidigung nicht, wenn von dem Angegriffenen aus Rechtsgründen die Hinnahme der Rechtsgutverletzung oder eine eingeschränkte Verteidigung zu verlangen ist (Fi § 32, Rn. 18).

Überblick 114

Wer eine Tat begeht, die durch Notwehr geboten ist, handelt gemäß 32 StGB nicht rechtswidrig. Notwehr ist dabei die Verteidigung, die erforderlich ist, um einen gegenwärtigen rechtswidrigen Angriff von sich oder einem anderen (sogenannte Nothilfe) abzuwehren. Diese Regelungen finden sich fast wortgleich auch im OWiG und BGB.

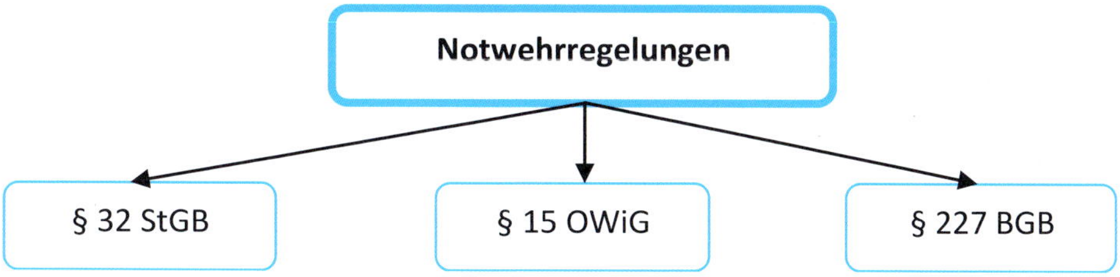

Während § 15 OWiG für ordnungswidriges Verhalten gilt, ist eine durch § 227 BGB gebotene Handlung zivilrechtlich nicht widerrechtlich. Dies hat zur Folge, dass keine Schadenersatzpflicht begründet wird.

Zweck 115

Das Notwehrrecht verfolgt 2 Ziele: Selbst- bzw. Fremdschutz und Rechtsbewährung. Denn der Notwehr Ausübende verteidigt mit seiner Abwehr auch den Angriff auf die Rechtsordnung. Daher gilt der Grundsatz: Das Recht muss dem Unrecht nicht weichen.

Abgrenzungen 116

Die Notstandsregeln betreffen die Fälle, in denen irgendwelche Rechtsgüter bei Bedrohung von anderen Rechtsgütern beeinträchtigt werden. Dies erfordert immer eine Interessenabwägung zwischen dem bedrohten und dem beeinträchtigten Rechtsgut. Beim Notwehrrecht geht es jedoch darum, bei einem gegenwärtigen Angriff das Rechtsgut des Angreifenden zu beeinträchtigen. Dabei bedarf es grundsätzlich keiner Interessen- oder Verhältnismäßigkeitsabwägung. [64] Das Notwehrrecht ist also gegenüber dem (rechtfertigenden) Notstand die speziellere Regelung.

Notwehrlage 117

Notwehr darf gegen alle Angriffe auf Individualrechtsgüter, wie Leib, Leben, Ehre, Eigentum, Freiheit ausgeübt werden. Nicht notwehrfähig sind dagegen Angriffe auf Allgemeininteressen, wie die Sicherheit des Straßenverkehrs. Diese zu verteidigen ist Aufgaben des Staates.

Ein Angriff muss nicht zwingend gerade ausgeführt werden, zulässig ist auch, dem Angriff zuvorzukommen. Ein unmittelbar bevorstehender Angriff ist auch gegenwärtig.[65] Notwehr ist also nicht nur defensiv als Schutzwehr, sondern auch offensiv als Trutzwehr zulässig.

Der Angriff ist noch gegenwärtig, wenn im Falle eine Schweigegelderpressung die Erpressung tatbestandlich erfullt, aber das Geld noch nicht gesichert ist. Denn Notwehr ist nicht

---

64 Zur Einschränkung des Notwehrrechts bei krassem Missverhältnis zwischen Angriff und Verteidigung siehe Rn. 118.
65 BGH StV 1995, 463; Geilen JURA 1981, 206.

darauf beschränkt, die Verwirklichung der gesetzlichen Merkmale des Tatbestandes abzuwenden. Sie ist zum Schutz gegen den Angriff auf ein bestimmtes Rechtsgut zugelassen. Dieser Angriff kann trotz Vollendung des Deliktes noch fortdauern und deshalb noch gegenwärtig sein, solange die Gefahr, die daraus für das Rechtsgut erwächst, entweder doch noch abgewendet werden kann oder bis sie umgekehrt endgültig in den Verlust umgeschlagen ist.[66]

Beispiel
T erpresst O und droht, ihn bei der Polizei anzuzeigen, wenn er nicht 5 000 € zahlt. O übergibt das Geld. In einem günstigen Moment tötet er anschließend T. Trotz bereits erfolgter Übergabe des Geldes lag ein gegenwärtiger Angriff (noch) vor.

Die Notwehrlage muss tatsächlich gegeben sein. „Scherzangriffe" oder vom Verteidiger missverstandene Handlungen (sogenannte Putativnotwehr) rechtfertigen die Verteidigung nicht. Sie können jedoch über die Irrtumsregeln straffrei sein.[67]

Durch Notwehr gerechtferigte Angriffe sind rechtmäßig. Notwehr dagegen ist daher unzulässig.

118 **Notwehrhandlung**

Die Notwehrhandlung muss sich immer gegen den Angreifer richten; Verteidigung gegen sonstige Dritte sind nicht von § 32 StGB gedeckt. Sie muss erforderlich, jedoch braucht sie nicht verhältnismäßig zu sein. Es findet also grundsätzlich keine Abwägung zwischen dem Angriff und der darauf erfolgten Rechtsgutbeeinträchtigung statt. Krasse Abweichungen in dieser Hinsicht können aber die Gebotenheit ausschließen.

Aus dem Rechtsbewährungsgedanken folgt, dass der Verteidigende der Angriffssituation nicht ausweichen muss, auch wenn er kann.

Die Erforderlichkeit der Notwehrhandlung bestimmt sich nach der konkreten Kampflage. [68] Die Rechtsprechung ist in dieser Hinsicht unübersehbar. Die vom Täter gewählte Abwehr muss aber das relativ mildeste Mittel der Abwehr sein. Stehen in der konkreten Situation mehrere gleich wirksame Mittel der Gegenwehr zur Verfügung, so hat der Angegriffene grundsätzlich die mildere Handlungsalternative zu wählen. Jedenfalls kann als Grundsatz gelten, je stärker und gefährlicher der Angriff, desto härter darf das gewählte Verteidigungsmittel sein.[69] Der Einsatz von Waffen gegen unbewaffnete Angreifer ist anzudrohen, schließlich „in schonender Art und Weise" zunächst gegen „nicht lebenswichtige Teile des Körpers des Angreifers" zu richten.[70]

Daraus folgt, dass nicht nur das relativ mildeste Mittel zu nehmen ist, sondern auch der möglichst schonendste Einsatz gewählt werden muss.[71] Das Risiko, sich durch ungenügende Abwehr selbst zu gefährden, muss der Verteidigende jedoch nicht eingehen.

Beispiel
Der Schuss auf einen 3 Meter entfernten Angreifer in den Kopf ist erforderlich, weil nach dem erfolglosen Schuss auf die Beine keine Zeit für einen zweiten Schuss verbleibt.[72]

66 BGH NStZ 2003, 425.
67 Vgl. dazu Rn. 381.
68 BGH NStZ 1998, 508.
69 Kühl § 7, Rn. 101.
70 BGH NStE Nr. 22 zu § 32.
71 Vgl. Kühl § 7, Rn. 102.
72 BGH NStZ 1991, 33.

Bei der Gebotenheit handelt es sich um ein wertendes Tatbestandsmerkmal. Grundsätzlich ist – wegen des Rechtsbewährungsgedankens – Notwehr geboten. Trotzdem ist anerkannt, dass die Anwendung der Notwehr in gewissen Fallgruppen sozialethisch einzuschränken ist. Die (umfassende) Anwendung von Notwehr stellt sich nach der Rechtsprechung als ungerecht dar insbesondere bei

- krassem Missverhältnis zwischen Angriff und Verteidigungshandlung[73]
- Bagatellangriffen[74]
- Angriffen von erkennbar schuldlos handelnden Personen[75]
- engen persönlichen Beziehungen
  Begründet wird diese Einschränkung mit der Garantenpflicht innerhalb enger persönlicher Beziehungen.[76]
- provozierten Angriffen
  Wobei zu differenzieren ist: Bei der Absichtsprovokation[77] wird dem Verteidiger das Notwehrrecht gänzlich verwehrt, bei der Vorsatzprovokation[78] kann er sich nur abgeschwächt auf das Notwehrrecht berufen: Je stärker die Provokation, desto mehr muss der Provozierende sich in der Wahl seiner Mittel zurückhalten.[79]

In den ersten 4 Fallgruppen kommt als Rechtsfolge je nach Art des Angriffes ein Ausweichen oder eine schonende Verteidigung in Betracht.

Die in den Fallgruppen abgebildeten Fälle sind keine abschließende Aufzählung der Einschränkungen des Notwehrrechtes. So kann die Verteidigung auch nicht geboten sein bei erpresserischen Angriffen durch Drohungen[80] oder Widerstand gegen rechtswidrig vorgehende Hoheitsträger.[81] Immer ist wertend zu fragen, ob sich die Anwendung des Notwehrrechts als ungerecht darstellen würde. Dabei ist jedoch zurückhaltend vorzugehen, im Zweifel ist die Gebotenheit zu bejahen.

Verteidigungswille 119

Die Rechtsprechung und ein Teil der Literatur verlangen, dass der Angegriffene mit Vereidigungswillen handelt, also den Angriff als solchen erkennt und durch seine Tat der Rechtsgutverletzung entgegentreten will.[82] Die Verteidigungshandlung muss nicht nur objektiven Erfordernissen genügen, sie muss auch von einem Verteidigungswillen getragen sein. [83] Erforderlich ist insoweit ein zielgerichteter Wille zur Angriffsabwehr. Wenn Beweggründe anderer Art (wie Hass, Zorn, Wut) dabei eine Rolle spielen, schließt dies den erforderlichen Verteidigungswillen nicht aus, soweit der Verteidigungswille nicht völlig in

73 RGSt 55, 82: Mit Schrotgewehr auf Obstdiebe schießen.
74 Zum Beispiel: Vorbeidrängeln in einer Menschenansammlung.
75 Von Kindern, Geisteskranken, oder schwer Betrunkenen.
76 Roxin ZStW 93 (1981), 102.
77 Angegriffener hat die Notwehrlage absichtlich herbeigeführt, vgl. BGH NStZ 1983, 452.
78 Angegriffener hat die Notwehrlage nicht absichtlich herbeigeführt, er erkennt aber, dass sein Verhalten einen Angriff auslösen kann und nimmt das billigend in Kauf, vgl. BGHSt 42, 374 (378).
79 BGHSt 39, 374 (379).
80 Vgl. BGH NJW 2003, 1955 (1959).
81 Fischer § 32, Rn. 20 a.E.
82 BGHSt 2, 114, 5, 245.
83 BGH NStZ 2003, 599 (600).

den Hintergrund gedrängt ist.[84] Handelt der Täter nicht mit Verteidigungswille, ist das Notwehrrecht ausgeschlossen. Ein etwaiger Irrtum des „Verteidigers" schließt die Rechtswidrigkeit grundsätzlich nicht aus.

Beispiel
A trifft den verhassten B auf der Straße und schlägt ihn nieder. A wusste dabei nicht, dass B gerade auf der Flucht nach einem kurz zuvor begangenen Diebstahl war.[85]

Nach einer verbreiteten Meinung in der Literatur reicht bereits die Kenntnis der Notwehr begründenden Umstände, ein expliziter Verteidigungswille ist demnach entbehrlich.[86]

120 **Notwehrhandlungen gegen Polizeibeamte**

Das Notwehrrecht gegen Diensthandlungen von Polizeibeamten ist durch § 113 StGB und dem dort enthaltenden sogenannten strafrechtlichen Rechtmäßigkeitsbegriff eingeschränkt. Demnach macht sich strafbar, wer gegen rechtmäßige Vollstreckungshandlungen von Amtsträgern Widerstand leistet. Die Rechtsmäßigkeit des Handelns von staatlichen Hoheitsträgern bei der Ausübung von Hoheitsgewalt bestimmt sich dabei nicht streng akzessorisch nach der materiellen Rechtmäßigkeit des dem Handeln zugrundeliegenden Rechtsgebietes. Rechtswidrige Diensthandlungen in diesem Sinne sind nur solche, die gegen die formalen Rechtmäßigkeitsanforderungen, wie Zuständigkeit und Verfahrensvorschriften, verstoßen. Nur wenn solche Verstöße vorliegen, die den zugrundeliegenden Verwaltungsakt nichtig werden lassen, handelt es sich um einen rechtswidrigen Angriff i.S.v. § 32 StGB und nur dann ist Notwehr zulässig. Bei anderen Fehlern der Diensthandlung ist diese nicht rechtswidrig im Sinne von § 113 und § 32 StGB.

Beispiele
Notwehr ist möglich gegen einen die Blutprobe anordnenden Polizeibeamten, der entgegen der Forderung des § 81a Abs. 2 StPO nicht Ermittlungsbeamter der Staatsanwaltschaft ist.[87] Ebenso gegen die Durchsuchungsmaßnahme, wenn diese ohne die nach § 105 Abs. 2 StPO geforderte und mögliche Hinzuziehung von Zeugen geschieht.[88]

121 **Notwehrhandlungen von Polizeibeamten**

Ob die Notwehrregeln unbeschränkt auch für die im Dienst befindlichen Polizeibeamten gelten, ist umstritten. Dies deshalb, weil die Anwendung von Notwehr nach § 32 StGB zu einem Unterlaufen der zum Teil strengeren polizeirechtlichen Regeln zur Anwendung des unmittelbaren Zwanges führen könnten. Strengere Regelungen herrschen nach dem Verhältnismäßigkeitsgrundsatz insbesondere beim Schusswaffengebrauch. So ist dieser nur bei einem Verbrechen oder bei einem Vergehen mittels Schusswaffen/Sprengmittel zulässig.[89]

Beispiel
Polizeibeamte werden zu einem Einbruch bei einem Juwelier gerufen. Die Täter wollen gerade mit der Beute fliehen. Nach polizeirechtlichen Regelungen ist ihnen ein Schusswaffengebrauch verwehrt, nach Notwehrregelungen ist er zulässig.

---

84 BGH NStZ 1983, 117.
85 Vgl. zu diesem Irrtumsfall Rn. 387.
86 Vgl. Sch/Sch-Perron, § 32, Rn. 63.
87 OLG Düsseldorf StV 1991, 22.
88 BayObLG JZ 1980, 109; zustimmend Küper JZ 1980, 633.
89 Vgl. z.B.: § 64 PolG/NRW.

Einerseits wird den Polizeibeamten in diesen Fällen die Berufung auf Notwehrregelungen verwehrt mit der Folge, dass ein Schusswaffengebrauch rechtswidrig sei. § 32 StGB dürfe die polizeirechtlichen Regelungen nicht unterlaufen.[90] Die besseren Argumente sprechen indes dafür, den Polizeibeamten das Notwehrrecht in diesen Fällen zu gewähren.[91] Denn die in den Polizeigesetzen formulierten Notrechtsvorbehalte sprechen hierfür. Zudem enthält § 32 StGB keinen Ausschluss für Hoheitsträger. Schließlich spricht dafür, dass nach Eintreffen der Polizei in Fällen wie oben geschildert niemand mehr erforderliche Hilfe leisten könnte, da aufgrund der hoheitlichen Hilfe der Private nunmehr nicht mehr eingreifen darf. Zum Teil wird diese weite Anwendung des Notwehrrechts für Polizeibeamte jedenfalls für die Fälle der Selbstverteidigung bejaht.[92]

§ 32 StGB ist damit jedoch keine Eingriffsermächtigung für die Polizei, die Vorschrift betrifft nur die strafrechtliche Beurteilung. Die strafrechtliche Rechtfertigung des Verhaltens schließt die polizeirechtliche Missbilligung nicht aus. Disziplinarrechtliche Sanktionen bleiben möglich.[93]

Putativnotwehr – Putativnotwehrexzess 122

Glaubt der Täter bei seiner Tat aufgrund irriger Annahme einer Notwehrlage gerechtfertigt zu sein, so handelt er in Putativnotwehr. Die Behandlung dieses Irrtums ist umstritten. Nach der Rechtsprechung ist § 16 StGB analog anwendbar mit der Folge, dass der Vorsatz entfällt.[94] Überschreitet er dabei die Grenzen des anerkannten Rechtfertigungsgrundes, liegt ein Fall des Putativnotwehrexzesses vor.[95]

---

90 Öffentlich-rechtliche Theorie oder auch polizeirechtliche Lösung, vgl. Seebode StV 1991, 84; Beisel JA 1998, 721 (722).

91 Strafrechtliche Lösung, vgl. BGH NStZ 2005, 31 BayObLG JZ 1991, 936 und Kühl § 7, Rn. 153 m.w.N.

92 So Kühl JURA 1993, 238.

93 BGH, Urteil v. 30.6.2004 Az. 2 Str 82/04 zur Notwehr durch Polizeibeamte.

94 Siehe dazu Rn. 381.

95 Siehe dazu Rn. 383.

2.2.2 Rechtfertigender Notstand, § 34 StGB

123
- ***Aufsatz-Literatur**: Erb JuS 2010, 17 und 108 (Der rechtfertigende Notstand); Zieschang JA 2007, 679 (Rechtfertigender und entschuldigender Notstand); Kretschmer JURA 2005, 662 (Begriff der Gefahr bei § 34 StGB); Gropengießer JURA 2000, 262 (Konkurrenzverhältnis Notwehr und rechtfertigender Notstand).*
- ***Leitentscheidungen**: BGH NJW 1979, 2053 (Spannerfall, Erläuterungen dazu bei Koch JA 2006, 806).*
- ***Übungsfälle**: Kudlich JA 2009, 185; Fahl JURA 2009, 234; Bohnert JURA 2004, 640; Radke/Schwer JuS 2003, 580; Gropengießer JURA 2000, 262.*

124

Rechtfertigender Notstand, § 34 StGB

I. Tatbestandsmäßigkeit

II. Rechtswidrigkeit

1) Objektives Rechtfertigungselement

- a) Notstandslage
  - aa) gegenwärtige
  - bb) Gefahr für irgendein Rechtsgut
- b) Notstandshandlung
  - aa) erforderliche
  - bb) Beeinträchtigung
  - cc) eines Rechtsgutes
- c) Abwägung
  - geschütztes Rechtsgut muss beeinträchtigtes wesentlich überwiegen
- d) Angemessenheitsklausel, § 34 S. 2 StGB
  - zweites Wertungskorrektiv anhand der Gesamtrechtsordnung

2) Subjektives Rechtfertigungselement

Gefahrabwendungswille

III. Schuld

IV. Besonderheiten

V. Ergebnis

Gefahr ist ein Zustand, der einen Schaden mit hinreichender Wahrscheinlichkeit erwarten lässt.

Gegenwärtig ist die Gefahr, wenn bei natürlicher Weiterentwicklung der Dinge der Eintritt eines Schadens sicher oder höchstwahrscheinlich ist, falls nicht alsbald Abwehrmaßnahmen ergriffen werden (Fi § 34, Rn. 4).

Erforderlich ist die Beeinträchtigung, wenn sie geeignet ist und das mildeste Mittel darstellt, die Gefahr zu beseitigen.

Angemessen ist die Notstandshandlung, wenn sie nach den Maßstäben der Gesamtrechtsordnung ein zulässiges Mittel zur Gefahrenabwehr darstellt.

125 **Überblick**

Notstandsregeln sind getragen vom Prinzip des überwiegenden Interesses: Eine Beeinträchtigung eines Rechtsgutes ist nicht rechtswidrig, wenn dies zur Abwehr einer Gefahr für ein höherwertiges Rechtsgut geschieht. Die zivilrechtliche Notstandsregeln nach §§ 228 S. 1 BGB und § 904 S. 2 BGB gehen als speziellere Regelungen dem allgemeinen rechtfertigenden Notstand gemäß § 34 StGB vor. Der fast wortgleiche § 16 OWiG geht als Spezialvorschrift bei Ordnungswidrigkeiten § 34 StGB vor.

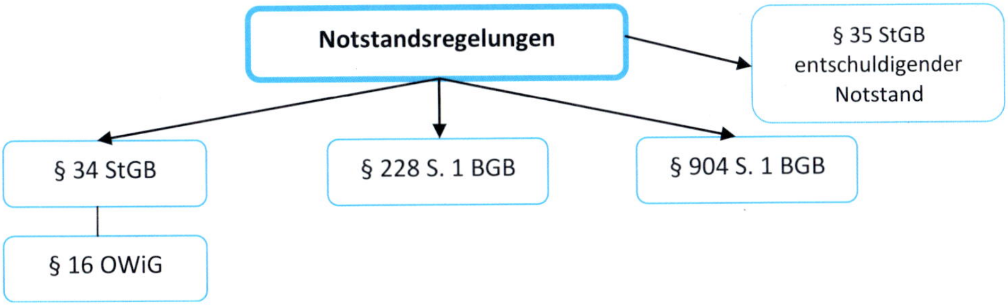

Abgrenzungen 126

- § 228 S. 1 BGB (sogenannter Defensivnotstand) ist einschlägig, wenn eine Gefahr von einer fremden Sache ausgeht und ebendiese beeinträchtigt wird.

  Beispiel
  Ein Hund greift an und will beißen, er wird zuvor von T erschlagen.

- § 904 S. 1 BGB (sogenannter Aggressivnotstand) ist einschlägig, wenn eine Gefahr für ein Rechtsgut besteht, und zur Abwehr dieser Gefahr eine fremde Sache beschädigt wird (von der die Gefahr nicht ausging).

  Beispiel
  Ein Ferienhaus in einer einsamen Gegend wird nach einem schweren Verkehrsunfall im Winter aufgebrochen, um dort einen Verletzten zu versorgen. Die damit verwirklichte Sachbeschädigung ist durch § 904 S. 1 BGB gerechtfertigt.

- § 34 StGB (sogenannter allgemeiner rechtfertigender Notstand) ist einschlägig, wenn eine Gefahr für ein Rechtsgut besteht, und zur Abwehr dieser Gefahr ein anderes Rechtsgut beeinträchtigt wird.

  Beispiel
  Ein Ferienhaus in einer einsamen Gegend wird nach einem schweren Verkehrsunfall im Winter aufgebrochen, um dort einen Verletzten zu versorgen. Der damit verwirklichte Hausfriedensbruch ist durch § 34 StGB gerechtfertigt.[96]

- § 35 StGB (entschuldigender Notstand) ist einschlägig, wenn es um eine Gefahr für Leben, Leben oder Freiheit für sich oder eine nahestehende Person geht, und die Gefahr nicht anders abwendbar, mithin ultima ratio ist. Eine Abwägung findet nicht statt. § 35 StGB als Entschuldigungsgrund – zu prüfen in der Schuld – kommt insbesondere in Betracht, wenn eine Rechtfertigung nach § 34 an der Verhältnismäßigkeitsabwägung oder der Angemessenheit scheitert.[97]

  Beispiel
  Zwei Schiffbrüche treiben im Wasser. A stößt B von der Planke, um sein Leben zu retten. B ertrinkt dadurch.[98]

Notstandslage 127

§ 34 StGB erfordert eine gegenwärtige Gefahr für ein Rechtsgut. Dies können Individual- wie auch Kollektivrechtsgüter sein. Notstandsfähig ist jedes Rechtsgut. In Betracht kom-

96 Zum Teil wird angenommen, auch der Hausfriedensbruch sei durch § 904 BGB gerechtfertigt, vgl. Kühl § 9, Rn. 18.
97 Joecks § 35, Rn. 2.
98 Klassischer Fall: „Brett des Karneades“; vgl. Koriath JA 1998, 250.

men also neben den genannten Rechtsgütern Leben, Leib, Freiheit, Ehre, Eigentum auch Vermögen[99] und Sicherheit des Straßenverkehrs.[100]

Gegenwärtig ist die Gefahr, wenn bei natürlicher Weiterentwicklung der Dinge der Eintritt eines Schadens sicher oder höchstwahrscheinlich ist, falls nicht alsbald Abwehrmaßnahmen ergriffen werden.[101] Eine gegenwärtige Gefahr kann schon vorliegen, wenn eine Angriffshandlung i.S.v. § 32 StGB noch nicht begonnen hat.[102] Insofern ist die Gegenwärtigkeit von § 34 StGB weiter zu verstehen als bei Notwehr. Das betrifft vor allem Fälle der „Präventivnotwehr" oder „notwehrähnlichen Lage".[103]

Beispiele
Zwei Personen verabreden in einer Gaststätte einen Überfall auf den Gastwirt, was dieser mithört; Täter bereiten einen Angriff auf ein Bordell vor, der Betreiber nötigt daraufhin mit Drohungen (nach BGHSt 39, 133).

Bei den Beispielen liegt im Vorfeld der Notwehr jeweils eine gegenwärtige Gefahr vor. Gegenwärtig ist auch eine Dauergefahr.

Beispiel (nach BGHSt 48, 255 „Familientyrann")
T tötet O, der sie über viele Jahre hinweg mit zunehmenden aggressiven Gewalttätigkeiten und Beleidigungen immer wieder erheblich verletzt und gedemütigt hat.

Es liegt eine gegenwärtige Gefahr i.S.v. § 34 StGB vor. Die Tat ist aber deswegen nicht gerechtfertigt, da das geschützte dem beeinträchtigen Rechtsgut nicht wesentlich überwiegt. In Betracht kommt aber dann ein entschuldigender Notstand, vgl. Rn. 185 ff.

128 **Notstandshandlung**

Die Notstandshandlung umfasst die „nicht anders abwendbare" Beeinträchtigung eines Rechtsgutes. Gemeint ist damit schlicht die Erforderlichkeit der Notstandshandlung. Dies bedeutet, die Notstandshandlung muss geeignet und so schonend wie möglich sein, das Erhaltungsgut zu schützen. Bei mehreren Handlungsalternativen gilt Folgendes:

Ist das mildeste zugleich das aussichtsreichste, so ist dieses auch das allein erforderliche. Das Gleiche gilt für das geeignetste unter mehreren gleich oder annähernd gleich schweren Mitteln und umgekehrt für die am wenigsten gravierende unter mehreren. [104]

Beispiel
Nicht erforderlich ist die Trunkenheitsfahrt (§ 316 StGB) eines Arztes zu einem Partienten, wenn dieser auch mit einem Taxi erreichbar wäre. [105]

129 **Abwägung**

Die Notstandshandlung muss einem wesentlich überwiegenden Interesse dienen. Dies bedeutet, das geschützte Rechtgut muss dem beeinträchtigten Rechtsgut deutlich überwiegen. Daher kann eine Beeinträchtigung des Lebens eines anderen nicht durch § 34 StGB gerechtfertigt werden. Es verbleibt nur der Rückgriff auf § 35 StGB.

---

99 BGH NJW 1976, 680.
100 OLG Koblenz NJW 1963, 1991.
101 Vgl. Fischer § 34, Rn. 4.
102 BGHSt 39, 133 (137).
103 Vgl. dazu Sch/Sch-Lenckner/Perron § 32, 17.
104 Sch/Sch-Lencker/Perron § 34, Rn. 20a.
105 Sch/Sch-Lencker/Perron a.a.O

Angemessenheit 130

Nach § 34 S. 2 StGB ist die Tat nur gerechtfertigt, wenn die Beeinträchtigung ein angemessenes Mittel zur Abwehr der Gefahr darstellt. „Angemessenheit" meint hier nicht die Abwägung, sondern die Kontrolle der Tat anhand der Gesamtrechtsordnung. So kann ein tatbestandliches Handeln zwar einem wesentlich überwiegenden Interesse dienen, jedoch nicht angemessen sein.

Beispiel
A stiehlt zur Behandlung seiner Zuckerkrankheit.

Nötigungsnotstand 131

Wird der Täter durch Gewalt oder Drohung zur Begehung einer rechtswidrigen Tat gezwungen, liegt ein Fall des sogenannten Nötigungsnotstandes vor.

Beispiel
T fordert A dazu auf , für ihn im Kaufhaus einen MP3-Player zu entwenden. Für den Fall der Weigerung droht er Schläge an.

Problematisch ist hier, ob A's Interesse an seiner körperlichen Unversehrtheit das Eigentumsinteresse „wesentlich" überwiegt, und ob die Straftatenbegehung ein „angemessenes" Mittel zur Abwehr der Gefahr darstellt. Dies ist wohl zu verneinen.

In Betracht kommt daher in diesen Fällen Straffreiheit allenfalls aufgrund eines entschuldigenden Notstandes.[106]

106 Vgl. dazu Rn. 185.

2.2.3 Defensivnotstand, § 228 S. 1 BGB

132
- ***Aufsatz-Literatur****: Pawlik JURA 2002, 26 (Der rechtfertigende Defensivnotstand); Braun NJW 1998, 941 (Subjektive Rechtfertigungselemente im Zivilrecht?)*
- ***Leitentscheidungen****: RGSt 34, 295 (Aneignungsrecht als notstandsfähiges Rechtsgut); BGHSt 18, 272.*
- ***Übungsfälle****: Kudlich JA 2009, 185; Joerden JuS 1996, 622; Keunecke/Witt JA 1994, 470.*

133

Defensivnotstand, § 228 S. 1 BGB

I. Tatbestandsmäßigkeit

II. Rechtswidrigkeit

1) Objektives Rechtfertigungselement

a) Notstandslage

aa) drohende Gefahr für irgendein Rechtsgut

bb) von fremder Sache

b) Notstandshandlung

aa) erforderliche

bb) Beeinträchtigung der fremden Sache, *von* der die Gefahr ausging

c) Abwägung

verteidigte Rechtsgut nicht wesentlich weniger wert als die beeinträchtigte Sache

2) Subjektives Rechtfertigungselement

Gefahrabwendungswille

III. Schuld

IV. Besonderheiten

V. Ergebnis

Drohende Gefahr liegt vor, wenn eine auf Umstände gegründete Wahrscheinlichkeit des Eintritts eines Schadens besteht (BGHSt 18, 272).

Fremd ist eine Sache, wenn sie im (Mit-)Eigentum eines anderen steht.

Erforderlich ist die Beeinträchtigung, wenn sie geeignet ist und das mildeste Mittel darstellt, die Gefahr zu beseitigen.

134 **Überblick**

Die zivilrechtliche Notstandsregeln nach §§ 228 S. 1 BGB und § 904 S. 2 BGB gelten nach dem Grundsatz „Einheit der Rechtsordnung“ auch im Strafrecht, gehen als speziellere Regelungen dem allgemeinen rechtfertigenden Notstand gemäß § 34 StGB vor. Der Defensivnotstand[107] gemäß § 228 S. 1 BGB greift den Spezialfall auf, wenn eine Gefahr von einer Sache ausgeht und ebendiese Sache beeinträchtigt wird. Es handelt sich also um einen Verteidigungsnotstand.

107 Auch „Sachwehr“ (so Sch/Sch-Lenckner, Vor §§ 32 ff., Rn. 69) genannt.

Beispiel
Ein Hund greift an und will beißen, er wird zuvor von T erschlagen.

Tiere werden gemäß § 90a BGB rechtlich als Sache behandelt. T's Sachbeschädigung (§ 303 StGB) ist gemäß § 228 BGB gerechtfertigt.

Demgegenüber geht es bei § 904 S. 2 BGB um einen Angriffs- (= Aggressiv-)notstand; erlaubt werden durch § 904 S. 2 BGB Angriffe auf Sachen, obwohl durch sie keine Gefahr droht.

§ 228 BGB beruht wie die anderen rechtfertigenden Notstandsregeln auf dem Gedanken, dass im Konfliktfall das weniger schutzwürdige Rechtsgut hinter höherrangigen Rechtsgütern zurücktreten muss.[108]

Rechtsfolge der Vorschrift ist strafrechtlich die Rechtfertigung des Verhaltens. Dagegen ist keine Notwehr zulässig, da es sich dann nicht um einen rechtswidrigen Angriff handelt. Zivilrechtlich stellt die Abwehrhandlung keine unerlaubte Handlung im Sinne der §§ 823 ff. BGB dar. Den Handelnden trifft gemäß § 228 S. 2 BGB eine Schadenersatzpflicht nur, wenn er die Gefahr verschuldet hat.

Notstandslage 135

Die Gefahr für ein Rechtsgut muss hier von einer Sache ausgehen. Geht sie von einem Menschen aus, kommt § 34 StGB in Betracht. Klassischer Fall ist die Gefahr durch Hundebiss, denkbar ist aber auch eine Gefahr durch ein brennendes Haus oder durch einen PKW. Ausreichend ist eine drohende Gefahr, sie muss noch nicht gegenwärtig sein.

Notstandshandlung 136

Die Notstandshandlung liegt in der Beeinträchtigung (Beschädigung oder Zerstörung) gerade der Sache, von der die Gefahr ausgeht.

Verhältnismäßigkeit 137

Gegenüber den strengeren Regeln bei § 34 StGB darf bei § 228 BGB das verteidigte Rechtsgut (lediglich) nicht wesentlich weniger wert sein als die beeinträchtigte Sache.

Beispiel
Verletzung eines Hundes zum Schutz vor Verschmutzung der Hose.

Der Schutz vor Verschmutzung der Hose hat geringeren Wert als das Tier, daher wäre eine Rechtfertigung ausgeschlossen.

Leben und Gesundheit sind höherwertig als Sachgüter.[109]

Gefahrenabwendungswille 138

Auch dieser Rechtfertigungsgrund setzt einen Abwendungswillen voraus.[110]

108 Palandt § 228, Rn. 1.
109 OLG Hamm NJW-RR 2001, 237.
110 BGHZ 92, 359.

2.2.4 Aggressivnotstand, § 904 S. 1 BGB

139
- ***Aufsatz-Literatur**: Braun NJW 1998, 941 (Subjektive Rechtfertigungselemente im Zivilrecht?).*
- ***Leitentscheidungen**: BGHZ 6, 102 (Schuldhafte Verursachung der Notstandslage durch Duldungspflichtigen).*
- ***Übungsfälle**: Kudlich JA 2009, 185; Joerden JuS 1996, 622; Geerds JURA 1992, 32.*

140

Aggressivnotstand, § 904 S. 1 BGB

I. Tatbestandsmäßigkeit

II. Rechtswidrigkeit

1) Objektives Rechtfertigungselement

a) Notstandslage

aa) gegenwärtige

bb) Gefahr für irgendein Rechtsgut

b) Notstandshandlung

aa) erforderliche

bb) Beeinträchtigung der fremden Sache, von der die Gefahr nicht ausging

c) Abwägung

geschütztes Rechtsgut muss die beeinträchtigte Sache wesentlich überwiegen

2) Subjektives Rechtfertigungselement

Gefahrabwendungswille

III. Schuld

IV. Besonderheiten

V. Ergebnis

Gegenwärtig ist die Gefahr, wenn sie unmittelbar bevorsteht, begonnen hat oder fortdauert.

Erforderlich ist die Beeinträchtigung, wenn sie geeignet ist und das mildeste Mittel darstellt, die Gefahr zu beseitigen.

141 **Überblick**

Die zivilrechtliche Notstandsregeln nach §§ 228 S. 1 BGB und § 904 S. 1 BGB gelten nach dem Grundsatz „Einheit der Rechtordnung" auch im Strafrecht und gehen als speziellere Regelungen dem allgemeinen rechtfertigenden Notstand gemäß § 34 StGB vor. Der Aggressivnotstand gemäß § 904 S. 1 BGB greift den Spezialfall auf, wenn zum Schutz eines Rechtsgutes eine Sache beeinträchtigt wird, von der aber die Gefahr nicht ausgeht. Denn sonst wäre § 228 S. 1 BGB einschlägig. Es wird also ein Unbeteiligter nach dem Aufopferungsgedanken in Anspruch genommen.

Beispiel

Benutzung des Pkw eines anderen zur Rettung eines Schwerverletzten. Die Straftat nach § 248 b StGB (Unbefugter Gebrauch eines Fahrzeuges) ist durch § 904 S. 1 gerechtfertigt.

Rechtsfolge der Vorschrift ist strafrechtlich die Rechtfertigung der Tat. Zivilrechtlich dürfen Eigentümer und Besitzer einer Sache die Einwirkung nicht verbieten, sie ist rechtmäßig. Der Handelnde ist gemäß § 904 S. 2 BGB verschuldensunabhängig zum Schadenersatz verpflichtet. Dies ist nicht der Fall, wenn der Duldungspflichtige die Notstandslage selbst verursacht hat.[111]

Notstandslage 142

Es muss – im Gegensatz zu § 228 BGB – eine gegenwärtige Gefahr vorliegen. Diese höheren Anforderungen erschließen sich daraus, dass gemäß § 904 BGB eine Tat gegenüber einem Unbeteiligten gerechtfertigt wird. Dies ist zwar mit der Solidaritätspflicht zu begründen, erfordert aber andererseits strengere Anforderungen.

Notstandshandlung 143

Die Notstandshandlung liegt in der Beeinträchtigung einer fremden Sache. In erster Linie kommen damit Sachbeschädigungsdelikte in Betracht, aber auch der unbefugte Gebrauch eines Kraftfahrzeuges oder Fahrrades, strafbar nach § 248b StGB.

Abwägung 144

§ 904 S. 1 BGB erfordert eine ähnlich strenge Abwägung zwischen der Beeinträchtigung der Sache und dem geschutzten Rechtsgut. Dies resultiert aus dem Gedanken der Inanspruchnahme eines Unbeteiligten. Das zu schützende Rechtsgut muss die Beeinträchtigung der Sache deutlich überwiegen, was bei Abwehr von Leib- und Lebensgefahren regelmäßig zu bejahen ist.

Gefahrabwendungswille 145

Die Tat muss mit dem Willen geschehen, die Gefahr abzuwenden und nicht nur zufällig bewirken.[112]

111 BGHZ 6, 102.
112 BGHSt 92, 357; a.A. Braun NJW 1998, 941.

2.2.5 Einwilligung

146
- ***Aufsatz-Literatur***: *Sowada NStZ 2012, 1 (Die hypothetische Einwilligung im Strafrecht); Bott/Volz JA 2009, 421 (§ 228 StGB); Rönnau JuS 2007, 18 (Einwilligung und Einverständnis); Duttge JURA 2006, 15 (Rechtsgutlehre und Einwilligung); Duttge NJW 2005, 260 (zu § 228 StGB); Otto JURA 2004, 679 (Einwilligung, mutmaßliche, gemutmaßte und hypothetische Einwilligung); Rönnau JURA 2002, 595 (Einwilligung als Instrument der Freiheitsbetätigung); Rönnau JURA 2002, 665 (Voraussetzungen und Grenzen der Einwilligung); Amelung/Eymann JuS 2001, 937 (Einwilligung des Verletzten).*
- ***Leitentscheidungen***: *BGHSt 49, 34 (zu § 228 StGB); BGH NStZ 2000, 87 (zur Einwilligungsfähigkeit).*
- ***Übungsfälle***: *Hinderer/Brutscher JA 2011, 907 („Der Tod war schnller" – Einwilligung in fahrlässige Tötung); Bohnert JURA 2004, 640; Rönnau/Hohn JuS 2003, 998; Hillenkamp JuS 2001, 159; Fisch/Sternberg-Lieben JA 2000, 124; Baier JA 2000, 300.*

147

Einwilligung

I. Tatbestandsmäßigkeit

II. Rechtswidrigkeit

1) Objektives Rechtfertigungselement

a) Dispositionsbefugnis

b) Erklärung

aa) ausdrücklich vorher oder

bb) mutmaßlich:
nicht einholbar und Inhaber des Rechtsgutes müsste vernünftiger Weise einwilligen

c) Einwilligungsfähigkeit/keine Willensmängel

d) bei KV-Delikten: keine Sittenwidrigkeit

2) Subjektives Rechtfertigungselement

Kenntnis der Einwilligung/
Geschäftsbesorgungswille

III. Schuld

IV. Besonderheiten

V. Ergebnis

Sittenwidrig ist die Einwilligung, wenn sie gegen das Anstandsgefühl aller billig und gerecht Denkenden verstößt (Fi § 228, Rn. 9)

Ausdrücklich ist die Erklärung, wenn sie in eindeutiger, nicht misszuverstehender Weise getätigt worden ist.

148 **Überblick**

Bei der Einwilligung handelt es sich um einen ungeschriebenen Rechtfertigungsgrund. Man unterscheidet die ausdrückliche von der mutmaßlichen Einwilligung. Im letzteren Fall wird die Einwilligung nicht erklärt, sondern sie ist aufgrund der Lage der Dinge anzunehmen.

149 **Einwilligung und Einverständnis**

Terminologisch ist der Rechtfertigungsgrund Einwilligung zu trennen vom tatbestandsausschließendem Einverständnis. Letzteres ist gegeben, wenn ein Tatbestandsmerkmal ein Handeln gegen den Willen erfordert, der gegenstehende Wille aber nicht besteht.

Beispiele

„Eindringen" bei Hausfriedensbruch (§ 123 StGB) und „Wegnahme" bei Diebstahl erfordern ein Handeln gegen den Willen. Bei einer Einladung und bei einer Zustimmung zur Wegnahme liegt bereits der jeweilige Tatbestand nicht vor. Dann spricht man vom tatbestandsausschließendem Einverständnis.

Dispositionsbefugnis 150

Zunächst ist zu beachten, dass der Einwilligende nur in die Verletzung persönlicher, nicht jedoch in die Verletzung von Kollektivrechtsgütern einwilligen kann.

Beispiel
Beifahrer fährt mit erkennbar betrunkenen Pkw-Führer nach Hause, willigt in eine dadurch entstehende Gefährdung seiner Person ein. Eine Gefährdung des Straßenverkehrs gemäß § 315c StGB des Fahrzeugführers ist durch Einwilligung des Beifahrers jedoch nicht gerechtfertigt. § 315c StGB schützt nämlich nicht nur die körperliche Unversehrtheit, sondern auch die Sicherheit des Straßenverkehrs als Kollektivrechtsgut.

Zudem ist zu beachten, dass das Rechtgut Leben der Disposition durch Einwilligung entzogen ist. Dies ergibt sich aus der Strafbarkeit der Tötung auf Verlangen, § 216 StGB.

Beispiel
A möchte sterben und bittet daher B, ihn zu töten. Trotz Einwilligung in die Tötung ist B strafbar gemäß § 216 StGB.

Erklärung 151

Die einwilligende Erklärung muss eindeutig und vor der Tat erfolgen. Fehlt eine Erklärung, kann die Tat hilfsweise durch die mutmaßliche Einwilligung gerechtfertigt sein. Dies ist der Fall, wenn die Ermittlung der individuellen Interessen, Wünsche, Bedürfnisse und Wertvorstellungen ergibt, dass vernünftigerweise eingewilligt worden wäre.[113]

Einwilligungsfähigkeit 152

Die Einwilligungsfähigkeit bestimmt sich nicht nach der Geschäftsfähigkeit, sondern nach der konkreten Einsichts- und Urteilsfähigkeit. [114] Es ist immer im Einzelfall unter Beachtung des konkreten Gegenstands der Einwilligung zu prüfen, ob der Geschädigte in der Lage war, Bedeutung und Tragweite des Rechtsgutverzichtes zu erfassen.

Beispiel
Bei dem 15-jährigen Jugendlichen, der sich auf eine lebensgefährliche „Mutprobe" einlässt, ist an der Urteilsfähigkeit auch dann zu zweifeln, wenn er die Lebensgefahr erkennt.[115]

Keine Willensmängel 153

Willensmängel können insbesondere durch Irrtum oder Täuschung eintreten. Eine so entstandende „Einwilligung" führt nicht zur Rechtmäßigkeit der Tat.

Sittenwidrigkeit nach § 228 StGB 154

Bei § 228 StGB handelt es sich um eine weitere Einschränkung der Dispositionsfreiheit. Körperverletzungen, die gegen die guten Sitten verstoßen, sind trotz Einwilligung rechtswidrig. Dabei kommt es nicht auf das sittenwidrige Motiv, sondern auf die Sittenwidrigkeit der Körperverletzung an.[116]

Beispiele
Verabreichung von Dopingmitteln[117], lebensgefährliche Aufnahme in eine Jugendgang[118], „Autosurfen"[119], sadomasochistische lebensgefährliche Praktiken[120].

113 Vgl. BGHSt 45, 219.
114 Vgl. BGH NStZ 2000, 87.
115 BayObLG NJW 1999, 45.
116 BGHSt 49, 34.
117 Heger JA 2003, 76.
118 BayObLG NJW 1999, 122.
119 OLG Düsseldorf NStZ-RR 1997, 325.
120 BGHSt 49, 165.

2.2.6 Festnahme durch jedermann, § 127 Abs. 1 StPO

155 • ***Aufsatz-Literatur***: *Mitsch JA 2016, 161 (Vorläufige Festnahme und Notwehr); Satzger JURA 2009, 107 (Das Jedermann-Festnahmerecht nach § 127 I 1 StPO als Rechtfertigungsgrund); Kargl NStZ 2000, 8 (Inhalt und Begründung der Festnahmebefugnis nach § 127 I StPO).*

• ***Übungsfälle***: *Walter JURA 2002, 415.*

156 **Festnahme durch jedermann, § 127 Abs. 1 StPO**

I. Tatbestandsmäßigkeit

II. Rechtswidrigkeit

1) Objektives Rechtfertigungselement
   a) auf frischer Tat betroffen
      oder
      verfolgt
   b) Fluchtverdacht
      oder
      IDF nicht sofort feststellbar
   c) Verhältnismäßigkeit

2) Subjektives Rechtfertigungselement
   Festnahmewille

III. Schuld

IV. Besonderheiten

V. Ergebnis

Auf frischer Tat betroffen wird, wer bei Begehung einer rechtswidrigen Tat oder unmittelbar danach, am Tatort oder in dessen unmittelbarer Nähe gestellt wird (Meyer-Goßner § 127, Rn. 5).

Verfolgung auf frischer Tat liegt vor, wenn sich der Täter bereits vom Tatort entfernt hat, sichere Anhaltspunkte aber auf ihn als Täter hinweisen und seine Verfolgung zum Zwecke seiner Ergreifung aufgenommen wird (Meyer-Goßner § 127, Rn. 6).

Fluchtverdacht liegt vor, wenn nach den erkennbaren Umständen des Falles die Annahme gerechtfertigt ist, der Betroffene werde sich der Verantwortung durch die Flucht entziehen, wenn er nicht alsbald festgenommen wird (vgl. BGH NStZ 1992, 27).

157 **Überblick**

§ 127 Abs. 1 StPO gibt jedermann das Recht, eine Person vorläufig festzunehmen. Die Vorschrift rechtfertigt also in erster Linie die entsprechende Freiheitsberaubung (§ 239 StGB) durch Festhalten oder Einsperren. Zulässige Rechtsfolge ist aber auch die Anwendung von körperlicher Gewalt zur Festnahme. Damit können auch die mit der Festnahme zusammenhängenden Körperverletzungen (§§ 223, 224 StGB) durch § 127 Abs. 1 StPO gerechtfertigt werden.

Die Vorschrift verfolgt den Zweck der Strafverfolgung. Da gegen Kinder kein Strafverfahren betrieben werden kann, vgl. § 19 StGB, kann deren Festnahme nicht durch § 127 Abs. 1 StPO gerechtfertigt werden. In Betracht kommt dann aber eine Rechtfertigung gemäß § 32 StGB, ggf. in Form der Nothilfe.

Unzulässig ist auch die Festnahme zur Verhinderung weiterer Straftaten oder um den Täter zur Rede zu stellen, denn § 127 Abs. 1 StPO verfolgt allein repressive Zwecke.[121]

121 SK-Paeffgen § 127, Rn.5.

Auf frischer Tat betroffen 158

Erforderlich ist eine begangene oder versuchte Straftat, eine Ordnungswidrigkeit reicht nicht aus.

Nach h. M. reicht der bloße Tatverdacht aus.[122] Nimmt der Festnehmende irrig an, es läge eine Straftat vor, wäre er demnach trotzdem gerechtfertigt.

> **Beispiel**
> A sieht einen Jugendlichen mit einem neu verpackten Handy aus einem Handyladen laufen. Er hält ihn fest, da er glaubt, A hätte das Handy entwendet. Tatsächlich hatte A ordnungsgemäß bezahlt und sich nur beeilt, um den nächsten Bus zu erreichen.

Nach h.M. ist A gemäß § 127 Abs. 1 StPO gerechtfertigt. Mangels rechtwidrigem Angriff ist eine etwaige Notwehrhandung des Jugendlichen nicht zulässig. Dieser Meinung nach ist § 127 Abs. 1 StPO ein starkes Recht, das Risiko der Falscheinschätzung hat also der Festgehaltene zu tragen.

Die Gegenmeinung hält einen Tatverdacht für nicht ausreichend, sondern fordert das tatsächliche Vorliegen einer rechtswidrigen Tat. Demnach wäre im Beispielsfall A zwar nicht gerechtfertigt, aber aufgrund seines Erlaubnistatumstandsirrtum auch nicht strafbar.[123] Nach dieser Ansicht wäre aber Notwehr des Jugendlichen zulässig, weil ein rechtswidriger gegenwärtiger Angriff vorliegt.

Kriminalpolitische Erwägungen sprechen dafür, das Irrtumsrisiko dem Verdächtigen aufzubürden. Ansonsten besteht die Gefahr, dass aus Angst vor einer möglichen Strafbarkeit das Festnahmerecht nach § 127 Abs. 1 StPO leerläuft und der gesellschaftliche Solidaritätsgedanke weiter abnimmt.

Fluchtverdacht 159

Ausreichend ist, dass nachvollziehbare Gründe dafür sprechen, der Betroffene werde sich der Verantwortung entziehen.

Verhältnismäßigkeit 160

Die Maßnahme muss in einem angemessenen Verhältnis zum Festnahmezweck stehen, jedenfalls darf kein erkennbares Missverhältnis bestehen.[124]

Polizeibeamte 161

§ 127 Abs.1 StPO ist neben § 127 Abs. 2 StPO auch eine Eingriffsermächtigung für Polizeibeamte.[125] Die Vorschrift hat in dieser Hinsicht jedoch keine eigenständige Bedeutung, da § 163b StPO (für die Identitätsfeststellung) und § 127 Abs. 2 StPO (bei Fluchtgefahr) als lex specialis vorgehen.

Festnahmewille 162

Der Festnehmende muss in dem Bewusstsein handeln, die Strafverfolgung zu ermöglichen. Dies ergibt sich aus dem Zweck der Maßnahme. Will er den Täter nur zur Rede stellen oder weitere Straftaten verhindert, ist er nicht gemäß § 127 Abs. 1 StPO gerechtfertigt.[126]

---

122 BGH NJW 1981, 745; a.A. Meyer-Goßner § 127, Rn. 4.
123 Vgl. zum Erlaubnistatumstandssirrtum Rn. 381.
124 Pfeiffer § 127, Rn. 7, KK-Boujong § 127, Rn. 19 (Ausschluss des Festnahmerechts nur bei offensichtlichem Missverhältnis).
125 Meyer-Goßner § 127, Rn. 1; a.A.: Frister HdP G Rn. 173 f.
126 Meyer-Goßner § 127, Rn. 8 m.w.N.; SK-Paeffgen § 127, Rn.18.

2.2.7 Eingriffsbefugnisse von Polizeibeamten

163 • ***Aufsatz-Literatur***: *Amelung Jus 1986, 329 (Die Rechtfertigung von Polizeivollzugsbeamten).*
• ***Leitentscheidungen***: *BGHSt 24, 125 (zum „strafrechtlichen Rechtmäßigkeitsbegriff").*
• ***Übungsfälle***: *Heimann/Prisille JA 2002, 305.*

164 **Rechtfertigung durch Eingriffsbefugnisse**

I. Tatbestandsmäßigkeit

II. Rechtswidrigkeit

1) Objektives Rechtfertigungselement

a) örtliche und sachliche Zuständigkeit

b) Beachtung wesentlicher Form- und Verfahrensvorschriften

c) Verhältnismäßigkeit i.w.S.
geeignet
erforderlich
angemessen

2) Subjektives Rechtfertigungselement

Handeln im „hoheitlichen Bewusstsein"

Pflichtgemäße Prüfung des Tatbestandes der Eingriffsnorm

III. Schuld

IV. Besonderheiten

V. Ergebnis

Geeignet ist die Maßnahme, wenn damit das polizeiliche Ziel erreicht werden kann.

Erforderlich ist die Maßnahme, wenn sie geeignet und das mildeste Mittel ist, das polizeiliche Ziel zu erreichen.

Angemessen ist die Maßnahme, wenn sie nicht erkennbar außer Verhältnis zum Zweck steht.

165 **Überblick**

Für polizeiliches Handeln bilden strafprozessuale und polizeirechtliche Eingriffsbefugnisse die wichtigsten Rechtfertigungsgründe. Die gerechtfertigte Beeinträchtigung von strafrechtlich geschützten Rechtgütern gehört zur täglichen Arbeit im operativen Dienst. Sichere Rechtskenntnisse hinsichtlich der Eingriffsnormen sind daher unabdingbar.

166 **„Strafrechtlicher Rechtmäßigkeitsbegriff"**

Nach h.M. ist die Tat des Polizeibeamten nicht erst gerechtfertigt, wenn durch komplette eingriffsrechtliche Prüfung die öffentlich-rechtliche Zulässigkeit des Handelns festgestellt wurde. Nach dem sogenannten strafrechtlichen Rechtmäßigkeitsbegriff ist die Tat bereits gerechtfertigt, wenn die wesentlichen Rechtmäßigkeitsvoraussetzungen erfüllt sind. Dazu zählen die örtlichen und sachlichen Zuständigkeiten, die Einhaltung wesentlicher Form- und Verfahrensvorschriften sowie des Verhältnismäßigkeitsgrundsatzes im weiteren Sinne, also unter Einschluss von Geeignetheit, Erforderlichkeit und Angemessenheit.

Die Tat des Polizeibeamten ist demnach auch bei Fehlen der sachlichen Eingriffsvoraussetzungen nicht rechtswidrig, wenn er nach pflichtgemäßer Prüfung von deren Vorliegen ausgehen durfte. Eine Rückgriff auf die Rechtsfigur des Erlaubnistatumstandsirrtums bedarf es nicht.

Beispiel

Die Beamten eines Spezialeinsatzkommandos brechen im Rahmen eines Zugriffs die Wohnungstür des Oberstudienrates O auf und gehen in dessen Wohnung. Schnell stellen sie fest, dass sie sich im Stockwerk geirrt haben, sie wollten eigentlich die Wohnung des mutmaßlichen Terroristen T stürmen.

Sachbeschädigung und Hausfriedensbruch sind nach dem strafrechtlichen Rechtfertigungsbegriff durch hoheitliche Eingriffsbefugnisse gerechtfertigt, auch wenn sie im konkreten Fall nicht vorlagen. Der Irrtum geht zu Lasten des unbescholtenen Bürgers, der Schadenersatz verlangen kann.

Rechtswidrig bleibt die Tat dagegen bei einer Fehlbeurteilung der rechtlichen Zulässigkeitsvoraussetzungen. In Betracht kommt dann aber ein Erlaubnisirrtum gemäß § 17 StGB.[127]

Beispiel

O wurde erheblich betrunken aufgefunden. Zu seinem eigenen Schutz nimmt ihn Polizeikommissar T in Gewahrsam. Er entlässt ihn nicht, obwohl O wieder fähig ist, selbst für sich zu sorgen. T meint, er dürfe ihn in Gewahrsam halten, bis er ein Blutalkohlkonzentration von 0 ‰ hat.

T hat einschlägige landesrechtliche Regelungen zur Behandlung festgehaltener Personen verletzt. Er unterlag einem Irrtum über die Reichweite des Rechtfertigungsgrundes, sogenannter Erlaubnisirrtum. Dieser ist gemäß § 17 StGB jedoch nur dann erheblich, wenn er unvermeidbar war. T hätte die Vorschrift zur Behandlung festgehaltener Personen kennen müssen, der Irrtum war vermeidbar. Daher hat sich T einer Freiheitsberaubung durch Unterlassen §§ 239, 13 StGB strafbar gemacht.

127 Vgl. Sch/Sch-Lenckner, Vor § 32, Rn. 86 m.w.N.

2.3 Schuld

167 • ***Aufsatz-Literatur**: Lesch JA 2002, 602 (Unrecht und Schuld im Strafrecht).*
- ***Leitentscheidungen**: BVerfGE 20, 323 (Keine Strafe ohne Schuld); BGHSt-GS 2, 194 (Begriff der Schuld).*

168 **Überblick**

Während Tatbestand und Rechtswidrigkeit das Unrecht des Verhaltens kennzeichnen, bestimmt die Schuld die persönliche Vorwerfbarkeit.[128] Das Schuldprinzip ist eines der tragenden Prinzipien des deutschen Strafrechts: Ein Verhalten kann nur bestraft werden, wenn die Tat persönlich vorwerfbar ist.[129] Das Schuldprinzip ist elementarer Bestandteil des Rechtsstaates und hat seinen Niederschlag in § 46 StGB gefunden.[130] Demnach ist die Schuld Grundlage für die Strafzumessung.

169 **Elemente der Schuld**

Die Schuldprüfung umfasst 3 Elemente: die Schuldfähigkeit, das Unrechtsbewusstsein und das Fehlen von Entschuldigungsgründen.

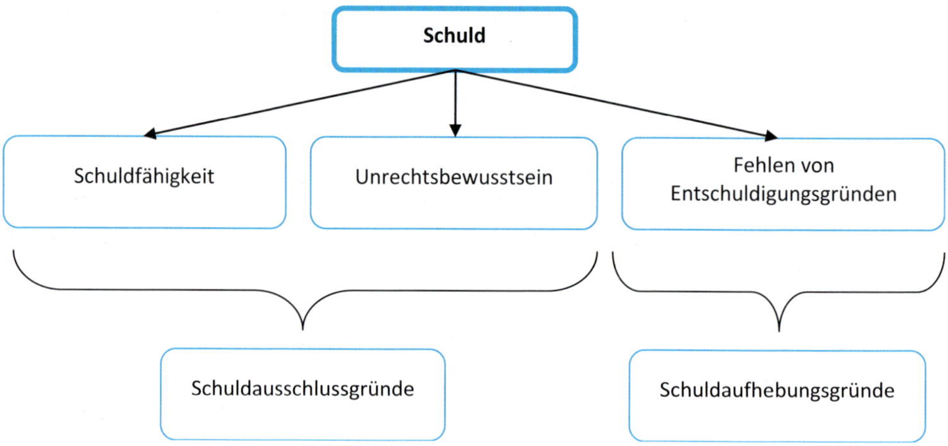

Weil bei Schuldunfähigkeit oder mangelndem Unrechtsbewusstsein bereits keine Schuld entsteht, spricht man von Schuldausschlussgründen.

Im Gegensatz dazu ist bei Vorliegen von Entschuldigungsgründen die Schuld zwar grundsätzlich zunächst gegeben, die Tat ist aber (nachträglich) **ent**schuldigt. Daher nennt man sie auch Schuldaufhebungsgründe. In Falllösungen ist grundsätzlich davon auszugehen, dass der Täter schuldfähig ist und mit Unrechtsbewusstsein handelt. Auch für Entschuldigungsgründe müssen klare Hinweise vorliegen.

128 Vgl. BGHSt 2, 200.
129 BVerfGE 6, 439.
130 Vgl. Grundprinzipien des Strafrechts, Rn. 18 ff.

2.3.1 Schuldfähigkeit

- ***Aufsatz-Literatur***: *Strate StV 2015, 661 (Die forensische Psychiatrie und das lästige Verfassungsgericht); Satzger JURA 2006, 314 (Begründung der a.l.i.c.); Schweinberger JuS 2006, 507 (Folgeprobleme des Tatbestandsmodells der a.l.i.c.); Keiser JURA 2001, 376 (Schuldfähigkeit als Voraussetzung der Strafe); Otto JURA 1999 a.l.i.c. und BGHSt 42, 235).* 170
- ***Leitentscheidungen***: *Pfister NStZ-RR 2011, 193 (Die Beurteilung der Schuldfähigkeit in der Rechtsprechung des Bundesgerichtshofes); BGHSt 42, 235 (Ablehnung a.l.i.c. bei Verkehrsdelikten).*
- ***Übungsfälle***: *Kudlich JA 2009, 185 (a.l.i.c. und Nötigungsnotstand); Kaspar JURA 2007, 69 (Schuldfähigkeit, a.l.i.c. entschuldigender Notstand); Rönnau JuS 2000, L 28 u. L 31 (zur a.l.i.c.).*

Kinder und Jugendliche 171

Gemäß § 19 StGB besteht bei Kinder (Personen bis zu 14 Jahren) die unwiderlegliche Vermutung der Schuldunfähigkeit. Gegen sie kann kein Strafverfahren betrieben werden, es besteht ein absolutes Prozesshindernis. Strafbare Teilnahme (Anstiftung und Beihilfe) an tatbestandlichem Handeln von Kindern ist möglich, da Teilnahme gemäß §§ 26, 27 StGB keine schuldhafte Tat voraussetzt. Bei Jugendlichen (Personen, die schon 14, aber noch nicht 18 Jahre als sind, § 1 Abs. 2 JGG) ist die Schuldfähigkeit gemäß § 3 JGG positiv festzustellen. Ein Jugendlicher ist strafrechtlich verantwortlich, wenn er zur Zeit der Tat nach seiner sittlichen und geistigen Entwicklung reif genug ist, das Unrecht der Tat einzusehen und nach dieser Einsicht zu handeln. Bei Erwachsenen (Personen über 18 Jahre) besteht die widerlegliche Vermutung der Schuldfähigkeit. Daher ist in Falllosungen grundsätzlich von Schuldfähigkeit auszugehen.

Schuldunfähigkeit nach § 20 StGB 172

Die Vorschrift nennt zwei Formen der Schuldunfähigkeit: die fehlende **Einsichtsfähigkeit** und die fehlende **Steuerungsfähigkeit**. Grundlage der Schuldunfähigkeit bilden gemäß § 20 StGB biologisch respektive psychisch bedingte Defekte:

tatsächlicher Defekt	gesetzliche Umschreibung in § 20 StGB
Gehirnverletzung oder -erkrankung	„krankhafte seelische Störung“
Bewusstseinstrübung: insbesondere durch Alkohol, Drogen	„tief greifende Bewusstseinsstörung“
Intelligenzschwäche	„Schwachsinn“
Weitere psychsiche Erkrankungen: Psychosen, Neurosen, Triebstörungen	„schwere andere seelische Abartigkeit“

Die Schuldunfähigkeit muss bei Begehung der Tat, also der Ausführung der tatbestandlichen Merkmale, gegeben sein, sogenanntes Koizidenzprinzip. Eine Aufweichung dieses Koizidenzprinzips bildet die Rechtsfigur der a.l.i.c. [131]

131 Siehe dazu Rn. 178.

173 **Verminderte Schuldfähigkeit gemäß § 21 StGB**

Ist die Einsicht- oder Steuerungsfähigkeit aus einem der in § 20 StGB genannten Gründen lediglich erheblich gemindert, aber noch vorhanden, so kann die Strafe gemildert werden. In praxi ist der häufigste Fall der Strafmilderung nach 21 StGB die unter Alkoholeinwirkung begangene Tat.

174 **Alkohol**

Bei erheblicher Alkoholisierung bei der Tat handelt der Täter aufgrund der tief greifenden Bewusstseinsstörung ohne Schuld und wird somit wegen der begangenen Tat nicht bestraft. Es verbleibt allenfalls eine Bestrafung nach § 323a StGB (Vollrausch). Dies ist ohne Verstoß gegen das Schuldprinzip möglich, da der strafrechtliche Vorwurf nicht die Tat selbst, sondern das Versetzen in den Vollrausch ist. Weitaus häufiger wird die Strafe gemäß § 21 StGB gemildert, da die Rechtsprechung erst bei hoher Blutalkoholkonzentration von Schuldunfähigkeit gemäß § 20 StGB ausgeht. Es bestehen jedoch keine festen Werte, bei denen Schuldunfähigkeit anzunehmen ist.

Das LG Kleve[132] hat in einem Verfahren wegen gefährlicher Körperverletzung im Rahmen von Häuslicher Gewalt Schuldfähigkeit des Ehemannes auch bei einer Blutalkoholkonzentration von 3,88 Promille angenommen. Entscheidend dafür waren Beweisanzeichen und psychodiagnostische Kriterien: Der Ehemann habe vor der Tat einen 15 – 20 minütigen Fußweg zur ehelichen Wohnung absolviert und sei durch seinen regelmäßige Alkoholkonsum an Alkohol gewöhnt. Zudem hat er das Tatwerkzeug – ein Beil – gezielt aus dem Schrank in einem anderen Zimmer geholt, habe gezielt Schläge mit dem Griff ausgeführt, die Kinder weggeschickt und ein gutes Erinnerungsvermögen an die Tat. Zudem hat er dem Opfer noch geholfen, als sie würgen und brechen musste. Dies spreche für seine Steuerungsfähigkeit. Insgesamt wurde vom Gericht lediglich eine erheblich verminderte Steuerungsfähigkeit nach § 21 StGB angenommen. Der Ehemann wurde zu einer Gesamtfreiheitsstrafe von 2 Jahren und 6 Monaten verurteilt.

175 **Fehlende oder beeinträchtigte Steuerungsfähigkeit**

Diese muss durch das Gericht (in aller Regel mit Hilfe von Sachverständigen) stets im Einzelfall festgestellt werden. Daher ist bei entsprechenden Verdachtsmomenten unter Beachtung des Verhältnismäßigkeitsprinzips gemäß § 81a StPO durch die Polizei eine Blutprobe zu entnehmen.

132 LG Kleve, Urt. vom 26.01.2012, 120 KLs 41/11, juris.

Als **Anhaltspunkte** haben sich in der Rechtsprechung herausgebildet: 176

	§ 20 StGB Schuldunfähigkeit	§ 21 StGB verminderte Schuldunfähigkeit
unter 2 ‰	Nein	Nein
unter 2 ‰-3 ‰ bzw. ab 2,2 ‰ bei Tötungsdelikten[131]	i.d.R. nein	i.d.R. ja
über 3 ‰ bzw. 3,3 ‰ bei schweren Gewalttaten	i.d.R. ja[132]	--

Drogen 177

Entsprechende Richtwerte existieren für die Feststellung der Steuerungsunfähigkeit durch Drogen nicht. Im Verdachtsfall ist unter Beachtung des Verhältnismäßigkeitsgrundsatzes durch die Polizei eine Urinprobe zu veranlassen, um die Art und Menge der Drogen nachweisen zu können.

actio libera in causa 178

Nach der umstrittenen Rechtsfigur der actio libera in causa („eine in der Ursache freie Handlung") soll ein Handeln trotz Schuldunfähigkeit bei der Ausführungshandlung nach dem verwirklichten Delikt zu bestrafen sein. Begründet wird dies mit Gerechtigkeitserwägungen.

Beispiel
A begeht einen Tankstellenüberfall, nachdem er sich in seiner Stammkneipe zuvor mit Alkohol „Mut angetrunken" hat. Bei Tatbegehung hat er eine Blutalkoholkonzentration von 3,1 ‰ Alkohol. A soll strafbar sein nach § 249 StGB (Raub) i.V.m. den Grundsätzen der a.l.i.c. mit einem Strafrahmen von Freiheitsstrafe nicht unter einem Jahr bis zu 15 Jahren. Nach anderer Meinung kommt lediglich eine Strafbarkeit nach § 323a StGB (Vollrausch) in Betracht. Dieses Delikt hat einen Strafrahmen von lediglich bis zu 5 Jahren Freiheitsstrafe oder Geldstrafe.

A handelte bei Erfüllung der Tatbestandsmerkmale in einer tief greifenden Bewusstseinsstörung im Sinne von § 20 StGB und ist somit schuldunfähig. In Betracht käme daher nur eine Bestrafung nach § 323a StGB (Vollrausch). Demnach wird derjenige bestraft, der sich vorsätzlich oder fahrlässig durch alkoholische Getränke in einen Rausch versetzt und in diesem Zustand eine rechtswidrige Tat begeht, derentwegen er wegen Schuldunfähigkeit nicht bestraft werden kann. Dies wird jedoch als ungerecht empfunden, da § 323a StGB einen Strafrahmen lediglich bis fünf Jahre Freiheitsstrafe bzw. Geldstrafe aufweist. Damit wird der Täter viel günstiger bestraft als wegen der begangenen Rauschtat.

Um eine Bestrafung wegen der Rauschtat zu ermöglichen, werden verschiedene Begründungsansätze herangezogen.

133 Bei Tötungsdelikten wegen höherer Hemmschwelle höhere Werte; vgl. SK-Rudolphi § 21 Rn. 2.
134 BGHSt 37, 231 (235); bei schweren Gewalttaten höhere Werte aufgrund höherer Hemmschwelle nach BGH NStZ 2000, 136.

Nach dem Ausnahmemodell soll der Täter ausnahmsweise doch nach der Rauschtat bestraft werden, wenn er den Rauschzustand vorsätzlich herbeigeführt hat. Insofern wird von dem Koinzidenzprinzip zwischen Begehung der Tat und der Schuldfähigkeit eine Ausnahme gemacht. Insofern wird also die Schuld vorverlagert auf den Zeitpunkt des Betrinkens. Dies verstößt jedoch gegen den Grundsatz „nullum crimen sine lege" (keine Strafe ohne Gesetz). Denn es ist nach dem in Art. 103 II GG verankerten Gesetzlichkeitsprinzip unzulässig, eine gesetzlich nicht fixierte gewohnheitsrechtliche Ausnahme zu Lasten des Bürgers zu machen.

Nach dem Tatbestandsmodell (Vorverlagerungsmodell) soll eine Bestrafung nach der Rauschtat möglich sein, indem die zeitliche Koinzidenz zwischen Tat und Schuld hergestellt wird. Dazu wird das Gesamtgeschehen (Betrinken und die kriminelle Handlung) als Tat i.S.v. § 20 StGB angesehen. Auch dieses Modell ist jedoch starker Kritik ausgesetzt. Denn es steht im deutlichen Widerspruch zu § 22 StGB, der verlangt, dass der Täter „nach seinen Vorstellungen von der Tat zur Verwirklichung des Tatbestandes unmittelbar ansetzt". Erst dann ist von strafbarem Beginn der Tat zu sprechen, nicht schon mit einem Betrinken.

Jedenfalls bei verhaltensgebundenen Delikten trägt das Tatbestandsmodell nicht, da eine Vorverlagerung der Tat auf das Betrinken mit dem Bestimmtheitsgebot aus Art. 103 Abs. 2 GG nicht vereinbar ist. Daher lehnt die Rechtsprechung die a.l.i.c. bei Verkehrsdelikten ab. [135]

Bei fahrlässigen Erfolgdelikten ist die Rechtsfigur nicht erforderlich, da der Fahrlässigkeitsvorwurf ohne Weiteres im Betrinken gesehen werden kann.

Da die a.l.i.c. gegen den eindeutigen Wortlaut aus § 20 StGB („... bei Begehung der Tat ...") verstößt, ist sie insgesamt abzulehnen. [136]

135 BGHSt 42, 235.
136 So auch Hettinger GA 1989, 1; Salger/Mutzbauer NStZ 1993, 561.

2.3.2 Unrechtsbewusstsein, § 17 StGB

- ***Aufsatz-Literatur***: *Plaschke JURA 2001, 235 (Doppelirrtum); Neumann JuS 1993, 794 (Anforderungen an das Unrechtsbewusstsein).* 179
- ***Leitentscheidungen***: *BGHSt-GS 2, 194 (Keine Strafe ohne Schuld).*
- ***Übungsfälle***: *Dürre/Wegerich JuS 2006, 712;Kaspar JuS 2002, 409; Walter JURA 2002, 415; Britz JuS 2002, 465; Jahn JA 2002, 560; Momsen/Sydow JuS 2001, 1194; Ambos JuS 2000, 46.*

Überblick 180

Gemäß § 17 StGB handelt ohne Schuld, wem bei Begehung der Tat die Einsicht fehlt, Unrecht zu tun, und wenn diese Fehlvorstellung nicht vermieden werden konnte. Liegen diese Voraussetzung vor, kann der Täter nicht bestraft werden. Ausreichend für eine Bestrafung ist jedoch das potenzielle Unrechtsbewusstsein, d.h. der Täter muss das Unrecht erkannt haben oder er hätte es erkennen können. [137] Insofern stimmt das Sprichwort: „Unwissenheit schützt vor Strafe nicht!"

§ 17 StGB erfasst Wertungsirrtümer über das Verbotensein des Tuns. Da das Unrecht aus 2 Elementen, nämlich Tatbestand und Rechtswidrigkeit besteht, hat dieser Verbotsirrtum auch zwei Dimensionen: Einerseits kann der Täter grundsätzlich darüber irren, dass das Handeln einen Tatbestand einer Strafnorm erfüllt (direkter Verbotsirrtum) oder er weiß um die Erfüllung eines Tatbestandes, meint jedoch, gerechtfertigt zu sein (Erlaubnisirrtum). In beiden Fällen liegt eine Verbotsirrtum vor, der bei Unvermeidbarkeit die Schuld ausschließt. Bei Vermeidbarkeit besteht gemäß § 17 S. 2 StGB die Möglichkeit der Strafmilderung.

Beispiele
A führt ein Butterflymesser mit in Unkenntnis der Strafbarkeit gemäß §§ 2 Abs. 3 i.V.m. Anlage 2 Nr. 1.4.3, 52 Abs. 3 Nr. 1 WaffG (= direkter Verbotsirrtum, vermeidbar).

A schlägt auf dem Spielplatz einen Klassenkameraden seines Sohnes in der Annahme, dies sei gerechtfertigt, da der Klassenkamerad am Vortag den Sohn verprügelte (= indirekter Verbotsirrtum, vermeidbar).

Siehe dazu im Einzelnen Teil 7, Irrtumslehre.

2.3.3 Entschuldigungsgründe

- ***Aufsatz-Literatur***: *Bünemann/Hömpler JURA 2010, 184 (Nötigungsnotstand bei Gefahr für nichthöchstpersönliche Rechtsgüter); Zieschang JA 2007, 679 (Rechtfertigender und entschuldigender Notstand); Theile JuS 2006, 965 (Der bewusste Notwehrexzess); Moos ZStW 116 (2004), 891 (Allgemeiner Entschuldigungsgrund der Unzumutbarkeit), Kühl JA 1998, 250 (Entschuldigender Notstand).* 181
- ***Leitentscheidungen***: *BGHSt 48, 255 (Entschuldigender Notstand bei Tötung eines „Haustyrannen"); BGH StV 2006, 688 (Anforderungen an das Tatbestandsmerkmal „Furcht").*
- ***Übungsfälle***: *Popp/Hotz JA 2016, 268 (Objektive Zurechnung; psychische Erkrankung als Erfolg einer Körperverletzung; § 33 StGB); Rengier/Jesse JuS 2008, 42 (zum extensiven Notwehrexzess); Haverkamp/Kaspar JuS 2006, 895 (zum entschuldigenden Notstand); Ambos JuS 2000, 465.*

137 Vgl. BGHSt-GS 2, 194 (200 ff.).

182 **Überblick**

Ein entstandener Schuldvorwurf kann entfallen, wenn das Handeln des Täters ausnahmsweise durch die Rechtsordnung entschuldigt wird. Für eine mögliche Entschuldigung kommen nach dem Strafgesetzbuch 2 Normen in Betracht:

- Notwehrexzess, § 33 StGB.
- Entschuldigender Notstand, § 35 StGB.
- Gewohnheitsrechtlich anerkannt ist darüber hinaus der übergesetzliche Notstand.

183 **Notwehrexzess, § 33 StGB**

Überschreitet der Täter bei bestehender Notwehrlage die Erforderlichkeit der Verteidigung aus Verwirrung, Furcht oder Schrecken, so wird er nicht bestraft (sogenannter intensiver Notwehrexzess).

Grund für die Strafbefreiung ist die psychische Ausnahmesituation als Gefühl des Bedrohtsein, bei der der Täter das Geschehen dann nicht mehr verarbeiten und ihm angemessen begegnen kann. [138] Entschuldigung tritt ein, wenn der Täter die Notwehr in qualitativer Hinsicht über das in § 32 StGB zulässige Maß ausdehnt.

Beispiel

Die ängstliche, aber kräftige O wird im Park von dem mutigen, aber schwächlichen und unbewaffenten T angegriffen. Obwohl mehrere Sprühstöße mit dem mitgeführen Pfefferspray ausgereicht hätten, sticht sie aus Furcht T nieder.

Nach ausweitender Ansicht soll der Täter auch dann straffrei sein, wenn bei der Notwehrlage der Angriff noch nicht oder nicht mehr gegenwärtig war (extensiver Notwehrexzess). [139] Der Täter dehnt die Notwehr in zeitlicher Hinsicht über das durch § 32 StGB zulässige Maß aus.

Beispiele

- nachzeitiger extensiver Notwehrexzess:
  Die ängstliche, aber kräftige O wird im Park von dem mutigen, aber schwächlichen und unbewaffenten T angegriffen. Nachdem mehrere Sprühstöße mit dem mitgeführten Pfefferspray T handlungsunfähig werden ließen, tritt O aus Furcht mehrfach kräftig auf ihn ein.
- vorzeitiger extensiver Notwehrexzess:
  Die ängstliche, aber kräftige O begegnet im Park dem schwächlichen, ebenfalls ängstlichen T. Als dieser auf gleicher Höhe ist, schlägt O ihn aus Furcht vor einem Angriff nieder.

Gute Gründe sprechen dafür, auch den nachzeitigen extensiven Notwehrexzess von § 33 StGB zu erfassen. Denn die psychische Ausnahmesituation, die der Gesetzgeber bei § 33 StGB würdigt, ist auch bei dem nicht mehr gegenwärtigen Angriff noch gegeben.

Der Gesetzgeber hat in § 33 StGB nur die asthenischen (Schwäche bezeugenden) Affekte Furcht, Verwirrung oder Schrecken aufgeführt. Überschreitungen der Notwehr aus sthenischen Affekten wie Zorn, Wut oder Empörung lassen die Tat nicht straffrei werden.

---

138 BGH NJW 2001, 3200.

139 Sch/Sch-Lenckner/Perron § 33, Rn. 7; nur für nachzeitigen extensive Notwehrexzess: LK-Spendel § 33, Rn. 4; W-Beulke Rn. 447; Joecks § 33, Rn. 3.

Es bietet sich folgender Prüfungsaufbau an: 184

Notwehrexzess, § 33 StGB
Schuld
1. Schuldfähigkeit
2. Unrechtsbewusstsein
3. Entschuldigungsgründe
a) Notwehrlage gegeben oder Angriff nicht mehr gegenwärtig (Verweis nach oben)
b) Die durch Notwehr gedeckt Handlung wurde überzogen
c) aus Furcht, Verwirrung oder Schrecken

Furcht i.S.v. § 33 StGB setzt eine Erheblichkeit des Affektes annähernd einer Panik voraus. Die Fähigkeit, das Geschehen richtig zu verarbeiten, muss erheblich reduziert sein.

Überschreitet der Täter im Falle der Putativnotwehr die erforderliche Verteidigung, liegt ein Fall des Putativnotwehrexzesses vor.[140]

Beispiel
A schlägt in der Vorstellung eines Angriffs F nieder, der ihn nur freudig umarmen wollte. Aus Angst, er greift weiter an, tritt er mehrmals auf den am Boden liegenden F ein.

Die Regelung des § 33 StGB finden hier keine Anwendung, da es an einer tatsächlichen Notwehrlage mangelt, die § 33 StGB zwingend voraussetzt. A hat sich hinsichtlich des Schlages wegen des Erlaubnisumstandsirrtums in analoger Anwendung von § 16 Abs. 1 StGB nicht nach § 223 StGB strafbar gemacht. Hinsichtlich der Tritte hat er – nach seinen Vorstellungen – die Grenzen eines anerkannten Rechtfertigungsgrundes überschritten, er handelte in einem (Erlaubnis-)Irrtum über das erforderliche Maß der Verteidigung, § 17 StGB ist anwendbar. Er ist gänzlich straffrei, wenn er den Irrtum hinsichtlich des Rechtfertigungsgrundes nicht vermeiden konnte.[141]

Entschuldigender Notstand, § 35 StGB 185

Die Vorschrift ist vom Gedanken getragen, dass bei dem psychischen Druck der Selbsterhaltung bei Existenzbedrohung ein normgemäßes Verhalten unzumutbar ist. Es ist zwar rechtswidrig und damit Unrecht, jedoch entschuldigt. In Abgrenzung zu § 34 StGB kommt ein entschuldigender Notstand insbesondere in Betracht, wenn ein rechtfertigender Notstand an der gebotenen Verhältnismäßigkeitsabwägung oder Angemessenheit scheitert, denn § 35 StGB erfordert keine Abwägung.

Zudem besteht der Unterschied zu § 34 StGB in der Notstandslage. Vom entschuldigenden Notstand sind nur Gefahren für die existenziellen Rechtsgüter Leib, Leben und Fortbewegungsfreiheit erfasst.

140 Vgl. dazu Rn. 383.
141 Vgl. zum Erlaubnisirrtum Rn. 381.

186

Entschuldigender Notstand, § 35 StGB
Schuld 1. Schuldfähigkeit 2. Unrechtsbewusstsein 3. Entschuldigungsgründe a) Objektives Entschuldigungselement aa) Notstandslage -- gegenwärtige -- Gefahr für Leib, Leben oder (Fortbewegungs-) Freiheit -- für den Täter, einen Angehörigen oder eine ihm nahe stehende Person bb) Notstandshandlung -- erforderliche (= Gefahr nicht anders abwendbar) -- Beeinträchtigung -- eines Rechtsgutes cc) Hinnahme der Gefahr unzumutbar 2) Subjektives Entschuldigungselement Gefahrabwendungswille

Gefahr i.S.v. § 35 StGB ist ein Zustand, in dem aufgrund tatsächlicher Umstände die Wahrscheinlichkeit des Eintritts eines schädigenden Ereignisses besteht (BGH NStZ 2003, 482).

Gegenwärtig ist die Gefahr, wenn bei natürlicher Weiterentwicklung der Dinge der Eintritt eines Schadens sicher oder höchstwahrscheinlich ist, falls nicht alsbald Abwehrmaßnahmen ergriffen werden
(Fi § 35, Rn. 2 i.V.m. § 34, Rn. 4).

Erforderlich ist die Beeinträchtigung, wenn sie geeignet ist und das mildeste Mittel darstellt, die Gefahr zu beseitigen.

Eine nahe stehende Person ist eine solche, bei der das persönliche Verhältnis der Intensität des Zusammengehörigkeitsgefühls unter Angehörigen gleichzusetzen ist.

187 Einen Sonderfall bildet der sogenannte Nötigungsnotstand, wenn der Täter durch Gewalt oder Drohung zur Begehung einer rechtswidrigen Tat gezwungen wird.

Beispiel
T fordert A dazu auf, für ihn im Kaufhaus einen MP3-Player zu entwenden. Für den Fall der Weigerung droht er mit Schlägen. T stiehlt daraufhin das Gerät.

Problematisch ist hier, ob § 34 StGB oder § 35 StGB Anwendung findet. Da A's Interesse an seiner körperlichen Unversehrtheit das Eigentumsinteresse nicht „wesentlich" überwiegt und die Straftatenbegehung kein „angemessenes" Mittel zur Abwehr der Gefahr darstellt, ist mangels Vorliegen der Voraussetzungen des § 34 StGB in diesen Fällen § 35 StGB einschlägig. Die Prüfung von § 35 StGB im Beispielsfall führt jedoch zu keiner Schuldaufhebung. A hat sich nach § 242 StGB strafbar gemacht.

188 Polizeibeamte können sich nur eingeschränkt auf § 35 StGB berufen.[142] Aufgrund des besonderen Rechtsverhältnisses ist eine etwaige Gefahr hinzunehmen. Wer beruflich oder dienstlich verpflichtet ist, unter Einsatz von Leib und Leben tätig zu werden, darf sich nicht durch Berufung auf § 35 StGB dieser Pflicht entziehen.[143]

142 Ebenso andere Berufsgruppen, wenn zu deren Aufgabe gehört, Gefahren abzuwehren: Feuerwehrleute, Rettungssanitäter, Bergführer, Bademeister usw.
143 Vgl. schon RGSt 72, 246.

Übergesetzlicher Notstand 189

Für Fälle, bei denen § 35 StGB mangels persönlichem Näheverhältnis nicht anwendbar ist, ist ein übergesetzlicher Notstand (oder: „entschuldigende Pflichtenkollision") gewohnheitsrechtlich anerkannt. Dies aber nur für besondere, eng begrenzte Ausnahmefälle, wenn die Tat in jeder Hinsicht die Ultima Ratio darstellt und der Täter in schwerer Gewissensnot handelt.[144] Letztlich kann es sich nur um Lebensgefahren handeln, bei denen ein „choice-of-evils"- Dilemma besteht.

Beispiel
Um einen Zusammenstoß mit einem vollbesetzten Personenzug zu vermeiden, stellt der Bahnbeamte die Weiche auf ein Nebengleis um; dort sind 3 Bahnarbeiter beschäftigt.[145]

Übergesetzlicher Notstand 190

Schuld

1. Schuldfähigkeit
2. Unrechtsbewusstsein
3. Entschuldigungsgründe

a) Objektives Entschuldigungselement

aa) Notstandslage

-- gegenwärtige
-- Gefahr für Leben
-- für mehrere andere Personen
-- „choice-of-evils-Dilemma"

bb) Notstandshandlung

-- hat Übel verringert
-- ethisch vertretbare Konfliktlösung

2) Subjektives Entschuldigungselement

Gefahrabwendungswille

Gewissenhafte Prüfung des Vorliegens einer Notstandsituation

144 Sch/Sch-Lenckner Vor § 32, Rn. 17.
145 Welzel ZStW 63, 51.

Lernkontrolle „Elemente der Straftat“

1	Welche Elemente der Straftat kennzeichnen das Unrecht, welche die persönliche Vorwerfbarkeit?
2	Definieren Sie „vorsätzliches Handeln“.
3	Nennen Sie die 2 Elemente und die 3 Formen des Vorsatzes.
4	Was sind „objektive Bedingungen der Strafbarkeit“?
5	Nennen Sie die wesentlichen Rechtfertigungsgründe nebst ihrer gesetzlichen Grundlagen.
6	Nennen und erläutern Sie das Schema zur Notwehr.
7	Wann ist Notwehr nicht „geboten“?
8	Erläutern Sie den Unterschied zwischen rechtfertigendem und entschuldigendem Notstand.
9	Nennen Sie die Elemente der Schuld.
10	Erläutern Sie die wesentlichen Entschuldigungsgründe anhand von Beispielen.

3 Das vollendete Begehungsdelikt

3.1 Das vorsätzliche Begehungsdelikt

- ***Aufsatz-Literatur***: *Frisch JuS 2011, 19 (Objektive Zurechnung des Erfolgs); Schumann JURA 2008, 408 (Objektive Zurechnung); Rönnau JuS 2004, 114 (Kausalität und objektive Zurechnung); Seher JURA 2001, 814 (Objektive Zurechnung und ihre Darstellung im Gutachten).* 191
- ***Leitentscheidungen***: *RGSt 54, 349 (Bluter Fall: zur Äquivalenztheorie und objektiver Zurechnung).*
- ***Übungsfälle***: *Popp/Hotz JA 2016, 268 (Objektive Zurechnung; psychische Erkrankung als Erfolg einer Körperverletzung; § 33 StGB); Sternberg-Lieben/Sternberg-Lieben JuS 2005, 47 (zur objektiven Zurechnung); Eisele JA 2003, 40 (zur Kausalität); Rönnau JuS 2000, L 28 und L 31 (zum Handlungsbegriff).*

192

Vollendetes vorsätzliches Begehungsdelikt

I. Tatbestandsmäßigkeit
  1. Objektiver Tatbestand
    a) Objektive Tatbestandsmerkmale
    b) ggf. Kausalität
    c) ggf. objektive Zurechnung des Erfolges
  2. Subjektiver Tatbestand
    a) Vorsatz
    b) ggf. sonstige subj. Tatbestandsmerkmale
    c) ggf. Tatbestandsirrtum
  3. ggf. objektive Bedingung der Strafbarkeit
II. Rechtswidrigkeit
  1. objektive Rechtfertigungsmerkmale
  2. subjektives Rechtfertigungselement
III. Schuld
  1. Schuldfähigkeit
  2. Unrechtsbewusstsein
     (ggf. Irrtümer bzgl. Schuld)
  3. Entschuldigungsgründe
IV. Besonderheiten
  Insbesondere Strafzumessungsregeln
V. Ergebnis

Kausal ist eine Handlung für einen Erfolg, wenn sie nicht hinweggedacht werden kann, ohne dass der Erfolg entfiele (BGHSt 39, 195 (197)).

Objektive Zurechnung des Erfolges erfolgt, wenn die Handlung des Täters eine rechtlich zu missbilligende Gefahr für das verletzte Rechtsgut geschaffen und diese Gefahr sich im konkreten Erfolgseintritt realisiert hat (Fi. § 13, Rn. 17).

Vorsatz ist der Wille zur Verwirklichung eines Straftatbestandes in Kenntnis aller seiner objektiven Tatumstände.

193 **Überblick**

Das vollendete Delikt zeichnet sich durch den eingetretenen Erfolg (Erfolgsdelikte) beziehungsweise das Begehen der pönalisierten Handlung (Tätigkeitsdelikte) aus. Begehungsdelikte sind in Abgrenzung zu Unterlassungsdelikten solche, bei denen der strafrechtliche Vorwurf in einem Tun besteht.

Schließlich kann der Tatbestand vorsätzlich oder fahrlässig herbeigeführt werden.

194 **Handlung**

Anknüpfungspunkt der Strafbarkeit ist beim Begehungsdelikt ein Tun, also eine Handlung des Täters. Darunter versteht man jedes auf einen Willensentschluss beruhendes menschliches Verhalten. [146] Keine Handlung im strafrechtlichen Sinne sind demnach mit unwiderstehlicher Gewalt erzwungene Handlungen.

Beispiel

A wird gegen eine Schaufensterscheibe gedrückt, welche dann zerspringt.

Ebenso fehlt es an einer strafrechtlichen Handlung bei Körperbewegungen im Schlaf oder Reflexbewegungen. Davon sind Spontanhandlungen und automatisierte Handlungen zu unterscheiden, die sehr wohl Handlungen i.d.S. sind.

Beispiele

A wehrt während der Autofahrt eine Wespe ab, die um seinen Kopf fliegt. Dabei verliert er die Kontrolle über sein Fahrzeug und verursacht einen Verkehrsunfall, bei dem B verletzt wird (= Spontanhandlung). [147]

A sieht plötzlich ein Tier auf der Fahrbahn, weicht aus und stößt gegen die Leitplanke, wodurch die Beifahrerin getötet wird (= automatisierte Handlung). [148]

3.1.1 Objektiver Tatbestand

195 **Geschriebene Tatbestandsmerkmale**

Der Tatbestand des vorsätzlichen Begehungsdeliktes enthält als objektive Tatbestandsmerkmale Tatumstände, bei Erfolgsdelikten auch den strafrechtlich bedeutsamen Erfolg und bei Tätigkeitsdelikten die pönalisierte Tätigkeit.

Beispiele

Wegen Körperverletzung macht sich strafbar, wer bei einem anderen eine körperliche Misshandlung oder eine Gesundheitsschädigung herbeiführt (Erfolgsdelikt).

Wegen Trunkenheit im Verkehr (§ 316 StGB) macht sich strafbar, wer im fahruntüchtigen Zustand ein Kraftfahrzeug führt (Tätigkeitsdelikt).

Die geschriebenen Tatbestandsmerkmale sind in der Fallprüfung immer nach den Regeln juristischer Methodik zu prüfen und darzustellen. [149]

196 **Ungeschriebene Tatbestandsmerkmale**

Der strafrechtliche Erfolg muss ein Werk des Täters sein. Bei Erfolgsdelikten bedarf es daher einer Verbindung zwischen der Handlung und dem strafrechtlich relevanten Erfolg. Zunächst ist zu prüfen, ob das Handeln des Täters ursächlich (kausal) für den Erfolgsein-

146 Fischer Vor § 13, Rn. 3.
147 Nach OLG Hamm NJW 1975, 695.
148 OLG Frankfurt VRS 28 (1965), 365.
149 Siehe dazu Rn. 61.

tritt war. Sodann ist zu klären, ob der Erfolg auch objektiv zugerechnet werden kann. Diese Überlegungen finden als ungeschriebene Tatbestandsmerkmale nur Eingang in eine Falllösung, wenn besondere Fallkonstellationen Anlass dazu bieten.

Beispiel
A verletzt B mit Tötungsabsicht im Streit schwer. Auf dem Weg ins Krankenhaus verstirbt B, da Sanitäter S bei der Betreuung des Verletzten nachlässig war. A kann wegen Totschlages (§ 212 StGB) bestraft werden, wenn sein kausales Verhalten auch objektiv zurechenbar war. Dies ist zu bejahen.[150]

Kausalität 197

Nach der Bedingungs- oder Äquivalenztheorie[151] ist ein Handeln ursächlich für den Erfolg, wenn es nicht hinweggedacht werden kann, ohne dass der Erfolg entfiele. Diese gängige Formel bildet die naturgesetzliche Grundlage für die Verbindung zwischen Handlung und Erfolg.

Beispiel
A schießt auf B, wodurch B direkt verstirbt. Der Schuss war kausal für B's Tod.

Bei Anwendung der Bedingungstheorie müssen aber hypothetische Verläufe – weil sie eben hypothetisch sind – außer Acht gelassen werden, sie entlasten den Täter nicht.

Beispiel
A schießt auf B, wodurch B direkt verstirbt. A wendet ein, dass B sowieso verstorben wäre, da er mit dem Flugzeug geflogen wäre, das nachweislich abstürzt. Dabei verstarben alle Insassen. A ist trotzdem eines Totschlags gemäß § 212 StGB schuldig.

Sonderfall: Doppelkausalität 198

Die Doppelkausalität (auch alternative Kausalität genannt) bildet einen Sonderfall, der bei Anwendung der reinen Bedingungstheorie zu unbefriedigenden Ergebnissen führt. Bei der Doppelkausalität führen 2 unabhängige Handlungen gleichzeitig den Erfolg herbei, wobei jede für sich ausgereicht hätte.

Beispiel
A und B mischen C eine erhebliche Menge Gift ins Essen, jede Menge für sich hätte bereits den Tod verursacht. C isst und stirbt.

Denkt man das Handeln des A hinweg, wäre C auch gestorben. Gleiches gilt für B, sodass nach einfacher Anwendung der Bedingungstheorie kein Handeln kausal wäre. Daher ist die Bedingungstheorie für diesen Sonderfall zu modifizieren. Kausal sind hier alle Bedingungen, die zwar kumulativ, aber nicht alternativ hinweggedacht werden können.[152]

Lehre von der objektiven Zurechnung 199

Aufgrund der Weite der Bedingungstheorie ist nach Feststellung der Kausalität wertend zu prüfen, ob der Erfolg tatsächlich dem Täter zugerechnet werden kann. Die Lehre der objektiven Zurechnung ist also ein Wertungskorrektiv der Kausalität. Objektive Zurechnung des Erfolges ist gegeben, wenn die Handlung des Täters eine rechtlich zu missbilligende Gefahr für das verletzte Rechtsgut geschaffen und diese Gefahr sich im konkreten Erfolgseintritt realisiert hat.[153] Im ersten Schritt ist zu klären, ob eine rechtlich missbilligende Gefahr geschaffen wurde, und dann stellt sich die Frage der Gefahrrealisierung.

150 Siehe im Einzelnen Rn. 199
151 Auch Conditio-sine-qua-non-Formel genannt.
152 Vgl. Kühl § 4, Rn. 19; dazu auch BGHSt 39, 195: zwei Schüsse durch denselben Täter.
153 Fischer Vor § 13, Rn. 17.

Schon keine rechtlich missbilligende Gefahrschaffung liegt bei ganz entfernten Verursachungen der Gefahr vor.

Beispiel
Verkauf einer Pistole, mit der der Käufer später jemanden tötet.

Die Gefahrrealisierung ist auch zu verneinen bei atypischen Kausalverläufen, wenn sich nur das allgemeine Lebensrisiko im Erfolg realisiert.

Beispiele
A sticht mit Tötungsvorsatz auf B ein. B stirbt a) auf dem Weg in Krankenhaus bei einem Verkehrsunfall; b) bei einem Zimmerbrand im Krankenhaus.

Die Gefahrrealisierung und damit die objektive Zurechnung ist jedoch zu bejahen, wenn der Verlauf nicht gänzlich ungewöhnlich ist und in direktem Zusammenhang mit der Verletzungshandlung des Täters steht.

Beispiele
A sticht mit Tötungsvorsatz auf B ein. B wird aber zunächst lediglich schwer verletzt. Er stirbt a) aufgrund eines Behandlungsfehlers des Arztes; b) aufgrund eines defekten Beatmungsgerätes; c) weil er Bluter ist.

3.1.2 Subjektiver Tatbestand

200 **Gegenstand**

Da nach § 15 StGB grundsätzlich nur vorsätzliches Handeln strafbar ist, besteht der Tatbestand des vorsätzlichen Begehungsdeliktes zumindest aus dem Vorsatz. Hier ist der Wille des Täters zur Erfüllung des Tatbestandes in Kenntnis aller objektiven Umstände festzustellen.[154]

Im Übrigen sind hier ggf. besondere subjektive Tatbestandsmerkmale der jeweiligen Deliktsnorm zu prüfen.

Beispiele
Diebstahl (§ 242: Absicht rechtswidriger Zueignung); Betrug (§ 263 StGB: Absicht, sich oder einem Dritten einen rechtswidrigen Vermögensvorteil zu verschaffen); Mord (§ 211 StGB: handeln, um eine andere Straftat zu ermöglichen oder zu verdecken = Ermöglichungsabsicht oder Verdeckungsabsicht).

3.1.3 Objektive Bedingungen der Strafbarkeit

201 **Begriff**

Bei objektiven Bedingungen der Strafbarkeit handelt es sich um Voraussetzungen des Tatbestandes, die nicht vom Vorsatz umfasst sein müssen. Solche Strafbarkeitsbedingungen sind Teil nur weniger Tatbestände, wie beispielsweise § 113 StGB (Widerstand gegen Vollstreckungsbeamte), § 231 StGB (Beteiligung an einer Schlägerei).[155]

202 **Aufbau**

In der Falllösung sind die Strafbarkeitsbedingungen als Teil des Tatbestandes nach dem subjektiven Tatbestand zu prüfen.

154 Vgl. im Einzelnen Rn. 94 ff.
155 Vgl. im Einzelnen Rn. 103 ff.

3.2 Das fahrlässige Begehungsdelikt

- ***Aufsatz-Literatur***: *Magnus JuS 2015, 402 (Der Pflichtwidrigkeitszusammenhang im Strafrecht); Kaspar JuS 2012, 16 (Grundprobleme der Fahrlässigkeitsdelikte); Beck JA 2009, 111 und 268 (Achtung: Fahrlässiger Umgang mit der Fahrlässigkeit); Pfeiffer JURA 2004, 519 (Fahrlässige Mittäterschaft); Schatz NStZ 2003, 581 (Zum Pflichtwidrigkeitszusammenhang); Mitsch JuS 2001, 105 (Fahrlässigkeit und Straftatsystem), Kretschmer JURA 2000, 267 (Das Fahrlässigkeitsdelikt).* 203
- ***Leitentscheidungen***: *RGSt 30, 25 (Leinenfänger-Fall: Zur Zumutbarkeit normgerechten Verhaltens); BGHSt 11, 1 (Lastwagen-Radfahrer-Fall: zum Pflichtwidrigkeitszusammenhang); BGHSt 33,61 (Höchstgeschwindigkeits-Fall: zum Pflichtwidrigkeitszusammenhang); BGHST 37, 184 (Silo-Begasungs-Fall: zu den Anforderungen an die Sorgfaltspflicht); BGHSt 21, 59 (Zahnarztfall: zum Schutzzweckzusammenhang); BGH NStZ 2009, 148 (zur Selbstgefährdung bei illegalen Autorennen).*
- **Übungsfälle**: *Magnus JURA 2009, 390 (Anfängerklausur); Eisele JURA 2003, 40; Freund JuS 2001, 475; Wittig JURA-Sonderheft Examensklausurenkurs 2000, 45 und 51; Meurer/Dietmeyer JURA 1999, 643; Graul JuS 1999, 562.*

Fahrlässiges Begehungsdelikt

I. Tatbestandsmäßigkeit
   1. Begehen der Handlung/Eintritt des Erfolges
   2. Kausalität der Handlung für den Erfolgseintritt
   3. Fahrlässigkeit
      a) Objektive Sorgfaltspflichtverletzung
      b) Objektive Zurechnung
         insbesondere: obj. Vorhersehbarkeit

II. Rechtswidrigkeit
   a) objektive Rechtfertigungsmerkmale
   b) subjektives Rechtfertigungselement

III. Schuld
   1. Schuldfähigkeit
   2. Unrechtsbewusstsein (hier: Fahrlässigkeitsschuld)
      a) subjektive Sorgfaltspflichtverletzung
      b) subjektive Vorhersehbarkeit
   3. Entschuldigungsgründe

IV. Besonderheiten
   Insbesondere Strafzumessungsregeln

V. Ergebnis

Kausal ist eine Handlung für einen Erfolg, wenn sie nicht hinweggedacht werden kann, ohne dass der Erfolg entfiele (BGHSt 39, 195 (197)). 204

Fahrlässig handelt, wer die nach den Umständen erforderliche Sorgfalt vorwerfbar außer Acht lässt.

Objektiv sorgfaltspflichtwidrig handelt, wer diejenige Sorgfalt außer Acht lässt, zu der er nach den Umständen verpflichtet ist.

Objektiv vorhersehbar ist eine Tatbestandsverwirklichung, wenn der eingetretene Erfolg nach allgemeiner Lebenserfahrung, sei es auch nicht als regelmäßige, so doch als nicht ganz ungewöhnliche Folge erwartet werden konnte (BGHSt 49, 166 (174)).

Subjektiv sorgfaltspflichtwidrig handelt, wer aufgrund seiner individuellen Kenntnisse und Fähigkeiten in der Lage gewesen wäre, die objektive Sorgfaltspflicht einzuhalten.

Subjektiv vorhersehbar ist der Erfolg, wenn der Täter individuell in der Lage gewesen ist, die drohende Rechtsgutverletzung zu erkennen.

205 **Überblick**

Bei den vorsätzlichen Begehungsdelikten ist der strafrechtliche Vorwurf das bewusste und gewollte Erfüllen des Tatbestandes. Im Gegensatz dazu besteht der strafrechtliche Vorwurf bei den fahrlässigen Begehungsdelikten im sorgfaltspflichtwidrigen Handeln, bei der die Rechtsgutverletzung nicht gewollt ist. Dabei ist für die Strafbarkeit irrelevant, ob der Verstoß bewusst oder unbewusst erfolgte. Dies macht eine Aufteilung in objektiven und subjektiven Tatbestand entbehrlich.

206 **Strafbarkeit**

Fahrlässiges Erfüllen eines Straftatbestandes ist gemäß § 15 StGB nur strafbar, wenn es ausdrücklich im Strafgesetz genannt ist.

Beispiele

§ 222 StGB (Fahrlässige Tötung); § 229 StGB (Fahrlässige Körperverletzung); § 316 Abs. 2 StGB (Fahrlässige Trunkenheit im Verkehr); § 315c Abs. 3 StGB (Fahrlässige Gefährdung des Straßenverkehrs); § 306d StGB (Fahrlässige Brandstiftung).

207 **Erfolgs- und Tätigkeitsdelikte**

Die überaus größte Anzahl der Fahrlässigkeitsdelikte sind Erfolgsdelikte. Darüber hinaus sind nur wenige besonders gefährliche/unerwünschte Tätigkeiten, werden sie fahrlässig ausgeführt, mit Strafe bedroht.

Beispiel

§ 163 StGB (Falscheid, Falsche Versicherung an Eides Statt; § 316 Abs. 2 StGB (Trunkenheit im Verkehr)

208 **Begriff**

Fahrlässigkeit ist im Strafgesetzbuch nicht definiert. Gemäß § 276 Abs. 2 BGB handelt fahrlässig, wer die im Verkehr erforderliche Sorgfalt außer Acht lässt. Diese Definition kann als strafrechtliche Leitlinie gelten mit dem Zusatz, dass es beim Strafrecht auch auf die persönlichen Kenntnisse und Fähigkeiten des Täters zur Tatzeit ankommt.[156] Konstituierendes Merkmal des Fahrlässigkeitsdeliktes ist damit der Sorgfaltspflichtverstoß.

Zur Unterscheidung der Qualität der Fahrlässigkeit:

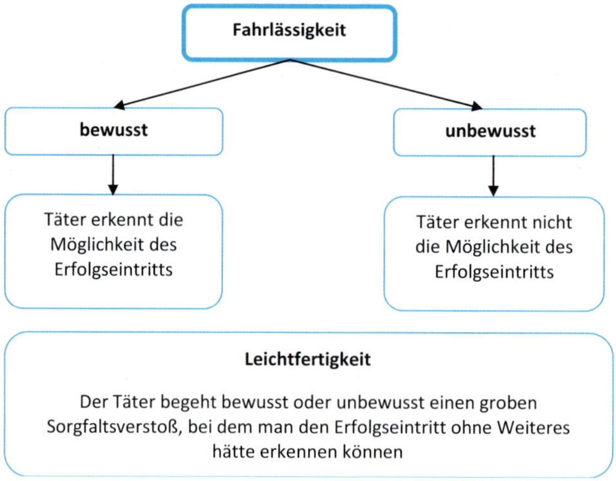

156 Vgl. Mitsch JuS 2001, 105.

Einer qualitativen Unterscheidung bedarf es in der Fallbearbeitung nicht, da dies lediglich eine Frage der Strafzumessung ist. Die Leichtfertigkeit ist als besonderes Tatbestandsmerkmal bei § 251 StGB jedoch immer zu prüfen.

Abgrenzung zum Eventualvorsatz 209

Praxis-und damit Prüfungsrelevanz hat die Frage der Abgrenzung zwischen bewusster Fahrlässigkeit und Eventualvorsatz.

Kausalität 210

Als naturgesetzliche Verbindung zwischen Handlung und herbeigeführtem Erfolg bedarf es auch bei den fahrlässigen Begehungsdelikten der Kausalität nach der Bedingungstheorie. [157]

Objektive Sorgfaltspflichtverletzung 211

Kernelement des Fahrlässigkeitsdeliktes ist der Sorgfaltpflichtverstoß. Der Täter muss die Sorgfalt außer Acht gelassen haben, zu der er nach den Umständen und seinen persönlichen Verhältnissen verpflichtet und fähig war. Nach der Rechtsprechung ist entscheidend, ob der Täter die Sorgfalt angewandt hat, die von einem besonnenen und gewissenhaften Menschen in der konkreten Lage und der sozialen Rolle des Handelnden zu erwarten ist.[158]

Anknüpfungspunkt für die Feststellung des Sorgfaltspflichtverstoßes sind Rechtsvorschriften, welche sorgfaltspflichtgemäßes Handeln regeln.

> **Beispiele**
> Regelungen der StVO, Unfallverhütungsvorschriften, Lenkruhezeitverordnung.

Wird dargegen verstoßen, liegt eine Sorgfaltspflichtverstoß vor.

Sind Sorgfaltsregeln nicht in Rechtsvorschriften normiert, ist auf einen besonnen und gewissenhaften Menschen in der konkreten Lage und der sozialen Rolle des Handelnden abzustellen.

> **Beispiel**
> Arzt hat nach „Regeln der ärztlichen Kunst", Jäger nach den „Jagdregeln" zu handeln.

Einschränkungen der Sorgfaltspflicht ergeben sich insbesondere aus dem Vertrauensgrundsatz.[159]

> **Beispiel**
> Im Straßenverkehr kann man grundsätzlich darauf vertrauen, dass andere Verkehrsteilnehmer verkehrsgerecht fahren.

Objektive Zurechnung 212

Der Erfolg muss dem Täter – wie beim vorsätzlichen Begehungsdelikt – auch zugerechnet werden können.[160]

Dies bedeutet zunächst, dass der Erfolg auch objektiv vorhersehbar sein muss. Dies ist immer dann der Fall, wenn der eingetretene Erfolg nach allgemeiner Lebenserfahrung,

157 Vgl. dazu Rn. 197.
158 BGH NStZ 1991, 30.
159 Vgl. Sch/Sch-Cramer/Sternberg-Lieben § 15, Rn. 148 ff.
160 Vgl. dazu Rn. 199.

sei es auch nicht als regelmäßige, so doch als nicht ganz ungewöhnliche Folge erwartet werden konnte.[161]

Dies ist objektiv zu prüfen, Sonderwissen des Täters ist nach h.M. zu berücksichtigen.[162]

Beispiel
Wer als Segler die Gefahren auf See kennt, dem ist der Erfolg eines Bootsunfalls eher zuzurechnen als dem unbedarften Wochenendausflügler, der sich erstmalig ein Boot mietet.

In Fallbearbeitungen ist zur Vorhersehbarkeit stets, zu den nachfolgenden Fallgruppen nur bei Anhaltspunkten, Stellung zu nehmen.

Besonderheiten ergeben sich insbesondere in folgenden Fallgruppen:

213 • **Förderung fremder Selbstgefährdung**
Wer lediglich eine fremde Selbstgefährdung veranlasst, ermöglicht oder fördert, macht sich nicht strafbar, wenn sich das mit der Gefährdung bewusst eingegangene Risiko realisiert. Dies liegt im Verantwortungsbereich des Betroffenen.[163]
Abzugrenzen ist dabei die schlichte Teilnahme an der eigenverantwortlichen Selbstgefährdung von der (ggf. auch einverständlichen) Fremdgefährdung. Entscheidend ist dann die Herrschaft über den das Rechtsgut unmittelbar betreffenden Akt.

Beispiele
A gibt B eine Spritze mit Heroin, beiden ist die Gefährlichkeit bewusst. B setzt sich die Spritze und stirbt an einer Überdosis.
A und B fahren spontan ein Autorennen im öffentlichen Verkehrsraum. Dabei kommt B mit seinem Auto von der Straße ab und überschlägt sich. Er kommt ums Leben.

A ist nicht wegen Fahrlässiger Tötung strafbar, der von B erwirkte Erfolg wird A nicht zugerechnet. Denn die Herrschaft über die eigentliche Tathandlung (Spritze setzen, Fahren) lag jeweils bei B.

• **Pflichtwidrigkeitszusammenhang**
Der eingetretene Erfolg muss seinen Grund gerade in der Pflichtwidrigkeit haben.[164]

Beispiel
Ein Lastwagenfahrer fährt mit zu geringem Seitenabstand an alkoholisiertem, stark Schlangenlinien fahrenden Radfahrer vorbei. Es kommt zu einem Unfall. Keine Strafbarkeit des Lastwagenfahrers, da der Erfolg mit an Sicherheit grenzender Wahrscheinlichkeit auch bei ordnungsgemäßem Seitenabstand eingetreten wäre.[165]

Vertreter der Risikoerhöhungslehre kommen hier zu einer Bestrafung, da die Erhöhung des Risikos für den Erfolg durch den Sorgfaltspflichtverstoß ausreichen soll.[166]

• **Schutzzweckzusammenhang**
Die verletzte Sorgfaltsnorm muss den Zweck haben, den eingetretenen Erfolg zu verhindern.

Beispiel
Zwei Radfahrer fahren nachts auf einer Straße unbeleuchtet schräg hintereinander. Der vorausfahrende Radfahrer B wird von einem entgegenkommenden Auto erfasst und tödlich verletzt. Der hinter B fahrende C kann noch ausweichen.[167]

161 BGHST 49, 166 (174).
162 Sch/Sch-Cramer/Sternberg-Lieben § 15, Rn. 138 ff.
163 Joecks § 222, Rn. 12; vgl. auch BGH NJW 2003, 2326.
164 BGH NJW 2003, 2326.
165 Vgl. BGHSt 11, 1.
166 Begründet von Roxin ZStW74 (1962), 441; Kretschmer JURA 2000, 267.
167 Beispiel nach Schmidt AT, Rn. 868.

Der Autofahrer hat einen Pflichtverstoß begangen. Aber auch das Verhalten des C (Fahren ohne hinreichende Beleuchtung) ist ursächlich für den Tod des B.
Es fehlt jedoch der Schutzwegzusammenhang. Zwar hat C seine Sorgfalt wegen Verstoßes gegen die Beleuchtungsvorschrift in § 17 StVO verletzt. Diese dient aber dazu, zu sehen und gesehen zu werden. Zweck der Vorschrift ist nicht, andere anzuleuchten, damit diese gesehen werden.

Rechtswidrigkeit 214

Bei der Rechtswidrigkeit gelten die allgemeinen Grundsätze. Auch eine Fahrlässigkeitstat kann durch einen Rechtfertigungsgrund gerechtfertigt sein. [168]

Fahrlässigkeitsschuld 215

Im Rahmen der Schuld ist zu prüfen, ob der T auch subjektiv sorgfaltspflichtwidrig handelte. Dies ist der Fall, wenn er nach seinen Fähigkeiten und seinem Können in der Lage war, die objektiv gebotene Sorgfalt einzuhalten.

> **Beispiel**
> A ist am Beginn einer Ausbildung zum Gerüstbauer. Er wird vom Meister angewiesen, ein Gerüst aufzubauen. Die Streben müssen durch Bedienung einer speziellen Verriegelungstechnik ineinandergehakt werden. Dies bedient A nicht richtig. Dadurch fällt das Gerüst zusammen und verletzt einen Verputzer.

Aufgrund der mangelnden Kenntnisse des A war der Sorgfaltspflichtverstoß nicht vorwerfbar. Er handelt ohne Schuld.

Zudem muss der Täter nach seinen Fähigkeiten und seinem Können in der Lage sein, den Eintritt des Erfolges vorherzusehen.

Versuch 216

Da Versuchsstrafbarkeit Tatbestandsvorsatz voraussetzt, ist der Versuch eines Fahrlässigkeitsdeliktes nicht möglich.

Beteiligung 217

Aufgrund des Einheitstätersprinzips bei den Fahrlässigkeiten sind verschiedene Täterschaftsformen und Teilnahme nicht möglich. Wer den Erfolg fahrlässig mitverursacht, haftet nach dem jeweiligen Fahrlässigkeitsdelikt. Differenzierungen hinsichtlich des Verursachungsbeitrages erfolgen in der Strafzumessung.

Vereinzelt wird die Möglichkeit der Mittäterschaft beim Fahrlässigkeitsdelikt gesehen, vgl. dazu Rn. 335.

---

168 Vgl. zu den Rechtfertigungsgründen Rn. 107 ff.

3.3 Das vorsätzlich-fahrlässige Begehungsdelikt – Das erfolgsqualifizierte Begehungsdelikt

218 • ***Aufsatz-Literatur**: Kudlich JA 2009, 246 (Das erfolgsqualifizierte Delikt in der Fallbearbeitung); Heinirch/Reinbacher JURA 2005, 743 (Objektive Zurechnung und spezifischer Gefahrzusammenhang); Heger JA 2003, 455 (BGH NJW 2003, 150: Erfolgsqualifizierter Versuch); Fahl JA 2002, 275 (zu BGH StV 2001, 680: „Nicht jeder vorsätzliche Schlag oder Stoß stellt eine tatbestandliche Körperverletzung dar"), Kudlich JA 2000, 511 (Teilnahme am erfolgsqualifizieren Delikt).*

• ***Leitentscheidungen**: BGHSt-GS 39, 100 (zur Konkurrenzlösung bei vorsätzlichen erfolgsqualifizierten Delikten); BGHSt 31, 96 (Hochsitz-Fall: zum spezifischen Gefahrzusammenhang zwischen Grunddelikt und schwerer Folge), BGHSt 48, 34 (Gubener Verfolgungs-Fall).*

• **Übungsfälle**: *Timpe JURA 2009, 465; Berz/Saal JURA 2003, 205; Hörnle JURA 2001, 44; Marquardt/v.Danwitz JuS 1998, 814; Murmann JURA 2001, 258; Wrage JuS 2003, 985.*

219 **Erfolgsqualifiziertes Delikt**

I. Tatbestandsmäßigkeit
    1. Tatbestand des vorsätzlichen Grunddeliktes
        a) objektiver Tatbestand
        b) subjektiver Tatbestand
    2. Verwirklichung der Erfolgsqualifikation, § 18
        a) Erfolgseintritt
        b) Tatbestandsspezifischer Gefahrzusammenhang zwischen Grunddelikt und Erfolg
        c) Fahrlässigkeit
            aa) Objektive Sorgfaltspflichtverletzung
            bb)Objektive Zurechnung
            insbesondere: obj. Vorhersehbarkeit

II. Rechtswidrigkeit
        a) objektive Rechtfertigungsmerkmale
        b) subjektives Rechtfertigungselement

III. Schuld
    1. Schuldfähigkeit
    2. Unrechtsbewusstsein (hier: Fahrlässigkeitsschuld)
        a) subjektive Sorgfaltspflichtverletzung
        b) subjektive Vorhersehbarkeit
    3. Entschuldigungsgründe

IV. Besonderheiten

    Insbesondere Strafzumessungsregeln

V. Ergebnis

Kausal ist eine Handlung für einen Erfolg, wenn sie nicht hinweggedacht werden kann, ohne dass der Erfolg entfiele (BGHSt 39, 195 (197)).

Objektiv sorgfaltspflichtwidrig handelt, wer diejenige Sorgfalt außer Acht lässt, zu der er nach den Umständen verpflichtet ist.

Objektiv vorhersehbar ist eine Tatbestandsverwirklichung, wenn der eingetretene Erfolg nach allgemeiner Lebenserfahrung, sei es auch nicht als regelmäßige, so doch als nicht ganz ungewöhnliche Folge erwartet werden konnte (BGHSt 49, 166 (174)).

Tatbestandsspezifischer Gefahrzusammenhang ist gegeben, wenn sich gerade die dem Grundtatbestand anhaftende spezifische Gefahr in der schweren Folge niedergeschlagen hat (BGHSt 48, 34).

Subjektiv sorgfaltspflichtwidrig handelt, wer aufgrund seiner individuellen Kenntnisse und Fähigkeiten in der Lage gewesen wäre, die objektive Sorgfaltspflicht einzuhalten.

Subjektiv vorhersehbar ist der Erfolg, wenn der Täter individuell in der Lage gewesen ist, die drohende Rechtsgutverletzung zu erkennen.

Aufbau 220

Neben dem darstellten Deliktsaufbau ist es ebenso zulässig, zunächst das Grunddelikt vollständig (einschließlich Rechtswidrigkeit und Schuld) durchzuprüfen. Diese Vorgehensweise bietet sich insbesondere an, wenn Rechtfertigungsgründe, Schuldausschluss- oder Entschuldigungsgründe eingreifen. Dann endet die Prüfung bereits beim jeweiligen Ausschlussgrund der Strafbarkeit, ohne dass man zum qualifizierten Erfolg Stellung nehmen muss.

Überblick 221

Neben Vorsatz- und Fahrlässigkeitsdelikten kennt das Strafgesetzbuch auch Kombinationsdelikte aus Vorsatz und Fahrlässigkeit in zweierlei Hinsicht:

- einerseits Kombinationen, bei denen der Vorsatzteil für sich alleine nicht selbstständig strafbar ist (z.B.: § 315c Abs. 3 Nr. 1 StGB);
- andererseits bei den Erfolgsqualifikationen. Knüpft das Gesetz an eine besondere Folge der Tat eine schwerere Strafe, so trifft sie den Täter oder den Teilnehmer gemäß § 18 StGB nur, wenn ihm hinsichtlich dieser Folge wenigsten Fahrlässigkeit zur Last fällt. Diese erfolgsqualifizierten Delikte bestehen aus einem selbstständig strafbaren vorsätzlich herbeigeführten Grunddelikt und einer (wenigstens) fahrlässig herbeigeführten besonderen Folge.

  Beispiele
  § 227 StGB (Körperverletzung mit Todesfolge); § 251 StGB (Raub mit Todesfolge); 238 Abs. 3 (Nachstellung mit Todesfolge)

Da gemäß § 18 StGB „wenigsten Fahrlässigkeit" gefordert wird, sind die im obigen Beispiel genannten Normen auch einschlägig, wenn die besondere Folge vorsätzlich herbeigeführt wird. Dann wird das Delikt jedoch durch das schwerwiegendere vorsätzliche Tötungsdelikt (§§ 212, 211 StGB) im Wege der Gesetzeskonkurrenz verdrängt. Es hat dann keine eigenständig Bedeutung.

Beispiele
Wer einen Menschen vorsätzlich erschlägt, begeht einen Totschlag gemäß § 212 StGB. Das ebenfalls verwirklichte erfolgsqualifizierte Delikt Körperverletzung mit Todesfolge tritt dahinter zurück. Wer mit einer Machete auf einen anderen einschlägt in der Absicht, seinen Arm abzutrennen, jedoch nur eine Schramme verursacht, begeht den Versuch der Erfolgqualifikation (§ 226 Abs. 2 StGB).

Gemäß § 11 Abs. 2 StGB handelt es sich bei erfolgsqualifizierten Delikten insgesamt um Vorsatzdelikte im Sinne des Strafgesetzbuches. Daraus folgt, dass das Grunddelikt nicht zwingend vollendet, sondern auch nur versucht sein kann. Dann spricht man vom „erfolgsqualifizierten Versuch".[169]

169 Vgl. im Einzelnen Rn. 280 ff.

Daraus ergeben sich folgende mögliche Konstellationen:

	Grunddelikt	Schwere Folge
klassische Erfolgsqualifikation	vollendet	fahrlässig vollendet
Versuch der Erfolgsqualifikation	vollendet	versucht
	versucht	versucht
Erfolgsqualifizierter Versuch	versucht	vollendet

222 **Verwirklichung des Grunddeliktes**

Dabei bestehen keine Besonderheiten gegenüber dem isolierten vorsätzlichen Begehungsdelikt. Zu prüfen sind der objektive und subjektive Tatbestand. Zur Möglichkeit des erfolgsqualifizierenden Versuchs siehe oben, Rn. 219.

223 **Verwirklichung des qualifizierten Erfolges**

Qualifizierende Folgen können sein

- Tod des Opfers bei §§ 176b, 178, 221 Abs. 3, 227, 239a Abs. 3, 251, 306c, 307 Abs. 3, 308 Abs. 3, 309 Abs. 4, 312 Abs. 4, 316a Abs. 3 StGB
- Schwere Körperverletzung in § 226 StGB
- Schwere Gesundheitsschädigung in §§ 221 Abs. 2 Nr. 2, 239 Abs. 3 Nr. 2, 306b Abs. 1, 308 Abs. 2, 309 Abs. 3, 312 Abs. 3, 315 Abs. 3 Nr. 2, 315b Abs. 3 StGB
- Schwere Gesundheitsschädigung einer großen Zahl von Menschen in §§ 306b Abs. 1, 308 Abs. 2, 309 Abs. 3, 312 Abs. 3, 315 Abs. 3 Nr. 2, 315b Abs. 3 StGB
- über eine Woche dauernde Freiheitsberaubung in § 239 Abs. 3 Nr. 1 StGB

Wird die Folge fahrlässig herbeigeführt, so hat eine Fahrlässigkeitsprüfung zu erfolgen. In dieser Hinsicht besteht gegenüber den allgemeinen Fahrlässigkeitsdelikten die Besonderheit des spezifischer Zusammenhangs zwischen Grunddelikt und Erfolgsherbeiführung.

224 **Tatbestandsspezifischer Gefahrzusammenhang**

Nach h.M. wird zwischen dem Grunddelikt und der schweren Folge eine enge Beziehung gefordert, die über die bloße Kausalität nach der Bedingungstheorie hinausgeht. [170] Begründet wird dies mit dem deutlich erhöhten Strafrahmen der erfolgsqualifizierten Delikte. Der tatbestandsspezifische Gefahrzusammenhang ist gegeben, wenn sich gerade die dem Grundtatbestand anhaftende spezifische Gefahr in der schweren Folge niedergeschlagen hat. Dies ist bei jedem einzelnen Delikt gesondert zu bestimmen. [171]

Beispiel

Dem Schlagen einer Person an einer stark befahrenen Straße wohnt die Gefahr inne, dass diese fällt und von einem Pkw erfasst wird. Stirbt die Person dadurch, ist aufgrund des tatbestandsspezifischen Gefahrzusammenhangs nach h.M. eine Strafbarkeit gemäß § 227 StGB (Körperverletzung mit Todesfolge) zu bejahen. [172]

170 Instruktiv: BGHSt 31, 96 (Hochsitzfall).
171 Einzelheiten dazu siehe daher bei den Erläuterungen zum jeweiligen Delikt.
172 Str., vgl. dazu Rn. 446.

Lernkontrolle „Das vollendete Begehungsdelikt“

1	Nennen Sie das Schema zum vollendeten vorsätzlichen Begehungsdelikt.
2	Erläutern Sie die Bedingungstheorie.
3	Erläutern Sie die „Lehre von der objektiven Zurechnung“.
4	Was wird im subjektiven Tatbestand des vorsätzlichen Begehungsdeliktes geprüft?
5	Definieren Sie die strafrechtliche Fahrlässigkeit.
6	Nennen Sie je 1 Beispiel für bewusste und unbewusste Fahrlässigkeit.
7	Nennen Sie das Schema des fahrlässigen Begehungsdeliktes.
8	Nennen Sie Sonderfälle der objektiven Zurechnung beim Fahrlässigkeitsdelikt.
9	Was versteht man unter einem erfolgsqualifizierten Delikt? Nennen Sie 1 Beispiel.
10	Erläutern Sie den „tatbestandsspezifischen Gefahrzusammenhang“ beim erfolgsqualifizierten Delikt.

4 Das vollendete Unterlassungsdelikt

4.1 Das echte Unterlassungsdelikt

225
- ***Aufsatz-Literatur***: *Satzger JURA 2015, 1055 (Beteiligung und Unterlassen); Welzel NJW 1953, 327 (Dogmatik der echten Unterlassungsdelikte)*
- ***Übungsfälle***: *vgl. bei den einzelnen Delikten.*

226

Vorsätzliches echtes Unterlassungsdelikt

I. Tatbestandsmäßigkeit
  1. Objektiver Tatbestand
    a) Unterlassen
      aa) Nichtvornahme der gebotenen Handlung
      bb) trotz tatsächlicher Möglichkeit
    b) Zumutbarkeit der gebotenen Handlung
  2. Subjektiver Tatbestand

II. Rechtswidrigkeit

III. Schuld

IV. Besonderheiten

V. Ergebnis

Unterlassen ist die Nichtvornahme des gebotenen Handelns trotz tatsächlicher Möglichkeit.

Gebotene Handlung ist die Handlung, die die Abwendung des tatbestandsmäßigen Erfolges erwarten lässt.

Möglichkeit der Ausführung der gebotenen Handlung besteht, wenn der Täter physisch-real dazu in der Lage ist.

Zumutbarkeit zur Handlungsausführung liegt vor, wenn nach wertender Betrachtung das Handeln ohne Gefährdung verlangt werden kann.

227 **Überblick**

Im Gegensatz zum Begehungsdelikt wird bei Unterlassungsdelikten ein Nichtstun, wenn ein Tun in der konkreten Situation geboten ist, bestraft. Sie sind insofern das Gegenstück zu den schlichten Tätigkeitsdelikten. Beim echten Unterlassungsdelikt ist der Vorwurf des Nichtstuns explizit als tatbestandsmäßiges Verhalten im Gesetz umschrieben. Demgegenüber kennzeichnen sich unechte Unterlassungsdelikte dadurch, dass sie nicht im Gesetz ausdrücklich beschrieben sind. Sie werden aus den Begehungsdelikten unter Zuhilfenahme von § 13 StGB konstruiert. Täter eines unechten Unterlassungsdeliktes kann demnach nur sein, wer Garantenstellung innehat. Täter eines echten Unterlassungsdeliktes kann jedoch grundsätzlich jeder sein.

Die wesentlichen echten Unterlassungsdelikte 228

Im Strafgesetzbuch sind nur wenige echte Unterlassungsdelikte normiert:

Deliktsnorm	strafrechtlicher Vorwurf
§ 323c StGB Unterlassene Hilfeleistung	nicht helfen
§ 138 StGB Nichtanzeige geplanter Straftaten	nicht anzeigen
§ 142 Abs. 2 StGB Unerlaubtes Entfernen vom Unfallort	nicht Ermöglichen von Feststellungen
§ 123 Abs. 1 Var. 2 StGB Hausfriedensbruch	nicht entfernen

Fahrlässiges Unterlassungsdelikt 229

Da das fahrlässige Unterlassungsdelikt eine ganz untergeordnete Rolle spielt (relevant lediglich § 138 Abs. 3 StGB: Fahrlässige Nichtanzeige geplanter Straftaten), wird auf eine ausführliche Erläuterung verzichtet. Aufbautechnisch ist der objektive Tatbestand durch die Sorgfaltspflichtwidrigkeit, die Schuld durch die subjektive Sorgfaltspflichtwidrigkeit zu ergänzen.

Möglichkeit der gebotenen Handlung 230

Bei § 323c StGB ist die Möglichkeit, die gebotene Handlung auszuführen, bereits geschriebenes Tatbestandsmerkmal. Aber auch bei den übrigen echten Unterlassungsdelikten ist es als ungeschriebenes Merkmal zu prüfen. Denn das Gesetz kann nur etwas fordern, was auch tatsächlich möglich ist. Bei der Möglichkeit der Handlungsausführung ist auf tatsächliche (physisch-reale) Umstände abzustellen.

Beispiele

Ein Nichtschwimmer kann keinen Ertrinkenden retten. Der Aufforderung, den Zug zu verlassen, kann man nicht nachkommen, wenn der Zug schon angefahren ist.

Zumutbarkeit der gebotenen Handlung 231

Auch die Zumutbarkeit der geforderten Handlung ist bei § 323c StGB bereits im Tatbestand normiert, in den übrigen echten Unterlassungsdelikten ist sie als ungeschriebenes Tatbestandsmerkmal zu prüfen. Hier ist unter wertenden Gesichtspunkten zu fragen, ob die mögliche Handlung auch zugemutet werden kann.

Beispiel

Rettung von Menschen aus einem brennenden Auto ist zwar möglich, aber grundsätzlich sehr gefährlich und daher unzumutbar.

4.2 Das unechte Unterlassungsdelikt

4.2.1 Das vorsätzliche unechte Unterlassungsdelikt

232
- ***Aufsatz-Literatur***: *Wilhelm NStZ 2009, 15 (Garantenpflicht unter Straftätern); Kühl JuS 2007, 497 (Einführung zur strafrechtlichen Garantenstellung); Kretschmer JURA 2006, 898 (Garantenstellung auf familienrechtlicher Basis); Führ JURA 2006, 265 (Abgrenzung Tun und Unterlassung); Kölbel JuS 2006, 309 (Objektive Zurechnung beim unechten Unterlassen); Jasch NStZ 2005, 08 (Ingerenz); Sowada JURA 2003, 236 (Garantenstellung aus Ingerenz); Freund NJW 2003, 3384 (Garantenpflicht bei Eheleuten); Fahl/ Scheurmann-Kettner JA 1998, 659 (Hauptprobleme der Unterlassungsdelikte in Fragen und Antworten).*
- ***Leitentscheidungen***: *BVerfG NJW 2003, 1030 (zur Verfassungsmäßigkeit von § 13 StGB); BGH StV 2003, 611 (Körperverletzung durch Unterlassen-Garantenstellung unter Eheleuten); BGH NJW 2003, 1060 Verdeckungsmord durch Unterlassen; BGH NJW 2003, 1057(Rücktritt vom Versuch eines mehraktigen Unterlassungsdeliktes) RGSt 63, 211 (Ziegenhaarfall- Abgrenzung Tun vom Unterlassen); BGHSt 38, 388 (Polizeibeamter als Beschützergarant).*
- ***Übungsfälle***: *Brodowski JuS 2015, 430 (Fortgeschrittenenklausur Strafrecht: Garantenstellung – Notwehr gegen Forderungsentziehung durch Unfallflucht); Braunhöber JuS 2011, 229 (Anfängerklausur Strafrecht: Mordmerkmale und Unterlassungsstrafbarkeit – Das schreiende Baby); Sengbusch JURA 2009, 307 (Garantenstellung bei Betrug); Alpmann/ Schmidt AT 1, Fall 44 (Polizeibeamte als Beschützergarant); Norouzi JuS 2005, 914 (Verdeckungsmord durch Unterlassen, Ingerenz); Rotsch JuS 2004, 607 (Abgrenzung Tun und Unterlassen); Vogel/Fad JuS 2002, 786 (Ingerenz); Ellbogen JuS 2002, 151 (Allgemein); Braum JuS 2004, 225 (Garantenpflicht bei § 263 StGB); Esser Jura 2004, 273 (Quasikausalität); v.Danwitz Jura 2000, 486 (eheähnliche Lebensgemeinschaft).*

233

Vorsätzliche unechte Unterlassungsdelikt

I. Tatbestandsmäßigkeit
  1. Objektiver Tatbestand
    a) Eintritt des Erfolges
    b) durch Unterlassen
      aa) Nichtvornahme der gebotenen Handlung
      bb) trotz tatsächlicher Möglichkeit
    c) Hypothetische Kausalität mit objektiver Zurechnung des Erfolges
    d) Garantenstellung
    e) ggf. Entsprechungsklausel
  2. Subjektiver Tatbestand
    1. Vorsatz
    2. sonstige subjektiven TBM
    3. Irrtümer (insbesondere über die Garantenstellung)

II. Rechtswidrigkeit

III. Schuld
  insbesondere: ggf. Zumutbarkeit der Erfüllung der Handlungspflicht

IV. Ergebnis

Unterlassen ist die Nichtvornahme der gebotenen Handlung trotz tatsächlicher Möglichkeit.

Gebotene Handlung ist die Rettungshandlung, die die Abwendung des tatbestandsmäßigen Erfolges erwarten lässt.

Kausal ist die Unterlassung für den Eintritt des Erfolges, wenn die erwartete Handlung den Erfolg verhindert hätte.

Garantenstellung ist gegeben, wenn der Täter rechtlich dafür einzustehen hat, dass der Erfolg nicht eintritt.

Entsprechung zwischen Unterlassen und Tun liegt vor, wenn das Unterlassen nach einer wertenden Betrachtungsweise denselben Sinngehalt aufweist wie das Handeln.

Überblick 234

Strafbar ist nach dem Wortlaut des StGB in erster Linie aktives Tun. Nur bei wenigen Tatbeständen ist die Nichtverhinderung eines Erfolges, also ein Unterlassen, ausdrücklich unter Strafe gestellt. Dies sind die sogenannten echten Unterlassungsdelikte, wie § 323c StGB (unterlassene Hilfeleistung) § 123 Abs. 1 2. Var. (Hausfriedensbruch), § 138 StGB (Nichtanzeige geplanter Straftaten). In diesen Fällen ist eine Strafbarkeit kriminalpolitisch nur zu rechtfertigen, wenn besondere Gründe für eine Strafbewährung sprechen, wie zum Beispiel die Forderung eines Mindestmaßes mitmenschlicher Solidarität (§ 323c StGB) oder besondere Bedrohung der Gemeinschaft (§ 138 StGB).[173]

Bei den unechten Unterlassungsdelikten wird das Tun einem Unterlassen gleichgestellt. Der Gesetzgeber geht davon aus, dass es wertmäßig keinen Unterschied macht, ob ein strafrechtlich relevanter Erfolg durch Tun oder Unterlassen herbeigeführt wird.

Beispiel
Ob eine Mutter es bewusst unterlässt, ihr Kind vor dem Sturz vom Balkon zu bewahren oder ob sie ihm einen Stoß gibt, sodass es hinunterstürzt, ist nach dem Unwert gleichzusetzen.

Von diesem Gedanken ist § 13 StGB getragen. Demnach ist derjenige nach dem Gesetz des Begehungsdeliktes strafbar, wer es unterlässt, einen Erfolg abzuwenden, wenn er eine Garantenpflicht hat und das Unterlassen dem Tun entspricht.

Bei der Auslegung des Straftatbestandes ist zu beachten, dass die Bejahung der Strafbarkeit entscheidende Konsequenzen hat: Denn der Täter ist im Einzelfall dann nicht (nur) wegen unterlassener Hilfeleistung (Freiheitsstrafe bis zu 1 Jahr oder Geldstrafe), sondern ggf. wegen Totschlages (Freiheitsstrafe nicht unter 5 Jahren) strafbar. Daher kann in Zweifelsfällen argumentiert werden, dass eine so deutliche Strafverschärfung einen besonderen Unwert mit sich bringen muss, der im vorliegenden Fall (nicht) gegeben ist.

Tun oder Unterlassung 235

Zweifelhaft kann sein, ob ein Unterlassen oder ein Tun vorliegt.

Beispiel
Radfahren ohne Beleuchtung, wobei es zu einem Unfall kommt, bei dem ein Pkw-Fahrer verletzt wird.

Fraglich ist, ob der Radfahrer wegen fahrlässiger Körperverletzung durch Unterlassen strafbar ist. Die Rechtsprechung[174] und Teile der Literatur[175] heben auf den Schwerpunkt der Vorwerfbarkeit ab: Danach ist wertend zu fragen, worin der Schwerpunkt der strafrechtlichen Vorwerfbarkeit liegt. Ist dem Radfahrer eher vorzuwerfen, dass Licht nicht eingeschaltet zu haben (Unterlassen) oder ohne Licht gefahren zu sein (Tun)? Ersteres ist anzunehmen.

Manche Autoren raten dazu, die Abgrenzung zwischen Tun oder Unterlassen in einer Vorprüfung vorzunehmen.[176] Davon wird mangels Notwendigkeit abgeraten. Im Rahmen des Prüfungspunktes „Nichtvornahme der gebotenen Handlung" ist Tun vom Unterlassen abzugrenzen.

---

173 Vgl. zum echten Unterlassungsdelikt Rn. 225.
174 BGHSt 6, 59.
175 S/S-Stree, Vor §§ 13 f., Rn. 158; W-Beulke, Rn. 700.
176 Geilen JURA 1979, 546; W-Beulke, Rn. 876; Kühl § 18, Rn. 11; dagegen: Otto JURA 2003, 100.

236 **Nichtvornahme der gebotenen Handlung**

Die gebotene Handlung ist die Rettungshandlung, die die Abwendung des tatbestandsmäßigen Erfolges erwarten lässt. Hier ist zu klären, welche Handlung vom Täter zu erwarten gewesen wäre.

237 **Tatsächliche Möglichkeit**

Es werden nach ganz h.M. jedoch nur die Handlungen erwartet, zu denen der Täter individuell fähig ist.[177]

Beispiel
Von einem Nichtschwimmer ist nicht zu erwarten, dass er einen Ertrinkenden rettet.

Jedoch ist fraglich, ob die Unzumutbarkeit der Vornahme der Rettungshandlung bereits den objektiven Tatbestand ausschließt.

Beispiel
Der kranke Rentner kann schwimmen, springt jedoch aus (berechtigter) Angst vor Gesundheitsschäden nicht ins kalte Wasser.

Da es sich hier um spezifische und nicht generelle Unzulänglichkeiten der Person des Täters handelt, sollten diese in der Schuld problematisiert werden.

237a **Hypothetische Kausalität**

Der Erfolg muss gerade durch das Unterlassen eingetreten sein. Daher ist im Rahmen der hypothetischen Kausalität zu klären, ob die unterbliebene Handlung hinzugedacht werden kann, ohne dass der Erfolg mit an Sicherheit grenzender Wahrscheinlichkeit entfiele. [178] Dann ist das Unterlassen nicht kausal, sodass eine Strafbarkeit entfällt.

Beispiel
T steht am Rande des Sees und schaut zu, wie seine Frau ertrinkt. Aufgrund starker Unterkühlung war sie von vornherein nicht mehr zu retten.

Wäre der T ins Wasser gesprungen (unterbliebene Handlung wird hinzugedacht), wäre die Ertrinkende auch gestorben („ohne dass der Erfolg entfiele"). Sein Unterlassen ist nicht kausal für das Ertrinken seiner Frau.

Dies wird auch als umgekehrte Condicio-sine-qua-non-Formel bezeichnet. Denn nach der regulären Form dieser Formel wird die Kausalität bei den Begehungsdelikten durch Hinwegdenken der Handlung des Täters bestimmt.[179]

238 **Garantenstellung**

Kern des unechten Unterlassungsdeliktes ist die Garantenstellung. Diese nimmt eine wesentliche Schlüsselstellung ein. Denn nach § 13 StGB kann nur derjenige Täter eines unechten Unterlassungsdeliktes sein, der rechtlich dafür einzustehen hat, dass der Erfolg nicht eintritt. Damit sind unechte Unterlassungsdelikte echte Sonderdelikte. Daraus folgt, dass Mittäterschaft und mittelbare Täterschaft nur möglich ist, wenn die Beteiligten eine Garantenstellung innehaben. Dagegen ist Teilnahme (Anstiftung und Beihilfe) unproblematisch möglich.

---

177 Roxin, AT II 31/8; Kühl § 18, Rn. 30.
178 Vgl. nur BGHSt 48, 77 (93).
179 Vgl. bei den Begehungsdelikten Rn. 197.

Da die Garantenstellung besonderes persönliches Merkmal im Sinne von § 28 Abs. 1 StGB ist, ist die Strafe für den Teilnehmer zu mildern, der das persönliche Merkmal nicht erfüllt.

Beispiel
Freundin F des Vaters V stiftet ihn an, dem in Not geratenen Sohn S nicht zu helfen. S stirbt daher. V ist strafbar nach §§ 212, 13 StGB, F ist strafbar wegen Anstiftung dazu. Ihre Strafe ist gemäß § 28 Abs. 1 StGB zu mildern.

Die rechtliche Verpflichtung der Erfolgsverhinderung kann sich ergeben aus Gesetz, Vertrag, freiwilliger Pflichtenübernahme, gefährlichem Vorverhalten (Ingerenz) und enger Lebens- und Gefahrengemeinschaft. Eine Kategorisierung in Beschützer- und Überwachergaranten hebt auf die Funktion ab.

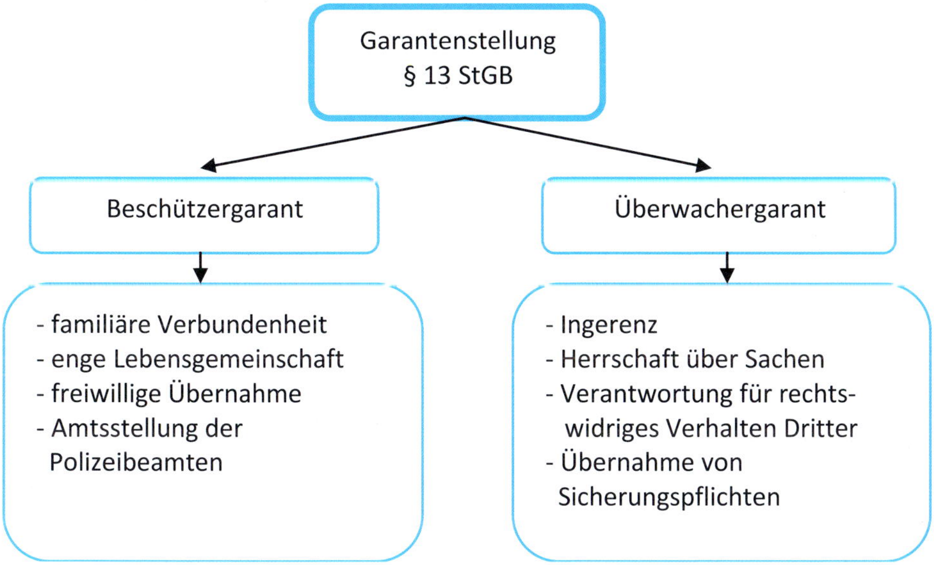

Beschützergaranten
Dies sind Personen, die zum Schutz bestimmter Rechtgütern vor unbestimmten Gefahren von außen verpflichtet sind.

Die häufigsten Fälle sind in dieser Hinsicht die Garantenstellung der Eltern für die Kinder (§§ 1618a, 1626 BGB), unabhängig von der ehelichen Gemeinschaft der Eltern, jedoch auch umgekehrt der Kinder für die Eltern.[180]

Weiterhin sind Eheleute und Lebenspartner einander zum Schutz verpflichtet, vgl. § 1353 239
Abs. 1 BGB und § 2 LPartG. Die Verpflichtung endet jedoch, wenn „sich ein Ehegatte vom anderen in der Absicht getrennt hat, die eheliche Lebensgemeinschaft nicht wieder herzustellen“[181]. Bei Belastung der Ehe/Lebenspartnerschaft durch einen wenn auch heftigen Streit, ist die Garantenpflicht nicht aufgehoben. Schutzrichtung der Beistandspflicht ist der Bestand der jeweiligen Rechtsgüter des anderen. Nicht davon erfasst sind umfängliche Beaufsichtigung und Kontrolle des anderen. Insbesondere das Abhalten von der Verwirklichung deliktischer Pläne des Partners ist nicht von der Garantenpflicht umfasst.

180 Kühl § 18, Rn. 54.
181 BGHSt 48, 301.

Bei anderen Verwandtschaftsbeziehungen (Geschwister, Großeltern) kann man generell eine Garantenstellung nicht annehmen. Vielmehr kommt es hier auf das Bestehen eines tatsächlichen Obhutsverhältnisses an.[182]

Eheähnliche Lebensgemeinschaften begründen Garantenpflichten, da sie auch ohne ausdrückliches Erwähnen auf gegenseitigen Beistand in der Not angelegt sind.[183]

Bloße Freund- oder Liebschaften, Zech- oder Drogengemeinschaften sind dagegen keine Beziehungen, die eine Beistandspflicht begründen. Bei Wohngemeinschaften kommt es auf das Verhältnis der Bewohner an, in der Regel ist eine Garantenpflicht abzulehnen.

Beschützergarantenstellungen können sich aus Übernahme von Schutzaufgaben ergeben. Dabei kommt es nicht auf Vorhandensein oder Wirksamkeit eines zivilrechtlichen Vertrags an.

Beispiele
Arzt für Patienten, Taxifahrer für Volltrunkenen, Kursleiter für Kletterer (nicht, wenn er erklärt, die Übungen geschehen auf eigene Gefahr[184]), Babysitter für Baby, Bademeister für Badegäste.

240 Wichtig ist nicht nur, aus welchen Gründen sich die Garantenstellung ergibt. Entscheidend ist darüber hinaus insbesondere der Umfang der hergeleiteten Beistandspflicht.

Beispiel
Bei Eheleuten ergibt sich die (Beschützer-) Garanteneigenschaft problemlos aus § 1353 BGB. Fraglich ist aber, ob von dieser Garantenpflicht auch die Vermeidung eines Suizids des Ehepartners erfasst ist. Sollte es sich um einen frei verantwortlichen Suizid handeln, ist dies zu verneinen. Ebenso wenig verpflichtet die Garantenstellung zur Verhinderung der Begehung von Straftaten des Ehepartners.

241 **Überwachergaranten**

Überwachungsgarant ist, wer zum Schutz vor Schäden durch eine bestimmte Gefahrenquelle verpflichtet ist.

242 Häufig ergibt sich die Überwachergaranteneigenschaft aus Ingerenz. Demnach ist derjenige zur Schadensverhinderung verpflichtet, der durch sein Verhalten die Gefahr heraufbeschwört hat.

243 **Beispiel**
Ein Pkw-Fahrer verursacht einen Verkehrsunfall, lässt das Opfer jedoch ohne weitere Maßnahmen zurück, welches Stunden später verstirbt.[185]

Garantenpflichten besteht jedoch nicht, wenn das gefahrbegründende Vorverhalten durch § 32 StGB gerechtfertigt ist.[186]

244 **Beispiel**
Der grundlos Angegriffene lässt den abgewehrten Angreifer liegen, ohne sich um ihn zu kümmern. Er stirbt Stunden später noch am Tatort.

245 Die Überwachergaranteneigenschaft ergibt sich auch durch tatsächliche und rechtliche Herrschaft über Sachen.

Beispiel
Der Halter eines bissigen Hundes gegenüber dem verletzten Passanten, der Halter eines Kfz bei einem Unfall durch defekte Bremsen.

---

182 Vgl. dazu Fischer § 13, Rn. 15 mit Hinweis auf LG Kiel NStZ 2004, 157.
183 Sch/Sch-Stree § 13, Rn. 25.
184 BayObLG NStZ-RR 1998, 328.
185 Vgl. dazu BGH NStZ 1992, 125.
186 Jasch NStZ 2005, 8 (12).

Bei Wohnungen ergibt sich die Sachüberwachergarantenstellung problemlos, wenn Gefahren von der Wohnung selbst ausgehen.

Beispiel 246
Loch im Fußboden, durch das ein Besucher verletzt wird.

Dagegen besteht grundsätzlich keine (Garanten-) Pflicht des Inhabers hinsichtlich der **Verhinderung von Straftat** in der Wohnung. Denn die Eigenschaft als Wohnungsinhaber allein begründet keine Garantenstellung.[187] Etwas anderes kann nur gelten, wenn die besondere Art oder Lage der Wohnung eine tatfördernde Rolle spielt.[188] 247

Des Weiteren kann sich die Überwachergaranteneigenschaft aus der Verantwortung für **rechtswidriges Verhalten Dritter** ergeben. 248

Beispiel
Lehrer haben eine Garantenpflicht dafür, dass Schüler während der Schulzeit keine Straftaten begehen. [189]

Diese Pflicht kollidiert mit dem Grundsatz der Eigenverantwortlichkeit. Bei Ehegatten ist daher anders zu entscheiden: kein Ehegatte ist verpflichtet, den Partner von Straftaten abzuhalten. [190]

Schließlich kann sich die Überwachergaranteneigenschaft aus der Übernahme von Sicherungspflichten ergeben.

Beispiel
Veranstalter einer Großveranstaltung für den Schutz der Besucher.

Garantenstellung von Polizeibeamten 249

Bei der Garantenstellung der Polizeibeamten ist zu differenzieren nach der Aufgabe der Gefahrenabwehr nach den Polizeigesetzen und der Strafverfolgungspflicht gemäß § 163 StPO:

Nach herrschender Auffassung haben Polizeibeamte eine Garantenstellung gegenüber dem Bürger qua ihrer öffentlich-rechtlichen Amtspflicht, Gefahren abzuwehren.[191] Aufgrund der Berufsbezogenheit unterliegt die Garantenstellung jedoch Einschränkungen, wie die örtliche und sachliche Zuständigkeit und der Zeitraum der Dienstausübung.[192] Um eine Ausuferung zu vermeiden, ist zusätzlich relevant die Intensität der Störung. Eine Garantenstellung ist zu bejahen, wenn die Polizeibeamten bei der Ausübung eines auf Gefahrenabwehr gerichteten Dienstes gegen Straftaten, die eine Störung der öffentlichen Sicherheit und Ordnung darstellen, nicht einschreiten.[193] Jedenfalls wenn eine Pflicht zum Einschreiten besteht (bei der sogenannten „Ermessenreduzierung auf Null“) besteht auch ohne Weiteres die Garantenpflicht des Polizeibeamten.[194]

187 BGHSt 30, 391.
188 Fischer § 13, Rn. 12.
189 Kühl § 18, Rn. 116.
190 Sch/Sch-Stree § 13, Rn. 53.
191 BGHSt 38, 388; Bergmann StV 1993, 518.
192 BGH a.a.O.; Paulik ZStW 111, 335 (353).
193 OLG Rostock NStZ 2001, 200.
194 Vgl. ausführlich dazu Kühl § 18, Rn. 83 ff.

Hinsichtlich der Strafverfolgung resultiert die Garantenpflicht grundsätzlich aus § 163 Abs. 1 S. 1 StPO. Wird diese Pflicht verletzt, kommt eine Strafbarkeit gemäß §§ 258, 258a, 13 StGB in Betracht.[195]

Beispiel
PK A führt eine allgemeine Verkehrskontrolle durch. Als er seinen Bekannten B kontrolliert, erkennt er, dass dieser offensichtlich alkoholisiert ist. Er lässt ihn weiterfahren und unterlässt erforderliche Strafverfolgungsmaßnahmen.

PK A ist gemäß § 163 Abs. 1 S. 1 StPO zur Strafverfolgung verpflichtet, daraus resultiert die gemäß § 13 StGB erforderliche Garantenstellung. Daher macht er sich gemäß §§ 258, 258a, 13 StGB strafbar.

Praxisrelevant sind nicht nur die Fälle der unterlassenen Einleitung von Strafverfahren. Auch die unterlassene Bearbeitung durch Sachbearbeiter von Kriminal- oder Verkehrskommissariaten kann strafbare Strafvereitelung im Amt durch Unterlassen darstellen.

Beispiel
KHK A vernachlässigt zunächst die Bearbeitung von Vorgängen, bis er sie schließlich gar nicht mehr bearbeitet.

Anerkannt ist, dass das Unterlassen von Strafverfolgungsmaßnahmen nur dann vorgeworfen werden kann, wenn die verlangte Handlung nach den tatsächlichen Umständen des Falles möglich und zumutbar gewesen ist. Das Recht kann nicht verlangen, über die Leistungsfähigkeit hinaus zu arbeiten. Dies hat der 4. Strafsenat des Bundesgerichtshofes bereits 1960 festgestellt: „Lässt ein Polizeibeamter Strafanzeigen wegen unverschuldeter Arbeitsüberlastung unbearbeitet liegen, so ist dieses Unterlassen nicht rechtswidrig, wenn er seine vorgesetzte Dienststelle rechtzeitig über die Unmöglichkeit sachgemäßer Erledigung unterrichtet hat."[196]

Fraglich und umstritten ist, inwieweit Polizeibeamte außerhalb ihres Dienstes dem Strafverfolgungszwang aus § 163 Abs. 1 S. 1 StPO unterliegen und ob sie sich bei Nichtbefolgen gemäß §§ 258, 258a, 13 StGB strafbar machen.

Beispiel
PK C erfährt beim Training in seinem Sportverein, dass ein Vereinsmitglied gestohlene Sachen verkauft hat. Er unternimmt nichts.

Bei Beurteilung dieser Fälle sind die besondere Stellung des Polizeibeamten und sein Recht auf Privatsphäre relevant. Daraus folgt jedenfalls, dass die früher vertretene Auffassung, für Polizeibeamte bestehe immer eine Verfolgungspflicht,[197] als unvertretbar abzulehnen ist. Denn dabei wird die soziale Stellung des Beamten gänzlich vernachlässig.

Zunächst ist festzuhalten, dass eine generelle Bürgerpflicht zur Anzeige von bereits begangenen Straftaten nicht besteht. Für Polizeibeamte wird dies mit Hinweis auf umfassenden Schutz der Privatsphäre zum Teil ebenso nicht verlangt.[198] Nach anderer Meinung wird eine Strafverfolgungspflicht außerhalb des Dienstes aus der besonderen Treupflicht dem Staat gegenüber hergeleitet,[199] zum Teil wird diese jedenfalls bei bekannt gewordenen Verbrechen bejaht.[200]

---

195 Vgl. dazu Band 2, Rn. 249 ff.
196 BGHSt 15, 18.
197 So noch OLG Stuttgart NJW 1950, 198.
198 Laubenthal JuS 1993, 907.
199 Rosenau/Witteck JURA 2002, 785.
200 Krey, Strafrecht BT 1 Bd. 1, Rn. 628b.

Die herrschende Meinung geht von einer eingeschränkten Verfolgungspflicht aus: Der Polizeibeamte soll auch außerhalb des Dienstes zur Verfolgung verpflichtet sein bei schweren, die Öffentlichkeit berührenden Straften. Dann soll er nach Wiederaufnahme des Dienstes die erforderlichen Verfolgungshandlungen durchführen. Wann eine solche schwere Straftat vorliegt, soll nach der Rechtsprechung im Einzelfall zu bestimmen sein. Jedenfalls die Katalogstraftaten des § 138 StGB sollen grundsätzlich eine Verfolgungspflicht auslösen. Danach besteht eine außerdienstliche Verfolgungspflicht bei Straftaten wie zum Beispiel Totschlag, erpresserischer Menschenraub, Geiselnahme, Raub, räuberische Erpressung oder auch Brandstiftung. Darüber hinaus bedarf es der Abwägung im Einzelfall, ob das öffentliche Interesse privaten Belangen vorgeht. Hierbei ist von entscheidender Bedeutung, ob durch die Straftat Rechtsgüter der Allgemeinheit oder des einzelnen betroffen sind, denen jeweils ein besonderes Gewicht zukommt. Dies kann auch außerhalb des Katalogs des § 138 StGB bei schweren Straftaten wie z.B. schweren Körperverletzungen, erheblichen Straftaten gegen die Umwelt, Delikten mit hohem wirtschaftlichen Schaden oder besonderem Unrechtsgehalt der Fall sein. So wird ein Polizeibeamter, ungeachtet privater Interessen, in der Regel zum Einschreiten verpflichtet sein, wenn er von schwerwiegenden Verstößen gegen das Waffengesetz mit Dauercharakter, nicht auf den Einzelfall beschränktem Handel mit harten Drogen oder Schutzgelderpressung erfährt. Gleiches gilt für Straftaten aus dem Bereich der organisierten Kriminalität, die erfahrungsgemäß auf Wiederholung angelegt sind. Teilt ihm hingegen im Rahmen privater Kontakte ein Bekannter mit, dass er ständig ohne Fahrerlaubnis fahre, so bewirkt dies für den Beamten noch keine Garantenstellung im Sinne des Strafrechts.[201] Nach dem Bundesverfassungsgericht ist diese Auffassung nicht zu unbestimmt.[202]

Beispiel

Polizeibeamter P erfährt in seiner Freizeit auf einer Party, dass H gestohlene Navigationsgeräte an D verkauft. P unternimmt nichts.

H hat sich gemäß § 259 StGB der Hehlerei schuldig gemacht. Dabei handelt es sich um ein Vergehen, welches keine gefährliche, die Öffentlichkeit besonders berührende Straftat darstellt. Mangels Strafverfolgungspflicht macht sich P nicht strafbar.

Entsprechungsklausel 250

Nach der Entsprechungsklausel muss das Unterlassen wertmäßig einem Tun entsprechen. Bedeutung gewinnt dieses strafeinschränkende Korrektiv bei den verhaltensgebundenen Erfolgsdelikten wie Betrug, Nötigung oder Heimtücke-Mord. Hier ist in wertender Betrachtung festzulegen, ob das Unterlassen denselben sozialen Sinngehalt aufweist, wie das im jeweiligen Tatbestand umschriebene Tun.[203]

Beispiele

Bei Betrug ist die Tathandlung das Täuschen, bei Nötigung die Zwangsausübung, bei Mord u.a. die heimtückische Begehung.

Das Unterlassen entspricht dem Tun nur, wenn es in gleichwertiger Weise die besonderen Handlungsmodalitäten verwirklicht, es also eine dem Tun vergleichbare Prägung besitzt und damit im sozialen Sinngehalt mit der Tatbestandshandlung des Begehungsdeliktes

201 BGHSt 38,388.
202 BVerfG NJW 2003, 1030.
203 Kühl § 18, Rn. 123.

übereinstimmt.[204] Dies wird auch Modalitätenäquivalenz genannt. Beim Betrug muss das Unterlassen also Täuschungs-, bei der Nötigung Zwangscharakter haben.

251 **Vorsatz**

Wie bei den Begehungsdelikten muss der Täter Vorsatz auf die objektiven Tatbestandsmerkmale haben. Dabei ist vorsätzliches Unterlassen die Entscheidung zwischen Untätigbleiben und möglichem Tun.[205] Insbesondere muss der Täter wissen, dass er eine Garantenstellung innehat. Weiß er es nicht, liegt ein vorsatzausschließender Irrtum vor, § 16 StGB.

Davon zu trennen ist das Wissen über die Garantenpflicht. Mangelt es daran, liegt ein Verbotsirrtum nach § 17 StGB vor, der in der Schuld zu problematisieren ist. Vorsätzliches Handeln ist dann gegeben.

> **Beispiel**
> Vater V sieht seinen unehelichen Sohn in Not. Er hilft jedoch nicht, da er meint, dazu nicht verpflichtet zu sein.

V kennt die tatsächlichen Umstände des Sachverhaltes, jedoch unterliegt er einer rechtlichen Fehlwertung. Dies lässt den Vorsatz unberührt. Es liegt ein (vermeidbarer) Verbotsirrtum nach § 17 StGB vor.[206]

251a **Schuld**

Die Vornahme der gebotenen Handlung kann trotz tatsächlicher Möglichkeit ausnahmsweise unzumutbar sein. Dies wird von der Rechtsprechung als Schuldausschließungsgrund angenommen, wenn eigene, billigenswerte Interessen der Handlungspflicht entgegenstehen.[207] Letztlich ist es eine Wertungsfrage, die im Einzelfall nach dem drohenden Erfolg, Wahrscheinlichkeit der Rettung und dem Gewicht der gefährdeten Interessen des Garanten zu entscheiden ist.

> **Beispiel**
> Unzumutbarkeit für Eltern, durch einen Anruf bei der Polizei strafbare sexuelle Handlungen ihres Kindes zu verhindern.

Die Gefahr der (eigenen) Strafverfolgung macht die Garantenpflichterfüllung in der Regel nicht unzumutbar.

> **Beispiele**
> Ehemann E misshandelt wiederholt seine Töchter schwer. Das Interesse, den für das Familieneinkommen sorgenden E durch Nichtanzeige vor der Strafhaft zu bewahren, hat kein solches Gewicht, dass die Strafanzeige der Ehefrau unzumutbar wird. Sie macht sich wegen Körperverletzung durch Unterlassen strafbar, wenn sie weitere Gewalttätigkeit geschehen lässt.[208]
>
> K verursacht alkoholisiert einen Unfall, bei dem ein Fußgänger schwer verletzt wird. Die Rettungshandlung ist nicht aufgrund der drohenden Strafverfolgung unzumutbar. K macht sich wegen Totschlages durch Unterlassen strafbar, wenn er trotz erkennbarer Möglichkeit des Todes vorsätzlich nicht hilft.

---

204 Sch/Sch-Stree § 13, Rn. 4.
205 BGHSt 19, 299; W-Beulke Rn. 732.
206 Vgl. im Einzelnen Rn. 367.
207 BGHSt 2, 204
208 BGH NStZ 1984, 164.

4.2.2 Das fahrlässige unechte Unterlassungsdelikt 252

- ***Aufsatz-Literatur**: Schöne JZ 1977, 150 (Unterlassungsbegriff und Fahrlässigkeit); Struensee JZ 1977, 217 (Struktur der fahrlässigen Unterlassungsdelikte).*
- ***Leitentscheidungen**: BGH NStZ 1999, 607 (fahrlässiges Unterlassen bei § 222 StGB).*
- ***Übungsfälle**: Sternberg-Lieben/Sternberg-Lieben JuS 2005, 47; Esser JURA 2004, 273; Hohmann/Matt JURA 1990, 544.*

Fahrlässige unechte Unterlassungsdelikt

I. Tatbestandsmäßigkeit

1. Objektiver Tatbestand

a) Eintritt des Erfolges

b) durch Unterlassen

aa) Nichtvornahme der gebotenen Handlung

bb) trotz tatsächlicher Möglichkeit

c) Hypothetische Kausalität

d) Garantenstellung

e) ggf. Entsprechungsklausel

f) Fahrlässigkeit

aa) Objektive Sorgfaltspflichtverletzung

bb) Objektive Zurechnung

insbesondere: obj. Vorhersehbarkeit

II. Rechtswidrigkeit

III. Schuld

Insbesondere: Fahrlässigkeitsschuld:
subjektive Sorgfaltspflichtverletzung
subjektive Vorhersehbarkeit

IV. Besonderheiten

V. Ergebnis

Gebotene Handlung ist die Rettungshandlung, die die Abwendung des tatbestandsmäßigen Erfolges erwarten lässt. 253

Kausal ist die Unterlassung für den Eintritt des Erfolges, wenn die erwartete Handlung den Erfolg verhindert hätte.

Garantenstellung ist gegeben, wenn der Täter rechtlich dafür einzustehen hat, dass der Erfolg nicht eintritt.

Entsprechung zwischen Unterlassen und Tun liegt vor, wenn das Unterlassen nach einer wertenden Betrachtungsweise denselben Sinngehalt aufweist wie das Handeln.

Fahrlässig handelt, wer die im Verkehr erforderliche Sorgfalt außer Acht lässt.

Objektiv vorhersehbar ist eine Tatbestandsverwirklichung, wenn der eingetretene Erfolg nach allgemeiner Lebenserfahrung, sei es auch nicht als regelmäßige, so doch als nicht ganz ungewöhnliche Folge erwartet werden konnte (BGHSt 49, 166 (174)).

254 **Überblick**

Das Missachten der Erfolgsabwendungspflicht kann durch den Täter auch fahrlässig geschehen. Da gemäß § 15 StGB fahrlässiges Verhalten nur strafbar ist, wenn das Gesetz es ausdrücklich beschreibt, ist auch fahrlässiges Unterlassen nur strafbar, wenn die Fahrlässigkeit unter Strafe gestellt ist. In Betracht kommen insbesondere §§ 229, 13 StGB (Fahrlässige Körperverletzung durch Unterlassen) und §§ 222, 13 StGB (Fahrlässige Tötung durch Unterlassen).

Wie sich aus dem Aufbauschema ergibt, ist das fahrlässige unechte Unterlassungsdelikt strukturell ein zusammengesetztes Delikt aus dem objektiven Tatbestand vorsätzlicher unechter Unterlassung und der Fahrlässigkeit. Beherrscht man beide Deliktstrukturen, bedarf es nur der Kombination.

255 **Sorgfaltspflichtverletzung**

Die Sorgfaltspflichtverletzung liegt hier in einem Unterlassen. Neben der Garantenpflicht muss festgestellt werden, ob das Nichtstun sorgfaltswidrig war.

Beispiel
Kindermädchen K passt nicht auf das Kleinkind B auf. B stürzt die Kellertreppe hinunter und verstirbt an einem Schädel-Hirn-Trauma.

K ist Beschützergarant aus freiwilliger Übernahme bzw. Vertrag. Das Beaufsichtigen von B gehört in diesem Rahmen zu Ihren Aufgaben. Da sie es unterließ, hat sie sich gemäß §§ 222, 13 StGB strafbar gemacht.

256 **Rechtswidrigkeit und Schuld**

Bezüglich Rechtswidrigkeit und Schuld ergeben sich keine Besonderheiten. Es gilt das bei unechter Unterlassung und Fahrlässigkeit geschriebene.

257 **Versuch**

Da Versuchsstrafbarkeit Tatbestandsvorsatz voraussetzt, ist Versuch bei Fahrlässigkeitsdelikten nicht möglich.

258 **Beteiligung**

Aufgrund des Einheitstätersprinzips bei den Fahrlässigkeitsdelikten sind verschiedene Täterschaftsformen und Teilnahme nicht möglich. Wer den Erfolg fahrlässig (mit-verursacht) haftet nach dem jeweiligen Fahrlässigkeitsdelikt. Differenzierungen hinsichtlich des Verursachungsbeitrages erfolgen in der Strafzumessung.

Vereinzelt wird die Möglichkeit der Mittäterschaft beim Fahrlässigkeitsdelikt gesehen, vgl. Rn. 335.

Lernkontrolle „Das vollendete Unterlassungsdelikt“

1	Erläutern Sie den Unterschied zwischen echtem und unechtem Unterlassungsdelikt.
2	Nennen Sie 3 echte Unterlassungsdelikte des Strafgesetzbuches.
3	Wann ist ein Handeln „zumutbar“ im Rahmen der Unterlassungsdelikte?
4	Erläutern Sie den Aufbau des vorsätzlichen unechten Unterlassungsdeliktes.
5	Erläutern Sie die „hypothetische Kausalität“.
6	Was versteht man unter „Garantenstellung“?
7	Erläutern Sie den Unterschied zwischen Beschützer- und Überwachergaranten. Nennen Sie jeweils 1 Beispiel.
8	Erläutern Sie den Begriff „Modalitätenäquivalenz“.
9	Erläutern Sie den Aufbau des fahrlässigen unechten Unterlassungsdeliktes.
10	Nennen Sie 1 Beispiel für ein fahrlässiges unechtes Unterlassungsdelikt.

5 Das versuchte Delikt

5.1 Das versuchte Begehungsdelikt

259 • ***Aufsatz-Literatur***: *Krack JA 2015, 905 (Jetzt geht's los – typische Klausurfehler im Rahmen der Versuchsprüfung); Hinderer JuS 2011, 1072 (Versuch der Beteiligung); Bosch JURA 2011, 909 (Unmittelbares Ansetzen zum Versuch); Putzke JuS 2009, 894 (Der strafbare Versuch), Jung JA 2006, 228 (Vorstellung von der Tat); Sowada JURA 2004, 814; Schmitz JURA 2003 (Abgrenzung von strafbarem Versuch und Wahndelikt); Baier JA 2003, 189 (Versuch der Tat bei Übergabe an polizeilichen Scheinaufkäufer).*

• ***Leitentscheidungen***: *BGH NJW 1952, 514 (Pfeffertütenfall: zum Versuchsbeginn); BGHSt 26, 201 (Tankwartfall: zum Versuchsbeginn).*

• ***Übungsfälle***: *Esser/Lutz JURA 2016, 311(§§ 242, 243, 244 StGB, Rücktritt vom Versuch); Dittert PSP 1/2012, 25 (Klausur Strafrecht: Grundlagenmodul); Esser JURA 2004, 273;Kudlich JuS 2003, 32; Langer JURA 2003, 135; Gropengießer/Kohler JURA 2003, 277; Gleß JURA 2003, 496; Kühl/Schramm JuS 2003, 681; Kudlich JuS 2002, 27(unmittelbares Ansetzen bei mittelbarer Täterschaft); Hirschmann JURA 2001, 711; Dessecker JURA 2000, 592.*

260 **Versuchtes Begehungsdelikt**

I. Tatbestandsmäßigkeit
   1. Vorprüfung
      a) Delikt nicht vollendet
      b) Versuch strafbar
   2. subjektiver Tatbestand (Tatentschluss)
      a) Vorsatz auf Erfüllung der objektiven Tatbestandsmerkmale
      b) ggf. sonstige subj. Tatbestandsmerkmale
   3. objektiver Tatbestand (unmittelb. Ansetzen)

II. Rechtswidrigkeit

III. Schuld

IV. Besonderheiten
   1. ggf. Strafzumessungsregeln
   2. ggf. Strafaufhebungsgrund Rücktritt, § 24 StGB

V. Ergebnis

Unmittelbares Ansetzen liegt vor, wenn nach dem Plan des Täters die entsprechende Handlung ohne wesentliche Zwischenschritte oder Unterbrechungen unmittelbar in die Tatbestandsverwirklichung übergehen soll.

261 **Überblick**

Gemäß § 22 StGB versucht derjenige eine Straftat, der nach seinen Vorstellungen von der Tat zur Verwirklichung des Tatbestandes unmittelbar ansetzt. Daraus ergeben sich die 2 wesentlichen Prüfungspunkte im Tatbestand des Versuchs: der Tatentschluss (subjektiver Tatbestand) und das unmittelbare Ansetzen (objektiver Tatbestand).

Der Tatbestandsvorsatz bildet damit die Grundlage der Versuchsstrafbarkeit. Daher kann es ein versuchtes Fährlässigkeitsdelikt nicht geben.

Stadien strafbaren Verhaltens 262

Nachdem sich der Täter entschlossen hat, eine Straftat zu begehen, beginnt die Vorbereitungsphase. Der Entschluss zu einer Straftat ist gemäß § 30 Abs. 2 StGB nur strafbar bei Bereiterklärung/Verabredung hinsichtlich eines Verbrechens.

In nur wenigen Delikten sind Vorbereitungshandlungen unter Strafe gestellt, so bei

- § 83 StGB (Vorbereitung eines hochverräterischen Unternehmens)
- § 87 StGB (Vorbereitung der Agententätigkeit zu Sabotagezwecken)
- § 149 StGB (Vorbereitung der Fälschung von Geld und Wertzeichen)
- § 234a StGB (Vorbereitung einer Verschleppung)
- § 275 StGB (Vorbereitung der Fälschung amtlicher Ausweise)
- § 310 StGB (Vorbereitung eines Explosions- oder Strahlungsverbrechens)
- § 316c StGB (Vorbereitung eines Angriffs auf den Luft- und Seeverkehr)

Strafentscheidender Zeitpunkt ist der Übergang von der Vorbereitungs- in die Ausführungsphase. Dann setzt der Täter i.S.v. § 22 StGB unmittelbar zur Tatbestandsverwirklichung an, dies ist der Versuchsbeginn.

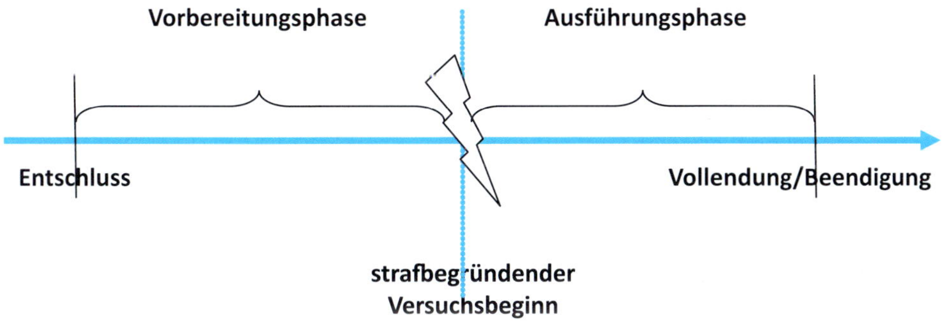

Fehlen der Vollendung 263

Vom strafrechtlichen Versuch einer Tat spricht man nur bis zur Vollendung. Vollendet ist die Tat, wenn alle Tatbestandsmerkmale verwirklicht wurden.

Ist die Tat evident nicht vollendet, sollte in der Fallbearbeitung direkt mit der Prüfung der Versuchsstrafbarkeit begonnen werden. Andernfalls bietet sich an, zunächst mit der Prüfung des vollendeten Deliktes zu beginnen, die Strafbarkeit dort zu verneinen und sodann die Prüfung des Versuchs anzuschließen. Damit wird die Kopflastigkeit der Versuchsprüfung vermieden.

Strafbarkeit des Versuchs 264

Der Versuch eines Verbrechens ist stets strafbar, eines Vergehens nur, wenn das Gesetz dies ausdrücklich bestimmt, § 23 Abs. 1 StGB. Bei den allermeisten Vergehen wurde die Strafbarkeit des Versuchs eingeführt.

Tatentschluss 265

Gemäß § 22 StGB muss der Täter „nach seinen Vorstellungen von der Tat" unmittelbar ansetzen. Dies bedeutet, der Täter muss mit dem Vorsatz der Tatbestandsverwirklichung handeln. „Erforderlich ist also der Wille der Verwirklichung eines Straftatbestandes in Kenntnis aller seiner objektiven Tatumstände.“ [209] Bei der Versuchsprüfung erfolgt im Tatentschluss die Prüfung des Vorsatzes auf alle objektiven Tatbestandsmerkmale und ggf. deliktsspezifische sonstige subjektiven Merkmale.

266 **Sonderfälle des Tatenschlusses**

Sonderfälle im Rahmen des Tatentschlusses sind der untaugliche und der grob unverständliche Versuch sowie das Wahndelikt.

- **Untauglicher Versuch**

  Der Täter verkennt, dass der Versuch aus tatsächlichen oder rechtlichen Gründen nicht zum Erfolg führen kann. Dieser ist rechtlich unbeachtlich, weil Grundlage der Strafbarkeit die Vorstellung des Täters nebst Betätigung der rechtsfeindlichen Einstellung ist.

  Beispiel

  Schießen auf eine Leiche in der Vorstellung, einen Menschen zu erschießen.

- **Grob unverständlicher Versuch**

  Der Täter verkennt aus grobem Unverstand nicht, dass der Versuch nicht zum Erfolg führen kann. Dies schließt den Tatentschluss nicht aus, von Strafe kann aber gemäß § 23 Abs. 3 StGB abgesehen bzw. sie kann gemildert werden.

  Beispiel

  Vergiftungsversuch mit einer Kopfschmerztablette.

- **Wahndelikt**

  Der Täter nimmt irrig eine Strafbarkeit an, die tatsächlich nicht existiert. Dies ist straflos.

  Beispiel

  Täter glaubt, homosexuelle Betätigungen unter Erwachsenen wären strafbar.

Vergleiche zu diesen Irrtumskonstellationen im Einzelnen, Rn. 384.

267 **Unmittelbares Ansetzen**

Aufgrund weitgehender Straflosigkeit von Vorbereitungshandlungen ist entscheidender strafbegründender Zeitpunkt der Versuchsbeginn. Der Versuch beginnt gemäß § 22 StGB, wenn der Täter (nach seinen Vorstellungen von der Tat) zur Verwirklichung der Tat „unmittelbar ansetzt“.

Nach gängiger Formel des Bundesgerichtshofes liegt unmittelbares Ansetzen vor, wenn der Täter objektiv derart zur tatbestandsmäßigen Angriffshandlung ansetzt, dass sein Tun ohne wesentliche Zwischenschritte in die Rechtsgutverletzung bzw. Erfüllung des Tatbestands übergeht.[210]

Es ist nicht möglich, für alle Fälle strafbaren Verhaltens abstrakt genau zu bestimmen, wann unmittelbares Ansetzen vorliegt. Auf Grundlage der BGH-Formel ist der Versuchsbeginn jeweils wertend zu ermitteln. Entscheidend dabei ist der Aspekt der Rechtsgutgefährdung nach der Vorstellung des Täters.[211]

---

209 W-Beulke Rn. 203.
210 Vgl. BGH NStZ 2006, 331
211 Vgl. auch Joecks Vor § 22, Rn. 13.

Jedenfalls kann unmittelbares Ansetzen bejaht werden, wenn der Täter nach seinen Vorstellungen schon alles zur Deliktsverwirklichung getan hat und eine Rechtsgutgefährdung eingetreten ist.

Ebenso liegt unmittelbares Ansetzen vor, wenn bereits ein Tatbestandsmerkmal erfüllt wurde.

Beispiel
A will einen Tankstellenüberfall begehen. Dazu bedroht er den Kassierer mit einer Schusswaffe. Als mehrere Kunden das Ladenlokal betreten, flüchtet A ohne Beute.

Strafbar gemäß §§ 253, 255, 250 Abs. 2 Nr. 1, 22, 23 StGB.

Mittelbare Täterschaft 268

Bei mittelbarer Täterschaft liegt unmittelbares Ansetzen des Hintermannes vor, wenn er den Tatmittler zur Tatausführung bestimmt hat und ihn aus seinem Einwirkungsbereich in der Vorstellung entlässt, dass eine Rechtgutverletzung unmittelbar bevorsteht.[212]

Beispiel
A schickt den 5-jährigen B zu einer „Mutprobe" ins Kaufhaus. Er soll dort einen MP3-Player stehlen und ihm bringen. Als B durch die Gänge streift, wird er von dem Angestellten C angesprochen. B erzählt alles.

Unmittelbares Ansetzen liegt vor. A ist strafbar gemäß §§ 242, 22, 23, 25 Abs. 1, Alt. 2 StGB.

Mittäterschaft 269

Bei Mittäterschaft liegt strafbarer Versuchsbeginn nach der sogenannten Gesamtlösung vor, wenn nach der Vorstellung ein Mittäter zur Verwirklichung des gesetzlichen Tatplanes unmittelbar ansetzt.[213]

Rechtswidrigkeit und Schuld 270

Bezüglich Rechtswidrigkeit und Schuld ergeben sich gegenüber dem vollendeten Begehungsdelikt keine Besonderheiten.

Regelbeispiele 271

Zum Versuch der Regelbeispiele siehe Erläuterungen Band 2, besonders schwerer Fall des Diebstahls.

Strafaufhebungsgrund Rücktritt 272

Als persönlicher Strafaufhebungsgrund ist bei Versuchsstrafbarkeiten zumindest gedanklich immer Rücktritt vom Versuch gemäß § 24 StGB zu prüfen. Siehe dazu Rn. 289 ff.

---

212 Schmidt AT Rn. 684, vgl. auch BGHSt 43, 177 (180).
213 Vgl. BGH StV 2001, 272 (273).

5.2 Das versuchte unechte Unterlassungsdelikt

273 • ***Aufsatz-Literatur***: *Kudlich JA 2008, 601 (Versuch des unechten Unterlassungsdeliktes).*

• ***Leitentscheidungen***: *BGHSt 48, 147 („Gashahnfall": zu den Anforderungen an die Rücktrittsbemühungen bei einem unechten Unterlassungsdelikte); BGH NStZ 1995, 80 (Kemptener-Tee-Fall); BGHST 38, 356.*

• ***Übungsfälle***: *Haverkamp/Kaspar JuS 2006, 895;Meurer/Dietermeier JuS 2001, L 36, L38;Thoos JA 2001, 956; Stoffers/Murray JuS 2000, 986.*

274 **Versuchtes unechtes Unterlassungsdelikt**

I. Tatbestandsmäßigkeit
   1. Vorprüfung
      a) Delikt nicht vollendet
      b) Versuch strafbar
   2. subjektiver Tatbestand (Tatentschluss)
      a) Vorsatz hinsichtlich
         aa) Eintritt des Erfolges
         bb) Nichtvornahme der gebotenen Handlung
         cc) Möglichkeit der Gefahrabwendung
         dd) Garantenstellung
   3. objektiver Tatbestand
      (unmittelb. Ansetzen bei Gefährdung
      des Rechtsgutes durch Unterlassen)

II. Rechtswidrigkeit

III. Schuld

IV. Besonderheiten
   1. ggf. Strafzumessungsregeln
   2. ggf. Strafaufhebungsgrund Rücktritt,
      § 24 StGB

V. Ergebnis

Unmittelbares Ansetzen ist beim Unterlassungsdelikt gegeben, wenn das geschützte Rechtsgut in konkrete Gefahr geraten ist.

275 **Überblick**

Das versuchte unechte Unterlassungsdelikt ist strukturell eine Kombination aus dem unechten Unterlassungsdelikt und dem Versuch. Insofern bestehen im Aufbau des Deliktes keine Besonderheiten. Der Versuch des unechten Unterlassungsdeliktes ist nach den Regeln des § 23 Abs. 1 StGB strafbar, wenn es sich um ein Verbrechen handelt oder die Strafbarkeit gesetzlich ausdrücklich bestimmt wurde.

Bei echten Unterlassungsdelikten ist der Versuch nur in wenigen Fällen mit Strafe bedroht, nämlich bei § 283 Abs. 1 Nr. 5, 7 b, Abs. 3 StGB (Bankrott). Eine vertiefende Erörterung ist daher entbehrlich.

Tatentschluss 276

Der Tatentschluss muss sich auf die Verwirklichung beziehungsweise Kenntnis aller objektiven Tatbestandsmerkmale beziehen. Insbesondere muss der Täter den Erfolg herbeiführen wollen und es muss ihm bewusst sein, dass er ihn noch abwenden kann und er eine Garantenstellung hat.

Unmittelbares Ansetzen 277

Die Bestimmung des unmittelbaren Ansetzens zur Deliktsverwirklichung bereitet bei einem Unterlassen Schwierigkeiten.

Zum einen wird auf Verstreichen lassen der ersten, andererseits der letzten Erfolgsabwendungsmöglichkeit abgestellt.[214] Beide Ansätze sind jedoch der Kritik ausgesetzt, da im ersten Fall die Strafbarkeit zu weit vorverlagert wird, im zweiten zu spät einsetzt.

Daher ist nach h.M. unmittelbares Ansetzen beim Unterlassungsdelikt gegeben, wenn das geschützte Rechtsgut in unmittelbarer Gefahr ist.

Beispiel
B kommt im Winter stark alkoholisiert nach Hause, schläft vor der Haustür ein. Ehefrau E bemerkt dies, hilft ihm aber nicht, da sie die jahrelange Trunksucht von B nicht mehr ertragen möchte.

Unmittelbares Ansetzen ist hier erst zu bejahen, wenn B in konkrete Lebensgefahr gerät. Wird er dann gerettet, hat sich E gemäß §§ 212, 211, 13, 22, 23 StGB strafbar gemacht.

Rechtswidrigkeit und Schuld 278

Im Bereich Rechtswidrigkeit und Schuld bestehen keine Besonderheiten zum Versuch des Begehungsdeliktes.

Rücktritt 279

Der persönliche Strafaufhebungsgrund Rücktritt gemäß § 24 StGB kann auch dem Unterlassungstäter zugute kommen.[215]

Beispiel
B kommt im Winter stark alkoholisiert nach Hause, schläft vor der Haustür ein. Ehefrau E bemerkt dies, hilft ihm aber nicht, da sie die jahrelange Trunksucht von B nicht mehr ertragen möchte. Als B bereits längere Zeit bei Minusgraden vor der Tür gelegen hat und die Gefahr des Erfrierens besteht, besinnt sie sich eines Besseren und holt ihn in die warme Wohnung. B erleidet keine weiteren Schäden.

B hat den Tatbestand von §§ 212, 211, 13, 22, 23 StGB verwirklicht, ist aber vom Versuch strafbefreiend zurückgetreten.

214 Vgl. Kühl § 18, Rn. 146 ff.
215 Siehe im Einzelnen Rn. 289 ff.

5.3 Versuch bei erfolgsqualifizierten Delikten

280
5.3.1 Erfolgsqualifizierter Versuch

- ***Aufsatz-Literatur***: *Heger JA 2003, 455 (BGH NJW 2003, 150: Erfolgsqualifizierter Versuch einer Körperverletzung mit Todesfolge); Sowada JURA 2003, 552 (Gubener Hetzjagd: Versuchte Körperverletzung mit Todesfolge).*

- ***Übungsfälle***: *Kühl JuS 2007, 742; Norouzi JuS 2006, 531.*

281
Erfolgsqualifizierter Versuch

I. Tatbestandsmäßigkeit
  1. Tatbestand des versuchten Grunddeliktes
    a) Subjektiver Tatbestand (Tatentschluss)
    b) Objektiver Tatbestand (unmittelbares Ansetzen)
  2. Verwirklichung der Erfolgsqualifikation, § 18
    a) Erfolgseintritt
    b) Tatbestandsspezifischer Gefahrzusammenhang zwischen Grunddelikt und Erfolg
    c) Fahrlässigkeit
      aa) Objektive Sorgfaltspflichtverletzung
      bb) Objektive Zurechnung
      insbesondere: obj. Vorhersehbarkeit

II. Rechtswidrigkeit
    1. objektive Rechtfertigungsmerkmale
    2. subjektives Rechtfertigungselement

III. Schuld
  1. Schuldfähigkeit
  2. Unrechtsbewusstsein (hier: Fahrlässigkeitsschuld)
    a) subjektive Sorgfaltspflichtverletzung
    b) subjektive Vorhersehbarkeit
  3. Entschuldigungsgründe

IV. Besonderheiten
  1. ggf. Strafzumessungsregeln
  2. ggf. Strafaufhebungsgrund Rücktritt, § 24 StGB

V. Ergebnis

Kausal ist eine Handlung für einen Erfolg, wenn sie nicht hinweggedacht werden kann, ohne dass der Erfolg entfiele (BGHSt 39, 195 (197)).

Objektiv sorgfaltspflichtwidrig handelt, wer diejenige Sorgfalt außer Acht lässt, zu der er nach den Umständen verpflichtet ist.

Objektiv vorhersehbar ist eine Tatbestandsverwirklichung, wenn der eingetretene Erfolg nach allgemeiner Lebenserfahrung, sei es auch nicht als regelmäßige, so doch als nicht ganz ungewöhnliche Folge erwartet werden konnte (BGHSt 49, 166 (174)).

Tatbestandsspezifischer Gefahrzusammenhang ist gegeben, wenn sich gerade die dem Grundtatbestand anhaftende spezifische Gefahr in der schweren Folge niedergeschlagen hat (BGHSt 48, 34).

Subjektiv sorgfaltspflichtwidrig handelt, wer aufgrund seiner individuellen Kenntnisse und Fähigkeiten in der Lage gewesen wäre, die objektive Sorgfaltspflicht einzuhalten.

Subjektiv vorhersehbar ist der Erfolg, wenn der Täter individuell in der Lage gewesen ist, die drohende Rechtsgutverletzung zu erkennen.

Aufbau 282

Neben dem dargestellten Deliktsaufbau ist es ebenso zulässig, zunächst das Grunddelikt vollständig (einschließlich Rechtswidrigkeit und Schuld) durchzuprüfen. Diese Vorgehensweise bietet sich insbesondere an, wenn Rechtfertigungsgründe, Schuldausschluss- oder Entschuldigungsgründe eingreifen. Dann endet die Prüfung bereits beim jeweiligen Ausschlussgrund der Strafbarkeit, ohne dass zum qualifizierten Erfolg Stellung genommen nehmen muss.

Überblick 283

Neben Vorsatzdelikten und Fahrlässigkeitsdelikten kennt das Strafgesetzbuch auch Kombinationsdelikte aus Vorsatz und Fahrlässigkeit. Dazu gehören die erfolgsqualifizierten Delikte.[216]

Gemäß § 11 Abs. 2 StGB handelt es sich bei erfolgsqualifizierten Delikten insgesamt um Vorsatzdelikte im Sinne des Strafgesetzbuches. Daraus folgt, dass das Grunddelikt nicht vollendet, sondern kann auch nur versucht sein kann. Dann spricht man vom „erfolgsqualifiziertem Versuch".[217]

Insofern stellt der erfolgsqualifizierte Versuch eine Kombination zwischen dem versuchten Grunddelikt und der (mindestens) fahrlässig herbeigeführten Folge dar.

> **Beispiel**
> A will B schlagen. B weicht aus, stürzt dabei die Kellertreppe hinunter und bricht sich das Genick. Strafbar nach §§ 223, 227, 22, 23 StGB.

Der erfolgsqualifzierte Versuch ist zu trennen von dem Versuch der Erfolgsqualifikation. 284

Da gemäß § 18 StGB „wenigsten" Fahrlässigkeit für die Herbeiführung des Erfolges gefordert wird, kann die besondere Folge auch vorsätzlich herbeigeführt werden.

> **Beispiel**
> Wer mit einer Machete auf einen anderen einschlägt in der Absicht, seinen Arm abzutrennen, jedoch nur eine Schramme verursacht, begeht den Versuch der Erfolgsqualifikation §§ 226 Abs. 2, 22 StGB.

Zu den verscheidenen Strukturkonstellationen beim erfolgsdelikten Delikt vergleiche Rn. 221.

Rücktritt 285

Rücktritt ist auch beim erfolgsqualifizierten Versuch möglich, wenn der Versuch nicht schon fehlgeschlagen ist.

> **Beispiel**
> A will einen Tankstellenüberfall begehen. Er fordert die Herausgabe der Tageseinnahmen unter Vorhalt einer Schusswaffe. Aus Nervosität löst sich unbeabsichtigt ein Schuss, bei dem der Tankwart tödlich getroffen wird. A flieht sodann ohne Beute.

A hat tatbestandlich und rechtswidrig §§ 253, 255, 22, 23, 251 StGB begangen. Durch den Abbruch der Tat könnte er strafbefreiend zurückgetreten sein. Da er aber die Tat nicht mehr so wie vorgestellt begehen konnte, liegt ein fehlgeschlagener Versuch vor. Rücktritt ist dabei ausgeschlossen.[218]

---

216 Vgl. im Einzelnen Rn. 221.
217 Vgl. im Einzelnen Rn. 280.
218 Vgl. im Einzelnen Rn. 289.

286 ### 5.3.2 Versuchte Erfolgsqualifikation

Versuchte Erfolgsqualifikation

I. Tatbestandsmäßigkeit
  1. Tatbestand des vorsätzlichen Grunddeliktes
    a) Objektiver Tatbestand
    b) Subjektiver Tatbestand
  2. Versuch der Verwirklichung der schweren Folge
    a) subjektiver Tatbestand (Tatentschluss auf Verwirklichung der Folge)
    b) objektiver Tatbestand (unmittelbares Ansetzen)

II. Rechtswidrigkeit

III. Schuld

IV. Besonderheiten
  1. ggf. Strafzumessungsregeln
  2. ggf. Strafaufhebungsgrund Rücktritt, § 24 StGB

V. Ergebnis

287 **Aufbau**

Neben dem dargestellten Deliktsaufbau ist es ebenso zulässig, zunächst das Grunddelikt vollständig (einschließlich Rechtswidrigkeit und Schuld) durchzuprüfen. Diese Vorgehensweise bietet sich insbesondere an, wenn Rechtfertigungsgründe, Schuldausschluss- oder Entschuldigungsgründe greifen. Dann endet die Prüfung bereits beim jeweiligen Ausschlussgrund der Strafbarkeit, ohne dass man zum Versuch des qualifzierten Erfolges Stellung nehmen muss.

288 **Überblick**

Neben Vorsatz- und Fahrlässigkeitsdelikten kennt das Strafgesetzbuch auch Kombinationsdelikte aus Vorsatz und Fahrlässigkeit. Knüpft das Gesetz an eine besondere Folge der Tat eine schwerere Strafe, so trifft sie den Täter oder den Teilnehmer gemäß § 18 StGB nur, wenn ihm hinsichtlich dieser Folge wenigsten Fahrlässigkeit zur Last fällt. Da „wenigstens" Fahrlässigkeit für die Herbeiführung des Erfolges gefordert wird, kann die besondere Folge auch vorsätzlich herbeigeführt werden.

Beispiel
Wer mit einer Machete auf einen anderen einschlägt in der Absicht, seinen Arm abzutrennen, jedoch nur eine Schramme verursacht, begeht den Versuch der Erfolgqualifikation §§ 226 Abs. 2, 22 StGB.

Insofern stellt die versuchte Erfolgsqualifikation eine Kombination zwischen dem vorsätzlich vollendeten Grunddelikt und der versuchten schweren Folge dar. Strukturelle denkbar ist auch eine Kombintation zwischen versuchtem Grunddelikt und versuchter schwerer Folge.

Beispiel
A will mit einer Machete B's Arm abschlagen, schlägt aber daneben.

5.4 Rücktritt vom Versuch

5.4.1 Rücktritt des Alleintäters § 24 Abs. 1 StGB

- ***Aufsatz-Literatur***: *Noltensmeier/Henn JA 2010, 269 (Der Rücktritt vom Versuch nach § 24 I 2 StGB); Heger StV 2010, 320 (Die neuere Rechtsprechung zum strafbefreienden Rücktritt vom Versuch [§ 245 StGB]); Schroeder NStZ 2009, 9 (Der fehlgeschlagene Versuch); Miebach/Heim NStZ-RR 2009, 129 (Rechtsprechungsübersicht über Rücktritt zum Versuch); Bott JURA 2008, 753 (Rücktritt trotz Erreichens eines außertatbestandlichen Ziels); Baier JA 2003, 277 (Anforderungen an Rücktritt bei Unterlassungstäterschaft); Scheinfeld JuS 2002, 250 (Strafbefreiender Rücktritt in der Fallbearbeitung); Otto JURA 2001, 341 (Rücktritt und Rücktrittshorizont).* 289
- ***Leitentscheidungen***: *BGH NStZ 2015, 26 (zum fehlgeschlagenen Versuch); BGHSt GS 39, 221 (zum Rücktritt trotz Zweckerreichung, aufbereitet von Beckemper JA 2003, 203; BGHSt 39, 37 (zum Rechtsgrund des Rücktritts); BGHSt 36, 224 (Grenze unbeendeter/beendeter Versuch); BGHSt 9, 48 („Lilo-Fall" zur Freiwilligkeit, aufbereitet von Fahl, JA 2003, 757); BGHSt 35, 184 (Fleischmesser-Fall zur Freiwilligkeit); BGHST 35, 90 (Abgrenzung unbeendeter/beendeter Versuch); BGHSt 34, 53 (Begleiter-Fall zur Abgrenzung beim fehlgeschlagenen Versuch)*
- ***Übungsfälle***: *Esser/Lutz JURA 2016, 311 (§§ 242, 243, 244 StGB, Rücktritt vom Versuch); Dittert PSP 1/2012, 25 (Klausur Strafrecht: Grundlagenmodul); Hofmann Kriminalistik 2011, 63 und 125 (Tödliche Abwehr einer Unterhaltsforderung); Bock JuS 2006, 603 (zu fehlgeschlagener Versuch/Freiwilligkeit); Haverkamp/Kaspar JuS 2006, 895; Safferling, JURA 2004, 64; Langer JURA 2003, 135; Gropengeißer/Kohler JURA 2003, 277; Krahl JuS 2003, 57; Rotsch JuS 2002, 887; Ellbogen JuS 2002, 151; Momsen/Sydow JuS 2001, 1194.*

Rücktritt vom Versuch des Alleintäters 290

I. Tatbestandsmäßigkeit

II. Rechtswidrigkeit

III. Schuld

IV. Besonderheiten

Strafaufhebungsgrund Rücktritt, § 24 Abs. 1 StGB

1. kein fehlgeschlagener Versuch
2. beendeter oder unbeendeter Versuch?
3. unbeendeter Versuch: freiwillig aufgehört?

   Beendeter Versuch: freiwillig Vollendung verhindert?

V. Ergebnis

Fehlgeschlagen ist der Versuch, wenn der Täter nach seinen Vorstellungen das Delikt nicht mehr vollenden kann.

Unbeendet ist der Versuch, wenn der Täter aus seiner Sicht noch nicht alles getan hat, was zur Verwirklichung des Tatbestandes erforderlich ist.

Beendet ist der Versuch, wenn der Täter aus seiner Sicht alles getan hat, was zur Verwirklichung des Tatbestandes erforderlich ist.

Freiwillig handelt der Täter, wenn er aus autonomen Motiven handelt.

Überblick 291

Hat der Täter die Schwelle zum Versuchsbeginn überschritten, so hat er seine rechtsfeindliche Einstellung konkret betätigt, welches seine Strafbarkeit begründet. Verwirklicht er jedoch tatsächlich die rechtsfeindliche Einstellung nicht, in dem er die Deliktsverwirklichung doch unterlässt, hat sich seine Gefährlichkeit nicht bestätigt. Ein Grund für die Strafbarkeit besteht nun nicht mehr.[219] Daher sieht das Gesetz in § 24 StGB Rücktrittsregeln vor. Unter den Voraussetzungen des § 24 StGB ist der Täter straffrei, obwohl er bereits im Versuchsstadium der Deliktsverwirklichung war.

219 So der Rechtsgrund der Straflosigkeit nach der herrschenden Strafzwecktheorie, vgl. BGHSt 39, 37 (39).

Rücktritt gemäß § 24 StGB kommt nur bis zur Vollendung des Deliktes in Betracht. Spezielle Regelung zur Straflosigkeit bzw. -milderung nach Vollendung enthalten die Regelungen der tätigen Reue nach

- § 83a StGB (für Fälle des Hochverrates)
- § 98 StGB (Landesverräterische Agententätigkeit)
- § 139 Abs. 4 StGB (Nichtanzeige geplanter Straftaten)
- § 142 Abs. 4 StGB (Unerlaubtes Entfernen vom Unfallort)
- § 306e StGB (bei Brandstiftungsdelikten)
- § 314a Abs. 3 StGB (bei besonderen Sprengstoff-/Explosionsdelikten)

Das Strafgesetzbuch differenziert zwischen dem Rücktritt des Alleintäters (§ 24 Abs. 1 StGB) und dem Rücktritt bei Beteiligten (§ 24 Abs. 2 StGB), dann weiter, ob der sich um einen beendeten oder unbeendeten Versuch handelt.

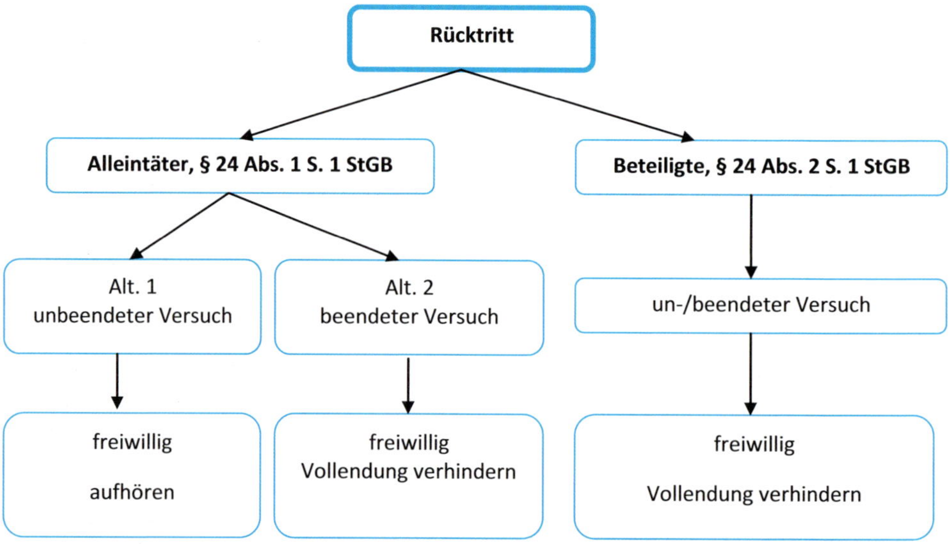

292 **Fehlgeschlagener Versuch**

Ein Rücktritt ist ausgeschlossen, wenn der Täter nach seiner Vorstellung das Delikt nicht mehr vollenden konnte. Dann besteht für die Annahme der Ungefährlichkeit des Täters und somit für seine Straflosigkeit kein Grund.[220]

Beispiel

A bricht in eine Kunsthalle ein, um ein bestimmtes Werk von Claude Monet zu entwenden. In den Ausstellungsräumen stellt er fest, dass das Bild nicht mehr da ist. Es befand sich zur Tatzeit bereits auf dem Rücktransport zum Eigentümer. A geht unverrichteter Dinge wieder von dannen. Er ist strafbar gemäß §§ 242,243,22,23 StGB und §§ 123, 303 StGB.

Die Tat ist in einer Gesambetrachtung nach der sogenannten Lehre vom Rücktrittshorizont nicht fehlgeschlagen, wenn es dem Täter nach seinen Vorstellungen möglich ist, die Tat auf andere Weise noch zu vollenden. Entscheidend kommt es also nicht auf den ursprüng-

220 So die h.M., vgl. nur BGH NStZ 2005, 263.

lichen Tatplan und dessen Abweichungen, sondern lediglich auf die Vorstellung nach der letzten Ausführungshandlung an. [221]

Beispiel
A will B erschießen. Als er den Defekt der Pistole feststellt, ersticht er B mit einem mitgeführten Messer.

Zwar kann A den B – wie ursprünglich geplant – nicht mehr erschießen, aber noch erstechen. Diese Abweichung vom ursprünglichen Plan lässt den Versuch noch nicht fehlschlagen, da es auf die Vorstellung nach der letzten Ausführungshandlung (hier: Feststellung des Defektes) ankommt.
Nach einer Mindermeinung ist die Kategorie des fehlgeschlagenen Versuchs entbehrlich. Dann werden diese Fälle bei Prüfungspunkt „Freiwilligkeit" verortet.[222]

Unbeendeter Versuch 293

§ 24 Abs. 1 Alt.1 StGB fordert vom Täter die freiwillige Aufgabe der weiteren Tatausführung. Zur Straflosigkeit reicht also das bloße (aber freiwillige) Aufhören. Die Konstellation, in der dies möglich ist, nennt man unbeendeter Versuch. Der liegt vor, wenn der Täter nach seiner Vorstellung noch nicht alles getan hat, was zur Verwirklichung des Deliktes erforderlich ist.

Beispiel
A will nachts in einen Kiosk einbrechen. Nachdem er sich bereits an der rückwärtigen Tür zu schaffen macht, kommen ihm Zweifel. Er bricht die weitere Tatausführung ab und geht nach Hause.

Nach der A`s Vorstellung hätte er die Tür noch aufbrechen und das Diebesgut wegnehmen müssen, dazu ist es aber nicht gekommen. A ist straffrei.

Beendeter Versuch 294

§ 24 Abs. 1 Alt. 2 StGB fordert zur Straflosigkeit die Verhinderung der Tatvollendung. Diese Alternative hat den beendeten Versuch im Blick. Dieser liegt vor, wenn der Täter nach seinen Vorstellung alles getan hat, was zur Verwirklichung des Tatbestandes erforderlich ist. In diesen Konstellationen fordert das Gesetz eine freiwillige, aktive Erfolgsverhinderung.

Beispiel
A schlägt mit Tötungsvorsatz auf B ein und lässt ihn schwer verletzt liegen. Er geht davon aus, dass B nunmehr in naher Zukunft an den Folgen der Schläge sterben wird. Zu Hause angekommen, plagen ihn Gewissensbisse. Er ruft einen Krankenwagen zum Ort des Geschehens, sodass B noch gerettet wird.

A hat nach seinen Vorstellungen alles getan, was zur Deliktsverwirklichung (§ 212 StGB) erforderlich ist. Den Erfolgseintritt hat er jedoch aktiv verhindert. Hinsichtlich des Tötungsversuchs ist er wirksam zurückgetreten, damit straffrei. Es verbleibt die Strafbarkeit zum vollendeten Delikt, §§ 223, 224 StGB.

Aufgeben der Tat 295

Voraussetzung für Straffreiheit beim unbeendeten Versuch ist das (freiwillige) Aufgeben der Tat. Dies liegt nach h.M. vor, wenn der Täter von der konkreten Tat, wie sie im Rahmen des Straftatbestandes beschrieben ist, Abstand nimmt.[223] Eine ganz und endgültige Aufgabe des kriminellen Entschusses ist nicht gefordert.

221 Schmidt AT Rn. 713; vgl. aus der Rechtsprechung nur BGH NStZ 2005, 150.
222 Vgl. Scheinfeld JuS 2002, 250.
223 BGH NStZ 2005, 263 (264 f.).

296 **Aktive Erfolgsverhinderung**

Voraussetzung für Straffreiheit beim beendeten Versuch ist das (freiwillige) aktive Verhindern der Vollendung der Tat. Dies liegt nach h.M. vor bei „auf Erfolgsverhinderung gerichteter Tätigkeit, die zumindest mitursächlich für die Verhinderung des Erfolgseintritts ist“[224].

297 **Freiwilligkeit**

Das Aufhören des Täters bzw. die aktive Erfolgsverhinderung muss freiwillig erfolgen. Dies ist nach der psychologisierten Betrachtung der h.M. der Fall, wenn der Täter aus autonomen, selbst gesetzten Motiven handelt. Ist das Handeln durch von außen wirkende (heteronome) Motive geprägt, ist es unfreiwillig. So auch, wenn es psychisch-seelische Zwänge sind, die den Täter an der weiteren Ausführung hindern.

Beispiele

freiwillig:

- Mitleid, Scham[225], Reue
- Mutlosigkeit[226]
- Gewissensbisse
- Schreck über laute Schreie
- Furcht vor Bestrafung[227]

unfreiwillig:

- Angst vor Entdeckung
- Abscheu bei Anblick von Blut
- Beschädigung des erstrebten Gegenstandes[228]
- Eintreffen der Polizei[229]

Der Freiwilligkeit des Rücktritts steht nicht entgegen, dass der Täter sein außertatbestandliches Ziel erreicht hat.

Beispiel

A unterlässt die Fortführung des Versuchs, das Opfer mit einem Elektroschockgerät zu verletzen, da O das Geldversteck verrät.

A ist vom Versuch der gefährlichen Körperverletzung wirksam zurückgetreten, da er freiwillig die weitere Ausführung der gefährlichen Körperverletzung unterlassen hat. Dass A nur deshalb von weiteren Einwirkungen auf O absah, weil diese um Leib und Leben fürchtete und sich zur Duldung der Wegnahme des Geldes veranlasst sah, schließt einen Rücktritt vom unbeendeten Versucht nicht aus. Denn dem steht nicht engegen, dass A sein mit der Verwendung des Elektroschockgerätes verfolgtes außertatbestandliches Ziel, an das Geld der O zu gelangen, erreicht hatte.[230]

298 **§ 24 Abs. 1 Satz 2 StGB**

Wird die Tat ohne Zutun des Täters nicht vollendet, reicht sein freiwilliges und ernsthaftes Bemühen. Insofern gelten dieselben Voraussetzungen wie beim beendeten Versuch.

---

224 BGH NStZ 2004, 326.
225 RGSt 47, 79.
226 BGH MDR 52, 530.
227 BGH NStZ 92, 537.
228 RGSt 45, 6.
229 BGH NJW 2005, 1205.
230 Vgl. BGH, Beschluss v. 6.5.2014 – 3 StR 134/14 in StrV 2015, 111.

5.4.2 Rücktritt bei Beteiligten § 24 Abs. 2 StGB

- ***Aufsatz-Literatur**: Ladiges JuS 2016, 15 (Der strafbefreiende Rücktritt bei Beteiligung mehrer); Kölbl/Selter JA 2012, 1 (§ 24 II StGB – Der Rücktritt bei mehreren Tatbeteiligten).* 299

300

Rücktritt vom Versuch bei Beteiligten

I. Tatbestandsmäßigkeit

II. Rechtswidrigkeit

III. Schuld

IV. Besonderheiten

Strafaufhebungsgrund Rücktritt, § 24 Abs. 2 StGB

1. kein fehlgeschlagener Versuch
2. freiwillig Vollendung verhindert?

V. Ergebnis

Fehlgeschlagen ist der Versuch, wenn der Täter nach seinen Vorstellungen das Delikt nicht mehr vollenden kann.

Freiwillig handelt der Täter, wenn er aus autonomen Motiven handelt.

Überblick 301

Rücktritt vom Versuch der Beteiligten (Mittätern, Anstifter, Gehilfen) richtet sich nach § 24 Abs. 2 StGB. Dies sind im Gegensatz zu § 24 Abs. 1 StGB strengere Regeln, da der Täter immer aktiv die Vollendung der Tat verhindern, bzw. sich dazu bemühen muss. Alleiniges Unterlassen der Deliktsvollendung ist nicht ausreichend. Gründe für diese strengeren Anforderungen liegen in der besonderen Gefährlichkeit von Taten mehrerer.

Ein Unterscheidung zwischen unbeendetem und beendetem Versuch ist deshalb entbehrlich.

Da es sich um einen persönlichen Strafaufhebungsgrund handelt, ist er bei jedem Beteiligten gesondert zu prüfen und liegt nur bei demjenigen vor, der die Rücktrittsvoraussetzungen erfüllt.

Fehlgeschlagener Versuch 302

Ein strafbefreiender Rücktritt ist ausgeschlossen, wenn der Täter nach seiner Vorstellung das Delikt nicht mehr vollenden konnte. Dann besteht für die Annahme der Ungefährlichkeit des Täters und somit für seine Straflosigkeit keinen Grund.[231]

Freiwilligkeit 303

Die aktive Erfolgsverhinderung muss freiwillig erfolgen. Dies ist nach der psychologisierten Betrachtung der h.M. der Fall, wenn der Täter aus autonomen, selbst gesetzten Motiven handelt. Ist das Handeln durch von außen wirkende (heteronome) Motive geprägt, ist es unfreiwillig.

So auch, wenn es psychisch-seelische Zwänge sind, die den Täter an der weiteren Ausführung hindern.[232]

231 So die h.M., vgl. nur BGH NStZ 2005, 263; Beispiele dazu oben, Rn. 297.
232 Beispiele dazu siehe oben, Rn. 297.

304 **Aktive Erfolgsverhinderung**

Voraussetzung für Straffreiheit beim Versuch mit Beteiligten ist das (freiwillige) aktive Verhindern der Vollendung der Tat. Dies liegt nach h.M. vor bei auf Erfolgsverhinderung gerichteter Tätigkeit, die zumindest mitursächlich für die Verhinderung des Erfolgseintritts ist. [233] Gleichwohl muss nach h.M. die Verhinderung der Vollendung dann nicht in einem aktiven Gegensteuern liegen, wenn schon das bloße Nichtweiterhandeln zur Verhinderung der Vollendung führt, was regelmäßig der Fall ist, wenn die Konstellation eines unbeendeten Versuchs vorliegt und die Vollendung ausschließlich von dem Tatbeitrag des rücktrittswilligen Tatbeteiligten abhängt.[234]

Beispiel

A und B planen einen gemeinsamen Trickdiebstahl. A wartet dazu im Auto, während B sich mit Täuschung Zutritt zur Wohnung der älteren Bewohnerin erschleichen soll, um dann Wertsachen zu entwenden. Die Beute soll anschließend geteilt werden. Als B nach dem Klingeln an der Wohnungstür die 93-jährige Elfriede E. sieht, bekommt er Gewissensbisse. Er kehrt um und geht zum Fahrzeug zurück.

B ist wirksam vom Trickdiebstahl zurückgetreten. A ist strafbar wegen versuchten Diebstahls in Mittäterschaft, §§ 242, 22, 23 StGB.

305 **§ 24 Abs. 2 S. 2 StGB**

Wird die Tat ohne Zutun des Beteiligten nicht vollendet oder unabhängig von seinem Tatbeitrag begangen, so reicht für die Straflosigkeit das freiwillige und ernsthafte Bemühen, die Vollendung der Tat zu verhindern.

233 BGH NStZ 2004, 326.
234 Schmidt AT, Rn. 741 mit Hinweis auf BGH NStZ 1999, 359.

Lernkontrolle „Das versuchte Delikt“

1	Erläutern Sie die Stadien strafbaren Verhaltens.
2	Wann setzt der Täter „unmittelbar“ an?
3	Was ist ein untauglicher Versuch?
4	Was wird im subjektiven Tatbestand des versuchten Begehungsdeliktes geprüft?
5	Erläutern Sie den Aufbau des versuchten unechten Unterlassungsdeliktes und nennen Sie 1 Beispiel dazu.
6	Was versteht man unter einem „erfolgsqualifizierten Versuch“?
7	Was versteht man unter einer „versuchten Erfolgsqualifikation“?
8	Was ist Grund für die Straflosigkeit des Täters bei erfolgtem Rücktritt?
9	Erläutern Sie die Rücktrittsregeln des § 24 Abs. 1 StGB beim Alleintäter.
10	Wann ist ein Versuch „fehlgeschlagen“?

6 Beteiligung

306 • ***Aufsatz-Literatur***: *Satzger JURA 2015, 1055 (Beteiligung und Unterlassen); Hinderer JuS 2011, 1072 (Versuch der Beteiligung, § 30 StGB); Bachmann/Eichinger JA 2011, 105 (Täterschaft beim Unterlassungsdelikt); Bock JURA 2005, 673 (Beteiligungssystem und Einheitstätersystem); Peglau JA 2001, 606 (Strafbarkeit von Personenverbänden); Küpper, GA 1998, 519 (Abgrenzung der Täterschaftsformen); Seier JA 1990, 342 (Einheitstäterbegriff); Kudlich JA 2000, 511 (Teilnahme am erfolgsqualifizieren Delikt).*

• ***Leitentscheidungen***: *BGH NStZ 2008, 280 (zur sukzessiven Beteiligung, Anm. Walter NStZ 2008, 548).*

• ***Übungsfälle:*** *Maier JuS 2000, 677.*

307

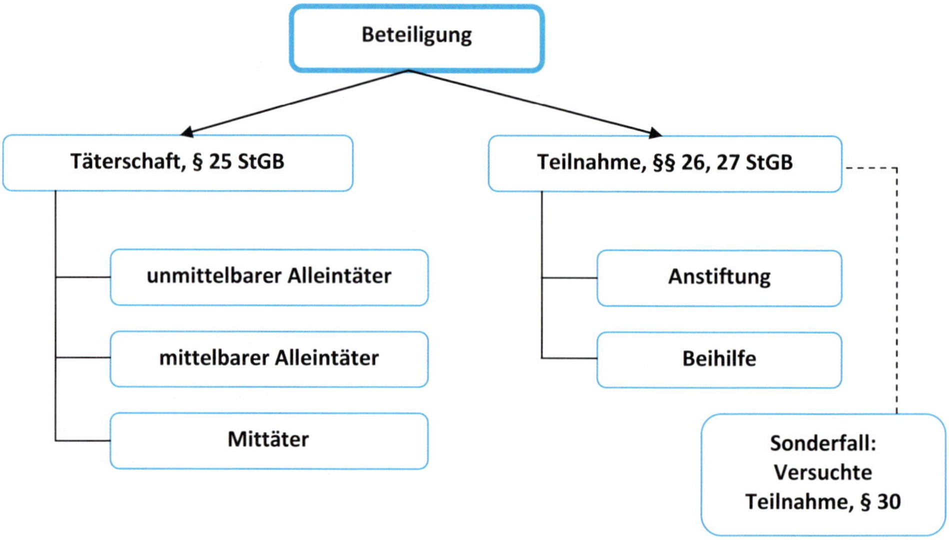

308 **Überblick**

Bei strafrechtlicher Beteiligung geht es um die Herbeiführung des strafrechtlichen Erfolges durch mehrere Personen. Das Strafgesetzbuch unterscheidet nach dem dualen Beteiligungssystem Täterschaft und als schwächere Form die Teilnahme. Täter ist derjenige, der die tatbestandliche Handlung selbst ausführt, ausführen lässt oder mit anderen gemeinsam das Unrecht begeht. Daher unterscheidet § 25 StGB die Fälle des unmittelbaren Alleintäters (§ 25 Abs. 1 Var. 1 StGB), des mittelbaren Alleintäters (§ 25 Abs. 1 Var. 2 StGB) und des Mittäters (§ 25 Abs. 2).

Demgegenüber ist Teilnehmer derjenige, der bei einem anderen den Entschluss zur Begehung einer Tat weckt (Anstiftung, § 26 StGB) oder der eine fremde Tat fördert (Beihilfe, § 27 StGB).

309 **Einheitstäter**

Das Strafgesetzbuch hat sich damit bei den Vorsatzdelikten gegen das System des Einheitstäters entschieden. Nach den Einheitstäterregelungen wird nicht zwischen Täterschaft und Teilnahme unterschieden. Vielmehr wird jeder nach seinem Verursachungsbeitrag bestraft, Differenzierungen erfolgen also erst auf der Strafzumessungsebene. Das Einheitstäterprinzip liegt gemäß § 14 OWiG dem Ordnungswidrigkeitenrecht zugrunde.

Auch bei Fahrlässigkeitsdelikten ist jeder Täter, der sorgfaltspflichtwidrig und vorwerfbar zum Erfolgseintritt beigetragen hat. Aufweichungen dieses Prinzips erfolgen durch die Forderung, Mittäterschaft bei Fahrlässigkeitsdelikten zuzulassen. [235]

Das ausdifferenzierte System des Strafgesetzbuches hat den Vorteil, im Schuldspruch den Unterschied zwischen eigener Tat und Anstiftung/Förderung einer fremden Tat zum Ausdruck bringen zu können. Nachteile ergeben sich aus den notwendigen Abgrenzungen, insbesondere zwischen Mittäterschaft und Beihilfe einerseits, und mittelbarer Täterschaft und Anstiftung andererseits.

Tatherrschaft 310

Zentrales Kriterium der Täterschaft ist die Tatherrschaft. Dies wird nach nunmehr h.M. durch subjektive und objektive Kriterien bestimmt. Tatherrschaft bedeutet das vom Vorsatz umfasste In-den-Händen-Halten des tatbestandsmäßigen Geschehensablaufes. Die handelnde Person muss „Zentralgestalt" des Geschehens sein. Ist sie nur „Randfigur", ist sie Teilnehmer.

Je nach Formen der Täterschaft zeigt sich die Tatherrschaft:

Unmittelbarer Alleintäter	**Handlungsherrschaft**
Mittelbarer Alleintäter	**Steuerungsherrschaft**
Mittäter	**Funktionale Tatherrschaft**

Unmittelbare Alleintäterschaft 311

Unmittelbare Alleintäterschaft ist der Regelfall. Die Tatherrschaft folgt aus dem tatbestandlichen Verhalten. Dies bedarf hier keiner ausführlichen Erörterung.

235 Siehe dazu Teil 6, Rn. 334.

6.1 Täterschaft

6.1.1 Mittelbare Täterschaft, § 25 Abs. 1 Alt. 2 StGB

312
- ***Aufsatz-Literatur**: Von der Meden JuS 2015, 22 (Objektive Zurechnung und mittelbare Täterschaft); Murmann JA 2008, 321 (Grundwissen zur mittelbaren Täterschaft); Koch JuS 2008, 399 und 496 (Grundfälle der mittelbaren Täterschaft); Nack GA 2006, 342 (Mittelbare Täterschaft bei organisierten Machtapparaten); Rotsch NStZ 2005, 13 (Organisationsherrschaft); Engländer JURA 2004, 234 (Selbsttötung in mittelbarer Täterschaft); Otto JURA 2003, 100 (Mittelbare Täterschaft bei Suizid); Otto JURA 2001, 753 (Täterschaft kraft organisierten Machtapparates).*
- ***Leitentscheidungen**: RGSt 48, 58 (Gänsebuchtfall: Diebstahl in mittelbarer Täterschaft, Aufbereitung bei Fahl JA 2004, 287); BGHSt 32, 38 (Sirius-Fall: Abgrenzung von strafbarer Tötungstäterschaft und strafloser Selbsttötungsteilnahme); BGHSt 35, 347 (Katzenkönig-Fall: mittelbare Täterschaft bei vermeidbarem Verbotsirrtum).*
- ***Übungsfälle**: Dittert PSP 1/2012, 25 (Klausur Strafrecht: Grundlagenmodul); Bott/Kühn JURA 2009, 72; Mitsch JuS 2004, 323; Krahl JuS 2003, 1187, 1190; Otto JURA 2003, 100; Hillenkamp JuS 2003, 157; Achenbach JURA 2002, 542; Rotsch JuS 2002, 887.*

313

Mittelbare Täterschaft

A. Prüfung des Tatmittlers

B. Prüfung des mittelbaren Täters

I. Tatbestandsmäßigkeit

1. objektiver Tatbestand

a) Tathandlung, begangen durch den Tatmittler

b) Tatherrschaft durch
- Irrtum oder
- Zwang oder
- Sonderfall: Täter hinter dem Täter

2. subjektiver Tatbestand

a) Vorsatz auf Tat des Tatmittlers

b) Vorsatz auf Tatherrschaft

3. ggf. objektive Bedingung der Strafbarkeit

II. Rechtswidrigkeit

III. Schuld

IV. Besonderheiten

V. Ergebnis

Tatherrschaft hat der mittelbare Täter, wenn er aufgrund Zwangs oder Irrtums beim Tatmittler dessen Handeln maßgeblich steuert.

Tatmittler ist die Person, die vom Täter zur Begehung der Tathandlung eingesetzt wird.

314 **Überblick**

Gemäß § 25 Abs. 1 Alt. 2 StGB ist derjenige Täter, der die Tat „durch einen anderen begeht", also derjenige, der sich eines Tatmittlers bedient. Er benutzt den Tatmittler als „Werkzeug" zur Begehung der Tat und ist somit dafür grundsätzlich allein verantwortlich.

§ 25 Abs. 1 Alt. 1 StGB ist eine Zurechnungsnorm. Das tatbestandliche Handeln des Tatmittlers wird dem mittelbaren Täter als eigenes Handeln zugerechnet.

Begehung „durch einen anderen“ 315

Der mittelbare Täter begeht die Tat durch einen anderen, wenn er Steuerungsherrschaft über ihn hat. Diese kann insbesondere in Zwang oder Irrtum begründet sein. Kennzeichnend ist dabei die Straffreiheit des Tatmittlers aufgrund der Steuerungsherrschaft des Täters. Denn der Tatmittler handelt aufgrund ausgeübter Zwangs- oder Wissensmacht grundsätzlich entweder tatbestandslos, vorsatzlos, rechtmäßig oder schuldlos. Für seine Strafbarkeit besteht mithin ein sogenanntes „strafbarkeitskonstituierendes Defizit“. Dies hat Indizwirkung für die mittelbare Täterschaft.

Steuerungsherrschaft durch Zwang 316

Der Täter hat Steuerungsherrschaft durch Zwang, wenn er ihn mit Gewalt dazu zwingt, eine Tat zu begehen. Der Tatmittler handelt in diesen Fällen schuldlos.

> **Beispiel**
> A zwingt B unter Vorhalt einer Schusswaffe, den C die Klippen hinunterzustoßen.

B handelt aufgrund des entschuldigenden Notstandes schuldlos. A hat sich gemäß §§ 212, 25 Abs. 1 Alt. 2 StGB eines Totschlages in mittelbarer Täterschaft schuldig gemacht.

Steuerungsherrschaft durch Irrtum 317

Verursacht der Täter einen Irrtum beim Tatmittler oder hält er einen solchen aufrecht, hat er Steuerungsherrschaft kraft überlegenen Wissens.

> **Beispiel**
> A bittet B beim Hinausgehen aus einer Gaststätte, die rote Jacke an der Garderobe zu holen. A erklärt dabei, die Jacke gehöre ihm, er selbst müsse schnell ein Telefonat führen und hole danach schon mal das Auto. Tatsächlich gehört die Jacke X. B holt – unbemerkt von X – die Jacke und fährt mit A davon.

B handelt im Hinblick auf § 242 StGB (Diebstahl) vorsatzlos. A hat sich gemäß §§ 242, 25 Abs. 1 Alt. 2 StGB eine Diebstahls in mittelbarer Täterschaft schuldig gemacht.

Sonderfall: „Täter hinter dem Täter“ 318

Steuerungsherrschaft des Tatmittlers führt dazu, dass dieser selbst nicht strafbar handelt, da er entweder vorsatzlos, rechtmäßig oder schuldlos handelt. Er weißt insofern also einen „juristischen Defekt“ auf, der zur Straflosigkeit führt. Die Herbeiführung/Ausnutzung dieses „juristischen Defektes“ ist konstituierend für die mittelbare Täterschaft. Der Tatmittler handelt nicht verantwortlich, der mittelbare Täter benutzt ihn lediglich als „Werkzeug“. Handelt der Vordermann tatbestandslos, vorsatzlos, rechtmäßig oder schuldlos, liegt eine mittelbare Täterschaft nahe. Diese kann aber auch vorliegen, wenn der Vordermann voll deliktisch handelt. Anerkannt ist die Ausnahme, dass trotz verantwortlichem Handeln des Tatmittlers mittelbare Täterschaft möglich ist.

Dies soll insbesondere dann der Fall sein, wenn der Tatmittler zwar verantwortlich handelt, aber im Rahmen von organisierten Machtapparaten manipulier- , steuer- und jederzeit austauschbar ist. [236] Hier handelt der Vordermann strafrechtlich verantwortlich, aber auch der befehlgebende Hintermann wird als mittelbarer Täter bestraft. Dies stellt eine Ausnahme vom Verantwortungsprinzip dar, wonach grundsätzlich bei verantwortlichem Handeln des Tatausführenden eine mittelbare Täterschaft ausgeschlossen ist.

> **Beispiele**
> Mauerschützen-Fälle: Schießbefehl an der ehemaligen innerdeutschen Grenze, mittelbare Täter sind die Befehlsgeber im Politbüro, auch. Mafia-Strukturen.

236 BGHSt 32, 38; 40, 218.

Weiterhin wird die Konstruktion des „Täters hinter dem Täter" bei einem vermeidbaren Verbotsirrtum des Vordermannes angenommen. Auch dies stellt ein Ausnahme des Verantwortungsprinzips dar.

Beispiel

Katzenkönig-Fall[237]: H und P bringen Polizeibeamten R dazu, einen Mord an N zu versuchen. H und P hatten ihm vorgespiegelt, er müsse ein Menschenopfer bringen, sonst würde der „Katzenkönig" Millionen Menschen töten. R glaubt ihnen und begeht die Tat.

Der BGH hatte lediglich verminderte Schuldfähigkeit bei R festgestellt. Im Übrigen handelte R in einem vermeidbaren Verbotsirrtum, da er dachte, das Tötungsverbot gelte für ihn nicht. Im Ergebnis ist R nach §§ 212, 211, 22, 23 StGB strafbar. Auch H und P wurden als (mittelbare) Täter bestraft.

319 **Abgrenzung zur Anstiftung**

Entscheidendes Kriterium zur Abgrenzung zur Anstiftung ist die Steuerungsherrschaft: Hat der Täter in überlegender Stellung entscheidend Einfluss auf das Tatgeschehen, so ist Täterschaft anzunehmen, weckt er Vorsatz einer fremden Tat, ist Anstiftung anzunehmen.

Beispiel

A schickt den 12-jährigen B zu einer „Mutprobe" ins Kaufhaus. Er soll dort einen MP3-Player stehlen und ihm bringen.

Hier liegt ein „juristischer Defekt" bei B vor, er handelt gemäß § 19 StGB straflos. Trotzdem ist Tatherrschaft von B zu bejahen. Denn § 19 StGB stellt nur auf die Verantwortlichkeit strafbaren Verhaltens ab, trifft aber keine Aussage über Steuerungsfähigkeit des Verhaltens. B ist unmittelbarer Alleintäter, aber straffrei. A hat sich gemäß §§ 242, 26 StGB wegen Anstiftung zum Diebstahl strafbar gemacht. Die Schuldunfähigkeit des Vordermannes ist unschädlich, da § 26 StGB lediglich eine vorsätzliche, rechtswidrige Tat eines anderen verlangt.[238]

Der Fall ist anders zu beurteilen, wenn B erst 5 Jahre alt wäre. Dann wird mittelbare Täterschaft durch A anzunehmen sein.

320 **Exzess**

Überschreitet der Tatmittler das vom Täter initiierte Geschehen, ist dieser für den Exzess nicht verantwortlich. Er hat nur für das beabsichtigte Delikt einzustehen, nicht für Tatbestände, die darüber hinausgehen.

Beispiel

A schickt den 12-jährigen B zu einer „Mutprobe" ins Kaufhaus. Er soll dort stehlen. Tatsächlich stiehlt B dort ein Handy und stößt bei der Flucht einen Detektiv zu Boden.

B hat tatbestandlich einen räuberischen Diebstahl gemäß § 252 StGB verübt. A kann jedoch nur wegen Diebstahls in mittelbarer Täterschaft bestraft werden; §§ 242, 25 I 2. Alt StGB.

321 **Versuch**

Zum Versuch bei mittelbarer Täterschaft, insbesondere unmittelbares Ansetzen, siehe Rn. 268.

322 **Irrtümer**

Zu den Irrtümern im Rahmen der mittelbaren Täterschaft siehe Rn. 390 f.

323 **Aufbauhinweis**

In strafrechtlichen Fallbearbeitungen muss mit der möglichen Strafbarkeit des Tatmittlers begonnen werden. Diese wird wegen des „juristischen Defektes", ausgelöst durch die Tatherrschaft des Täters, abgelehnt. Sodann ist die Strafbarkeit des mittelbaren Täters zu prüfen. Dabei ist zunächst festzustellen, dass er selbst die Tathandlung nicht beging, das Handeln des Tatmittlers aber nach der Tatherrschaftslehre zuzurechnen ist. Es folgt die Darstellung der Steuerungsherrschaft durch den mittelbaren Täter.

---

237 BGHSt 35, 347.

238 Vgl. dazu schon RGSt 61, 267; a.A. LK-Roxin, § 25 Rn. 118.

6.1.2 Mittäterschaft, § 25 Abs. 2 StGB

- ***Aufsatz-Literatur***: *Geppert JURA 2011, 30 (Die Mittäterschaft § 25 Abs. 2 StGB); Seher JuS 2009, 1 (Vorsatz bei Mittäterschaft); Seher JuS 2009, 304 (Grundfälle der Mittäterschaft); Roxin NStZ 2009, 7 (Ausscheiden eines Mittäters im Vorbereitungsstadium); Rönnau JuS 2007, 514 (Abgrenzung Mittäterschaft zur Beihilfe); Marlie JA 2006, 613 (Voraussetzungen der Mittäterschaft - Zur Fallbearbeitung in der Klausur); Pfeiffer JURA 2004, 519 (Fahrlässige Mittäterschaft); Lesch JA 2000, 78 (Fahrlässige Mittäterschaft).* 324
- ***Leitentscheidungen***: *BGHSt 2, 344 (zur sukzessiven Mittäterschaft).*
- ***Übungsfälle***: *Saffering JuS 2005, 135; Ambos JURA 2004, 465 und 468; Saffering JURA 2004, 64; Daleman/ Heuchemer JA 2004, 460, 464; Knauer JuS 2002, 53; Goeckenjan JuS 2001, L 1 und L 6; Hörnle JURA 2001, 44 und 49; Rössner/Guhra JURA 2001, 404.*

Mittäterschaft getrennte Prüfung

A. Prüfung des Tatausführenden

B. Prüfung des Hintermannes

I. Tatbestandsmäßigkeit

1. objektiver Tatbestand
   a) Feststellung:
   keine Erfüllung von Tatbestandsmerkmalen

   b) Gemeinschaftlichkeit:
   Zurechnung fehlender Tatbeiträge gemäß § 25 Abs. 2 StGB?
   → Tatherrschaftslehre: wesentlicher Tatbeitrag
2. subjektiver Tatbestand
   a) Vorsatz auf Tatbestandsverwirklichung
   b) Vorsatz auf Gemeinschaftlichkeit
3. ggf. objektive Bedingung der Strafbarkeit
4. ggf. Tatbestandsverschiebung gemäß § 28 Abs. 2 StGB

II. Rechtswidrigkeit

III. Schuld

IV. Besonderheiten

V. Ergebnis

Gemeinschaftlichkeit im Sinne von § 25 Abs. 2 StGB liegt objektiv vor, wenn die Personen mit jeweiligem wesentlichen Tatbeitrag arbeitsteilig zusammenwirken. 325

Überblick 326

Begehen mehrere die Tat gemeinschaftlich, so werden sie gemäß § 25 Abs. 2 StGB als Mittäter bestraft. Die Mittäterschaft ist geprägt vom Prinzip der Arbeitsteilung. Die gemeinschaftliche Begehung erfordert nicht die Erfüllung der Tatbestandsmerkmale durch jeden Beteiligten. § 25 Abs. 2 StGB als Zurechnungsnorm bewirkt eine wechselseitige Zurechnung der jeweils verwirklichten Tatbestandsmerkmale. Es reichen darüber hinaus auch Handlungen am Rande der eigentlichen Tatbestandsverwirklichung. Dies macht die Abgrenzung zur Beihilfe schwierig und verlangt strukturell unterschiedliche Darstellungen in der Falllösung.

327 **Aufbauhinweise**

Erfüllt ein Täter alle Tatbestandsmerkmale, so ist dieser Täter vorab nach den allgemeinen Regeln des Begehungs-/Unterlassungsdeliktes zu prüfen. Daran schließt sich die Prüfung der Person an, die kein Tatbestandsmerkmal erfüllt (Aufbauschema „Mittäterschaft getrennte Prüfung", siehe Rn. 324).

Beispiel
A und B beschließen, eine alte Frau im Park zu überfallen. A kundschaftet die Lage aus, steht Schmiere und fährt das zur Flucht genutzte Moped. B schlägt die Frau nieder und entwendet deren Handtasche. Die Beute wird anschließend geteilt.

Erfüllen beide Täter einige oder alle Tatbestandsmerkmale, so erfolgt die Prüfung zusammen (Aufbauschema „Mittäterschaft gemeinsame Prüfung").

Beispiel
A und B beschließen, eine alte Frau im Park zu überfallen. B schlägt die Frau nieder, A nimmt sich sodann die Handtasche. Die Beute wird anschließend geteilt.

328 **Mittäterschaft gemeinsame Prüfung**

I. Tatbestandsmäßigkeit
   1. objektiver Tatbestand
      a) Erfüllung von TBM durch jeweilige Handelnde
      b) Gemeinschaftlichkeit:
         Zurechnung fehlender Tatbeiträge für die einzelnen Handelnden gemäß § 25 Abs. 2 StGB?
         → Tatherrschaftslehre: wesentlicher Tatbeitrag
   2. subjektiver Tatbestand
      a) Vorsatz auf Tatbestandsverwirklichung
      b) Vorsatz auf Gemeinschaftlichkeit
   3. ggf. objektive Bedingung der Strafbarkeit
   4. ggf. Tatbestandsverschiebung gemäß § 28 Abs. 2 StGB
II. Rechtswidrigkeit
III. Schuld
IV. Besonderheiten
V. Ergebnis

Gemeinschaftlichkeit im Sinne von § 25 Abs. 2 StGB liegt objektiv vor, wenn die Personen mit jeweiligem wesentlichen Tatbeitrag arbeitsteilig zusammenwirken.

329 **Taugliche Mittäter**

Taugliche Täter der Mittäterschaft sind – wie auch bei der Alleintäterschaft – nur, wenn sie die deliktsspezifischen besonderen Voraussetzungen der Täterschaft erfüllen. So kann Mittäter eines unechten Unterlassungsdeliktes nur der Garant sein, eines Pflichtdeliktes nur derjenige, dem die besondere tatbestandliche Pflicht obliegt (z.B. Wartepflicht bei § 142 StGB). Mittäter eines Amtsdeliktes kann nur derjenige sein, der auch Amtsträger ist.

Gemeinschaftlichkeit 330

Gemeinschaftliche Tatbegehung ist geprägt vom arbeitsteiligem Verhalten. Sie liegt im Sinne von § 25 Abs. 2 StGB jedenfalls dann vor, wenn alle Mitwirkende einen Teil der Tatbestandsmerkmale des jeweiligen Deliktes erfüllen.

Beispiel

A und B begeben sich zum Tatort. A bricht die Terrassentür der Villa auf und nimmt ein Bild von Monet von der Wand, das B sodann hinausträgt.

Im Beispiel hat A das Tatbestandsmerkmal „in eine Wohnung einbrechen" und B das Merkmal „Wegnahme" i.S.V. §§ 242, 244 Abs. 1 Nr. 3 StGB erfüllt. In diesen Fällen liegt immer ein wesentlicher Tatbeitrag vor, der konstituierend für die Mittäterschaft ist. Erfüllt eine handelnde Person keine oder nur einen Teil der Tatbestandsmerkmale eines Deliktes, ist zu fragen, ob es sich bei seinem Handeln um einen wesentlichen Tatbeitrag. Die Beurteilung kann im Einzelfall schwierig sein, es ergeben sich dann Abgrenzungsprobleme zur Beihilfe, siehe folgende Randnummer.

Erfüllt bei einer Tat jeder Täter alle Tatbestandsmerkmale eines Deliktes, liegt zwar ein gemeinsames Handeln vor. Einer Zurechnung gemäß § 25 Abs. 2 StGB bedarf es aber nicht, da jeder schon als unmittelbarer Täter Tatherrschaft besitzt und durch sein eigenes Handeln bereits strafbar ist.

Beispiel

A und B versehen eine Bahn-Unterführung mit einem Graffiti. Dabei sprüht jeder mit eigenen Spraydosen ein gemeinsames Bild.

A und B haben sich strafbar gemacht gemäß § 303 StGB; ein Rückgriff auf § 25 Abs. 2 StGB erfolgt nicht. In Gutachten ist es trotzdem zulässig, beide Täter zusammen zu prüfen.

Abgrenzung zur Beihilfe 331

Die Abgrenzung zur Beihilfe erfolgt ebenfalls nach der Tatherrschaftslehre. Tatherrschaft bedeutet das vom Vorsatz umfasste In-den-Händen-Halten des tatbestandsmäßigen Geschehensablaufes. Die handelnde Person muss „Zentralgestalt" des Geschehens sein. Ist sie nur „Randfigur", ist sie Gehilfe. Objektiv muss also der Mittäter einen wesentlichen Tatbeitrag leisten, subjektiv muss er die Tatumstände kennen und den Erfolg wollen.

Dabei gilt der Grundsatz, dass weniger Handlungen bei der Tatausführung durch eine verstärkte Planung „kompensiert" werden können. Zur Bestimmung der Gemeinschaftlichkeit i.S.d. § 25 Abs. 2 StGB werden in Zweifelsfällen subjektive Gesichtspunkte mit berücksichtigt.

Kriterien für Mittäterschaft sind daher insbesondere:

- Interesse am Taterfolg
  Indiz für diese Feststellung ist die Art und Höhe der Entlohnung für die Tatbeteiligung bzw. die Beuteteilung. Wird die Beute untereinander gleichmäßig verteilt, spricht dies für Mittäterschaft.
- Verhältnis zwischen den Handelnden
  Partnerschaftliches Verhältnis untereinander ist ein Indiz für Mittäterschaft.
- Umfang der Tatbeteiligung
  Je umfangreicher die tatrelevanten Handlungen, desto eher ist von Mittäterschaft auszugehen.

Also gilt grundsätzlich: Je höher das Interesse an der Tat, je enger das Verhältnis untereinander und je größer der Umfang der Tatbeteiligung, desto eher ist Mittäterschaft anzunehmen.

Beispiel

Die Jugendlichen A und B wollen X das Handy abnehmen. Um X einzuschüchtern, soll sich der kräftige C dazustellen. Dafür erhält er eine Packung Zigaretten. Während A den X anspricht und das Handy verlangt, nimmt B es dem X im Laufe des Gesprächs aus der Hand.

A und B haben im Gegensatz zu C großes Interesse am Taterfolg. A und B begeht die Tat im engeren Sinne. Daher sind sie Mittäter, C ist lediglich Gehilfe.

332 **Sukzessive Mittäterschaft**

Nach h. M. soll Mittäterschaft auch noch nach Vollendung eines Deliktes möglich sein.[239]

Beispiel

A und B wollen X berauben. A schlägt X nieder. Dann kommt C hinzu, der mit B den X nach stehlenswertem Gut durchsucht.

Diese Konstruktion ist mangels kausalem Beitrag des Hinzutretenen abzulehen.[240]

333 **Mittäterexess**

Überschreitet ein Mittäter den ursprünglichen Tatplan, sogenannter Mittäterexzess, müssen sich die anderen Mittäter dies nicht zurechnen lassen.

Beispiel

A, B und C vereinbaren, dem X eine Abreibung zu verpassen. Dazu soll er kräftig verprügelt werden. Bei der Tatausführung zieht C plötzlich ein Messer und sticht auf X ein.

A und B sind strafbar nach §§ 223, 25 Abs. 2 StGB. C ist strafbar nach §§ 223, 224 Abs. 1 Nr. 2 StGB.

334 **Versuch und Rücktritt**

Nach der sogenannten Gesamtlösung liegt unmittelbares Ansetzen für alle Mittäter vor, wenn bereits einer von ihnen die Schwelle zum Versuchsbeginn überschritten hat. Rücktritt vom Versuch bestimmt sich nach § 24 Abs. 2 StGB.[241]

335 **Mittäterschaft bei Fahrlässigkeitsdelikten**

Aufgrund des bei Fahrlässigkeitsdelikten herrschenden Einheitstäterprinzips ist eine Differenzierung zwischen verschiedenen Täterschafts- oder Teilnahmeformen entbehrlich. Jeder, der für den Erfolg (mit-) ursächlich war, wird als Fahrlässigkeitstäter bestraft. Eine Differenzierung aufgrund der jeweiligen Verursachungsbeiträge erfolgt erst auf Strafzumessungsebene. Wenn die Kausalbeiträge nicht nachgewiesen werden können, wird zum Teil die Notwendigkeit gesehen, mittäterschaftliche Begehung von Fahrlässigkeitsdelikten zuzulassen.

Beispiel

Die Jugendlichen A und B werfen achtlos Steine von der Böschung hinunter. Einer dieser Steine trifft die unterhalb joggende J. Wer diesen Stein geworfen hat, kann nicht mehr festgestellt werden.[242]

In diesen Fällen ist ein Verursachungsbeitrag von A und B nicht zweifelsfrei feststellbar. Bei Möglichkeit gegenseitiger Zurechnung der Tatbeiträge wäre eine Bestrafung von beiden gemäß §§ 229, 25 Abs. 2 StGB möglich. Voraussetzung ist jedoch bewusstes und gewolltes Zusammenwirken bei der Handlung, nicht hinsichtlich des tatbestandlichen Erfolges.[243]

---

239 BGHSt 2, 346.

240 So auch SK-Hoyer § 25, Rn. 115; Joecks § 25, Rn. 69; Sch/Sch-Cramer/Heine § 25, Rn. 91.

241 Vgl. im Einzelnen Rn. 299 ff.

242 Nach Fall „Rollende Steine“, vgl. Weißer JZ 1998, 230 (239).

243 So Lesch JA 2000, 78, str., a.A. Schmidt AT, Rn. 102.

6.2 Teilnahme

6.2.1 Anstiftung, § 26 StGB

- ***Aufsatz-Literatur***: *Rönnau JuS 2015, 19 (Grundwissen – Strafrecht: Agent provocateur); Koch/Wirth JuS 2010, 203 (Grundfälle zur Anstiftung); Grabow JURA 2009, 408 (Sukzessive Anstiftung); Krüger JA 2008, 462 (Begriff „Bestimmen") Puppe NStZ 2006, 424 (Was ist Anstiftung?); Kubiciel JA 2005, 694 (Personenverwechselung des Haupttäters); Kudlich JuS 2005, 592 (Abstiftung);Kroß JURA 2003, 250 (Versuchte Kettenanstiftung).* 336
- ***Leitentscheidungen***: *BGHSt 2, 223 (zum Exzess des Haupttäters); BGHSt 19, 339 (zur Aufstiftung); BGHSt 34, 63 („Eine Bank machen" - zur Bestimmtheit der Haupttat);BGHSt 37, 214 (Hoferbenfall - zur Auswirkung des error in persona des Haupttäters auf den Anstifter); BGHSt 47, 44 (Tatprovokation durch Vertrauensperson).*
- ***Übungsfälle***: *Ellbogen/Stage JA 2005, 353; Ambos JURA 2004, 492; Kaspar JuS 2004, 409; Kudlich/Pragal JuS 2004, 791;Laubenthal JA 2004, 39; Langer JURA 2003, 135; Berz/Saal JURA 2003, 205; Tiedemann/Walter JURA 2002, 708; Jordan JURA 2001, 554.*

Anstiftung

A. Prüfung des Täters

B. Prüfung des Anstifters

I. Tatbestandsmäßigkeit

1. objektiver Tatbestand
   a) vorsatzliche rechtswidrige Haupttat
   b) Bestimmen zur Tat
2. subjektiver Tatbestand
   a) Vorsatz bezüglich der Haupttat
   b) Vorsatz bezüglich Bestimmen
3. ggf. objektive Bedingung der Strafbarkeit
4. ggf. Tatbestandsverschiebung gemäß § 28 Abs. 2 StGB

II. Rechtswidrigkeit

III. Schuld

IV. Besonderheiten

V. Ergebnis

Bestimmen bedeutet Hervorrufen des Tatentschlusses beim Täter. 337

Überblick 338

Das Strafgesetzbuch unterscheidet 2 Teilnahmeformen: Anstiftung (§ 26 StGB) und Beihilfe (§ 27 StGB). Teilnehmer ist derjenige, der bei einem anderen den Entschluss zur Begehung einer Tat weckt oder der eine fremde Tat fördert. Der Täter begeht dagegen seine eigene Tat. Abgrenzungsschwierigkeit bei Anstiftung besteht insbesondere zur mittelbaren Täterschaft.

Rechtsfolge von § 26 StGB ist die Bestrafung wie die der Haupttäter. Die Bestrafung als „Anstifter" hat daher im Schuldspruch lediglich deklaratorische Bedeutung.

339 **Limitierte Akzessorietät**

Anstiftung ist abhängig von der Haupttat. Ohne Haupttat, keine Anstiftung. Daher muss die Haupttat immer zuerst festgestellt werden. Diese Abhängigkeit ist jedoch begrenzt, da § 26 StGB für die Anstiftung lediglich eine vorsätzliche rechtswidrige Haupttat verlangt. Die Haupttat muss also nicht schuldhaft begangen worden sein. Man spricht von limitierter Akzessorietät (begrenzte Abhängigkeit).

> **Beispiel**
> Der 13-jährige B möchte gern einen MP3-Player haben, hat aber kein Geld. Sein großer Bruder A rät ihm, das Gerät seinem Klassenkameraden zu entwenden. So geschieht es.

B ist aufgrund § 19 StGB straffrei. A hat sich strafbar gemacht wegen Anstiftung zum Diebstahl gemäß §§ 242, 26 StGB.

Auch die Rechtsfolge ist akzessorisch, da der Anstifter wie der Haupttäter zu bestrafen ist. Ausnahmen der strengen Akzessorietät ergeben sich aus § 28 StGB.

340 **Bestimmen**

Tathandlung der Anstiftung ist das Bestimmen zur Tat. Dies liegt vor, wenn bei dem Täter der Entschluss geweckt wird. Regelmäßig wird das im Wege der Kommunikation geschehen.

341 **Omnimodo facturus**

Der bereits zur Tat Entschlossene (Omnimodo facturus) kann nicht mehr angestiftet werden. Möglich ist aber eine „Aufstiftung". Die Rechtsprechung bestraft wegen des Qualifikationsdeliktes, wenn eine wesentliche Erhöhung des Unrechtsgehaltes mit der Aufstiftung verbunden ist.[244]

> **Beispiel**
> T will einen Tankstellenüberfall begehen, indem er dem Tankwart Schläge androhen und das Geld aus der Kasse nehmen will. Kumpel A rät ihm, den Tankwart besser mit einer Pistole zu bedrohen. So geschieht es.

T hat sich eines schweren Raubes gemäß §§ 249, 250 Abs. 2 Nr. 1 StGB schuldig gemacht. Nach h.M. hat sich K wegen Anstiftung zum schweren Raub gemäß §§ 249, 250 Abs. 2 Nr. 1, 26 StGB strafbar gemacht.

Ist der Täter noch unentschlossen, also nur tatgeneigt, ist Anstiftung noch möglich. Erforderlich ist lediglich eine Mitverursachung der Haupttat.[245]

342 **Abgrenzung zur mittelbaren Täterschaft**

Abgrenzungsprobleme ergeben sich zum einen, weil die schuldlos begangene Tat durch Anstiftung oder mittelbare Täterschaft veranlasst werden kann. Zum anderen kann auch bei der Rechtsfigur „Täter hinter dem Täter" beides vorliegen. Siehe dazu oben, Teil 6 Rn. 317.

343 **Vorsatz**

Der Vorsatz des Anstifters muss sich auf die Haupttat und seine eigene Tathandlung, das Bestimmen, beziehen.[246] Er muss die Tat nicht in allen Einzelheiten kennen, aber doch in Ihren wesentlichen Merkmalen.[247] Die Tat muss sich als konkret individualisierbares Geschehen darstellen.

---

244 Vgl. BGH 19, 339 (341).
245 BGH 45, 373 (374).
246 Sogenannter „doppelter Anstiftervorsatz".
247 BGHSt 40, 218 (231).

Beispiel
Ganove B benötigt Geld. A rät ihm: „Dann müsstes Du eine Bank oder Tankstelle machen".[248]

Der Bundesgerichtshof hat den Vorsatz auf die Bestimmtheit der Tat abgelehnt. A ist nicht wegen Anstiftung strafbar.

Agent Provocateur 344

Will derjenige, der einen anderen zur Tat bestimmt hat, die Vollendung nicht, fehlt es diesbezüglich am Vorsatz. Anstiftung scheidet aus. Dies soll nach h.M. auch dann der Fall sein, wenn der Anstifter die Vollendung der Tat zwar in Kauf nimmt, aber durch rechtzeitiges Eingreifen deren erfolgreiche Beendigung oder den Eintritt der Rechtsgutverletzung verhindert. Die Konstellation des Agent Provocateurs (Lockspitzels) betrifft insbesondere die Fälle, bei denen Privatpersonen mit der Polizei zusammenarbeiten.

Beispiel
Privatmann A arbeitet als Vertrauensperson im Milieu mit der Polizei zusammen. Er fordert den Kriminellen K auf, ihm Falschgeld zu besorgen. So geschieht es. Bei der Übergabe wird K von Polizeibeamten festgenommen und das Falschgeld beschlagnahmt. A hatte sie über das Geschäft informiert.

K ist strafbar gemäß § 146 Abs. 1 Nr. 2, Abs. 2 StGB. A ist straffrei.

Versuchte Anstiftung 345

Der Versuch, einen anderen anzustiften, ist gemäß § 30 Abs. 1 StGB nur bei einem Verbrechen strafbar. Dieses Delikt gleicht strukturell dem Versuchsaufbau.

Beispiel
A möchte seine Ehefrau töten lassen, um an ihre Erbschaft zu gelangen. Zu diesem Zweck spricht er in der Bahnhofsgaststätte den stadtbekannten Kriminellen K an. Der geht darauf zunächst ein, informiert am nächsten Tag jedoch die Polizei, weil er die Begehung von Straftaten mittlerweile verabscheut.

A ist strafbar gemäß §§ 212, 211, 30 Abs. 1 StGB wegen versuchter Anstiftung zum Mord.

Anstiftung zum Versuch und Rücktritt 346

Als rechtswidrige vorsätzliche Haupttat im Sinne von § 26 StGB reicht eine Versuchsstrafbarkeit.

Beispiel
Kleindealer A bestimmt B dazu, ihm eine geringe Menge Haschisch im Ausland zu besorgen und nach Deutschland einzuführen. B wird an der Grenze dabei erwischt.

B macht sich eines versuchten unerlaubten Einführens von Betäubungsmitteln gemäß §§ 29 Abs. 1 S. 1 Nr. 1, Abs. 2 BtmG, 22, 23 StGB strafbar. A hat sich wegen Anstiftung zu diesem Versuch gemäß §§ 29 Abs. 1 S. 1 Nr. 1, Abs. 2 BtMG, 22, 23, 26 StGB strafbar gemacht.

Rücktritt ist nur nach Maßgabe von § 24 Abs. 2 StGB möglich. Als persönlicher Strafaufhebungsgrund kommt er nur demjenigen zugute, der die Vollendung der Tat aktiv verhindert.[249]

248 Nach BGHSt 34, 63.
249 Vgl. im Einzelnen Rn. 299 ff.

6.2.2 Beihilfe, § 27 StGB

347
- ***Aufsatz-Literatur***: *Seher JuS 2009, 793 (Grundfälle zur Beihilfe), Geppert JURA 2007, 589 (Zum Begriff der Hilfeleistung); Bloy ZStW 117 (2005), 3); Rotsch JURA 2004, 14 („Neutrale" Beihilfe mit Hinweise für Fallbearbeitung); König NJW 2002, 1623 (Beihilfe bei Omnimodo facturus); Beckemper JURA 2001, 163 (Beihilfe durch alltägliche Geschäftsvorgänge); Ambos JA 2000, 721 (Beihilfe durch Alltagshandlungen).*
- ***Leitentscheidungen***: *BGH NStZ 2009, 321 (zu den Anforderungen einer Beihilfe durch Unterlassen bei vorangegangenem Tun).*
- ***Übungsfälle***: *Gaede JA 2007, 757; Weißer JuS 2005, 620; Ambos JURA 2004, 492; Rotsch JuS 2004, 607 und 612;Daleman/Heuchemer JA 2004, 460; Hillenkamp JuS 2003, 157; Hörnle JURA 2001, 44; Zöller Kriminalistik 1996, 215 und 218.*

348

Beihilfe

A. Prüfung des Täters

B. Prüfung des Gehilfen

I. Tatbestandsmäßigkeit

1. objektiver Tatbestand
   a) vorsätzliche rechtswidrige Haupttat
   b) Hilfeleisten zur Tat
2. subjektiver Tatbestand
   a) Vorsatz bezüglich der Haupttat
   b) Vorsatz bezüglich Hilfeleisten
3. ggf. objektive Bedingung der Strafbarkeit
4. ggf. Tatbestandsverschiebung gemäß § 28 Abs. 2 StGB

II. Rechtswidrigkeit

III. Schuld

IV. Besonderheiten

V. Ergebnis

Hilfeleisten ist jedes Fördern der Haupttat.

349 **Überblick**

Das Strafgesetzbuch unterscheidet 2 Teilnahmeformen: Anstiftung (§ 26 StGB) und Beihilfe (§ 27 StGB). Teilnehmer ist derjenige, der bei einem anderen den Entschluss zur Begehung einer Tat weckt oder der eine fremde Tat fördert. Der Täter dagegen begeht seine eigene Tat. Abgrenzungsschwierigkeiten bestehen insbesondere zur Mittäterschaft.

Die Rechtsfolge von § 27 StGB ist die Bestrafung des Gehilfen grundsätzlich wie die des Täters. Die Strafe ist jedoch zwingend zu mildern.

350 **Limitierte Akzessorietät**

Beihilfe ist abhängig von der Haupttat. Ohne Haupttat, keine Beihilfe. Daher muss die Haupttat immer zuerst festgestellt werden. Diese Abhängigkeit ist jedoch begrenzt, da § 27 StGB für die Beihilfe lediglich eine vorsätzliche rechtswidrige Haupttat verlangt. Die Haupttat muss also nicht schuldhaft begangen worden sein. Man spricht von limitierter Akzessorietät (begrenzte Abhängigkeit). Auch die Rechtsfolge ist akzessorisch, da sich die Bestrafung des Gehilfen nach der des Täters richtet. Ausnahmen davon ergeben sich aus § 28 StGB.

Hilfeleisten 351

Unter Hilfeleisten ist jede Förderung der Haupttat zu verstehen. Der Gehilfe muss nach der Rechtsprechung nicht zwingend einen kausalen Tatbeitrag geleistet haben, aber die Hilfeleistung muss die Tat zumindest gefördert oder eine Erhöhung des Risikos der Tatbestandverwirklichung bewirkt haben.[250] Nach anderer Ansicht ist eine kausaler Tatbeitrag erforderlich. Die Förderung kann in erster Linie durch Handlungen geschehen.[251]

> **Beispiele**
> Pläne, Waffen, Spezialwerkzeug besorgen; Schmiere stehen; Opfer ablenken, Anwesend-Sein bei Tatbegehung, wenn Täter sich dadurch „sicherer" fühlt.

Förderung der Haupttat ist aber nach h.M. auch durch psychische Beeinflussung möglich.

> **Beispiele**
> Anfeuern, Bestärken des Haupttäters; Ratschläge erteilen.

Sukzessive Beihilfe 352

Wird die Hilfe erst nach Vollendung, aber vor Beendigung der Haupttat geleistet, stellt sich die Frage der Abgrenzung zu § 257 StGB (Begünstigung).

> **Beispiel**
> A hat nachts mehrere Flachbildschirme aus einem Lager entwendet und an das rückwärtige Ende des Grundstücks gestellt. Da er sie alleine nicht alle transportieren kann, ruft er seinen Bekannten B an, der die Bildschirme mit seinem Klein-Lkw zu A's Garage fährt.

Die h.M. hält sukzessive Beihilfe für möglich. Die Abgrenzung hat nach der inneren Willensrichtung des Helfenden zu erfolgen: Will er die Vorteile der Tat sichern, ist § 257 StGB einschlägig, will er die Tat beenden, liegt Beihilfe vor.[252]

Vorsatz 353

Der Gehilfenvorsatz muss sich auf die Haupttat sowie auf die Hilfeleistung beziehen.[253]

Versuchte Beihilfe 354

Der Versuch der Beihilfe ist straflos.

Beihilfe zum Versuch und Rücktritt 355

Als rechtswidrige vorsätzliche Haupttat im Sinne von § 27 StGB reicht eine Versuchsstrafbarkeit.

> **Beispiel**
> G leiht T eine Stahlrute, womit er den X verprügeln möchte. Als T zuschlägt, kann X ausweichen und T überwältigen.

T hat sich nach dem Strafgesetzbuch strafbar gemacht wegen versuchter gefährlicher Körperverletzung gemäß §§ 223, 224 Abs. 1 Nr. 2, 22, 23 StGB. G hat sich strafbar gemacht wegen Beihilfe zur versuchten gefährlichen Körperverletzung gemäß §§ 223, 224 Abs. 1 Nr. 2, 22, 23, 27 StGB. X hat sich nicht strafbar gemacht, da sein Handeln gemäß § 32 StGB gerechtfertigt war.

Rücktritt ist nur nach Maßgabe von § 24 Abs. 2 StGB möglich. Als persönlicher Strafaufhebungsgrund kommt er nur demjenigen zugute, der die Vollendung der Tat aktiv verhindert.[254]

---

250 BGH NStZ 2001, 364.
251 Sch/Sch-Cramer/Heine § 27, Rn. 10.
252 Vgl. BGHSt 4, 132 (133).
253 Sogenannter „doppelter Gehilfenvorsatz".
254 Vgl. im Einzelnen Rn. 299 ff.

6.3 Akzessorietätslockerungen

6.3.1 Strafbegründende persönliche Merkmale, § 28 Abs. 1 StGB

356 • ***Aufsatz-Literatur****: Engländer JA 2004, 410 (Teilnahme an Mord und Totschlag).*
• ***Leitentscheidungen: BGHSt 41,1****.*
• ***Übungsfälle****: Hinderer JA 2009, 25; v. Danwitz JURA 2000, 486; Fischer/Gutzeit JA 1998, 43.*

357 **§ 28 Abs. 1 StGB**

A Strafbarkeit des Haupttäters
B. Strafbarkeit des Teilnehmers
I. Tatbestandsmäßigkeit
II. Rechtswidrigkeit
III. Schuld
IV. Besonderheiten
  1. besonderes persönliches Merkmal
  2. strafbegründend
  3. Merkmal fehlt beim Teilnehmer
V. Ergebnis

Besondere persönliche Merkmale sind gemäß § 14 StGB persönliche Eigenschaften, Verhältnisse oder Umstände.

Strafbegründend ist das persönliche Merkmal, wenn bei Fehlen eine Strafbarkeit wegen des konkreten Deliktes ausscheidet.

358 **Überblick**

§ 28 StGB regelt Abweichungen der grundsätzlichen Akzessorietät zwischen Haupttat und Teilnahme. § 28 Abs. 1 StGB stellt eine Lockerung der Akzessorietät der Teilnahme dar. Als Rechtsfolge sieht die Vorschrift die zwingende Strafmilderung für den Teilnehmer vor.

359 **Besondere persönliche Merkmale**

Nach der Legaldefinition des § 14 StGB sind besondere persönliche Merkmale besondere persönliche Eigenschaften, Verhältnisse oder Umstände. Sie müssen also täterbezogen sein.

Beispiele
Amtsträgereigenschaft, Garantenstellung, Mordmerkmale der 1. und 3. Gruppe.

360 **Strafbegründend**

Das Merkmal ist strafbegründend, wenn bei Fehlen des Merkmals eine Strafbarkeit hinsichtlich des konkreten Deliktes ausscheidet.

Beispiele
Amtsträgereigenschaft bei §§ 331, 332, 343, 344, 345, 348 StGB; Treueverhältnis in § 266 StGB; nach Rechtsprechung die Mordmerkmale der 1. und 3. Gruppe von § 211 StGB.

361 **Aufbauhinweis**

Zunächst ist der Haupttäter nach den üblichen Regeln zu prüfen. Anschließend erfolgt die Teilnahmeprüfung. Dabei ist lediglich beim Prüfungspunkt „Besonderheiten" auf § 28 Abs. 1 StGB einzugehen.

Beispiel
Privatmann A stiftet Polizeibeamten P dazu an, den Unschuldigen U strafrechtlich zu verfolgen. So geschieht es.

Zuerst ist P nach den allgemeinen Regeln strafbar gemäß § 344 StGB. A hat sich gemäß §§ 344, 26 StGB der Anstiftung strafbar gemacht. Seine Strafe ist gemäß § 28 Abs. 1 StGB zu mildern.

6.3.2 Strafmodifizierende persönliche Merkmale, § 28 Abs. 2 StGB

- ***Aufsatz-Literatur***: *Küper JZ 2006, 1163 ; Puppe JZ 2005, 902; Jäger JR 2005, 477; Schroeder JuS 2002, 139 (zum Begriff des Beteiligten bei § 28 Abs. 2 StGB).* 362
- ***Übungsfälle***: *Hofmann Kriminalistik 2011, 63 und 125 (Tödliche Abwehr einer Unterhaltsforderung); Englmann JA 2010, 185; Weißer JuS 2009, 135; Gaede JA 2007, 757; Bosch JA 2007, 418, Krahl JuS 2003, 57.*

363

§ 28 Abs. 2 StGB

I. Tatbestandsmäßigkeit
   1. objektiver Tatbestand
   2. subjektiver Tatbestand
   3. ggf. objektive Bedingung der Strafbarkeit
   4. Tatbestandsverschiebung gemäß § 28 Abs. 2 StGB
      a) besonderes persönliches Merkmal
      b) strafmodifizierend
      c) Abweichung zu anderem Beteiligten

II. Rechtswidrigkeit

III. Schuld

IV. Besonderheiten

V. Ergebnis

Besondere persönliche Merkmale sind gemäß § 14 StGB persönliche Eigenschaften, Verhältnisse oder Umstände.

Strafmodifizierend ist das persönliche Merkmal, wenn es einen Grundtatbestand insbesondere qualifiziert oder privilegiert.

Überblick 364

§ 28 StGB regelt Abweichungen der grundsätzlichen Akzessorietät zwischen Haupttat und Teilnahme. § 28 Abs. 2 StGB stellt eine Durchbrechung der Akzessorietät der Teilnahme dar. Bei Vorliegen der Voraussetzung wird der Täter oder Teilnehmer nur nach der Grundnorm bestraft, der jeweils andere dann nach der Qualifizierung/Privilegierung. Es kommt zu einer Tatbestandsverschiebung.

Während § 28 Abs. 1 StGB nur für Teilnehmer gilt, betrifft § 28 Abs. 2 StGB sowohl Täter als auch Teilnehmer.

Besondere persönliche Merkmale 365

Nach der Legaldefinition des § 14 StGB sind besondere persönliche Merkmale besondere persönliche Eigenschaften, Verhältnisse oder Umstände. Sie müssen also täterbezogen sein.

> **Beispiele**
> **strafverschärfend:**
> Amtsträgereigenschaft, Garantenstellung, Mordmerkmale der 1. und 3. Gruppe bei § 211 StGB;
>
> **strafmildernd:**
> ausdrückliches und ernstliches Verlangen (§ 216 StGB.)

Strafmodifizierend 366

Voraussetzung von § 28 Abs. 2 StGB ist, dass die besonderen persönlichen Merkmale die Strafe verschärfen, mildern oder ausschließen (= modifizieren). Dies ist der Fall, wenn ein

Tatbestand durch Merkmale insbesondere qualifiziert (geschärft) oder privilegiert (gemildert) wird.

Beispiele

Amtsträgereigenschaft bei §§ 258a, 340 StGB; Bandenmäßigkeit bei §§ 244 Abs. 1 Nr. 1, 250 Abs. 1 Nr. 2 StGB; nach h.L. die Mordmerkmale der 1. und 3. Gruppe von § 211 StGB.

367 **Mord**

Die Anwendung des § 28 StGB ist wegen der unterschiedlichen Einordnung der Mordmerkmale der 1. und 3. Gruppe gerade bei § 211 StGB umstritten.

Relevanz haben insbesondere folgende Fallgestaltungen:

- Täter erfüllt Mordmerkmal, Teilnehmer nicht.

  Beispiel

  Neffe N tötet seinen reichen Erbonkel, um an sein Erbe zu gelangen. Sein Freund F hatte ihm dafür aus Gefälligkeit ein Gewehr besorgt.

  Nach der Rechtsprechung sind N nach § 211 StGB, F nach § 211, 27 StGB zu bestrafen. Die Strafe von F ist gemäß § 28 Abs. 1 zu mildern.

  Nach der h.L. hat sich N gemäß § 211 StGB strafbar gemacht, F hingegen nach Anwendung des § 28 Abs. 2 StGB lediglich nach §§ 212, 27 StGB.

- Täter erfüllt kein Mordmerkmal, aber der Teilnehmer.

  Beispiel

  Nach einem Schlaganfall ist E schwer behindert. Nach Monaten der Pflege wird er seiner Frau F zur Last, die nunmehr endlich mit ihrem Geliebten zusammenziehen will. Sie bittet ihren Bekannten B, E zu töten. Er tut es aus Mitleid.

  Nach der Rechtsprechung hat sich B nach § 212 StGB strafbar gemacht. F nach §§ 212, 26 StGB, ohne dass es zu einer Strafmilderung kommt.

  Nach der h.L. hat sich B mangels Mordmerkmal wegen § 212 StGB, F jedoch unter Anwendung von § 28 Abs. 2 StGB nach § 211 StGB (Mordmerkmal „sonstiger niedriger Beweggrund“) strafbar gemacht.

- Täter erfüllt Mordmerkmal, Teilnehmer erfüllt ein anderes Mordmerkmal („gekreuzte Mordmerkmale“).

  Beispiel

  Nach einem Schlaganfall ist E schwer behindert. Nach Monaten der Pflege wird er seiner Frau F zur Last, die nunmehr endlich mit ihrem Geliebten zusammenziehen will. Sie beauftragt Killer K, E zu töten. Er tut es und erhält dafür 8 000 €.

  Nach der Rechtsprechung ist K wegen Mordes zu bestrafen, F ist unter Anwendung von § 28 Abs. 1 StGB nach §§ 211, 26 StGB zu bestrafen, ihre Strafe wäre eigentlich zu mildern. Davon sieht die Rechtsprechung zur Vermeidung von Wertungswidersprüchen dann aber ab.

  Nach der h.L. ist K nach § 211 StGB, F nach §§ 211, 26 StGB zu bestrafen.

Lernkontrolle „Beteiligung“

1	Was versteht man unter dem strafrechtlichen Begriff „Beteiligung“?
2	Erläutern Sie die Täterschafts- und Teilnahmeformen.
3	Was ist Gegenstand der Tatherrschaftslehre?
4	Worin besteht die Tatherrschaft bei mittelbarer Täterschaft?
5	Erläutern Sie die Prüfung der Mittäterschaft.
6	Wie ist Mittäterschaft von Beihilfe abzugrenzen?
7	Erläutern Sie den Aufbau der Anstifter-/Gehilfen-Prüfung.
8	Unter welchen Voraussetzungen ist versuchte Anstiftung strafbar?
9	Was versteht man unter dem Begriff „Limitierte Akzessorietät“?
10	Erläutern Sie die Regelungen von § 28 Abs. 1 und 2 StGB und nennen Sie jeweils 1 Beispiel.

7 Irrtumslehre

368
- ***Aufsatz-Literatur***: *Christoph JA 2016, 32 (Der Erlaubnistatbestandsirrtum in der Falllösung); Knobloch JuS 2010, 864 (Examensrelevante Irrtümer im Strafrecht – Eine systematische Darstellung); Bachmann JA 2009, 510 (Irrtümer im Bereich der Schuld);Schuster JuS 2007, 614 (Doppelirrtum auf Rechtfertigungsebene) Lubig JURA 2006, 655 (Auswirkungen von Personenverwechselungen auf übrige Tatbeteiligte); Kelker JURA 2006, 591 (Systematische Erörterung zum Erlaubnistatumstands- und Erlaubnisirrtum); Rönnau/Faust/Fehling JuS 2004, 667 (Irrtum und seine Rechtsfolgen); Plaschke JURA 2001, 235 (zum Doppelirrtum im Strafrecht).*
- ***Leitentscheidungen***: *BGHSt-GS 2, 194 (Vorbereitung der heutigen gesetzlichen Irrtumsregeln: Schuldvorwurf setzt das mögliche Bewusstsein der Rechtswidrigkeit voraus).*
- ***Übungsfälle***: *Neubacher/Bachmann JA 2010, 711 („Ein Jurastudent auf Verbrecherjagd"); Rath JURA 1998, 539 (Arbeitsschritte zur Behandlung strafrechtlicher Irrtumsfälle).*

369

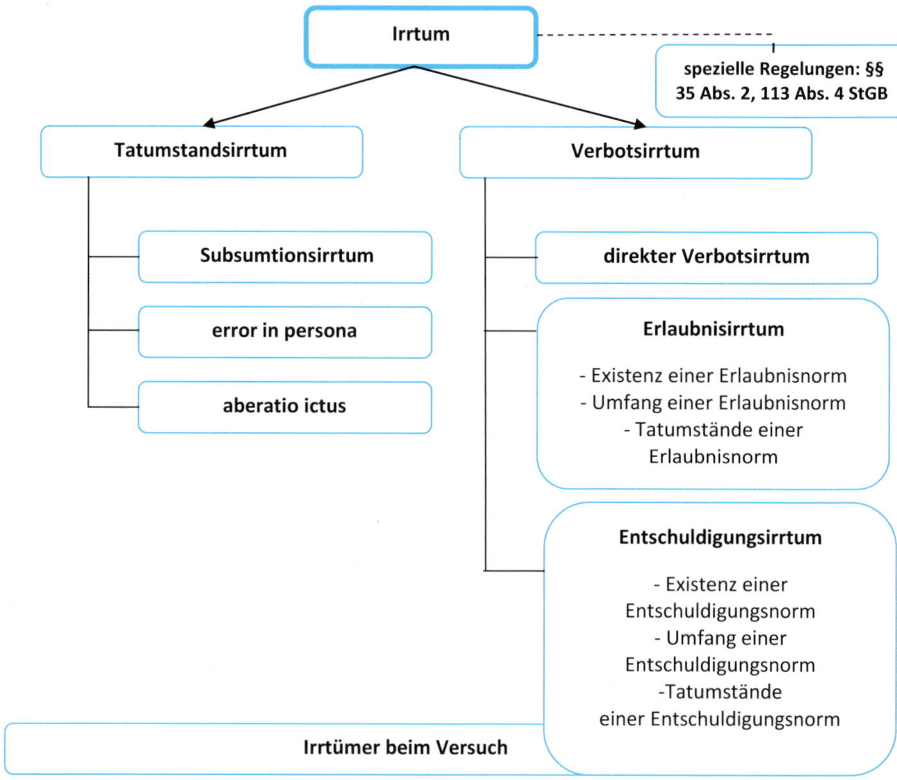

370 **Überblick**

Irrtum des Täters meint das Auseinanderfallen seiner Vorstellung mit der Wirklichkeit. Wegen der unterschiedlichen Arten von Fehlvorstellungen und divergierenden Bezeichnungen ist die Irrtumslehre unübersichtlich. Folgen eines Irrtums sind im Strafgesetzbuch allgemein nur in den §§ 16 und 17 StGB geregelt. Dabei ist zwischen Irrtümern über Tatumstände (§ 16 StGB) und Wertungsirrtümern zu unterscheiden (§ 17 StGB). Spezielle Regelungen sehen darüber hinaus §§ 35 Abs. 2 StGB (Entschuldigender Notstand), 113 Abs. 4 StGB (Widerstand gegen Vollstreckungsbeamte) vor.

7.1 Tatumstandsirrtum, § 16 StGB

- ***Aufsatz-Literatur***: *El-Ghazi JuS 2016, 303 (Die Abgrenzung von error in persona (vel oiecto) und aberratio ictus); Dehne-Niemann/Weber JURA 2009, 373 (Der historische Fall Rose-Rosahl); Henn JA 2008, 854 (Zu Irrtümern im Tatbestand);Herzberg JuS 2008, 385 (Vorsatzausschließende Rechtsirrtümer); Geppert JURA 2007, 33 (Notwehr und Irrtum, Putativnotwehr und Exzess); Schmitz ZStW 112 (2000), 301 (Error in persona bei dolus alternativus); Rath GA 2001, 406 (Aberratio ictus); Wieling JURA 2001, 577 (Motivirrtum).* 371
- ***Leitentscheidungen***: *PrObTr GA 7, 332 (Rose-Rosahl-Fall: zu error in persona); BGHSt 37, 214 (Hoferbenfall: zu Error in persona)*
- ***Übungsfälle***: *Rosenau/Zimmermann JuS 2009, 541 (Rose-Rosahl-Problematik); Linke/Hacker JA, 347 (Aberratio ictus); Kaspar JURA 2007, 69 (error in persona); Dürre/Wegerich JuS 2006, 712 (Aberratio ictus und Erlaubnistatbestandsirrtum); Teiß/Winkler JuS 2006, 1083 (Error in persona/Aberratio ictus); Safferling JuS 2005, 135; Fahl JURA 2005, 273 (Aberratio ictus); Ambos JURA 2004, 492; Safferling JURA 2004, 64; Kudlich/Pragel Jus 2004, 791(Anstifter als Opfer des Angestifteten); Gropengießer/Kohler JURA 2003; 27, Gropengießer/Kohler JURA 2003, 27 (Error in persona).*

Überblick 372

Gemäß § 16 Abs. 1 StGB handelt nicht vorsätzlich, wer einen Umstand des gesetzlichen Tatbestandes nicht kennt. Damit ist der eigentliche Tatumstandsirrtum beschrieben. Der Täter handelt aus Unkenntnis.

> **Beispiel**
> A nimmt nach einem Gaststättenbesuch die Jacke eines Gastes mit nach Hause in der Annahme, es handele sich um seine Jacke. Am nächsten Morgen stellt er die Verwechselung fest.

T hat den objektiven Tatbestand des Diebstahls erfüllt. Er handelte jedoch unvorsätzlich. Gleiches gilt, wenn der Täter in Unkenntnis qualifizierender Umstände handelt.

> **Beispiel**
> A führt in Unkenntnis eine geladene Schusswaffe beim Raub mit.

A ist strafbar lediglich wegen einfachen Raubes (§ 249 StGB), hinsichtlich der Qualifikation des schweren Raubes (§ 250 Abs. 2 StGB) fehlt der Vorsatz.

Rechtsfolge 373

Der Täter wird bei einem Tatumstandsirrtum mangels Vorsatzes wegen des Vorsatzdeliktes nicht bestraft. Er kann jedoch wegen Fahrlässigkeit bestraft werden.

> **Beispiel**
> A schießt im Wald auf B in der Annahme, es handele sich um ein Schwein.

Strafbarkeit nach § 212 StGB (Totschlag) ist ausgeschlossen. Es verbleibt eine mögliche Strafbarkeit nach § 222 StGB (Fahrlässige Tötung).

Subsumtionsirrtum 374

Zum Vorsatz gehört die Kenntnis des Tatumstandes und der rechtlichen Bedeutung des Handelns. Es ist aber nicht erforderlich, genau unter Straftatbeständen subsumieren zu können. Es reicht die Erfassung des natürlichen Sinngehaltes. Handelt es sich um wertende Tatbestandsmerkmale, genügt es, nach der sogenannten „Parallelwertung in der Laiensphäre“, den rechtlichen Bedeutungsinhalt zu erfassen. Lässt der Täter sich dahingehend ein, das Tatbestandsmerkmal nicht richtig erfasst zu haben, hat aber die Bedeutung des Handelns laienhaft richtig erfasst, ist dieser (Subsumtions-) Irrtum unbeachtlich.

> **Beispiel**
> Gast T verändert in der Gaststätte die Striche auf seinem Deckel. Als ihm der Vorwurf der Urkundenfälschung gemacht wird, erwidert er glaubhaft, die Urkundsqualität des Bierdeckels nicht zu kennen. Dies ist unbeachtlich, da er erfasst hat, dass die Striche vom Gastwirt gemacht werden und eine rechtserhebliche Erklärung beinhalten. Er ist nach § 267 StGB zu bestrafen.

375 **Sonderfall: Error in persona vel in obiecto**

Verwechselt der Täter das Objekt der Straftat (error in persona vel in obiecto [255]), entfällt mangels Vorsatzes eine Bestrafung aus dem Vorsatzdelikt. Das ist nicht der Fall, wenn es sich um eine bloße Identitätstäuschung bei gleichwertigen Rechtsgütern handelt.

Beispiel

T will Nachbar N erschießen. Als er denkt, ihn bei der Gartenarbeit erwischen zu können, schießt er. Tatsächlich trifft er seine Frau F.

T ist nach § 212 StGB zu bestrafen, da er Vorsatz auf Erfüllung des objektiven Tatbestandes (Mensch töten) hatte. Die Identitätsverwechselung ist unbeachtlich.

Irrt der Täter nicht allein hinsichtlich der Identität, sondern hinsichtlich der Arten der Objekte, liegt ein beachtlicher Tatumstandsirrtum vor.

Beispiel

T will Nachbar N erschießen. Als er denkt, ihn bei der Gartenarbeit erwischen zu können, schießt er. Tatsächlich trifft er N's Hund Hasso, der nach einem Knochen sucht.

Bestrafung wegen Tötung des Hundes gemäß § 303 StGB entfällt mangels Vorsatzes. Die Fahrlässige Tötung des Hundes ist nicht unter Strafe gestellt, vgl. § 303 StGB. Bestrafung nach § 212 StGB (Totschlag) ist ausgeschlossen, da der angestrebte Erfolg nicht eingetreten ist. Es verbleibt eine Bestrafung wegen versuchten Totschlages gemäß §§ 212, 22,23 StGB.

Beispiel zur Formulierung einer „error in persona-Konstellation" bei Körperverletzung:

B schlägt U mit einem Knüppel nieder, denkt dabei, er treffe seinen Feind N.

„B könnte sich durch das Schlagen des U mit dem Knüppel wegen einer gefährlichen Körperverletzung gemäß §§ 223 Abs. 1, 224 Abs. 1 Nr. 2 2. Alt, 3, 5 StGB strafbar gemacht haben.

Dazu müsste B den U körperlich misshandelt haben. Darunter ist jede üble unangemessene Behandlung zu verstehen, die das körperliche Wohlbefinden nicht ganz unerheblich beeinträchtigt. Ein Schlag mit einem Knüppel auf den Kopf des Opfers führt schon per se zu einer erheblichen Beeinträchtigung des körperlichen Wohlbefindens, da dadurch mindestens starke Schmerzen verursacht werden. Dies erst recht, wenn – wie hier vorliegend – der Schlag kräftig ausgeführt wird. Eine körperliche Misshandlung liegt damit vor.

Darüber hinaus könnte B auch eine Gesundheitsbeschädigung verursacht haben. Eine solche liegt beim Hervorrufen oder Steigern eines krankhaften Zustandes vor. Durch den kräftigen Schlag auf den Kopf entstehen starke Verletzungen, die einen krankhaften Zustand entstehen lassen. Daher hat B den U auch an der Gesundheit beschädigt. B hat den objektiven Tatbestand des § 223 Abs. 1 StGB erfüllt.

Fraglich ist, ob diese Körperverletzung mittels eines hinterlistigen Überfalls begangen worden ist. Hinterlistig ist ein Überfall, wenn sich die Absicht des Täters, dem anderen die Verteidigungsmöglichkeit zu erschweren, äußerlich manifestiert. B hat U lediglich von hinten angegriffen. Er hat hingegen nicht die erschwerte Verteidigungsmöglichkeit des U durch eine zusätzliche Handlung manifestiert. Daher liegt kein hinterlistiger Überfall im Sinne von § 224 Abs. 1 Nr. 3 StGB vor.

Des Weiteren könnte die Körperverletzung jedoch mittels eines gefährlichen Werkzeuges ausgeführt worden sein. Darunter sind alle Gegenstände zu verstehen, die nach ihrer objektiven Beschaffenheit und nach der Art ihrer Benutzung geeignet sind, erhebliche Verletzungen herbeizuführen. Ein Knüppel ist ein harter Gegenstand, mit dem man mittels eines Schlages gegen den Kopf erhebliche Verletzungen herbeiführen kann. Ein Knüppel ist somit ein gefährliches Werkzeug. B hat damit § 224 Abs. 1 Nr. 2, 2. Alt. StGB erfüllt.

Fraglich ist überdies, ob B die Körperverletzung mittels einer das Leben gefährdenden Behandlung gemäß § 224 Abs. 1 Nr. 5 StGB ausführte. Dies ist schon dann der Fall, wenn die Behandlung abstrakt lebensgefährdend war. Durch einen kräftigen Schlag mit einem Knüppel auf den Kopf ist die abstrakte

255 Fehler/Irrtum hinsichtlich des Tatobjektes.

Gefahr für das Leben gegeben, weil dadurch lebensgefährliche Verletzungen entstehen können, so dass B auch diese Tatalternative erfüllte. Der objektive Tatbestand des §§ 223 Abs. 1, 224 Abs. 1 Nr. 2 2. Alt., 5 StGB liegt damit vor.

Zu prüfen ist indes, ob B auch vorsätzlich handelte. Vorsätzlich handelt, wer den Tatbestand in Kenntnis aller seiner objektiven Tatumstände verwirklichen will. B hat hier bewusst und gewollt auf den U eingeschlagen. Demnach läge der Vorsatz vor. Fraglich ist allerdings, wie es sich auswirkt, dass B nicht den U, sondern den N treffen wollte, von dem er annahm, dass dieser vor ihm ginge. Diese Personenverwechslung könnte den Vorsatz ausschließen. Es ist also zu klären, welche Anforderungen an den Vorsatz zu stellen sind. Einerseits könnte man fordern, dass sich der Vorsatz konkret auf den genauen Handlungsablauf und die Erfolgsherbeiführung beziehen muss. Die Personenverwechslung würde den Vorsatz dann entfallen lassen. Dem ist jedoch entgegenzuhalten, dass jedenfalls bei Gleichwertigkeit der angegriffenen Objekte bei einer Körperverletzungshandlung eine genaue Spezifikation des Vorsatzes entbehrlich ist, da sich der Verletzungsvorsatz dann mindestens auf einen Menschen bezieht. Und eben generell die Verletzung eines Menschen wird durch die §§ 223 ff. StGB pönalisiert. Daher ist eine solcher sogenannter „error in obiecto vel persona" als bloßer Motivirrtum unbeachtlich.

B hat lediglich die Personen verwechselt, er wusste, dass er einen Menschen treffen werde und wollte dies auch. B unterlag also einem unbeachtlichen Motivirrtum, er handelte mithin vorsätzlich.

B handelte im Übrigen auch rechtswidrig und schuldhaft.

Er hat sich durch den Schlag mit dem Knüppel gemäß §§ 223 Abs. 1, 224 Abs. 1 Nr. 2 2. Alt, 5 StGB strafbar gemacht."

Sonderfall: aberratio ictus 376

Die Rechtsfigur aberratio ictus [256] beschreibt den Fall, dass der Täter das ursprünglich anvisierte Objekt nicht trifft, aber dafür eine anderes. Der Mangel liegt also nicht im Wissens-, sondern im Wollensbereich. Es handelt sich daher nicht um einen Irrtum, gleichwohl ist er wegen des Sachzusammenhangs strukturell hier einzuordnen.

Beispiel
T will B schlagen. B duckt sich, der hinter ihm stehende C wird getroffen.

Nach der herrschenden Konkretisierungstheorie ist der Irrtum beachtlich: Mangel hinreichender Konkretisierung des Vorsatzes auf C ist diesbezüglich nur fahrlässige Körperverletzung anzunehmen. Da T B schlagen wollte und dazu bereits unmittelbar ansetzte, liegt versuchte Körperverletzung vor.

Nach der Gleichwertigkeitstheorie wäre der Irrtum unbeachtlich, T wäre wegen vorsätzlicher Körperverletzung an C und versuchter Körperverletzung an B zu bestrafen.

Nach der Konkretisierungstheorie ist bei der aberratio ictus also ein konkreter Vorsatz hinsichtlich des Objektes erforderlich. Dies auch bei Ungleichwertigkeit der Tatobjekte:

Beispiel
T will B schlagen. B duckt sich, die hinter B stehende Ming-Vase wird getroffen und zerstört.

T ist hinsichtlich der Vase nicht strafbar, da der Vorsatz sich darauf nicht konkretisierte, zudem ist fahrlässige Sachbeschädigung nicht strafbar. Da T B schlagen wollte, ist er wegen versuchter Körperverletzung gemäß §§ 223, 22, 23 StGB strafbar.

256 „Abirren, Fehlgehen des Wurfes".

7.2 Verbotsirrtum, § 17 StGB

377 • ***Aufsatz-Literatur***: *Momsen/Rackow JA 2006, 550, 654, (Erlaubnisirrtum in der Fallbearbeitung); Kelker JURA 2006, 591 (Erlaubnistatumstands- und Erlaubnisirrtum); Rönnau/Faust/Fehling JuS 2004, 667 (Durchblick: Der Irrtum und seine Rechtsfolgen); Requejo JA 2005, 114 (Putativnotwehr als Rechtfertigungsgrund); Plaschke JURA 2001, 235 (Doppelirrtum im Strafrecht); Rackow JA 2006, 550 (Erlaubnistatbestandsirrtum in der Fallbearbeitung); Altvater NStZ 2003, 21 (Rechtsprechung des BGH zu den Tötungsdelikten, unbeachtliches Abirren vom vorgestellten Kausalverlauf); Schmelz JURA 2002, 391 (Erlaubnistatbestandsirrtum im Gutachten); Herzberg/Scheinfeld JuS 2002, 649 (Erlaubnistatbestandsirrtum dargestellt in Form eine Seminarvortrages).*

- ***Leitentscheidungen***: *BGHSt – GS 2, 201 (zu den Anforderungen an die Vermeidbarkeit des Irrtums); BGHSt 48, 255 (Haustyrannen-Fall)*
- ***Übungsfälle***: *Krell/Brenzen JuS 2015, 322 (Anfängerklausur Strafrecht: Doppelirrtum auf Rechtfertigungsebene); Dürre/Wegerich JuS 2006, 712; Kaspar JuS 2002, 409; Walter JURA 2002, 415; Britz JuS 2002, 465; Jahn JA 2002, 560; Momsen/Sydow JuS 2001, 1194; Ambos JuS 2000, 46.*

378 **Überblick**

Gemäß § 17 StGB handelt ohne Schuld, wem bei Begehung der Tat die Einsicht fehlt, Unrecht zu tun. Die Vorschrift behandelt Irrtümer im Bereich rechtlicher Wertung. Diese Einsichtsfehler können im Wesentlichen zwei Bereiche betreffen: Einerseits kann dem Täter bewusst sein, einen Tatbestand zu erfüllen, er handelt aber in der Annahme, dies sei ausnahmsweise erlaubt, sogenannte Erlaubnisirrtümer (= indirekter Verbotsirrtum). Andererseits kann dem Täter die Unrechtseinsicht fehlen, da er keine Kenntnis des Verbots hat, sogenannter (direkter) Verbotsirrtum. Erlaubnis- und Verbotsirrtum werden in Fallbearbeitungen in der Schuld beim Unrechtsbewusstsein behandelt.

379 **Rechtsfolge**

Der Verbotsirrtum führt zum Schuldausschluss, wenn der Täter den Irrtum nicht vermeiden konnte. War er vermeidbar, kann die Strafe nach § 49 Abs. 1 StGB gemildert werden.

380 **Unvermeidbarkeit**

Fehlendes Unrechtsbewusstsein ist beim Verbotsirrtum nur erheblich, wenn der Irrtum nicht vermeidbar war. Diese strenge Regel folgt dem Grundsatz, dass potenzielles Unrechtsbewusstsein für eine Strafbarkeit ausreicht, d.h. der Täter muss das Unrecht erkannt haben oder er muss es erkannt haben können.[257] Daher werden hohe Anforderungen an die Unvermeidbarkeit gestellt.

Vermeidbar ist ein Verbotsirrtum, wenn dem Täter sein Vorhaben unter Berücksichtigung seiner Fähigkeiten und Kenntnisse hätte Anlass geben müssen, über dessen mögliche Rechtswidrigkeit nachzudenken oder diese in zumutbarer Weise zu erkundigen, und er auf diesem Wege zur Unrechtseinsicht gekommen wäre.[258]

257 Vgl. BGHSt-GS 2, 194 (200 ff.).
258 BGH NJW 2006, 522 (523).

Dreierlei Voraussetzungen müssen erfüllt sein:[259]

- Der Täter muss einen Anlass gehabt haben, sich über die rechtliche Qualität seines Verhaltens Gedanken zu machen.
  Je selbstverständlicher das Verbot, je eher wird ein Verbotsirrtum auszuschließen bzw. wird von Vermeidbarkeit auszugehen sein.
- Der Täter muss die Möglichkeit gehabt haben, die Rechtswidrigkeit seines Verhalten zu erkennen. In Betracht kommen eigenes Nachdenken oder die Auskunft einer sachverständigen Person.
- Dem Täter muss es zumutbar sein, die ihm gegebene Möglichkeiten zur Überprüfung der Rechtswidrigkeit zu ergreifen.

  Beispiele
  A führt ein Butterflymesser mit in Unkenntnis, dass dies gemäß §§ 2 Abs. 3 i.V.m. Anlage 2 Nr. 1.4.3, 52 Abs. 3 Nr. 1 WaffG eine Straftat darstellt (= direkter Verbotsirrtum, vermeintbar, da das Mitführen dieser Waffe Anlass geben muss, über die Rechtmäßigkeit nachzudenken und es zumutbar ist, wenn der Täter sich darüber informiert.

Direkter Verbotsirrtum 381

Beim direkten Verbot handelt der Täter in Unkenntnis des gesetzlichen Verbotes. Aufgrund der erheblichen Appell- und Warnfunktion des Kernstrafrechts kommt ein unvermeidbarer direkter Verbotsirrtum fast nur noch im Nebenstrafrecht vor.[260]

Beispiel
Benutzen einer ungenehmigten Sendeanlage.[261]

Erlaubnisirrtum 382

Unterliegt der Täter einem Erlaubnisirrtum (= indirekten Verbotsirrtum), betrifft sein Irrtum die Rechtswidrigkeit. Der Täter weiß zwar um die Begehung des Tatbestandes, glaubt aber, sein Handeln sei gerechtfertigt. Dies kann verschiedene Dimensionen haben: Er kann die Fehlvorstellung eines nicht existierenden Rechtfertigungsgrundes haben (Erlaubnisexistenzirrtum), den Umfang eines anerkannten Rechtfertigungsgrundes überdehnen (Erlaubnisumfangsirrtum) oder über die tatsächlichen Umstände der Rechtfertigungslage irren (Erlaubnistatumstandsirrtum).

- **Erlaubnisexistenzirrtum**
  Der Täter glaubt, sein Handeln sei gerechtfertigt.

  Beispiel
  Lehrer T gibt dem unartigen Schüler S nach wiederholter Ermahnung eine Ohrfeige.
- **Erlaubnisumfangsirrtum**
  Der Täter glaubt irrig, sein Handeln sei vom in Anspruch genommenen Rechtfertigungsgrund gedeckt.

  Beispiel
  Vater T gibt dem Nachbarsjungen eine Ohrfeige, weil dieser am Vortag seinen Sohn verprügelte. T glaubt, das Notwehrrecht gestatte dies.
- **Erlaubnistatbestandsirrtum** (= Erlaubnistatumstandsirrtum; bei Notwehr sogenannte Putativnotwehr)

259 Nach Joecks § 17, Rn. 3 ff.
260 So Kühl § 13, Rn. 51a.
261 Vgl. BayObLG NJW 1990, 3032.

Der Täter nimmt irrig die Voraussetzungen eines Rechtfertigungsgrundes an.

Beispiel

A schlägt in der Vorstellung eines Angriffs des F nieder, der ihn nur freudig umarmen wollte.

Voraussetzung für einen Erlaubnistatbestandsirrtum ist jedoch immer, dass der Täter sich irrig eine Rechtfertigungslage vorstellt, die sein Handeln – würde sie tatsächlich gegeben sein – rechtfertigen würde. Daher ist zunächst zu prüfen, ob das Handeln des Täters nach seinen irrigen Vorstellungen gerechtfertigt wäre. Ist dies schon nicht der Fall, so kommt es auf die rechtliche Behandlung des Erlaubnistatbestandsirrtums nicht an.

Beispiel

A will seine Frau F befreien, die von Kidnappern gefangen gehalten wird. Zu diesem Zweck schießt er den vor der Tür wartenden Aufpasser nieder. Er hätte ihn aber ohne Weiteres auch durch Drohungen oder Schläge überwältigen können. Was beide nicht wussten: F hatte sich bereits eine Stunde zuvor aus ihrer Zwangslage befreit und ist geflohen.

Fraglich ist, ob A sich nach § 212 StGB strafbar gemacht hat. Der Tatbestand liegt ohne Weiteres vor. Er könnte jedoch nach § 32 StGB in Notwehr gehandelt haben. Im Sachverhalt lagen die Voraussetzungen der Rechtfertigung der Tötung des Aufpassers nach § 32 StGB (Notwehr in Form der Nothilfe) aber nicht vor, es mangelt an einem gegenwärtigen Angriff. Schließlich hatte sich F ja bereits befreit. Aber auch dann, wenn die Vorstellungen des A zuträfen, wäre die Tötung nicht gerechtfertigt. Denn die Verteidigungshandlung wäre dann nicht erforderlich gewesen. Auf die rechtliche Behandlung des Irrtums kommt es nicht an. A hat sich nach § 212 StGB strafbar gemacht.

Die rechtliche Behandlung des Erlaubnistatbestandsirrtums ist streitig, da er zwar die Rechtfertigung betrifft und daher gemäß § 17 zu behandeln wäre. Aber der Täter handelt an sich rechtstreu und irrt sich ähnlich dem Tatumstandsirrtum über die Umstände der Rechtfertigungslage, sodass § 16 StGB einschlägig sein könnte.

- nach der strengen Schuldtheorie ist der Irrtum nach § 17 StGB zu behandeln, da es sich um einen Irrtum über Rechtfertigungsgründe handelt. „Streng" ist sie, weil sie dem Täter nur den für ihn ungünstigeren § 17 StGB zubilligt.[262]
- nach der eingeschränkten Schuldtheorie, die der BGH favorisiert, lässt der Irrtum den Vorsatz entfallen, da der Täter „an sich rechtstreu" handelt.[263] Sie wendet § 16 StGB analog auf diese Fälle an.[264] „Eingeschränkt" ist diese Theorie, da sie § 17 StGB auf diese Fälle nicht anwendet, die Vorschrift also einschränkt.
- nach der rechtsfolgenverweisenden eingeschränkten Schuldtheorie ist § 16 StGB analog anwendbar mit der Folge, dass der Vorsatz zur Unrechtsbegehung, der Schuldvorsatz, entfällt. Dies hat zur Konsequenz, dass es bei einer vorsätzlichen rechtwidrigen und damit teilnahmefähigen Tat verbleibt. „Rechtsfolgeverweisend" ist diese Theorie, da sie lediglich die Rechtsfolgen des § 16 StGB im Bereich der Schuld anwendet. Im Übrigen lässt sie den Tatbestand des Deliktes unberührt.[265]

262 LK-Schroeder § 16, Rn. 47 ff.
263 Vgl. BGHSt 3, 107.
264 Vgl. insbesondere BGH NJW 2000, 1348; auch BGH NJW 2004, 2458 (2460).
265 Vgl. nur Fischer § 16, Rn. 20.

Beispiel zur Darstellung des Erlaubnistatbestandsirrtums in der Falllösung:
O kommt auf T zu, greift in seine eigene Jackentasche. T denkt, O wolle ihn mittels einer Waffe angreifen, tatsächlich jedoch will O nur um Feuer bitten. T schlägt O nieder.

Tatbestandsmäßigkeit gemäß § 223 StGB wurde festgestellt. Notwehr wurde mangels Angriff abgelehnt.

> „(...) Problematisch ist, dass T dachte, er würde angegriffen. Es fallen also T's Vorstellung und die Wirklichkeit auseinander, T unterliegt insofern einem Irrtum.
>
> Es könnte sich hier um einen Erlaubnistatbestandsirrtum handeln. Bei diesem nimmt der Täter irrig einen Erlaubnistatbestand an, der nach seinen Vorstellungen zur Rechtfertigung der Tat führen würde. Zu prüfen ist daher zunächst, ob T´s Verhalten – träfen seine Vorstellungen zu – gerechtfertigt sei. Dazu müsste ein gegenwärtiger rechtswidriger Angriff vorgelegen haben. Gegenwärtig ist die Rechtsgutbedrohung, wenn sie unmittelbar bevorsteht. Rechtswidrig wäre dieser Angriff, wenn er objektiv im Widerspruch zur Rechtsordnung steht. Dies wäre durch die Bedrohung mit einer Waffe gegeben. Zudem müsste T`s Verteidigung eine erforderliche und gebotene Verteidigungshandlung sein. Erforderlich ist die Verteidigung, wenn sie zur Abwehr des Angriffs geeignet ist und das relativ mildeste Gegenmittel darstellt. In Anbetracht des vorgestellten massiven Angriffs ist das Niederschlagen die mildeste Abwehr. Geboten ist die Verteidigung nur dann nicht, wenn aus Rechtsgründen die Hinnahme der Rechtsgutverletzung oder eine eingeschränkte Verteidigung zu verlangen ist. Diesbezüglich liegen keine Anhaltspunkte vor. T's Verhalten wäre gerechtfertigt, wenn seine Vorstellungen zuträfen. Er unterliegt einem Erlaubnistatbestandsirrtum.
>
> Fraglich und umstritten ist, welche rechtlichen Konsequenzen ein solcher Irrtum hat.
>
> Zunächst könnte man wegen des fehlenden Unrechtsbewusstsein des T mit der sogenannten strengen Schuldtheorie § 17 StGB anwenden. Dies würde die Schuld entfallen lassen, wenn T den Irrtum nicht vermeiden konnte. Da T ohne Weiteres bei Anspannung seiner Erkenntniskräfte hätte erkennen können, dass O keine Waffe zieht, handelte T schuldhaft. Seine Strafe könnte allenfalls nach § 17 S. 2 StGB gemildert werden.
>
> Man könnte jedoch auch nach der eingeschränkten Schuldtheorie § 16 Abs. 1 StGB analog anwenden, da unter dem Blickwinkel der Unrechtsvoraussetzungen kein Unterschied zwischen Tatbestandsmerkmalen und Rechtfertigungsvoraussetzungen besteht. Dann würde mangels Vorsatzes T straflos sein.
>
> Schließlich könnte man in solchen Konstellationen mit der sogenannten rechtsfolgenverweisenden eingeschränkten Schuldtheorie den Vorsatz als Schuldform entfallen lassen, was die Schuld und damit ebenfalls die Strafe gänzlich entfallen ließe.
>
> Nach alledem würde also allein die erstgenannte strenge Schuldtheorie zu einer Bestrafung des T führen. Zwar hat diese den Wortlaut für sich, da in § 17 StGB nicht differenziert wird nach dem Grund der Fehlvorstellung des Täters. Indes sprechen systematische und teleologisch-historische Überlegungen gegen die strenge Schuldtheorie. Denn das Gesamtsystem des StGB differenziert zwischen Vorsatz und Fahrlässigkeitstaten, vgl. § 15 StGB. Bei Anwendbarkeit des § 17 StGB würde der Täter bei einem vermeidbaren Irrtum wegen einer Vorsatztat bestraft, obwohl der zu machende Vorwurf ein Fahrlässigkeitsvorwurf ist. Somit ist auch wegen dieses Fahrlässigkeitsvorwurfes zu bestrafen, was nach den anderen dargestellten Ansätzen unproblematisch möglich ist. Zudem wird der gesetzliche Unterschied zwischen Sachverhaltsirrtümern (§ 16 StGB) und Beurteilungsirrtümern (§ 17 StGB) aufgegeben, der gerade Grund für eine differenzierte Regelung gewesen ist. Daher ist die strenge Schuldtheorie als mit dem Gesetz unvereinbar abzulehnen. Da die anderen dargestellten Lösungsansätze zu einem Vorsatzausschluss gelangen, hat sich T letztlich nicht nach § 223 Abs. 1 StGB strafbar gemacht."

383 **Entschuldigungsirrtum**

Ähnlich einem Erlaubnisirrtum kann auch der Entschuldigungsirrtum die Existenz, den Umfang oder die tatsächlichen Voraussetzung betreffen. Der letztere Fall ist in § 35 Abs. 2 StGB geregelt (Putativnotstand). Diesen Regeln geht § 17 StGB als lex specialis vor.

Beispiel

Haustyrannen-Fall: T nimmt fälschlich an, nur durch Tötung des aggressiven Ehemannes sei Ihr Leben und das ihrer Kinder zu retten.[266]

§ 35 Abs. 2 StGB ist auf andere Entschuldigungsgründe entsprechend anwendbar.[267]

384 **Putativnotwehrexzess**

Überschreitet der Täter im Falle der Putativnotwehr die erforderliche Verteidigung, liegt ein Fall des Putativnotwehrexzesses vor.[268]

Beispiel

A schlägt in der Vorstellung eines Angriffs F nieder, der ihn nur freudig umarmen wollte. Aus Angst, er greift weiter an, tritt er mehrmals auf den am Boden liegenden F ein.

Die Regelung des § 33 StGB finden hier keine Anwendung, da es an einer tatsächlichen Notwehrlage mangelt, die § 33 StGB zwingend voraussetzt. A hat sich hinsichtlich des Schlages wegen des Erlaubnisumstandsirrtums in analoger Anwendung von § 16 Abs. 1 StGB nicht nach § 223 StGB strafbar gemacht. Hinsichtlich des Trittes hat er – nach seinen Vorstellungen – die Grenzen eines anerkannten Rechtfertigungsgrundes überschritten, er handelte in einem (Erlaubnis-)Irrtum über das erforderliche Maß der Verteidigung, § 17 StGB ist anwendbar. Er ist gänzlich straffrei, wenn er den Irrtum hinsichtlich des Rechtfertigungsgrundes nicht vermeiden konnte.[269]

---

266 Vgl. BGHSt 48, 255.
267 Kühl § 13, Rn. 84.
268 Vgl. zur Putativnotwehr Rn. 381
269 Vgl. zum Erlaubnisirrtum Rn. 376 ff.

7.3 Irrtümer beim versuchten Delikt

- ***Aufsatz-Literatur***: *Schmitz JURA 2003, 593 (Abgrenzung von strafbarem Versuch und Wahndelikt).* 385
- ***Leitentscheidungen***: *keine*
- ***Übungsfälle***: *Baier JuS 2004, 56 und 61; Herzfeld/Scheinfeld JuS 2003, 881 und 886; Tiedemann/Waßmer JURA 2000, 533 und 539; Zieschang, JuS 1999, 49 und 54.*

Überblick 386

Bei Irrtümern im Rahmen des Versuches geht es nicht um Unkenntnis des Täters, sondern um seine irrige Annahme. Die irrige Annahme kann sich wie die Unkenntnis beim Begehungsdelikt auf Tatsachen und Wertungen hinsichtlich des Verbotes oder der Rechtswidrigkeit beziehen.

Untauglicher Versuch 387

Der Täter nimmt irrig Tatumstände an, die bei Vorliegen eine Strafbarkeit begründen. Dies ist der umgekehrte Fall des Tatumstandsirrtums.

> **Beispiel**
> T schießt auf eine im Bett vor Kurzem verstorbene Person in der Annahme, er töte sie.

Der Irrtum ist unbeachtlich. T ist strafbar gemäß §§ 212, 22, 23 StGB.
Beim grobem Unverstand kann gemäß § 23 Abs. 3 StGB von Strafe abgesehen oder diese gemildert werden.

Wahndelikt 388

Der Täter nimmt aufgrund falscher rechtlicher Wertung irrig an, sich strafbar gemacht zu haben. Dies kann der Fall sein, wenn er die Erfüllung eines Straftatbestandes annimmt, der nicht existiert. Das ist der umgekehrte Fall des direkten Verbotsirrtums beim vollendeten Delikt.

> **Beispiel**
> A begeht Ehebruch in der Annahme, dies sei strafbar.

Bei einer weiteren Variante dieses Irrtums glaubt der Täter irrig, er handele rechtswidrig, da er den eingreifenden Rechtfertigungsgrund nicht kennt oder den Umfang des Rechtfertigungsgrundes zu seinen Ungunsten für eingeschränkter hält. Das ist der umgekehrte Fall des Erlaubnisumfangssirrtums bzw. des Erlaubnisexistenzirrtums.

> **Beispiel**
> N verteidigt seinen Freund F gegen T in Unkenntnis, dass § 32 StGB auch Nothilfe umfasst (umgekehrter Fall des Erlaubnisumfangsirrtums).

Denkbar ist auch ein Fall des umgekehrten Erlaubnistatumstandsirrtums.

> **Beispiel**
> N hält den verhasst Nebenbuhler B, als dieser an ihm vorbeikommt, fest, um ihn zur Rede zu stellen. Er verkennt, dass T gerade auf der Flucht nach einem Tankstellenraub ist.

Ein Wahndelikt ist straflos.

7.4 Irrtümer bei Beteiligten

389 • ***Aufsatz-Literatur**: Kretschmer JURA 2003, 535 (Irrtümer bei mittelbarer Täterschaft).*
- ***Leitentscheidungen**: PrObTr GA 7, 332 (Rose-Rosahl-Fall: zu error in persona); BGHSt 37, 214 (Hoferbenfall: zu error in persona).*
- ***Übungsfälle**: JuS 2009, 541 (Rose-Rosahl-Problematik);); Kudlich JuS 2003, 755 (Irrtumsprobleme bei mittelbarer Täterschaft).*

390 **Überblick**

Irrtümer sind bei Beteiligten insbesondere im Bereich des error in persona und bei der mittelbaren Täterschaft relevant.

391 **error in persona**

Unterschiedlich sind die rechtlichen Auswirkungen einer Objektverwechslung für Beteiligte.

- **Mittelbare Täterschaft**

  Eine Objektverwechslung des Tatmittler bei der mittelbaren Täterschaft ist für den Täter so zu behandeln wie eine aberatio ictus.

  Beispiel

  T schickt den 5-jährigen Paul zu dem roten Boot am Ende des Steges, welches T's verhasstem Segelclub-Kameraden gehört. Dort dürfe er üben, wie man Scheiben einschmeißt. Paul wirft freudig alle Scheiben ein, jedoch aus Verwechslung jene vom roten Boot am Anfang des Steges, welches T's Geliebten gehört.

  Paul ist aufgrund § 19 StGB straffrei. Pauls Irrtum ist für T beachtlich: Hinsichtlich des Bootes des Kameraden ist T einer versuchten Sachbeschädigung in mittelbarer Täterschaft schuldig. Hinsichtlich des Bootes der Geliebten bleibt er mangels Strafbarkeit der fahrlässigen Sachbeschädigung straffrei.

- **Mittäterschaft**

  Eine Objektverwechslung des Mittäters ist nach Rechtsprechung und herrschender Lehre für die anderen Mittäter unbeachtlich, wenn die entsprechende Handlung vom gemeinsamen Tatplan erfasst war.[270]

  Beispiel

  A, B und C verabreden, Autos der „verhassten Rechtsradikalen" des Ortes zu beschädigen. Wegen einer Verwechslung schmeißt A die Scheiben vom Wagen des weiter vor ihm gehenden C ein.

  A, B und C haben sich strafbar gemacht gemäß §§ 303, 25 Abs. 2 StGB.

- **Anstiftung**

  Eine Objektverwechslung des Täters ist für den Anstifter nach Rechtsprechung und einen Teil der Literatur ebenso unbeachtlich wie für den Täter.[271]

  Beispiel

  A will B durch C töten lassen. Er zeigt C ein Bild des B. C tötet aber aufgrund einer Verwechslung den Bruder X des B.

  C ist wegen Totschlages strafbar, A wegen Anstiftung dazu.

---

270 Vgl. BGHSt 11, 268 (272).

271 Vgl. nur BGHST 37, 214 (Hoferbenfall).

Mittelbare Täterschaft 392

Irrtümer bei mittelbarer Täterschaft können nach folgenden Fallkonstellationen kategorisiert werden:

- **Tatsächlich liegt mittelbare Täterschaft vor, Hintermann nimmt irrig Anstiftung an**

  Beispiel

  Arzt H gibt Pfleger W tödlich wirkende Tabletten, die er einer Patientin verabreichen soll. H geht davon aus, dass W um die tödliche Wirkung weiß. Tatsächlich ist W in dem Glauben, es handele sich um aufputschende Vitamintabletten. Die Patientin verstirbt kurz nach Einnahme.

  W hat sich nicht strafbar gemacht. H hatte keinen Vorsatz auf die mittelbare Täterschaft. Auch eine Anstiftung entfällt mangels vorsätzlicher Haupttat. H hat sich wegen versuchter Anstiftung gemäß § 30 Abs. 1 StGB strafbar gemacht.

- **Tatsächlich ist Vordermann Täter, Hintermann nimmt irrig mittelbare Täterschaft an**

  Beispiel

  Arzt H gibt Pfleger W tödlich wirkende Tabletten, die er einer Patientin verabreichen soll. H geht davon aus, dass W um die tödliche Wirkung nicht weiß. Tatsächlich hat er den Arzt durchschaut, verabreicht die Tablette trotzdem. Die Patientin verstirbt kurz nach Einnahme.

  W hat sich wegen Totschlages strafbar gemacht. H hat sich mangels Tatherrschaft nicht einer mittelbaren Täterschaft schuldig gemacht. Es verbleibt eine Anstiftung zu § 212 StGB. Er hatte zwar keinen Anstifter-, jedoch einen Tätervorsatz. Dieser schließt den Anstiftervorsatz ein.

Lernkontrolle „Irrtumslehre“

1	Definieren Sie den strafrechtlichen Irrtum.
2	Erläutern Sie den Unterschied zwischen einem Verbots- und einem Tatbestandsirrtum.
3	Nennen Sie die Rechtsfolgen der §§ 16 und 17 StGB.
4	Welche Auswirkung hat der „Error in persona vel in obiecto“ auf den Vorsatz des Täters?
5	Wie wirkt sich ein „Error in personal vel in obiecto“ auf den Anstifter aus?
6	Erläutern Sie die Rechtsfigur „Aberratio ictus“.
7	Erläutern Sie Formen des Erlaubnisirrtums.
8	Erläutern Sie die rechtlichen Konsequenzen eines Erlaubnistatumstandsirrtums.
9	Nennen Sie 1 Beispiel für einen Putativnotwehrexzess.
10	Was ist ein Wahndelikt? Nennen Sie 1 Beispiel.

3. Teil

Delikte gegen die Person

1 Körperverletzungsdelikte

- ***Aufsatz-Literatur***: *Miebach NStZ-RR 2009, 97 (Rechtsprechung des BGH zu den Körperverletzungsdelikten); Roxin JuS 2004, 177 (Strafrechtliche Beurteilung elterlicher Züchtigungen); Wallschläger JA 2003, 390 (Die Körperverletzungsdelikte nach dem 6. Strafrechtsreformgesetz); Jäger JuS 2000, 31 (Die Delikte gegen das Leben und die körperliche Unversehrtheit).* 392

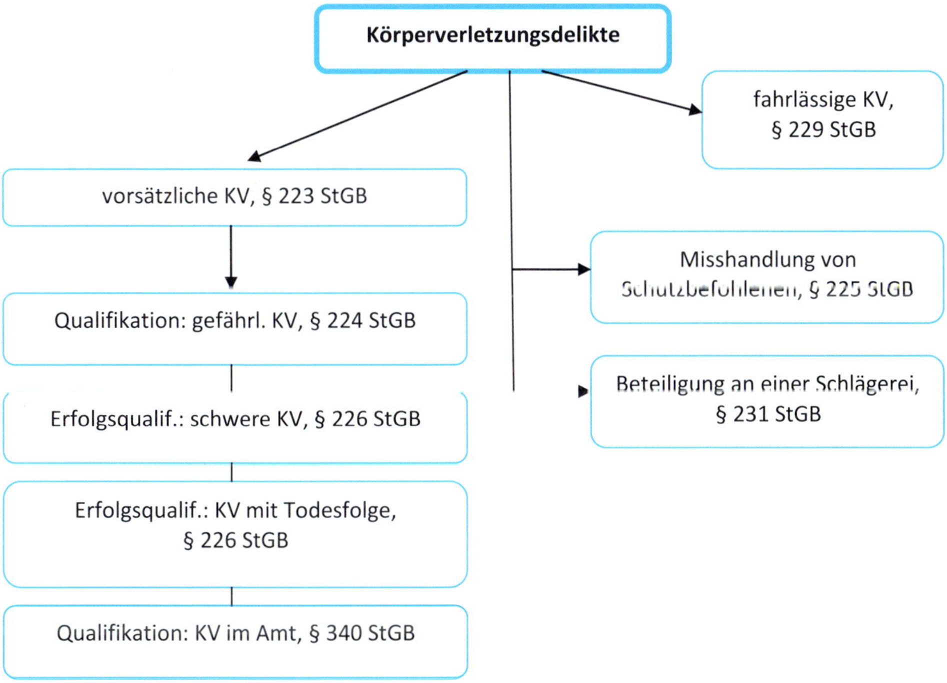

Überblick 393

Geschützt werden die körperliche Unversehrtheit und das körperliche Wohlbefinden. Alle Körperverletzungsdelikte sind im Versuch strafbar.

Rechtfertigung 394

Körperverletzungsdelikte könnten insbesondere aufgrund § 32 StGB gerechtfertigt sein. Bei Körperverletzungshandlungen durch Polizeibeamte ist an eingriffsrechtliche Rechtfertigung nach der Strafprozessordnung oder dem Polizeigesetz zu denken. Rechtmäßige Ausübung der Zwangsbefugnis nach den Polizeigesetzen der Länder[269] stellt einen Rechtfertigungsgrund dar, der dem allgemeinen Notwehrrecht vorgeht.

269 Vgl. z.B.: §§ 50-66 PolG NRW; Art. 52-69 PAG Bay; §§ 53-69 BbgPolG; §§ 50-54 PolG Bw; §§ 47-63 HSOG; §§ 51-67 PAG TH; §§ 79-113 SOG MV; §§ 44-58 SPolG.

§ 228 StGB schränkt die Rechtfertigung durch Einwilligung in die Körperverletzung ein. Die Vorschrift gilt für alle Tatbestände der vorsätzlichen Körperverletzungen mit Ausnahme von § 225 StGB.

Die Einwilligung darf nicht gegen die guten Sitten verstoßen. Dies ist der Fall, wenn sie gegen das Anstandsgefühl aller „billig und gerecht Denkenden verstößt“ [270] . Dabei kommt es insbesondere auf die Beweggründe und Ziele der Beteiligten an. [271]

Beispiele
„Autosurfen“ [272], Zufügen körperlicher Schmerzen als Aufnahmeritual einer Jugend-Gang. [273]

„Züchtigungsrecht“ von Eltern oder Erziehern ist nicht mehr als Rechtfertigungsgrund anerkannt. Gemäß § 1631 Abs. 2 BGB haben Kinder ein Recht auf gewaltfreie Erziehung. Körperliche Bestrafungen, seelische Verletzungen und andere entwürdigende Maßnahmen sind unzulässig!

395 **Polizeiliche Kriminalstatistik**

Nach der Polizeilichen Kriminalstatistik 2014 betrug der Anteil der Körperverletzungsdelikte an der Gesamtkriminalität 8,7 %, in 2012 9,1 % und in 2010 9,2 %.[274] Die Aufklärungsquote bei den Körperverletzungsdelikten (§§ 223–227, 229, 231 StGB) stieg von 87,9 % (2009) auf 88,2 % (2010) und 88,5 % (2011). 2012 betrug sie wiederum 88,2 % und in 2014 88.9 %.[275]

270 BGHSt 4, 32.
271 Fischer § 228, Rn. 9.
272 OLG Düsseldorf, NStZ-RR 97, 327.
273 Bay.ObLG 7.9.1998, 5 St RR 153/98.
274 BKA, PKS 2010 Jahrbuch, S. 32; BKA, PKS 2012 Jahrbuch, S. 150; BKA, PKS 2014 Jahrbuch, S. 178.
275 BKA, PKS 2010 Jahrbuch, S. 160; BKA, PKS 2012 Jahrbuch, S. 150; BKA, PKS 2014 Jahrbuch, S. 178.

1.1 Einfache Körperverletzung, § 223 StGB

- ***Aufsatz-Literatur***: *Murmann JURA 2004, 102 (Die üble, unangemessene Behandlung) Rackow GA 2003, 135 (Die körperliche Misshandlung als Erfolgsdelikt).* 396
- ***Leitentscheidungen***: *BGH NStZ 2016, 27 (Anspucken als Körperverletzung); BGH NStZ 2015, 269 (Körperverletzung bei bloßen emotionalen Reaktionen); BGHSt 14, 110 (Pistolenschlag-Fall; Wand-Fall); BGHSt 22, 235; BGHSt 36, 1 (Soldaten-Aids-Fall); OLG Düsseldorf NJW 2002, 2118 („Autosurfen", Abgrenzung von Selbst- und Fremdgefährdung).*
- ***Übungsfälle***: *Popp/Hotz JA 2016, 268 (Objektive Zurechnung;, psychische Erkrankung als Erfolg einer Körperverletzung;, § 33 StGB); Otto Jura 2004, 679; Jung JuS 1992, 131.*

Einfache Körperverletzung, § 223 StGB

I. Tatbestandsmäßigkeit
   1. Objektiver Tatbestand
      körperliche Misshandlung
      oder
      Gesundheitsbeschädigung
   2. Subjektiver Tatbestand
      Vorsatz

II. Rechtswidrigkeit
   Insbesondere Einwilligung
   Einschränkung durch § 228 StGB (gute Sitten)

III. Schuld

IV. Besonderheiten

V. Ergebnis

Körperliche Misshandlung ist jede üble, unangemessene Behandlung, durch die das körperliche Wohlbefinden nicht ganz unerheblich beeinträchtigt wird. 397

Gesundheitsbeschädigung ist jede Hervorrufung oder Steigerung eines pathologischen Zustandes.

Sittenwidrig ist die Einwilligung, wenn sie gegen das Anstandsgefühl aller billig und gerecht Denkenden verstößt.

Überblick 398

§ 223 StGB ist Grundtatbestand der vorsätzlichen Körperverletzungsdelikte. Die Erfüllung einer der 2 Tatbestandsalternativen ist ausreichend.

Körperliche Misshandlung 399

Die Anforderungen an das Merkmal der körperlichen Misshandlung sind gering. Von den Gerichten wurden bereits Ohrfeigen, Anspucken und Haarabschneiden als solche anerkannt. Schmerzzufügung ist nicht erforderlich, sodass auch psychische Beeinträchtigungen zur Tatbestandsverwirklichung ausreichen. Dann muss es jedoch zu körperlichen Auswirkungen kommen. Es muss ein „pathologischer, somatisch objektivierbarer Zustand" eingetreten sein.[276]

Beispiele
Anspeien, Einschüchterung mit einer Schusswaffe[277], welches sich jeweils körperlich auswirkt.

---

276 BGHSt 48, 37.
277 Vgl. BGH NStZ-RR 2000, 106.

400 **Gesundheitsbeschädigung**

Gesundheitsbeschädigungen sind jedenfalls dann gegeben, wenn sich das Opfer in ärztliche Behandlung begeben muss. Sie sind zu bejahen bei Zufügung größerer Wunden und auch bei Hervorrufung eines Schockzustandes.

Rein emotionale Reaktionen wie etwa Aufregung, starke Gemütsbewegungen, bloße Angst, reichen nicht aus, um den Tatbestand des § 223 StGB zu erfüllen.[278]

401 **Unterlassen**

Körperverletzung durch Unterlassen ist möglich, wenn eine Garantenstellung besteht. Dies ist der Fall, wenn der Täter rechtlich dafür einzustehen hat, dass eine Körperverletzung, ggf. auch nur in Form einer Gesundheitsverschlechterung nicht eintritt.[279]

Beispiele

Betreuer B verhindert nicht, dass der Sehbehinderte S gegen eine Laterne läuft.

Täter ruft einem Angehörigen in Not keinen Arzt oder ein Unfallverursacher macht keine Anstalten zur Versorgung des Verunglückten und in beiden Fällen tritt dadurch eine Verschlechterung des Gesundheitszustandes ein.

402 **Ärztliche Heileingriffe**

Nach der Rechtsprechung erfüllen ärztliche Heileingriffe den Tatbestand, sind jedoch lege artis ausgeführt aufgrund (mutmaßlicher) Einwilligung gerechtfertigt.[280]

403 **Rechtswidrigkeit**

Vgl. dazu Rn. 107 ff.

404 **Versuch**

Versuch ist strafbar gemäß § 223 Abs. 2 StGB.

405 **Strafantrag**

Die Tat ist ein relatives Antragsdelikt. Gemäß § 230 StGB ist grundsätzlich zur Verfolgung ein Strafantrag erforderlich, es sei denn, die Staatsanwaltschaft bejaht besonderes öffentliches Interesse an der Verfolgung. Dies wird gemäß Nr. 234 RiStBV namentlich dann anzunehmen sein, wenn der Täter einschlägig vorbestraft ist, roh gehandelt hat, durch die Tat eine erhebliche Verletzung verursacht wurde oder dem Opfer wegen seiner persönlichen Beziehung zum Täter nicht zugemutet werden kann, Strafantrag zu stellen, und die Strafverfolgung ein gegenwärtiges Anliegen der Allgemeinheit ist. Andererseits kann auch der Umstand beachtlich sein, dass der Verletzte auf Bestrafung keinen Wert legt.

406 **Privatklage**

Gemäß § 374 Abs. 1 Nr. 4 StPO ist das Delikt ein Privatklagedelikt. Die Verfolgung erfolgt gemäß § 380 StPO von Amts wegen nur, wenn öffentliches Interesse daran besteht.

407 **Konkurrenzen**

Bei Verletzung mehrerer Personen durch eine Handlung ist gleichartige Idealkonkurrenz gegeben. Idealkonkurrenz besteht auch mit Tatbeständen, die Gewaltanwendung erfordern, so bei § 177 Abs. 1 StGB (Sexuelle Nötigung mit Gewalteinsatz).

278 BGH NStZ 2015, 269.

279 Siehe auch Erläuterungen zu den unechten Unterlassungsdelikten, Rn. 232 ff.s

280 StRspr. seit RG 25, 375; a.A. weite Teile der Literatur, z.B.: Lackner/Kühl § 223, Rn. 8; Sch/Sch-Eser § 223, Rn. 30.

1.2 Gefährliche Körperverletzung, § 224 StGB

- ***Aufsatz-Literatur***: *Satzger JURA 2015, 580 (zu Gift i.S.v. § 224 StGB: „Giftiges" im Strafrecht – Überlegungen zur kontextabhängigen Auslegung eines Tatbestandsmerkmals im StGB); Jesse NStZ 2009, 364 (Das Pfefferspray als alltägliches gefährliches Werkzeug); Eckstein NStZ 2008, 125 (Kfz als gefährliches Werkzeug); Fischer NStZ 2003, 569 (Waffen, gefährliche Werkzeuge und sonstige Werkzeuge nach dem Beschluss des Großen Senats); Streng GA 2001, 359 (Waffenersatzfunktion als Spezifikum des gefährlichen Werkzeuges); Jäger JuS 2000, 31 (35) (Delikte gegen das Leben und körperliche Unversehrtheit nach dem 6. StrRG - Ein Leitfaden für Studium und Praxis).* 408
- ***Leitentscheidungen***: *BGH NStZ 2015, 584 (Gemeinschaftlich begangene Körperverletzung); BGH NStZ 2006, 506 (Kochsalzintoxikation); BGH NStZ 2002, 33 (als Verletzungserfolg genügt auch leichte Körperverletzung); BGHSt 22, 235 (Wand-Fall: Wand ist kein gefährliches Werkzeug); BGHSt 36, 1 (Soldaten-Aids-Fall: Grundsätzlich zur strafrechtlichen Aids-Problematik – Leben gefährdende Behandlung).*
- ***Übungsfälle***: *Dittert PSP 1/2012 (Klausur Strafrecht: Grundlagenmodul); Murmann JA 2011, 593 („Inspiration durch Gewaltvideos?"); Kudlich JA 2009, 185; Hartung JuS 2006, 54; Ellbogen/Stage JA 2005, 353.*

409

Gefährliche Körperverletzung, § 224 StGB

I. Tatbestandsmäßigkeit
   1. Objektiver Tatbestand
      a) Körperverletzung nach § 223 StGB
      durch/mittels
      b) Qualifikation nach § 224 StGB
         aa) Gift oder anderen gesundheitsschädl. Stoff
         bb) Waffe/gefährliches Werkzeug
         cc) hinterlistiger Überfall
         dd) gemeinschaftlich mit Beteiligten
         ee) Leben gefährdende Behandlung
   2. Subjektiver Tatbestand
      Vorsatz
II. Rechtswidrigkeit
   Insbesondere Einwilligung
   Einschränkung durch § 228 StGB (gute Sitten)
III. Schuld
IV. Besonderheiten
V. Ergebnis

Gift ist jeder (an-) organische Stoff, der unter bestimmten Bedingungen lediglich durch chemische oder chemisch-physikalische Wirkung die Gesundheit zu zerstören vermag (Sch/Sch-Stree § 224, Rn. 2b).

Andere gesundheitsschädliche Stoffe sind in Abgrenzung zum Gift solche, die auf mechanischem oder thermischem Wege wirken.

Beibringung liegt vor, wenn der Täter das Mittel derart mit dem Körper des Opfers in Verbindung gebracht hat, dass es seine gesundheitsschädigende Wirkung entfalten kann.

Waffe ist jeder Gegenstand, der nach seiner Art dazu bestimmt ist, erhebliche Verletzungen von Menschen zu verursachen (Fi § 233, Rn. 9).

Gefährliches Werkzeug ist ein Gegenstand, der nach seiner objektiven Beschaffenheit und der Art seiner Benutzung im Einzelfall geeignet ist, erhebliche Verletzungen zuzufügen (Fi § 223, Rn 9).

Gemeinschaftlichkeit liegt vor, wenn mindestens 2 Personen aktiv an der Körperverletzung mitwirken.

Leben gefährdende Behandlung ist gegeben, wenn sie objektiv zur Lebensgefahr geeignet ist, die konkrete Gefahr braucht nicht eingetreten zu sein (nach BGH, La/Ku § 224, Rn.8).

Hinterlistiger Überfall ist ein unvorhergesehener Angriff, bei dem der Täter planmäßig, unter Verdeckung der wahren Absicht, vorgeht.

410 **Überblick**

§ 224 StGB ist eine Vorsatzqualifikation zu § 223 StGB. Qualifiziert bestraft werden sollen dabei besonders gefährliche Begehungsweisen.

411 **Gifte**

Darunter fallen insbesondere Arsen, Strychnin, Zyankali, Blausäure, Salzsäure, Leuchtgas, Rauschgift sowie die Ansteckungsstoffe bei Pocken oder Syphilis.

412 **Andere gesundheitsschädliche Stoffe**

Damit sind Krankheitserreger oder Mikroorganismen und Stoffe gemeint, die in Abgrenzung zum Gift thermisch oder mechanisch wirken.[281] In Betracht kommen hier also Krankheitserreger, wie der HI-Virus, im Übrigen insbesondere zerhacktes Glas, heißer Kaffee.

Vorausgesetzt wird von der h.M., dass der zugeführte Stoff unter Berücksichtigung der konkreten Umstände des Einzelfalls erhebliche Gesundheitsschäden hervorrufen muss.[282]

Beispiel

T schüttet ein Abführmittel in O's Kaffee. Dieser hat sodann Durchfall. Mangels erheblicher Körperschäden keine Strafbarkeit nach § 224 StGB.

In Abgrenzung zum gefährlichen Werkzeug ist erforderlich, dass sich der Stoff im Inneren des Körpers auswirkt.[283]

413 **Waffen**

Waffen sind in Anlehnung an § 1 Abs. 2 Nr. 2a WaffG Gegenstände, die ihrem Wesen nach dazu bestimmt sind, die Angriffs- oder Abwehrfähigkeit von Menschen zu beseitigen oder herabzusetzen.

Beispiele

Schusswaffen, Totschläger, Stahlruten, Gummiknüppel, Pfefferspray.

414 **Gefährliche Werkzeuge**

Gefährliche Werkzeuge müssen einerseits objektiv geeignet sein, erhebliche Verletzungen zu verursachen. Andererseits muss sich ihre Gefährlichkeit auch in der konkreten Benutzung im Einzelfall widerspiegeln.

Beispiel

Wenn eine Person mit einem Stuhl weggedrückt und dabei verletzt wird, liegt nicht zwingend eine gefährliche Körperverletzung vor. Wird sie jedoch mit dem Stuhl geschlagen, ist § 224 StGB zu bejahen.

Ein Schuh am Fuß kann ein gefährliches Werkzeug sein. Dabei kommt es auf die Art des Schuhs (Springerstiefel, Arbeitsschuh) und die Trittausführung an.[284]

Wirkt sich ein gesundheitsschädlicher Stoff außerhalb des Körpers aus, ist er rechtlich in Abgrenzung zu § 224 Abs. 1 Nr. 1 StGB als gefährliches Werkzeug zu klassifizieren.

415 **Hinterlistiger Überfall**

Die Gefährlichkeit des hinterlistigen Überfalls ergibt sich aus dem planmäßigen, plötzlichen Vorgehens unter Verdeckung der wahren Absicht. Der Täter spiegelt zum Zwecke des Angriffs friedfertiges Verhalten vor, um das Opfer verletzten zu können. Dadurch hat das

281 W-Hettinger Rn. 264.
282 BGH NJW 2006, 1822.
283 So Joecks § 224, Rn. 13 und 25.
284 Vgl. BGH NStZ 2003, 663; BGH NStZ-RR 2005, 75.

Opfer keine Chance, sich gegen die Körperverletzung zu wehren. Das Merkmal ist geprägt von einer besonderen Hinterlist, sodass lediglich überraschendes Angreifen oder Ausnutzen des Schlafes nicht ausreicht.[285]

Beispiel
T spiegelt vor, Feuer für eine Zigarette haben zu wollen. Während O nach seinem Feuerzeug sucht, schlägt T zu.

T hat sich strafbar gemacht gemäß §§ 223, 224 Abs. 1 Nr. 3 StGB.

Mit einem anderen Beteiligten gemeinsam 416

Die Akteure müssen nicht zwingend Mittäter sein, es reicht jede Form der Beteiligung aus. Erforderlich ist aber das aktive Handeln vor Ort.

Beispiel
G hält O fest, T schlägt immer wieder auf ihn ein. Mangels hinreichenden Tatinteresses und hinreichender Tatplanung ist G Gehilfe, was ausreicht. T ist wegen § 224 Abs. 1 Nr. 4 StGB zu bestrafen.

Der Täter muss mit den anderen Beteiligten einverständlich zusammenwirken. Daran fehlt es, wenn sich mehrere Opfer jeweils nur einem Angreifer ausgesetzt sehen, ohne dass die Positionen getauscht werden. Denn in diesem Fall stehen dem jeweiligen Opfer die Beteiligten gerade nicht gemeinschaftlich gegenüber.[286]

Leben gefährdende Behandlung 417

Nach h.M. muss die Lebensgefahr nicht konkret eingetreten zu sein, es reicht die abstrakte Möglichkeit des Einzelfalles.[287] Dabei kommt es auf die Gefährlichkeit der Handlung, nicht auf die der eingetretenen Verletzung an.

Beispiele 418
Plastiktüte über den Kopf stülpen.[288] Werfen in eiskaltes Wasser; wuchtig geführter Kopfstoß gegen den Kopf; Hetzen eines Hundes auf einen Menschen; ungeschützter Geschlechtsverkehr einer HIV-infizierten Person mit einem unwissenden Partner[289]; starkes Würgen am Hals, nicht aber nur kurzfristiges Würgen im Rahmen eines Kampfes.

Subjektiver Tatbestand 419

Hinsichtlich des Grunddeliktes wie auch der Tatmodalitäten des § 224 StGB ist mindestens Eventualvorsatz erforderlich.

Rechtswidrigkeit 420

Siehe dazu oben, Rn. 394.

Versuch 421

Der Versuch ist gemäß § 224 Abs. 2 StGB strafbar.

Nebenklage 422

Gemäß § 395 StPO ist das Delikt nebenklagefähig.

Konkurrenzen

Idealkonkurrenz möglich mit §§ 225, 231, 226, 227, 177, 240, 249 StGB. Werden mehrere Alternativen des § 224 StGB erfüllt, stellt dies nur eine (Gesamt-) Tat dar. Bei gefährlicher Körperverletzung im Amt gilt gemäß § 340 Abs. 3 StGB der Strafrahmen von § 224 StGB

285 BGH NStZ 2005, 97.
286 BGH NStZ 2015, 584.
287 Vgl. nur BGH NStZ 2004, 618. a.A. Sch/Sch-Stree § 224, Rn. 12.
288 BGH StV 2002, 482.
289 BGHSt 36, 9.

1.3 Misshandlung von Schutzbefohlenen, § 225 StGB

423 • ***Leitentscheidungen**: BGHSt 25, 277 (Pfleger-Fall: zum Begriff der rohen Misshandlung).*

424

Misshandlung von Schutzbefohlenen, § 225 StGB

I. Tatbestandsmäßigkeit

1. Objektiver Tatbestand

a) alternativ geschützter Personenkreis:
- Minderjährige
- wegen Gebrechlichkeit/Krankheit Wehrlose

b) alternative Sorgepflichten des Täters:
- untersteht der Fürsorge/Obhut
- gehört zum Hausstand
- wurde zur Fürsorge überlassen
- untergeordnet im Rahmen Dienst-/Arbeitsverhältnis

c) alternative Tathandlungen:
- quälen
- roh misshandeln
- Gesundheitsschädigung durch böswillige Vernachlässigung der Sorgepflicht

2. Subjektiver Tatbestand

Vorsatz

3. ggf. Qualifikation gemäß § 225 Abs. 3 StGB

II. Rechtswidrigkeit

III. Schuld

IV. Besonderheiten

ggf. minder schwerer Fall gemäß § 225 Abs. 4 StGB

V. Ergebnis

Quälen bedeutet das Verursachen länger andauernder oder sich wiederholender erheblicher Schmerzen oder Leiden (BGH NStZ 2004, 94).

Rohe Misshandlung liegt vor, wenn sie aus einer gefühllosen, gegen die Leiden des Opfers gleichgültigen Gesinnung heraus erfolgt (Sch/Sch-Stree § 225, Rn. 13).

Böswillig ist die Vernachlässigung, wenn sich jemand gegen die Pflicht aus schlechter Gesinnung, aus einem verwerflichen Beweggrund wie Hass, Geiz, Eigennutz oder Sadismus auflehnt (Sch/Sch-Stree § 225, Rn. 14).

425 **Überblick**

Die Vorschrift ist ein selbstständiger Tatbestand. Sie enthält eine Vorsatzqualifizierung in § 224 Abs. 3 StGB. Erfasst ist insbesondere die Kindesmisshandlung, aber auch die Misshandlung alter Menschen. Zur merkbaren Strukturierung bieten sich die 3 wesentlichen Elemente „geschützter Personenkreis", „Sorgepflicht des Täters" und „Tathandlungen" an.

Geschützter Personenkreis 426

Geschützt sind neben Kindern und Jugendlichen auch wehrlose Menschen. Wehrlos ist eine Person, wenn sie sich gegen die Tathandlungen nicht oder nur ganz eingeschränkt wehren kann. Erfasst sind insbesondere altersbedingt gebrechliche Personen und Menschen mit Behinderungen.

Sorgepflicht des Täters 427

Der Täter muss eine besondere Verpflichtung haben, für das Tatopfer zu sorgen. Diese Verpflichtung kann sich insbesondere aus der Stellung als Eltern, Pfleger, Betreuer in der Heimerziehung oder Personal in der Altenpflege ergeben. Die Verpflichtung kann aber auch nur temporär bestehen, etwa, wenn der eigentliche Sorgepflichtige diese übertragen hat.

Tathandlungen 428

- **Quälen**
  Erforderlich sind nicht zwingend körperliche Schmerzen, seelische Misshandlungen erfüllten die Variante ebenfalls.
  Beispiel
  Verursachen von Angstzuständen durch Einsperren in dunkeln Raum.
- **Rohe Misshandlung**
  Das Merkmal ist nicht nur objektiv, sondern auch subjektiv zu bestimmen. Neben dem objektiven Element muss eine gefühllose, gleichgültige Gesinnung treten. Da sich die Gesinnung objektiv in der Tat niedergeschlagen haben muss, ist regelmäßig die Zufügung erheblicher Schmerzen oder Leiden erforderlich.
- **Böswillige Vernachlässigung der Sorgepflicht**
  Das Merkmal greift insbesondere die Verwahrlosung von Kindern durch Eltern auf, die ihre eigenen Interessen in den Vordergrund stellen.

Alle Tathandlungen können auch durch Unterlassen erfolgen.

Beispiel
Vater V misshandelt Kind K ständig. Mutter M unternimmt nichts.[290]

V ist strafbar gemäß § 225 Abs. 1 Nr. 1 StGB, M gemäß §§ 225 Abs. 1 Nr. 1, 13 StGB. Kann nicht geklärt werden, wer die Misshandlungen ausgeführt hat, kann zumindest der Vorwurf der fehlenden Intervention gemacht werden.[291]

Vorsatz 429

Eventualvorsatz ist ausreichend.

Qualifizierung gemäß § 225 Abs. 3 StGB 430

Es handelt um eine Vorsatzqualifizierung.[292] Der Vorsatz muss sich also auch auf die Gefahr des Todes, der schweren Gesundheitsbeschädigung oder der Bewirkung einer erheblichen Schädigung der körperlichen/seelischen Entwicklung beziehen. Die Tat wird dann zum Verbrechen.

Versuch 431

Versuch ist gemäß § 225 Abs. 2 StGB strafbar.

Nebenklage 432

Gemäß § 395 StPO ist das Delikt nebenklagefähig.

---

290 Vgl. dazu BGH FamRZ 2003, 450.
291 BGH NStZ 2004, 94.
292 Sch/Sch-Stree § 225, Rn. 23.

1.4 Schwere Körperverletzung, § 226 StGB

433 • ***Aufsatz-Literatur***: *Gerhold JuS 2010, 113 (Schwere Körperverletzung bei Rücktritt von einer versuchten Tötung auf Verlangen); Eisele JA 2003, 105 (Wissentliches Handeln i.S.d § 226 Abs. 2 bei Tötungsabsicht); Jäger, JuS 2000, 31 (37) (Delikte gegen das Leben und körperliche Unversehrtheit nach dem 6. Strafrechtsreformgesetz - Ein Leitfaden für Studium und Praxis).*

• ***Leitentscheidungen***: *BGHSt 24, 315 (Prothesen-Fall: zur Bestimmung der dauerenden Entstellung bei Verlust von Schneidezähnen, die durch Prothese ersetzt wurden); BGH NStZ 2001, 478 (zu Anforderungen an die Fahrlässigkeitsmerkmale).*

434 **Schwere Körperverletzung, § 226 StGB**

I. Tatbestandsmäßigkeit

1. Tatbestand des Grunddeliktes § 223 StGB
2. Verwirklichung der Erfolgsqualifikation, § 18

a) Erfolgseintritt § 226 StGB
aa) Verlust Sehvermögens auf mind. einem Auge
bb) Verlust Sprache
cc) Verlust Fortpflanzungsfähigkeit
dd) Verlust/Gebrauchsunfähigkeit wichtiges Glied
ee) Dauernde Entstellung
ff) Verfall in Siechtum, Lähmung, geistige Krankheit oder Behinderung

b) Tatbestandsspezifischer Gefahrzusammenhang zwischen Grunddelikt und schwerer Folge

c) (wenigstens) Fahrlässigkeit
aa) Objektive Sorgfaltspflichtverletzung ist durch Grunddelikt gegeben.
bb) Objektive Zurechnung
insbesondere: obj. Vorhersehbarkeit

II. Rechtswidrigkeit

III. Schuld

1. Schuldfähigkeit
2. Unrechtsbewusstsein (hier: Fahrlässigkeitsschuld)
-- subjektive Vorhersehbarkeit
3. Entschuldigungsgründe

IV. Besonderheiten

Insbesondere Strafzumessungsregeln

V. Ergebnis

Objektiv vorhersehbar ist eine Tatbestandsverwirklichung, wenn der eingetretene Erfolg nach allgemeiner Lebenserfahrung, sei es auch nicht als regelmäßige, so doch als nicht ganz ungewöhnliche Folge erwartet werden konnte (BGHSt 49, 166 (174)).

Tatbestandsspezifischer Gefahrzusammenhang ist gegeben, wenn sich die gerade dem Grundtatbestand anhaftende spezifische Gefahr in der schweren Folge niedergeschlagen hat (BGHSt 48, 34).

Subjektiv vorhersehbar ist der Erfolg, wenn der Täter individuell in der Lage gewesen ist, die drohende Rechtsgutverletzung zu erkennen.

Wichtiges Glied ist ein in sich abgeschlossener Körperteil mit Eigenaufgaben im Gesamtorganismus und wesentlicher Bedeutung für den Menschen.

Überblick 435

§ 226 Abs. 1 StGB ist ein erfolgsqualifiziertes Delikt. Das Verbrechen ist erfüllt, wenn zur vorsätzlich begangenen Körperverletzung eine mindestens fahrlässig herbeigeführte schwere Folge tritt. Wird die schwere Folge gar absichtlich oder wissentlich herbeigeführt, so ist die Strafe gemäß der Qualifikation § 226 Abs. 3 StGB verschärft auf nicht unter 3 Jahren.

Vorsätzliches Grunddelikt 436

In Betracht kommt neben der einfachen auch eine gefährliche Körperverletzung.

Beispiel
T schlägt im Verlauf einer Auseinandersetzung mit der Bierflasche auf O ein. Infolgedessen erleidet O eine Gehirnblutung. O fällt ins Koma und ist von da an schwerst behindert.

Das Grunddelikt kann auch durch vorsätzliches Unterlassen geschehen.

Beispiel
T's Hund läuft aggressiv auf den spielenden 5-jährigen O zu und beißt ihm mehrfach ins Gesicht. T sieht dies, tut aber nichts.

Die fahrlässige Körperverletzung ist kein taugliches Grunddelikt.

Schwere Folge 437

Die pönalisierten schweren Folgen sind abschließend aufgezählt:

- **Verlust des Sehvermögens auf einem Auge oder beiden Augen**
  Dies liegt vor, wenn das Sehvermögen fast gänzlich aufgehoben ist. Bei einem Restsehvermögen von 5 – 10 % ist die Variante schon zu bejahen.

- **Verlust des Gehörs**
  Erforderlich ist der Verlust des Gehörs auf beiden Ohren.

- **Verlust der Sprache**

- **Verlust der Fortpflanzungsfähigkeit**
  Erfasst ist der Verlust der Zeugungs- und der Gebärfähigkeit.

- **Verlust oder Gebrauchsunfähigkeit eines wichtigen Gliedes**
  Glied ist jeder nach außen in Erscheinung tretende Körperteil, der mit dem Körper oder einem anderen Körperteil verbunden ist und für den Gesamtorganismus eine besondere Funktion erfüllt.[293] Die Wichtigkeit bestimmt sich nach der allgemeinen Bedeutung für den Gesamtorganismus. Individuelle Wichtigkeit, etwa ein vorderes Fingerglied eines Harfespielers, ist angesichts des eindeutigen Wortlautes irrelevant. [294]

  Beispiele
  Hand, Bein, Daumen; nach RGSt 62, 162 nicht der Ringfinger; nicht: innere Organe.

  Dauernde Gebrauchsunfähigkeit liegt schon bei Versteifung vor.

293 RGSt 3, 392, a.A. Rengier, StGB BT II 15/18.
294 Vgl. schon RGSt. 64, 201.

- **Dauernde Entstellung in erheblicher Weise**
  Entstellung ist die Verunstaltung der Gesamterscheinung.
  Kann die Entstellung durch kosmetische Operationen beseitigt werden, ist § 226 StGB nicht erfüllt. [295]

- **Verfall in Siechtum, Lähmung, geistige Krankheit oder Behinderung**
  Verfallen bedeutet einen chronischen, den Gesamtorganismus erheblich beeinträchtigenden Krankheitszustand.
  Zu den geistigen Krankheiten zählen alle Psychosen, vgl. bei § 20 StGB.
  Die Behinderung muss auch eine geistige sein, da sich das Adjektiv nach Wortlaut und Systematik der Norm auf Krankheit und Behinderung bezieht. [296]

438 **Fahrlässigkeit hinsichtlich der herbeigeführten Folge**

Da die Sorgfaltspflichtwidrigkeit regelmäßig durch die Begehung des Grunddeliktes indiziert ist, meint Fahrlässigkeit hier nur, dass Vorhersehbarkeit der schweren Folge ausreicht. [297]

439 **Qualifikation nach § 226 Abs. 2 StGB**

Wird die schwere Folge absichtlich oder wissentlich herbeigeführt, so ist die Strafe gemäß der Qualifikation § 226 Abs. 3 StGB verschärft auf nicht unter 3 Jahren.

Mit Absicht (dolus directus 1. Grades) ist der starke, zielgerichtete Wille zur Tatbestandsverwirklichung gemeint. Dabei muss das angestrebte Ziel der Tatbestandsverwirklichung nicht Endziel des Täters sein. Es genügt, dass die Tatbestandsverwirklichung notwendiges Zwischenziel ist. Somit kann dies auch bei Tötungsvorsatz vorliegen, wenn die schwere Folge Durchgangsziel zur Tötung sein soll. [298]

Beispiel

T schlägt mit Tötungsvorsatz immer wieder auf O ein, lässt aber dann von ihm aus Reue ab. O erleidet irreversible Hirnschäden. T ist vom Versuch des Totschlages wirksam zurückgetreten. Er ist aber strafbar nach § 226 Abs. 1 und 2 StGB.

Wissentlichkeit (dolus directus 2. Grades; direkter Vorsatz) ist gegeben, wenn der Täter die schwere Folge als Ergebnis seiner Körperverletzungshandlung sicher vorausgesehen hat.

440 **Versuch**

Der erfolgsqualifizierte Versuch des § 226 StGB ist abzugrenzen vom Versuch der Erfolgsqualifikation.

Beispiele

Wer mit einer Machete auf einen anderen einschlägt in der Absicht, seinen Arm abzutrennen, jedoch nur eine Schramme verursacht, begeht den Versuch der Erfolgsqualifikation nach §§ 226 Abs. 2, 22, 23 StGB.

Wer mit der Machete auf einen anderen einschlägt aber verfehlt, weil das Opfer ausweicht und infolgedessen eine Treppe hinunterstürzt, begeht einen erfolgsqualifizierten Versuch der §§ 226, 22, 23 StGB, wenn der Sturz zu einer schweren geistigen Behinderung des O führt. [299]

---

295 BayObLG NStZ-RR 2004, 264.
296 So auch Hörnle, JURA 1998, 179, Fischer § 226, Rn. 13.
297 BGH NStZ 2001, 478.
298 BGH NJW 2001, 980.
299 Vgl. zum erfolgsqualifizierten Versuch Rn. 280 ff.

1.5 Körperverletzung mit Todesfolge, § 227 StGB

- ***Aufsatz-Literatur***: *Sowada JURA 2003, 552 (Gubener Hetzjagd: Versuchte Körperverletzung mit Todesfolge); Laue JuS 2003, 743 (Der erfolgsqualifiziere Versuch von § 227 StGB); Heger JA 2003, 455 (Der erfolgsqualifizierte Versuch von § 227 StGB); Fahl JA 2002, 275 (Allgemeine Darstellung).* 441
- ***Leitentscheidungen***: *BGH NStZ 2004, 201 (Schütteln eines Säuglings); BGHSt 14, 110 (Pistolenschlagfall: zum spezifischen Gefahrzusammenhang); BGHSt 31, 96 (Hochsitzfall: zum spezifischen Gefahrzusammenhang); BGHSt 48, 34 (Gubener Verfolgungsfall: zum spezifischen Gefahrzusammenhang).*
- **Übungsfälle**: *Murmann JA 2011, 593 („Inspiration durch Gewaltvideos?"); JURA 2009, 465.*

Körperverletzung mit Todesfolge, § 227 StGB

I. Tatbestandsmäßigkeit
  1. Tatbestand des Grunddeliktes
  2. Verwirklichung der Erfolgsqualifikation, § 18
     a) Erfolgseintritt § 227 StGB: Tod
     b) Tatbestandsspezifischer Gefahrzusammenhang zwischen Grunddelikt und Todeseintritt
     c) (wenigstens) Fahrlässigkeit bzgl. Tod
        aa) Objektive Sorgfaltspflichtverletzung ist durch Grunddelikt gegeben
        bb) Objektive Zurechnung insbesondere: obj. Vorhersehbarkeit
II. Rechtswidrigkeit
III. Schuld
  1. Schuldfähigkeit
  2. Unrechtsbewusstsein (hier: Fahrlässigkeitsschuld)
     -- subjektive Vorhersehbarkeit
  3. Entschuldigungsgründe
IV. Besonderheiten
  Insbesondere Strafzumessungsregeln
V. Ergebnis

Objektiv vorhersehbar ist eine Tatbestandsverwirklichung, wenn der eingetretene Erfolg nach allgemeiner Lebenserfahrung, sei es auch nicht als regelmäßige, so doch als nicht ganz ungewöhnliche Folge erwartet werden konnte (BGHSt 49, 166 (174)). 442

Tatbestandsspezifischer Gefahrzusammenhang ist gegeben, wenn sich die gerade dem Grundtatbestand anhaftende spezifische Gefahr in der schweren Folge niedergeschlagen hat (BGHSt 48, 34).

Subjektiv vorhersehbar ist der Erfolg, wenn der Täter individuell in der Lage gewesen ist, die drohende Rechtsgutverletzung zu erkennen.

Überblick 443

§ 227 StGB ist ein erfolgsqualifiziertes Delikt. Das Verbrechen ist erfüllt, wenn zur vorsätzlich begangenen Körperverletzung ein mindestens fahrlässig herbeigeführter Tod eines anderen tritt. Wenn § 227 StGB bejaht wird, sind zugleich ein Körperverletzungsdelikt und fahrlässige Tötung gegeben. § 227 StGB führt jedoch zu einer erheblichen Strafschärfung. Die Mindeststrafe beträgt 3 Jahre. Daher besteht Einigkeit, dass nicht allein eine Kombination zwischen Körperverletzungsdelikt und fahrlässiger Tötung die Strafbarkeit nach

§ 227 StGB begründen kann. Vielmehr bedarf es eines Korrektivs durch den spezifischen Gefahrzusammenhangs.

444 **Vorsätzliches Grunddelikt**

In Betracht kommen die Körperverletzungsdelikte, §§ 223 bis 226 StGB.

Das Grunddelikt kann auch durch vorsätzliches Unterlassen geschehen.

Beispiel

T's Hund läuft aggressiv auf den spielenden 5-jährigen O zu und beißt ihn zu Tode. T sieht dies, tut aber nichts.

Die fahrlässige Körperverletzung ist kein taugliches Grunddelikt.

445 **Fahrlässigkeit hinsichtlich des Todes**

Da die Sorgfaltspflichtwidrigkeit regelmäßig durch die Begehung des Grunddeliktes indiziert ist, meint Fahrlässigkeit hier lediglich Vorhersehbarkeit der Todesfolge.

446 **Tatbestandsspezifischer Gefahrzusammenhang**

Auch Unmittelbarkeitszusammenhang genannt. Nach h.M. wird zwischen dem Grunddelikt und der Todesfolge eine enge Beziehung gefordert, die über die bloße Kausalität nach der Bedingungstheorie hinausgeht.[300] Begründet wird dies mit dem deutlich erhöhten Strafrahmen des § 227 StGB. Umstritten ist, was genau darunter zu verstehen ist.

Zum Teil wird angenommenen, der Körperverletzungserfolg muss so erheblich sein, dass sich gerade die ihr anhaftende Gefahr im tödlichen Ausgang realisiert hat.[301] Abgestellt wird also nach der sogenannten Letalitätslehre auf Art und Gefährlichkeit des Körperverletzungserfolgs.

Nach der h.M. werden dagegen ausweitend nicht nur der konkrete Verletzungserfolg, sondern auch gefährliche Körperverletzungshandlungen als ausreichend angesehen, um den Gefahrzusammenhang zu begründen.

Beispiel

Dem Ohrfeigen einer Person an einer stark befahrenen Straße wohnt die Gefahr inne, dass diese fällt und von einem Pkw erfasst wird. Stirbt die Person dadurch, ist aufgrund des tatbestandsspezifischen Gefahrzusammenhangs nach h.M. eine Strafbarkeit gemäß § 227 StGB zu bejahen. Die Gegenmeinung stellt auf den direkten, angestrebten Körperverletzungserfolg ab und kommt hier zu einer Verneinung der Strafbarkeit.

447 **Versuch**

Erfolgsqualifizierter Versuch möglich, siehe Teil 2 Rn. 280.

448 **Konkurrenzen**

§ 222 StGB tritt hinter § 227 StGB zurück. Wird die Todesfolge vorsätzlich herbeigeführt, verdrängen §§ 212, 211 StGB den § 227 StGB. In Fallbearbeitung ist dies mit einem Satz zu erwähnen.

§ 227 StGB tritt auch hinter § 251 StGB zurück, jedoch nicht, wenn § 251 StGB nur bis ins Versuchsstadium gelangt ist. Körperverletzung mit Todesfolge im Amte ist gemäß § 340 Abs. 3 StGB möglich, dann gilt der Strafrahmen des § 227 StGB.

---

300 Instruktiv: BGHSt 31, 96 (Hochsitzfall).

301 Roth JuS 1999, 142 m.w.N.

1.6 Beteiligung an einer Schlägerei, § 231 StGB

- ***Aufsatz-Literatur***: *Eisele JR 2001, 270 (Bedeutung des § 231 Abs. 2 StGB nach dem 6. StrRG); Jäger, JuS 2000, 31 (38) (Delikte gegen das Leben und körperliche Unversehrtheit nach dem 6. Strafrechtsreformgesetz); Zopfs JURA 1999, 172 (Die „schwere Folge" bei der Schlägerei).* 449
- ***Leitentscheidungen***: *BGHSt 15, 369 (Raufhandel-Fall: zum Beteiligtenbegriff).*

Beteiligung an einer Schlägerei, § 231 StGB

I. Tatbestandsmäßigkeit
  1. Objektiver Tatbestand
    a) Schlägerei
      oder
      Angriff mehrerer
    b) Beteiligung daran
  2. Subjektiver Tatbestand
    Vorsatz
  3. Objektive Bedingung der Strafbarkeit
    Tod oder schwere Körperverletzung durch Schlägerei
II. Rechtswidrigkeit
III. Schuld
IV. Besonderheiten
  Strafausschlussgrund § 231 Abs. 2 StGB
V. Ergebnis

Schlägerei ist der in gegenseitige Tätlichkeiten ausartende Streit zwischen mehr als zwei Personen. 450

Angriff mehrerer ist die in feindseliger Absicht gegen den Körper des Opfers gerichtet Einwirkung von mindestens zwei Personen (BGHSt 31, 126).

Beteiligt i.S.v. § 231 StGB ist jeder, der am Tatort anwesend ist und in feindseliger Weise an den Tätlichkeiten teilnimmt (Fi. § 231, Rn. 8).

Überblick 451

§ 231 StGB ist ein abstraktes Gefährdungsdelikt.[302] Bestraft werden soll damit die erhöhte Gefahr durch Beteiligung mehrerer. Durch das Delikt soll aber auch den erheblichen Beweisschwierigkeiten bei komplexen Tatgeschehen begegnet werden. Daher wird jeder Beteiligte, unabhängig vom konkreten Tatbeitrag, wegen § 231 StGB bestraft. Der Vorsatz braucht sich nicht auf den Eintritt der schweren Folge zu beziehen, sie ist daher eine „objektive Bedingung der Strafbarkeit".

Schlägerei 452

Erforderlich ist die aktive Teilnahme von mindestens 3 Personen. Dabei reichen anfeuernde Zurufe. Schlägerei umfasst nicht nur das Schlagen zwischen den Personen, sondern alle Formen der körperlichen Auseinandersetzung.

302 Vgl. dazu BGHSt 39, 305.

Beispiele
Gegenseitig mit Steinen bewerfen, Messerstecherei, Schießerei.

453 **Angriff mehrerer**

In Abgrenzung zur Schlägerei handelt es sich hierbei nicht um eine wechselseitige Auseinandersetzung. Nach dem Wortlaut der Norm müssen mindestens 2 Personen angreifen.

454 **Beteiligter**

Jeder, der aktiv mitmacht, ist beteiligt. Die aktive Handlung kann auch in einem bloßen Anfeuern oder im Anreichen von Schlagmaterial liegen.

455 **Subjektiver Tatbestand**

Eventualvorsatz muss sich auf den objektiven Tatbestand, jedoch nicht auf die schwere Körperverletzung oder Tod eines Dritten beziehen.

456 **Objektive Bedingung der Strafbarkeit**

Im Rahmen der Auseinandersetzung muss der Tod oder die schwere Körperverletzung eines anderen eintreten. Die Herbeiführung der schweren Folge kann auch im Rahmen einer Notwehrhandlung gerechtfertigt sein, auf die Strafbarkeit nach § 231 StGB hat dies keinen Einfluss.[303]

Beispiel
Im Rahmen einer Wirtshausschlägerei greift A den T mit einem Messer an. T wehrt den lebensgefährlichen Angriff mit einem gekonnten Schlag ab, wodurch A tödlich verletzt wird. T ist hinsichtlich der Abwehr gemäß § 32 StGB gerechtfertigt. Er hat sich jedoch – wie die anderen Beteiligten an der Schlägerei – nach § 231 StGB strafbar gemacht.

Unerheblich ist, bei wem die schwere Folge eintritt.

Ob die schwere Folge während, vor oder nach dem Hinzutreten des Täters eingetreten ist, ist ebenso unbeachtlich. Der Strafzweck, der Beweisschwierigkeit entgegenzutreten, gebietet nach h.M., unabhängig vom eigenen Tatbeitrag, diese weit reichende Strafbarkeit.[304]

457 **Rechtswidrigkeit**

Die Tat kann insbesondere durch Einwilligung gerechtfertigt sein. Gegen einzelne Verletzungshandlungen im Rahmen der Auseinandersetzung ist Notwehr möglich. § 231 StGB kann hingegen nicht durch Notwehr gerechtfertigt sein.

458 **Schuld**

Gemäß § 231 Abs. 2 StGB ist nicht strafbar, wer an der Schlägerei oder dem Angriff beteiligt war, ohne dass ihm das vorzuwerfen ist. Vorwerfbar ist die Beteiligung, wenn der Täter sich im Bewusstsein der tätlichen Auseinandersetzung in sie hat hineinziehen lassen.[305]

459 **Konkurrenzen**

Idealkonkurrenz liegt vor mit §§ 211 ff. und §§ 223 ff. StGB, wenn im Einzelfall entsprechender Nachweis geführt werden kann.

Nur eine Tat liegt vor, wenn sich der Täter für kurze Zeit aus dem Kampfgeschehen entfernt, um dann zurückzukommen. Im Übrigen ist es Tatfrage, ob es sich um eine oder mehrere Schlägereien handelt.

303 BGHSt 39, 305.
304 BGHSt 14, 132.
305 Sch/Sch-Stree § 231, Rn. 11.

1.7 Körperverletzung im Amt, § 340 StGB

- ***Aufsatz-Literatur***: *Ellbogen/Saerbeck Kriminalistik 2010, 419 (Rechtliche Probleme der Bauchlagenfesselung); Nimtz DPolBl 2/2010, 10 (Polizeibeamte als Täter); Duttges JURA 2006, 15; Jäger, JuS 2000, 31 (38) (Delikte gegen das Leben und körperliche Unversehrtheit nach dem 6. Strafrechtsreformgesetz).* 460

Körperverletzung im Amt, § 340 StGB

I. Tatbestandsmäßigkeit
   1. Objektiver Tatbestand
      a) Körperverletzung nach §§ 223-229 StGB
      durch/mittels
      b) Amtsträger
      c) begangen (begehen lassen)
         während der Dienstausübung
         oder
         in Beziehung auf seinen Dienst
   2. Subjektiver Tatbestand
      Vorsatz
II. Rechtswidrigkeit
III. Schuld
IV. Besonderheiten
V. Ergebnis

Begehen liegt vor, wenn der Amtsträger die Körperverletzung als Täter oder Mittäter verwirklicht. 461

Überblick 462

Die Vorschrift qualifiziert die Körperverletzungsdelikte. Sie ist ein unechtes Amtsdelikt, da nur Amtsträger taugliche Täter sind und die Körperverletzung als Grunddelikt für jedermann strafbar ist.

Geschützes Rechtsgut ist das Ansehen des Staates als Rechtsstaat.

Grunddelikt 463

§ 223 StGB nebst aller (Erfolgs-) Qualifikationen bildet das Grunddelikt. Daher können Grunddelikte auch §§ 224-229 StGB sein. In Betracht kommt also auch eine fahrlässige Körperverletzung im Amt. Für die Bestrafung gelten jedoch die Strafrahmen der Qualifizierungen, unabhängig davon, ob diese höher oder geringer sind als bei § 340 StGB.

> **Beispiel**
> Polizeikommissar P schlägt ungerechtfertigt im Dienst auf den Obdachlosen O derart ein, dass dieser auf einem Auge erblindet. P ist strafbar gemäß §§ 226, 340 StGB. Er wird wegen schwerer Körperverletzung im Amt im Strafrahmen des § 226 StGB (von 1 Jahr bis zu 10 Jahren) bestraft.

464 **Amtsträger**

Nach der Legaldefinition § 11 Abs. 1 Nr. 2 StGB sind Amtsträger insbesondere Beamte und Richter, aber auch Personen, die in einem sonstigen öffentlich-rechtlichen Amtsverhältnis stehen. Schließlich auch solche Personen, die sonst dazu bestellt sind, bei einer Behörde oder bei einer sonstigen Stelle oder in deren Auftrag Aufgaben der öffentlichen Verwaltung wahrzunehmen.

Die Amtsträgereigenschaft ist besonderes persönliches Merkmal, sodass für Teilnehmer § 28 Abs. 2 StGB Anwendung findet.

> **Beispiel**
> Nicht-Amtsträger N ärgert sich schon lange über die Obdachlosen, die sich jeden Abend vor seinem Haus treffen. Er stiftet seinen Nachbarn, Polizeikommissar P an, den Obdachlosen O bei nächster Gelegenheit im Rahmen seines Dienstes zu verprügeln. So geschieht es.

P ist strafbar gemäß §§ 223, 340 StGB. N ist aufgrund § 28 Abs. 2 StGB nur wegen §§ 223, 26 StGB zu bestrafen.

465 **Begehen während der Dienstausübung**

Die Körperverletzung muss in einem zeitlichen und sachlichen Zusammenhang mit der Dienstausübung geschehen. Eine Begehung nur bei Gelegenheit der Dienstausübung reicht für eine Strafbarkeit nach § 340 StGB nicht.

> **Beispiel**
> Zwei Polizeikommissare streiten sich handfest in einer Pause auf der Wache. In Betracht kommt lediglich eine Strafbarkeit nach § 223 StGB.

Erfasst ist die Begehung als Täter oder Mittäter.

466 **Begehen lassen**

Unter diese Tatalternative fallen die Begehungen als mittelbarer Täter, Anstifter oder Gehilfe.

467 **Vorsatz**

Eventualvorsatz ist ausreichend.

468 **Rechtswidrigkeit**

Die Tat kann u.a. durch Notwehr, aber insbesondere durch polizeiliche Eingriffsbefugnisse gerechtfertigt sein.

469 **Versuch**

Gemäß § 340 Abs. 2 StGB ist der Versuch strafbar.

470 **Strafantrag**

Da § 340 Abs. 3 StGB nicht auf 230 StGB verweist, ist ein Strafantrag zur Verfolgung nicht erforderlich.

1.8 Klausur- und Praxishinweise: Körperverletzungsdelikte

§§ 223, 224 StGB 471

Bei erheblichen Körperverletzungen ist immer Tötungsvorsatz zu erwägen.

In der Praxis ist darauf zu achten, dass das Züchtigungsrecht nicht mehr gesetzlich anerkannt ist. Etwaige Verstöße sind immer zur Anzeige zu bringen. In diesen Fällen auch präventive polizeirechtliche Maßnahmen in Erwägung ziehen.

Ist die Körperverletzung unproblematisch gegeben, so ist dies entsprechend kurz in Falllösungen darzustellen.

Erfüllt der Täter bei § 224 StGB mehrere Varianten, sind in Falllösungen alle Varianten zu prüfen.

§§ 226, 227 StGB 472

Problematisch ist hier insbesondere die Zurechenbarkeit der schweren Folgen. Besonders ist auch der tatbestandsspezifische Gefahrzusammenhang zu beachten.

Lernkontrolle „Körperverletzungsdelikte“

1	Nennen Sie die Qualifikationen zu § 223 StGB.
2	Unter welchen Voraussetzungen wird ein besonderes öffentliches Interesse an der Verfolgung einer Körperverletzung anzunehmen sein?
3	Erläutern Sie die Regelung des § 228 StGB.
4	Definieren Sie „gefährliches Werkzeug“ und „hinterlistiger Überfall“ i.S.v. § 224 Abs. 1 Nr. 2, 3 StGB.
5	Nennen Sie den geschützten Personenkreis und die Tathandlungen des § 225 StGB.
6	Erläutern Sie die Deliktsstruktur des § 226 StGB.
7	Was versteht man unter dem „tatbestandsspezifischen Gefahrzusammenhang“ bei § 227 StGB?
8	Was ist objektive Bedingung der Strafbarkeit bei § 231 StGB?
9	Bilden Sie 1 Fallbeispiel für eine versuchte Körperverletzung mit Todesfolge.
10	Notieren Sie den Deliktsaufbau einer fahrlässigen Körperverletzung im Amt anhand eines Beispiels.

2 Tötungsdelikte

- ***Aufsatz-Literatur***: *Duttge NJW 2016, 120 (Strafrechtlich reguliertes Sterben); Kubik/Zimmermann StV 2013, 582 (Mord und/oder Totschlag?); Ladiges JuS 2011, 879 (Erlaubte Tötungen); StV 2007, 598 (Herausforderungen des „Kannibalen-Prozesses"); Kraatz JURA 2006, 613 (Systematik der Tötungsdelikte, ihre und Auswirkung auf Akzessorietät der Teilnahme); Herzberg JURA 2004, 670 (Eigenverantwortliche Selbsttötung und strafbare Mitverursachung); Engländer JA 2004, 410 (Die Teilnahme an Mord und Totschlag); Jäger JuS 2000, 31 (Die Delikte gegen das Leben und die körperliche Unversehrtheit).* 473
- ***Leitentscheidungen***: *Steinberg/Stam NStZ 2011, 177 (Der Tötungsvorsatz in der Revision des BGH); BGHSt 1, 368 (Verhältnis Totschlag zum Mord); BGH NStZ 1995, 80 (Behandlungsabbruch – Sterbehilfe); BGH NStZ 2010, 630 (Sterbehilfe durch Behandlungsabbruch).*
- ***Übungsfälle***: *Heimann/Prisille JA 2002, 305.*

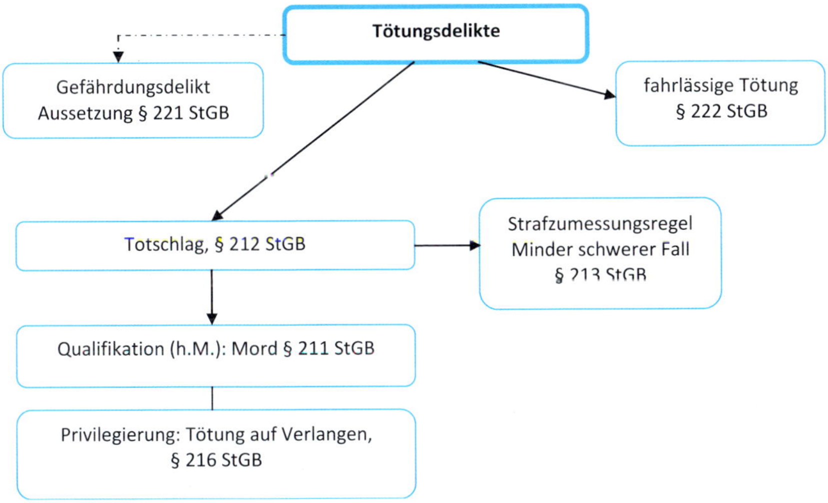

Überblick 474

§ 212 StGB ist das Grunddelikt vorsätzlicher Tötungen. Nach h.L. ist § 211 StGB eine Qualifizierung, § 216 StGB eine Privilegierung. § 213 StGB ist kein eigener Straftatbestand, sondern lediglich eine Strafzumessungsvorschrift zu § 212 StGB.

Nach Ansicht der Rechtsprechung ist § 211 StGB keine Qualifikation, sondern ein eigenständiger Straftatbestand. Begründet wird dies insbesondere mit der Stellung des Mordtatbestandes im Gesetz (vor Totschlag) und mit den Begrifflichkeiten „Mörder" und „Totschläger". Die unterschiedliche systematische Einordnung ist in erster Linie relevant bei der Beteiligung am Mord. Denn die Rechtsprechung wendet bei subjektiven (täterbezogenen) Mordmerkmalen § 28 Abs. 1 StGB, die h.L. § 28 Abs. 2 StGB an.

Polizeiliche Kriminalstatistik 475

Nach der Polizeilichen Kriminalstatistik 2014 umfassten die Straftaten gegen das Leben, wie auch in den Vorjahren, unter 0,1 % der Gesamtkriminalität.[306] Die Aufklärungsquote[307] bei Mord betrug 2014 95,3 % und bei Totschlag betrug 97,0 %. BKA, PKS 2014 Jahrbuch, S. 154. 2012 nur noch 95,9 %.[308] Dies entspricht in etwa den Werten der Vorjahre.

306 BKA, PKS 2014 Jahrbuch, S. 154.
307 Zum Aussagewert der polizeilichen Aufklärungsquote Feltes Kriminalistik 2009, 36.
308 BKA, PKS 2014 Jahrbuch, S. 154.

2.1 Totschlag, §§ 212, 213 StGB

476 • ***Aufsatz-Literatur***: *Kühl JA 2009, 321 (Der objektive Tatbestand des Totschlages).*

• ***Leitentscheidungen***: *BGHSt 1, 368 (Verhältnis Totschlag zum Mord); BGH NStZ 1995, 80 (Behandlungsabbruch – Sterbehilfe).*

• ***Übungsfälle***: *Ellbogen/Stage JA 2005, 353; Ellbogen JuS 2002, 151.*

477 **Totschlag §§ 212, 213 StGB**

I. Tatbestandsmäßigkeit

1. Objektiver Tatbestand

   Töten eines anderen Menschen

2. Subjektiver Tatbestand

   Vorsatz

II. Rechtswidrigkeit

III. Schuld

IV. Besonderheiten

1. ggf. § 212 Abs. 2 StGB: Besonders schwerer Fall
2. ggf. § 213 StGB: Minder schwerer Fall

V. Ergebnis

Misshandlung und schwere Beleidigung:

In Betracht kommen nur **Misshandlungen** von einigem Gewicht, die Schwere der **Beleidigung** ist objektiv zu bestimmen.

Auf der Stelle bedeutet, dass der Zorn bei Tatausführung noch angehalten hat; nicht erforderlich ist die Spontantat.

Ohne Schuld bedeutet, dass der Täter keine genügende Veranlassung zu Misshandlungen/ Beleidigungen gegeben hat.

478 **Überblick**

Die Vorschrift bildet nach h.L. das Grunddelikt der vorsätzlichen Tötungsdelikte. § 211 StGB stellt dagegen die Qualifikation, § 216 StGB die Privilegierung dar. Nach anderer Ansicht stehen die Delikte selbstständig nebeneinander.

Aufgrund dieser Systematik muss das Merkmal „ohne Mörder zu sein" bei der Prüfung des § 212 StGB nicht negativ abgegrenzt werden.

479 **Töten eines Menschen**

Das vorwerfbare Verhalten kann sowohl aktiv als auch passiv erfolgen. Im letzteren Fall muss eine Garantenstellung hinzukommen. Nur die Tötung eines anderen Menschen ist mit Strafe bedroht, sodass der Suizid (-versuch) straflos ist. Mangels Haupttat ist auch die Teilnahme am Suizid (-versuch) straflos.

480 **Vorsatz**

Eventualvorsatz ist ausreichend. Problematisch ist die Abgrenzung zur (bewussten) Fahrlässigkeit. Nach der Rechtsprechung kann von der äußerlich erkennbaren objektiv gefährlichen Handlung des Täters auf den Eventualvorsatz geschlossen werden.[309] Wegen der höheren Hemmschwelle zur Tötung ist jedoch eine Gesamtwürdigung aller objektiven und subjektiven Umstände vorzunehmen, ob diese Hemmschwelle überschritten wurde.

309 Vgl. BGH NJW 2006, 386 (387).

Beispiel
T stößt O im Streit eine U-Bahn-Treppe hinab. O überschlägt sich mehrfach im Fall und bleibt schließlich auf einer Zwischenebene liegen. Er verstirbt infolge eines Schädelbasisbruchs.

Maßgeblich für die Bejahung des Tötungsvorsatzes sind hier insbesondere Örtlichkeit, Art der Treppe, Stärke des Stoßes, Streitverlauf, Äußerungen von Täter und Opfer vor und unmittelbar nach der Tat, psychische Verfassung des Täters, Kenntnisstand des Täters.

Minder schwerer Fall 481

§ 213 StGB regelt die Strafzumessung. Die Vorschrift ist nur bei Totschlag, nicht bei Mord anwendbar.

Dabei sind 2 Fälle zu unterscheiden: zum einen die Provokationstötung (Tötung im Affekt) und zum anderen ein sonstiger minder schwerer Fall.

Der Affekt bei § 213 Var. 1 StGB muss nicht die Stärke haben, die eine verminderte Schuldfähigkeit begründen kann. Daher sind beide Vorschriften nebeneinander anwendbar. [310]

Die Gesamtwürdigung von Täter und Tat kann einen sonstigen minder schweren Fall begründen.

Beispiel
Tötung eines Kindes durch die Mutter unmittelbar nach der Geburt.

Konkurrenzen 482

Körperverletzungsdelikte treten subsidiär hinter vollendeter Tötung zurück. Gleiches gilt für den Versuch der Körperverletzungsdelikte bei versuchter Tötung. Dagegen wird eine bereits vollendete Körperverletzung im Sinne der §§ 223 ff. StGB durch eine nur versuchte Tötung nicht verdrängt, es besteht Idealkonkurrenz. [311]

---

310 BGH NStZ 2001, 477.
311 BGHSt 44, 196.

2.2 Mord, §§ 211, 212 StGB

483 • ***Aufsatz-Literatur***: *Bartsch StV 2015, 718 (Zur Folgerung von niedrigen Beweggründen aus einer besonders brutalen Tatausführung); Hofmann NStZ 2011, 66 (Heimtückemord nach vorausgegangener einverständlicher Schlägerei?); Kühl JuS 2010, 1041 (Die sonstigen niedrigen Beweggründe des § 211 II StGB); Grünewald NStZ 2010, 1 (Tötungen aus Gründen der Ehre); Reichenbach NStZ 2009, 120 (Vollstreckungslösung und lebenslange Freiheitsstrafe bei Mord); Reichenbach JURA 2009, 176 (Rechtsfolgelösung des BGH); Köhne JURA 2009, 100 und 265; 2008, 805 (Mordmerkmale); Geppert JURA 2007 (Begriff der heimtückischen Tötung); Kreuzer StV 2007, 598 (Herausforderungen des „Kannibalen-Prozesses"); Küper JZ 2006, 1157 (Im Dickicht der Beteiligung an Mord und Totschlag); Geppert JURA 2004, 242 (Begriff der Verdeckungsabsicht); Otto Jura 2003, 612 (Neue Entwicklungen im Bereich der Tötungsdelikte); Grunst Jura 2002, 252 (Irrtumsprobleme bei den Mordmerkmalen) Küper JuS 2000, 740 („Heimtücke" als Mordmerkmal – Probleme und Strukturen).*

• ***Leitentscheidungen***: *BGHSt- GS 9, 385 (feindselige Willensrichtung bei Heimtücke); BVerfGE 45, 187 (lebenslange Freiheitsstrafe); BGHSt 1, 368 (Verhältnis Totschlag zum Mord); BGHSt-GS 30, 105 (Rechtsfolgelösung); BGHSt 39, 159 (Zusammenhang zwischen bedingtem Tötungsvorsatz und Ermöglichungsabsicht); BGH NStZ 2003, 425 (zu Heimtücke bei Erpressungsfällen).*

• ***Übungsfälle***: *Brunhöber JuS 2011, 229 (Anfängerklausur-Strafrecht: Mordmerkmale und Unterlassungsstrafbarkeit – Das schreiende Baby); Hofmann Kriminalistik 2011, 63 und 125 (Tödliche Abwehr einer Unterhaltsforderung); Cornelius JA 2009, 425; JURA 2000, 592.*

484 **Mord, § 211 StGB**

I. Tatbestandsmäßigkeit
   1. Objektiver Tatbestand
      a) Töten eines anderen Menschen
      b) ggf. objektive Mordmerkmale
         heimtückisch
         oder
         grausam
         oder
         mit gemeingefährlichen Mitteln
   2. Subjektiver Tatbestand
      a) allgmeiner Vorsatz
      b) ggf. subjektiver Mordmerkmale
         Mordlust
         oder
         Befriedigung des Geschlechtstriebs
         oder
         sonstiger niedriger Beweggrund
         oder
         Verdeckungsabsicht
         oder Ermöglichungsabsicht

II. Rechtswidrigkeit

III. Schuld

IV. Besonderheiten

V. Ergebnis

Heimtückisch handelt, wer die Arg- und Wehrlosigkeit des Opfers in feindlicher Willensrichtung bewusst ausnutzt (nach BGH).

Befriedigung des Geschlechtstriebes liegt vor, wenn geschlechtliche Befriedigung in der Tötung gesucht wird oder wenn die Tötung dazu dient, sich an der Leiche zu befriedigen.

Mordlust liegt vor, wenn der Tötungsvorgang an sich den alleinigen Tötungsantrieb bildet.

Habgier bedeutet ein über die Gewinnsucht hinaus gesteigertes abstoßendes Gewinnstreben um jeden Preis.

Grausam handelt, wer seinem Opfer in gefühlloser, unbarmherziger Gesinnung Schmerzen oder Qualen körperlicher oder seelischer Art zufügt, die nach Stärke und Dauer über das für die Tötung erforderliche Maß hinausgehen.

Sonstiger niedriger Beweggrund ist ein solcher, der als Motiv nach allgemeiner sittlicher Anschauung verachtenswert ist und auf tiefster Stufe steht.

Überblick 485

Die Vorschrift bildet nach h.L. die Qualifikation zum Grunddelikt § 212 StGB. Nach anderer Ansicht stehen die Delikte selbstständig nebeneinander.[312] Diese Diskrepanz hat Auswirkungen nur auf die Beteiligung, vergleiche dazu Teil 2 Beteiligung.

Lediglich eines der qualifizierenden Merkmale muss erfüllt sein. Ist das der Fall, so ist gemäß § 211 Abs. 1 StGB immer die höchste Strafe – lebenslange Freiheitsstrafe – zu verhängen. Nach dem Bundesverfassungsgericht ist die Vorschrift verfassungsgemäß, wobei die Mordmerkmale – insbesondere Heimtücke und Verdeckungsabsicht – wegen der absoluten Strafandrohung jedoch restriktiv auszulegen sind. Es müsse dem Richter im Einzelfall die Möglichkeit verbleiben, eine dem Grundsatz schuldangemessenen Strafens entsprechende Rechtsfolge zu verhängen. Es hat allerdings offengelassen, auf welchem Wege die verfassungsrechtlich gebotene Einzelfallgerechtigkeit herzustellen ist.[313]

Nach der Grundsatzentscheidung des Bundesgerichtshofes kann diese Restriktion contra legem auf der Rechtsfolgenseite erfolgen, sogenannte Rechtsfolgenlösung.[314] Demnach ist bei Vorliegen von außergewöhnlichen Umständen, die im konkreten Mordfall eine Verhängung der lebenslangen Freiheitsstrafe als unverhältnismäßig erscheinen lassen, eine zeitige Freiheitsstrafe zu verhängen. Als ultima ratio findet dann § 49 Abs. 1 Nr. 1 StGB Anwendung, der eine Strafrahmenverschiebung zulässt. Diese Regelung wird zutreffend als verfassungswidrig angesehen, da sie mit dem Gesetz nicht vereinbar ist und auch keine zulässige richterliche Rechtsschöpfung darstellt.[315]

Im Ergebnis ist das verfassungsmäßig gebotene schuldangemessene Strafen durch restriktive Auslegung der einzelnen Mordmerkmale angezeigt.

Die Mordmerkmale werden in 3 Gruppen eingeteilt:

- **1. Gruppe**: subjektive Mordmerkmale Mordlust, Befriedigung des Geschlechtstriebs, Habgier
- **2. Gruppe**: subjektive Mordmerkmale Heimtücke, grausam, gemeingefährliche Mittel
- **3. Gruppe**: subjektive Merkmale Ermöglichungs- und Verdeckungsabsicht

Besondere persönliche Merkmale 486

Die subjektiven Mordmerkmale (1. und 3. Gruppe) sind besondere persönliche Merkmale im Sinne von § 28 StGB. Geht man – wie hier – davon aus, dass § 211 StGB ein Qualifikationstatbestand ist, kommt es bei Beteiligten am Mord ggf. zur Tatbestandsverschiebungen gemäß § 28 Abs. 2 StGB, soweit es sich um tatbezogene Merkmale handelt. Vgl. dazu im Einzelnen Rn. 266.

312 StRspr. BGH vgl. BGH NJW 2005, 1876 (1877); aber neuerdings offengelassen, BGH NJW 2006, 1012.
313 BVerfGE 45, 187 (zur lebenslangen Freiheitsstrafe); Schneider NStZ 2003, 428.
314 BGHSt-GS 30, 105.
315 So Schmidt/Priebe BT I, Rn. 51.

487 **Töten eines Menschen**

Das vorwerfbare Verhalten kann sowohl aktiv als auch passiv erfolgen. Im letzteren Fall muss eine Garantenstellung hinzukommen, vgl. Rn. 232 ff., Unterlassung.

488 **Heimtücke**

Das objektive Mordmerkmal Heimtücke ist durch die Ausnutzung der Arg- und Wehrlosigkeit geprägt.[316] Es wird damit die besonders niederträchtige Begehungsweise qualifiziert, die dem Opfer jegliche Verteidigungsmöglichkeit nimmt.

Nach BVerfGE 45, 187 ist insbesondere das Heimtücke-Merkmal restriktiv auszulegen, um sicherzustellen, dass der Täter nicht mit einer unverhältnismäßig hohen Freiheitsstrafe belegt wird.

Die Wehrlosigkeit muss Folge der Arglosigkeit sein. Dies ist nicht schon bei jedem konstitutionell schwachen Opfer der Fall. Vielmehr muss eine Kausalbeziehung zwischen Arg- und Wehrlosigkeit bestehen.

Arglos ist, wer sich zur Tatzeit keines Angriffs versieht, also die Vorstellung hat, vor einem Angriff sicher zu sein.[317]

Die Arglosigkeit wird grundsätzlich in psychologisierter Betrachtungsweise ermittelt. Es kommt also auf die psychische Einstellung des Opfers an. Bei Schweigegelderpressung und ähnlich gelagerten Fällen will der BGH dies durch eine normative Betrachtung ergänzen: Der Erpresser sei in einer von ihm gesuchten Konfrontation mit dem Erpressten gegenüber einem wehrenden Gegenangriff des Erpressten regelmäßig nicht arglos, wenn er in dessen Angesicht im Begriff ist, seine Tat zu vollenden und zu beenden und damit den endgültigen Rechtsgutverlust auf Seiten des Erpressten zu bewirkten.[318]

Beispiel

T erpresst O wegen dessen Handels mit Raubkopien. Am Tattag sucht er ihn auf und fordert erneut die Zahlung von 5 000 €. O übergibt das Geld, völlig überraschend für M tritt O hinter M (der die Hände in seinen Hosentaschen hatte), reißt blitzschnell M's Kopf zurück und schneidet ihm die Kehle durch.

O's Handeln ist durch Notwehr gerechtfertigt. Das Mordmerkmal Heimtücke ist im Gleichklang mit dem Notwehrrecht und ergänzend normativ auszulegen, sodass es hier zu verneinen ist.

Auch Schlafende sind arglos, wenn sie die Arglosigkeit „mit in den Schlaf" genommen haben. An der Arglosigkeit fehlt es, wenn das Opfer durch vorausgehende Konfrontation, tätliche Angriffe oder Misshandlungen durch den Täter in der konkreten Tatsituation mit ernsthaften Angriffen auf seine körperliche Unversehrtheit tatsächlich rechnet.[319]

Subjektiv wird ein bewusstes Ausnutzen der Arg- und Wehrlosigkeit gefordert.[320] Der Täter muss nicht nur in Kenntnis der Lage handeln, sondern diesen Umstand ausdrücklich zur Tat nutzen.

Aufgrund der Weite der bisherigen Auslegungskriterien ist das Erfordernis zusätzlicher Einschränkung anerkannt. Streitig ist die Art der Restriktion:

316 BGHSt 2, 251.
317 BGH StV 1998, 544.
318 BGH NStZ 2003, 425.
319 BGHSt 11, 141.
320 BGH NStZ 2006, 503.

→ Die Rechtsprechung fordert zusätzlich ein Handeln in feindlicher Willensrichtung.[321] Der Täter handelt nicht in dieser Absicht, wenn er „zum vermeintlich Besten des Opfers" tötet, sogenannte „Mitleidstötungen".

Beispiel
Krankenschwester K tötet wiederholt alte, schwerstkranke Patienten, um ihnen weiteres Leid zu ersparen, indem sie ihnen Luft injiziert.

→ Dagegen fordern einige Autoren ein Handeln mit „besonders verwerflichem Vertrauensbruch"[322]. Dies überzeugt nicht wegen deutlicher Unbestimmtheit und zu starker Restriktion. Denn der Fall des Tötens aus dem Hinterhalt (Meuchelmord) wird somit vom Anwendungsbereich des § 211 StGB ausgeschlossen.

→ Andere Autoren fordern eine generelle Typenkorrektur: Aus der Tat müsse zur Bejahung des Mordmerkmals die besondere verwerfliche Gesinnung deutlich werden.[323] Bei Vorliegen des Mordmerkmals kann ausnahmsweise die besondere Verwerflichkeit auch entfallen.[324] Dies ist ebenfalls zu konturlos und mit dem Wortlaut nicht vereinbar.

Beispiel
Formulierung bei Heimtücke (ausführlich): Frau erschlägt den schlafenden Ehemann, den „Haustyrannen", die Ehe ist schon seit Langem zerrüttet.

E könnte sich, indem sie ihren Ehemann mit der Bronzestatue erschlug, gemäß §§ 212 Abs. 1, 211 Abs. 2, 5. Alt. StGB wegen Mordes strafbar gemacht haben.

Der Tod des M ist eingetreten, mithin der objektive Tatbestand des § 212 Abs. 1 StGB ist erfüllt.

Fraglich ist, ob M auch heimtückisch handelte, indem sie ihren schlafenden Ehemann erschlug. Heimtückisch handelt, wer die Arg- und Wehrlosigkeit des Opfers bewusst zur Tötung ausnutzt. Arglos ist, wer sich keines Angriffs versieht. Wehrlos ist, wer aufgrund der Arglosigkeit in seiner Verteidigungsbereitschaft eingeschränkt ist. Umstritten ist indes, welche Anforderungen darüber hinaus an den Heimtückebegriff des § 211 Abs. 2 StGB zu stellen sind. Einerseits könnte man lediglich auf die Ausnutzung der Arg- und Wehrlosigkeit in verwerflicher Willensrichtung abstellen, andererseits könnte man, um dem Restriktionserfordernis des Bundesverfassungsgerichtes gerecht zu werden, einschränkend noch einen besonderen Vertrauensbruch fordern.

Untersucht man E's Handeln vor diesem Hintergrund, so hätte sie im zuerst genannten Fall heimtückisch gehandelt, da M aufgrund des Schlafes arglos, infolgedessen auch wehrlos war. Andererseits käme es nach dem zuletzt genannten Fall darauf an, ob zwischen den Eheleuten eine Vertrauensbasis bestand. Dies kann zwischen Eheleuten grundsätzlich bejaht werden, muss hier jedoch kritischer betrachtet werden. Denn schließlich war die Ehe seit Langem zerrüttet, M führte sich als Haustyrann auf, der die E zudem regelmäßig geschlagen hat. In dieser Situation kann man nicht von einer besonderen Vertrauensbeziehung sprechen, so dass hiernach E nicht heimtückisch gehandelt hat. Hierbei ist jedoch zu Bedenken, dass das Erfordernis des Vertrauensbruchs das Mordmerkmal Heimtücke zu stark einschränkt, denn so wäre der klassische „Meuchelmord", bei dem der Täter im

321 BGHSt-GS 9, 385.
322 Hassemer JuS 71, 626 (630); Schmidthäuser JR 78, 265; Sch/Sch-Eser § 211, Rn. 26 m.w.N.
323 Sogenannte positive Typenkorrektur: Rengier MDR 79, 969.
324 Sogenannte negative Typenkorrektur: Fischer § 211, Rn. 2.

Versteck auf das Opfer wartet und dann überraschend tötet, nicht von § 211 StGB erfasst. Gerade diese gefährliche Begehungsweise soll jedoch durch die qualifizierende Vorschrift des § 211 StGB ebenfalls erfasst werden. Daher ist das Erfordernis des Vertrauensbruches untauglich, den Heimtückebegriff näher zu bestimmen. Nach alledem ist daran festzuhalten, dass lediglich die Ausnutzung der Arg- und Wehrlosigkeit in feindlicher Willensrichtung vorliegen muss, um heimtückisch zu handeln. Dies ist E – wie oben dargestellt – vorzuwerfen, sie hat also heimtückisch gehandelt.

Sie handelte überdies bewusst und gewollt, mithin vorsätzlich.

Allenfalls fraglich ist im Bereich der Rechtswidrigkeit, ob E in Notwehr handelte. Voraussetzung dafür ist nach § 32 StGB, dass eine Notwehrlage, ein gegenwärtiger rechtswidriger Angriff vorliegt. Gegenwärtig ist ein Angriff, wenn er unmittelbar bevorsteht, begonnen hat oder noch andauert. Hier schläft der M, es ist lediglich ein neuer Angriff in Zukunft zu erwarten, er ist aber jedenfalls nicht gegenwärtig, damit liegt keine Notwehrlage vor.

Der Rechtfertigungsgrund aus § 34 StGB kommt ersichtlich nicht in Betracht, da dieser eine Abwägung Leben gegen Leben nicht zulässt. E handelte daher rechtswidrig.

Fraglich ist aber, ob sie auch schuldhaft handelte. Ihr könnte der Entschuldigungsgrund des entschuldigenden Notstands gemäß § 35 StGB zugute kommen. Voraussetzung dafür ist, dass eine gegenwärtige Gefahr für ein Rechtsgut vorliegt. Liegt auch – wie dargestellt – kein gegenwärtiger Angriff vor, so könnte eine Gefahr noch als gegenwärtig bezeichnet werden. Jedoch ist weitere Voraussetzung, dass die Gefahr nicht anders abwendbar ist, sie muss erforderlich sein, es ist mithin die Handlung nur als ultima ratio entschuldigt. Erforderlich wäre die Handlung, wenn es kein milderes, aber genauso effektives Mittel gibt, die Gefahr zu beseitigen. Hier hätte die E sich dem M jedoch entziehen können, sie hätte die Behörden einschalten können, die Polizei rufen können oder auch Zuflucht bei Freunden, Verwandten oder notfalls in einem Frauenhaus finden können. Jedenfalls war die Tötung des Ehemanns hier nicht die einzige Möglichkeit, der Gefahr zu entgehen. Daher ist ihr Verhalten auch nicht entschuldigt, sie hat schuldhaft gehandelt.

Damit hat sich E gemäß §§ 212 Abs. 1, 211 Abs. 2, 5. Alt. StGB strafbar gemacht.

489 **Grausam**

Dieses Mordmerkmal setzt neben der Zuführung von Schmerzen und/oder Qualen auch subjektiv eine gefühllose Gesinnung voraus. Insgesamt ist es aber ein tatbezogenes, objektives Merkmal. Die Schmerzen und Qualen können physischer oder psychischer Natur sein.

Beispiele

Verbrennen, Foltern, Verhungern lassen, Tötungsvorbereitungen unter den Augen des Opfers, dauernder Schlafentzug.

490 **Gemeingefährliche Mittel**

Strafgrund ist die besondere Gefahr, welche sich durch die Unbeherrschbarkeit dieser Mittel (wie Sprengstoff, radioaktive oder giftige Stoffe) ergibt. Daher ist das Merkmal auch erfüllt, wenn nur eine Person getötet wird.

Beispiel

Der Täter montiert eine Bombe in das Fahrzeug des O, die beim Anlassen des Motors explodiert. O wird getötet.

Die Unbeherrschbarkeit ist auch bei Tatmitteln zu bejahen, die zwar abstrakt nicht gemeingefährlich sind, aufgrund ihrer konkreten Anwendung jedoch nicht mehr kontrolliert werden können.

Beispiel
Der Täter fährt als „Geisterfahrer“ entgegen der vorgeschriebenen Fahrtrichtung auf der Autobahn. [325]

Subjektiver Tatbestand 491

Der Vorsatz muss sich auf die Tötung eines Menschen sowie auf den Einsatz der objektiven Mordmerkmale beziehen. Eventualvorsatz ist ausreichend. Nach der Rechtsprechung kann von der äußerlich erkennbaren objektiv gefährlichen Handlung des Täters auf den Eventualvorsatz geschlossen werden. [326]

Wegen höherer Hemmschwelle zur Tötung ist jedoch eine Gesamtwürdigung aller objektiven und subjektiven Umstände vorzunehmen, ob diese Hemmschwelle überschritten wurde.

Beispiel
T stößt den ahnungslosen O eine U-Bahn-Treppe hinab. O überschlägt sich mehrfach im Fall und bleibt schließlich auf einer Zwischenebene liegen. Er verstirbt infolge eines Schädelbasisbruchs.

Maßgeblich für die Bejahung des Tötungsvorsatzes sind hier insbesondere Örtlichkeit, Art der Treppe, Stärke des Stoßes, Äußerungen vom Täter vor, während und unmittelbar nach der Tat, psychische Verfassung des Täters, Kenntnisstand des Täters.

Gegebenenfalls sind im subjektiven Tatbestand neben dem allgemeinen Vorsatz spezielle subjektive Mordmerkmale zu erörtern.

Mordlust 492

Darunter sind Fälle zu erfassen, bei denen das einzige Motiv der Tötung die Tötung selbst ist. Tötungsabsicht ist gefordert.

Beispiel
Tötung aus Zeitvertreib, aus Angeberei.

Befriedigung des Geschlechtstriebes 493

Tötung aus Sexualtrieb ist Strafgrund. Dabei kann dies in dreierlei Weise vorliegen, wenn

- der Täter sich durch den Tötungsakt stimuliert,
- wenn er nekrophile Neigung hat,
- er seinen Sexualtrieb bei einer Vergewaltigung auslebt, dabei den Tod des Opfers in Kauf nimmt.

Habgier 494

Die Vermögensmehrung als Motiv der Tat kennzeichnet die besondere Verwerflichkeit. Der Täter stellt sein Streben nach materiellen Werten über ein Menschenleben. Klassische Fälle sind der Auftragsmord, der Raubmord oder der Mord zur Erlangung eines Erbes.

Ist Gewinnstreben ein Mordmerkmal neben anderen (Motivbündel), so ist Habgier nur zu bejahen, wenn es handlungsleitend, bewusstseinsdominant ist.

Sonstige niedrige Beweggründe 495

Als Auffangtatbestand sollen hier all die Fälle erfasst werden, die eine besondere, verachtenswerte Motivlage des Täters offenbaren. Da die Tötung eines Menschen an sich als

325 BGH NStZ-RR 1997, 294.
326 Vgl. BGH NJW 2006, 386 (387).

verächtlich anzusehen ist, muss hier ein ganz besonders verwerflicher Tatgrund gegeben sein.

Zur Konkretisierung des Merkmals kann an die benannten Fälle (Mordlust, Befriedigung des Geschlechtstriebes, Habgier) angeknüpft werden. Die Motivlage muss mit den benannten wertmäßig gleichzusetzen sein.

Beispiele
Tötung aus Rassenhass, aus Vernichtungswillen, aus frustrationsbedingter Aggression.

Die benannten Mordmerkmale sind gekennzeichnet durch eine extrem egoistische Haltung, der starken Diskrepanz zwischen Anlass und Tat sowie einer generellen Missachtung anderer menschlicher Existenz. Da die Tötung aus o.g. Motiven eben diese Merkmale aufweist, ist ein sonstiger niedriger Beweggrund gegeben.

Eifersucht ist nur dann ein sonstiger niedriger Beweggrund, wenn kein nachvollziehbarer Anlass dazu gegeben, vielmehr die Tat Ausdruck von krasser Eigensucht ist. [327]

Besondere Anschauungen und Wertvorstellungen, denen der Täter wegen seiner Bindung an eine fremde Kultur verhaftet ist, dürfen bei der Beurteilung nicht außer Betracht bleiben.

Beispiel
Der aus Ostanatolien stammende T tötet auf Drängen seiner Familie, um die Familienehre wieder herzustellen, die B.

T ist strafbar gemäß § 212 StGB, niedriger Beweggrund ist zu verneinen. [328]

496 **Ermöglichungsabsicht**

Durch die geforderte Zielrichtung des Täters (..um..zu..) ist dolus directus 1. Grades gefordert. Dieser muss hinsichtlich der beabsichtigten Tat gegeben sein, die nicht zwingend die Tat des Täters sein muss.

Beispiel
T tötet einen Tankstellen-Angestellten, damit sein Freund F das Bargeld aus der Kasse nehmen kann.

497 **Verdeckungsabsicht**

Absicht des Täters ist darauf gerichtet, seiner Bestrafung zu entgehen oder eine fremde Bestrafung zu vereiteln. Die (Vor-)Tat muss also nicht die eigene sein.

Es muss sich jedoch um eine andere Tat handeln. Nur das Hinzutreten der Verdeckungsabsicht zu einer bereits begonnenen Handlung macht die Tat nicht zu einem Mord. [329]

Wirkt der Täter während eines ununterbrochenen Geschehensablaufs zunächst mit Körperverletzungsvorsatz und später mit (bedingtem) Törungsvorsatz auf das Opfer gewaltsam ein, ist die Annahme eines Verdeckungsmordes bei Vorliegen des Verdeckungsmotives unproblematisch. Lediglich dann, wenn der Täter von vornherein mit (bedingtem) Tötungsvorsatz handelt oder sich dies nicht ausschließen lässt, scheidet bei einem einheitlichen Tatgeschehen Verdeckungsmord aus, weil der Täter unter diesen Umständen keine andere Tat verdecken will. [330]

Problematisch ist, ob ein Verdeckungsmord durch Unterlassen möglich ist.

327 Vgl. BGHSt 3, 180 (182).
328 BGH NJW 1995, 602.
329 BGH NJW 2003, 1060.
330 Vgl. BGH NStZ 2015, 639.

Beispiel

A haut O im Rahmen eines Streites ohne Tötungsvorsatz kräftig gegen den Kopf. O stürzt auf Bahngleise und bleibt bewusstlos liegen. Um die Körperverletzung zu verdecken, lässt ihn A dort liegen in dem Bewussstein, dass O von einem Zug erfasst werden wird. So geschieht's.

Zum Teil wird hier Mord verneint, weil es an einem aktiven Verdecken fehle. Verdecken erfordere ein aktives „Zudecken" und bedeute eben nicht lediglich ein „Nicht-Aufdecken".[331] Nach h.M. wird ein Verdeckungsmord durch Unterlassen anerkannt. Denn das Mordmerkmal setzt nur voraus, dass der Täter die Tötungshandlung vornimmt oder im Fall des Unterlassens die ihm zur Abwendung des Todeseintritts gebotene Handlung unterlässt. Das Mordunrecht ergibt sich allein aus der Subsumtion unter den Tatbestand.[332]

Unterlassungstäterschaft 498

Mord kann auch durch Unterlassen geschehen.

Beispiel

Eltern lassen ihr Kind verhungern und verdursten.[333]

Konkurrenzen 499

Bei Tötung mehrerer Menschen hintereinander ist Tatmehrheit gegeben, auch wenn dies auf einem Plan beruht.[334] Bei Tötung mehrerer Menschen durch eine Handlung liegt Tateinheit vor.

331 Hellmann JuS 1990, 61.
332 Vgl. BGHSt 38, 356; Wilhelm NStZ 2005, 177.
333 Vgl. dazu BGH NStZ-RR 2009, 173.
334 BGH NStZ 2006, 284.

2.3 Tötung auf Verlangen, § 216 StGB

500 • ***Aufsatz-Literatur***: *Gerhold JuS 2010, 113 (Schwere Körperverletzung bei Rücktritt von einer versuchten Tötung auf Verlangen); Steinhilber JA 2010, 430 (Streifzug durch zentrale Rechtsfragen der „direkten Sterbehilfe“ [§ 216 StGB]); Scheinfeld GA 2007, 695 (Das „Bestimmt-worden-Sein“ in § 216 I StGB); Dreier JZ 2007, 261 (Grenzen des Tötungsverbotes); Kusch NJW 2006, 262 (Hamburger Initiative zur Regelung der Sterbehilfe); Ingelfinger JZ 2006, 821 (Patientenautonomie und Strafrecht bei der Sterbebegleitung); Otto Jura 2002, 542 (Beteiligung am Suizid und Sterbehilfe).*

• ***Leitentscheidungen***: *BGHSt 19, 135 (Gisela-Fall: zum fehlgeschlagenen Doppelselbstmord).*

501 **Tötung auf Verlangen, § 216 StGB**

I. Tatbestandsmäßigkeit
   1. Objektiver Tatbestand
      a) Töten eines anderen Menschen
      b) auf Verlangen des Getöteten
         aa) ausdrücklich
         und
         bb) ernsthaft
      c) zur Tötung bestimmt
   2. Subjektiver Tatbestand
      Vorsatz
II. Rechtswidrigkeit
III. Schuld
IV. Besonderheiten
V. Ergebnis

Ernsthaft ist das Verlangen, wenn es von freiem Willen und zielbewusst auf Tötung gerichtet ist.

Ausdrücklich ist das Verlangen, wenn es in eindeutiger, nicht misszuverstehender Weise gestellt worden ist.

Verlangen bedeutet Tötung auf opfereigenen Wunsch.

Bestimmt ist der Täter zur Tat, wenn das Opfer den Tatentschluss weckt.

502 **Überblick**

Die Vorschrift bildet nach h.L. die Privilegierung zum Grunddelikt § 212 StGB. Nach anderer Ansicht stehen die Delikte selbstständig nebeneinander.[335] Diese Diskrepanz hat Auswirkungen praktisch nur auf die Beteiligung, vergleiche dazu 2. Teil Beteiligung.

Die Privilegierung sperrt die Qualifizierung. Dies bedeutet, dass bei Vorliegen der tatbestandlichen Voraussetzungen der §§ 212, 216 StGB und §§ 212, 211 StGB eine Bestrafung nur gemäß §§ 212, 216 StGB erfolgt.

Aus diesem Grund sind auch mit der Tötung verbundene Körperverletzungsdelikte subsidiär selbst dann, wenn sie einen höheren Strafrahmen aufweisen.[336]

503 **Töten eines Menschen**

Das vorwerfbare Verhalten kann sowohl aktiv als auch passiv erfolgen. Im letzteren Fall muss eine Garantenstellung hinzukommen, vgl. 2. Teil, Unterlassung. Nur die Tötung eines

335 So stRspr. BGH vgl. BGH NJW 2005, 1876 (1877); aber neuerdings offen gelassen, BGH NJW 2006, 1012.
336 Joecks § 216, Rn. 20.

anderen Menschen ist mit Strafe bedroht, sodass der Suizid(-versuch) straflos ist. Mangels Haupttat ist auch die Teilnahme am Suizid (-versuch) straflos.
Unterlassungstäterschaft gemäß §§ 212, 216, 13 StGB kommt in Betracht, wenn ein Garantenpflichtiger einen Suizid geschehen lässt.

Beispiel
Tochter T bleibt bei Ihrem Vater V, der sich soeben eine – von T mitgebrachte – Spritze mit einer Überdosis Schlafmittel injiziert. Bis zum Eintritt des Todes hält sie seine Hand.

Gegen eine Strafbarkeit wird eingewandt, dass T zwar straflos zum Suizid Hilfe leisten darf, jedoch danach verpflichtet sein soll, den Todeserfolg abzuwenden.[337] Zudem sei eine Rettungspflicht mit dem Selbstbestimmungsrecht des Patienten nicht vereinbar.[338] Unter dem Gesichtspunkt der generellen Rettungspflicht des Garanten und unter Einschränkung der Beherrschbarkeit und Zumutbarkeit erkennt die h.M. jedoch eine Strafbarkeit an[339]

Ausdrücklich 504
Das Tötungsverlangen muss unzweideutig erklärt werden. Dies braucht nicht durch Worte, kann auch durch Gesten geschehen.

Ernstlich 505
Schließlich muss das Tötungsverlangen frei von Willensmängeln erklärt werden.

Auf Verlangen 506
Bloßes Einverständnis genügt nicht. Vielmehr muss die Tötung durch Einwirkung auf den Täter ausgelöst werden. Dabei muss die Initiative zur Tötung nicht zwingend vom Getöteten ausgehen.[340] Ein Bestimmen liegt nicht vor, wenn das Opfer zwar die Tötung verlangt hat, der Täter jedoch bereits zur Tötung entschlossen war.

„Verlangen" ist ein besonderes persönliches Merkmal im Sinne von § 28 StGB. Nimmt man mit der h.L. an, § 216 StGB sei eine Privilegierung zu § 212 StGB, ist § 28 Abs. 2 StGB anwendbar. Dies bedeutet, dass es zur Tatbestandsverschiebungen bei Beteiligten kommen kann.[341]

Bestimmt 507
Beim Täter muss der Tatentschluss durch das Opfer hervorgerufen werden. [342] Das Merkmal ist auch dann gegeben, wenn der Täter bereits tatgeneigt, aber noch nicht entschlossen war. Die Regelungen der Anstiftung, § 26 StGB zum „Bestimmen" sind entsprechend anwendbar.

Vorsatz 508
Eventualvorsatz ist ausreichend.

Konkurrenzen 509
Es gilt der Grundsatz: „Privilegierung sperrt die Qualifizierung". Daher wird § 211 StGB durch § 216 StGB verdrängt, wenn der Täter bei Tötung auf Verlangen auch Mordmerkmale erfüllt. Gleiches gilt für qualifizierende Körperverletzungsdelikte, wenn § 216 StGB nur versucht wurde.

---

337 Joecks § 216, Rn. 15; LK-Jähnke Vor § 211, Rn. 24.
338 Schmidt, BT 1, Rn. 204.
339 BGHSt 2, 150.
340 Joecks § 216, Rn. 5.
341 Vgl. dazu Teil 1, Beteiligung.
342 Vgl. BGH NJW 2005, 1876 (1877).

2.4 Fahrlässige Tötung, § 222 StGB

510 • ***Aufsatz-Literatur**: Benfer Polizei Info 2009, Heft 5, 7 (Fahrlässige Tötung bei illegalen Autorennen); Herzberg NStZ 2004, 1 (Vorsätzliche und fahrlässige Tötungen bei ernstlichem Sterbebegehren des Opfers); Kretschmer Jura 2000, 267 (Zusammenfassung zur objektive Zurechnung).*

• ***Leitentscheidungen**: BGH NStZ 2009, 148 (Fahrlässige Tötung bei illegalen Autorennen); BGH NStZ 2009, 504 (Fahrlässige Tötung durch Überlassen von Betaubungsmitteln).*

• ***Übungsfälle**: Hinderer/Brutscher JA 2011, 907 (Einwilligung in fahrlässige Tötung); Alpmann/Schmidt, AT 1 Fall 38 (Pflichtwidrigkeitszusammenhang); Freund JuS 2001, 475.*

511 **Fahrlässige Tötung,§ 222 StGB (als Begehungsdelikt)**

I. Tatbestandsmäßigkeit
   1. Tod eines anderen Menschen durch Handlung des Täters
   2. Kausalität der Handlung für den Erfolgseintritt
   3. Fahrlässigkeit
      a) Objektive Sorgfaltspflichtverletzung
      b) Objektive Zurechnung
         insbesondere: obj. Vorhersehbarkeit

II. Rechtswidrigkeit

III. Schuld
   1. Schuldfähigkeit
   2. Unrechtsbewusstsein (hier: Fahrlässigkeitsschuld)
      a) subjektive Sorgfaltspflichtverletzung
      b) subjektive Vorhersehbarkeit
   3. Entschuldigungsgründe

IV. Besonderheiten

V. Ergebnis

Objektiv sorgfaltspflichtwidrig handelt, wer diejenige Sorgfalt außer Acht lässt, zu der er nach den Umständen verpflichtet ist.

Subjektiv sorgfaltspflichtwidrig handelt, wer aufgrund seiner individuellen Kenntnisse und Fähigkeiten in der Lage gewesen wäre, die objektive Sorgfaltspflicht einzuhalten.

Subjektiv vorhersehbar ist der Erfolg, wenn der Täter individuell in der Lage gewesen ist, die drohende Rechtsgutverletzung zu erkennen.

512 **Überblick**

Die Vorschrift ist ein Erfolgsdelikt. Neben der naturwissenschaftlichen Kausalität muss der Erfolg gerade das „Werk des Täters" sein. Die objektive Zurechnung spielt daher eine besondere Rolle.[343]

513 **Tod eines Menschen**

Der strafrechtliche Erfolg liegt im Tod eines anderen Menschen. Ist der fahrlässig herbeigeführte Erfolg auf die Begehung einer vorsätzlichen Körperverletzung zurückzuführen, so geht § 227 StGB (Körperverletzung mit Todesfolge) als lex specialis vor.

343 Vgl. Kühl § 17, Rn. 45.

Kausalität 514

Der Tod muss durch eine kausale Handlung des Täters herbeigeführt worden sein. Hier gilt wie bei den vorsätzlichen Erfolgsdelikten die weite Bedingungstheorie: Kausal ist jede Handlung, die nicht hinweggedacht werden kann, ohne dass der Erfolg entfiele.

Fahrlässigkeit 515

In Anlehnung an § 276 Abs. 2 BGB handelt allgemein derjenige fahrlässig, der die im Verkehr erforderliche Sorgfalt außer Acht lässt. Dies bedeutet, ein Sorgfaltspflichtverstoß muss den Erfolg vorwerfbar herbeigeführt haben.

Objektive Sorgfaltspflichtverletzung 516

Das Verhalten des Täters muss zunächst objektiv sorgfaltspflichtwidrig sein. Zur Bestimmung des Sorgfaltsverstoßes ist zu prüfen, ob der Täter gegen eine Verhaltensnorm verstoßen hat.

> **Beispiel**
> Autofahrer A fährt in einer Kurve viel zu schnell, kommt daher von der Fahrbahn ab und tötet dadurch einen Fußgänger. Der Sorgfaltspflichtverstoß liegt in einer Verletzung von § 3 Abs. 1 StVO.

Wenn keine Rechtsvorschriften die Sorgfaltspflichten konkretisieren, ist zu prüfen, was von einem besonnenen und gewissenhaften Menschen in der konkreten Lage und der sozialen Rolle des Handelnden zu erwarten ist. Hat der Täter sich im Vergleich zu dieser Gruppe fehlverhalten, so ist eine Sorgfaltspflichtverletzung anzunehmen.

> **Beispiel**
> Jugendliche werfen Steine eine Böschung herab. Dabei treffen sie den Fußgänger F tödlich am Kopf, welcher auf einem unterhalb gelegenen Waldweg entlang spazieren geht.

Das vorwerfbare Verhalten kann sowohl aktiv als auch passiv erfolgen, Unterlassungstäterschaft ist möglich.[344]

> **Beispiel**
> Bauarbeiter B unterlässt pflichtwidrig die Absperrung der Baustelle nach Beendigung der Arbeiten. Ein Passant stürzt und kommt zu Tode.

Objektive Zurechnung 517

Die objektive Zurechnung ist insbesondere zu verneinen, wenn der Erfolg nicht vorhersehbar war. Damit werden ganz atypische Geschehensabläufe aus dem Verantwortungsbereich des Täters genommen.

> **Beispiel**
> Autofahrer A verursacht einen leichten Verkehrsunfall, infolgedessen der Unfallbeteiligte so in Aufregung versetzt wird, dass er an der Schockwirkung verstirbt.[345]

Darüber hinaus entfällt die Zurechnung, wenn der Erfolg auch bei rechtmäßigem Verhalten nicht vermeidbar gewesen wäre.

> **Beispiel**
> Autofahrer A erfasst mit überhöhter Geschwindigkeit eine Fußgängerin. Sachverständige stellen später fest, dies wäre auch mit angepasster Geschwindigkeit geschehen, da die Fußgängerin plötzlich und unvorhergesehen die Fahrbahn betrat.

Zu weiteren Fallgruppen des Zurechnungsausschlusses siehe Rn. 213.

Subjektive Sorgfaltspflichtverletzung und subjektive Vorhersehbarkeit 518

Beides entfällt bei in der Person liegenden Defiziten wie physische oder psychische Mängel. Grundsätzlich sind diese Prüfungspunkte zu bejahen.

344 Vgl. im Einzelnen zum Unterlassungsdelikt Rn. 232.
345 Vgl. dazu Fischer § 222, Rn. 27.

2.5 Annex: Aussetzung, § 221 StGB

519
- ***Aufsatz-Literatur**: Hacker/Lautner Jura 2006, 274 (Grundtatbestand der Aussetzung); Ebel NStZ 2002, 404 (Die „hilflose Lage" im Tatbestand der (Gefahr-) Aussetzung); Jäger JuS 2000, 31 (32) (Delikte gegen das Leben und körperliche Unversehrtheit nach dem 6. Strafrechtsreformgesetz - Ein Leitfaden für Studium und Praxis).*
- ***Leitentscheidungen:** BGH NJW 2012, 546 (Deliktscharakter und Strafrahmen bei Aussetzung mit Todesfolge – Im-Stich-lassen):*

520

Aussetzung, § 221 StGB

I. Tatbestandsmäßigkeit

1. Objektiver Tatbestand

a) einen Menschen in hilflose Lage

Versetzen (Nr. 1)
oder
im Stich lassen bei Garantenstellung (Nr.2)

b) dadurch konkrete Gefahr

des Todes
oder
einer schweren Gesundheitsbeschädigung

2. Subjektiver Tatbestand

Vorsatz

ggf.: Qualifikation § 221 Abs. 2 Nr. 1 StGB
ggf.: Erfolgsqualifikation § 221 Abs. 2 Nr. 2 StBG
ggf.: Erfolgsqualifikation § 221 Abs. 3 StGB

II. Rechtswidrigkeit

III. Schuld

IV. Besonderheiten

V. Ergebnis

Versetzen bedeutet nicht nur räumliches Verbringen, sondern vielmehr jede Verursachung der hilflosen Lage.

Im-Stich-Lassen ist jedes Versagen der erforderlichen Hilfe.

Hilflose Lage ist eine solche, in der sich das Opfer nicht selbst helfen kann.

Schwere Gesundheitsschädigung liegt vor, wenn eine langwierige, ernste Erkrankung eintritt.

521 **Überblick**

Die Vorschrift ist ein konkretes Gefährdungsdelikt. Da bei § 221 Abs. 1 Nr. 2 StGB nur der Beistandspflichtige Täter sein kann, handelt es sich in dieser Variante um ein echtes Sonder- und Unterlassungsdelikt.

Tritt der Erfolg des Todes tatsächlich ein, so ist die Erfolgsqualifikation des § 221 Abs. 3 StGB zu beachten. Tritt tatsächlich die schwere Gesundheitsschädigung ein, so ist die Tat nach § 221 Abs. 2 Nr. 2 StGB (erfolgs-)qualifiziert.

Zudem ist die Tat gemäß § 221 Abs. 2 Nr. 1 StGB qualifiziert, wenn sich die Tat gegen das Kind des Täters oder eine Person richtet, die ihm zur Erziehung oder zur Betreuung in der Lebensführung anvertraut ist. Bei den Qualifikationstatbeständen handelt es sich um Verbrechen. Der Versuch ist nicht strafbar.

Hilflose Lage 522

Unerheblich ist die Art und Weise, wie das Opfer in die hilflose Lage gelangt ist. Dies kann auch vom Täter herbeigeführt worden sein. Der Zustand kann auch nur vorübergehend sein.

Versetzen (1. Alt) 523

Versetzen ist nicht nur räumlich zu verstehen, auch wenn dies der Regelfall dieser Tatalternative ist. Vielmehr ergibt sich historisch, dass damit jegliche Gefahrschaffung gemeint ist.[346]

> **Beispiel**
> Täter zecht mit seinem Opfer draußen und lässt es schließlich stark alkoholisiert in der Kälte allein zurück.

Das Versetzen kann aktiv wie auch passiv erfolgen. Im letzteren Fall muss eine Garantenstellung hinzukommen.

> **Beispiel**
> Vater V unterbindet die Klettertour seines 4-jährigen Sohnes nicht. Dieser stürzt einen Abhang hinunter, kann erst Stunden später durch die Bergwacht gerettet werden.

Im-Stich-lassen (2. Alt.) 524

Diese Tatalternative unterscheidet sich vom Versetzen dadurch, dass beim Versetzen die hilflose Lage noch nicht bestand. Tathandlung ist Nichthelfen, obwohl man dies müsste und könnte. Die Tathandalternative ist damit ein Unterlassungsdelikt. Eine räumliche Entfernung ist nicht zwingend.

> **Beispiel**
> Täter kommt nach Hause, findet seine psychisch kranke Frau nach der Einnahme einer Überdosis Schlaftabletten vor und unterlässt eine Hilfeleistung. Kurz vor dem Todeseintritt wird Sie von einem vom Sohn herbeigerufenen Notarzt gerettet.

Hat der Täter die Lage selbst herbeigeführt, geht § 221 Abs. 1 Alt. 1 StGB (Versetzen) vor. Der Täter ist nach § 221 Abs. 1 Nr. 2 StGB nur als Beistandspflichtiger strafbar. Diese Beistandspflicht ist vergleichbar mit der Garantenpflicht gemäß § 13 StGB (vgl. Teil 1, Unterlassung).

Konkrete Gefahr 525

Durch die Tat muss die konkrete Gefahr des Todes oder einer schwerer Gesundheitsschädigung hervorgerufen werden. Die Bestimmung der Gefahr der schweren Gesundheitsschädigung ist schwierig. Es soll nach der sogenannten objektiv-nachträglichen Prognose dann der Fall sein, wenn unter den gegebenen Umständen eine Schädigung mit einer gewissen Wahrscheinlichkeit bevorstand. der Schadenseintritt muss wahrscheinlicher sein als sein Ausbleiben.[347]

> **Beispiel**
> Autofahrer A verursacht einen Verkehrsunfall mit einem Fußgänger, wodurch dieser am Bein schwer verletzt wird. A erkennt dies, flüchtet jedoch von der Unfallstelle. Nur durch eine Notoperation konnte die Amputation gerade noch verhindert werden.

Vorsatz 526

Beim Grunddelikt reicht nach h.M. Eventualvorsatz, auch wenn das Merkmal des „Versetzen" letztlich ein finales Element impliziert. Die Qualifikationsmerkmale § 221 Abs. 2 Nr. 1 StGB erfordern ebenfalls Eventualvorsatz. Dagegen genügt bei den Erfolgsqualifikationen des § 221 Abs. 2 Nr. 2 und Abs. 3 für die Herbeiführung des Erfolges Fahrlässigkeit, vgl. § 18 StGB.

346 In § 221 Abs. 1 StGB a. F. war von „aussetzen" die Rede. Durch die Begriffsänderung in „versetzen" wollte der Gesetzgeber den Tatbestand erweitern; so auch: SK-Horn § 221, Rn. 4; Lackner/Kühl § 221, Rn. 3.

347 Joecks § 221, Rn. 17.

2.6 Klausur- und Praxishinweise: Tötungsdelikte

527 **§ 212 StGB**

Die Auseinandersetzung mit dem Tötungsvorsatz stellt immer wieder den Mittelpunkt der Erörterungen dar. Hier ist sorgfältig eine Gesamtprüfung vorzunehmen. Aufgrund der Hemmschwelle, die mit der Tötung eines Menschen verbunden ist, ist der Tötungsvorsatz nicht vorschnell zu bejahen. Die besondere Strafschärfung verlangt eine restriktive Prüfung. Alle Umstände, die Rückschluss auf den Vorsatz des Täters geben können, sind besonders hervorzuheben. In der Praxis wird häufig bei versuchten Tötungsdelikten Tötungsvorsatz nicht erkannt, es erfolgt dann eine Bestrafung lediglich wegen §§ 223, 224 StGB. Kausalität und objektive Zurechnung der Handlung des Täters zum Tötungserfolg sind nur zu erwähnen, wenn Probleme erkennbar sind.[348]

528 **§ 211 StGB**

Klausurschwerpunkte bei Mord sind oftmals die Mordmerkmale „Heimtücke" und „Verdeckungsabsicht" sowie die Auseinandersetzung mit Teilnahme am Mord (Probleme des § 28 StGB, vgl. Teil 1, Beteiligung). Ebenso spielt Rücktritt bei versuchten Tötungen auch in der Praxis eine große Rolle.

Das Mordmerkmal „niedriger Beweggrund" erfordert eine präzise Argumentation, da es sich letztlich um eine Wertungsfrage handelt. Hier ist an den benannten Fällen anzuknüpfen und eine vergleichende Betrachtung anzustellen.

Sollte das Mordmerkmal „Ermöglichungs-/Verdeckungsabsicht" in Betracht kommen, ist es angeraten, die zu ermöglichende/verdeckende Straftat zuerst zu prüfen. So kann dann bei der Mord-Prüfung verwiesen werden.

Aus rechtstaatlichen Gründen muss auch der zu lebenslanger Haft Verurteilte eine Chance haben, freizukommen. Daher ist „lebenslänglich" tatsächlich selten lebenslang. Die lebenslange Freiheitsstrafe ist mindestens 15 Jahre zu verbüßen, vgl. § 57a StGB. Die Feststellung der besonderen Schwere der Schuld verlängert die Mindestverbüßungszeit. Danach folgt die Bewährungszeit.

529 **§ 216 StGB**

Insbesondere die Abgrenzung zwischen strafloser Beihilfe zum Suizid und strafbarer Tötung auf Verlangen ist klausurrelevant.

530 **§ 222 StGB**

Eine wesentliche Rolle spielt § 222 StGB im Zusammenhang mit Unfällen im Straßenverkehr. Die sorgfältige Unfallaufnahme dient in erster Linie dazu, den Sorgfaltspflichtverstoß und die objektive Zurechnung nachzuweisen bzw. auszuschließen.

In der Fallbearbeitung ist der Sorgfaltspflichtverstoß ausdrücklich an Normverstößen festzumachen. Erst wenn kein Normverstoß auszumachen ist, sollte auf allgemeine Erwägungen über pflichtgemäßes Verhalten in der konkreten Situation eingegangen werden.

348 Vgl. dazu Rn. 197 ff.

Lernkontrolle „Tötungsdelikte“

1	Erläutern Sie die Beziehung zwischen §§ 212 und 211 StGB nach Rechtsprechung und Literatur.
2	Wie grenzt man eventualvorsätzliche von bewusst fahrlässiger Tötung ab?
3	Nennen Sie 1 Beispiel für einen minder schweren Fall des Totschlages nach §§ 212, 213 StGB.
4	Erläutern Sie das Tatbestandsmerkmal „Heimtücke“ bei § 211 StGB.
5	Nennen Sie die besonderen persönlichen Merkmale von § 211 StGB.
6	T tötet O aus Habgier. Anstifter A handelt nicht aus Habgier. Erläutern Sie die Strafbarkeit von T und A.
7	Was hat die „Rechtsfolgelösung“ des Bundesgerichtshofes zum Inhalt?
8	Nennen Sie je 1 Beispiel für § 221 Abs. 1 Nr. 1 und 2 StGB.
9	Erläutern Sie das Deliktsschema von § 222 StGB.
10	Nennen Sie 1 Beispiel für fahrlässige Tötung durch Unterlassen.

3 Freiheitsdelikte

531 • ***Aufsatz-Literatur***: *Eidam JuS 2010, 869 und 963 (Die Straftaten gegen die persönliche Freiheit in der strafrechtlichen Examensklausur); Schroeder JuS 2009, 14 (Straftaten gegen die persönliche Freiheit – Erscheinungsformen und System).*

• ***Leitentscheidungen***: *siehe bei den einzelnen Delikten.*

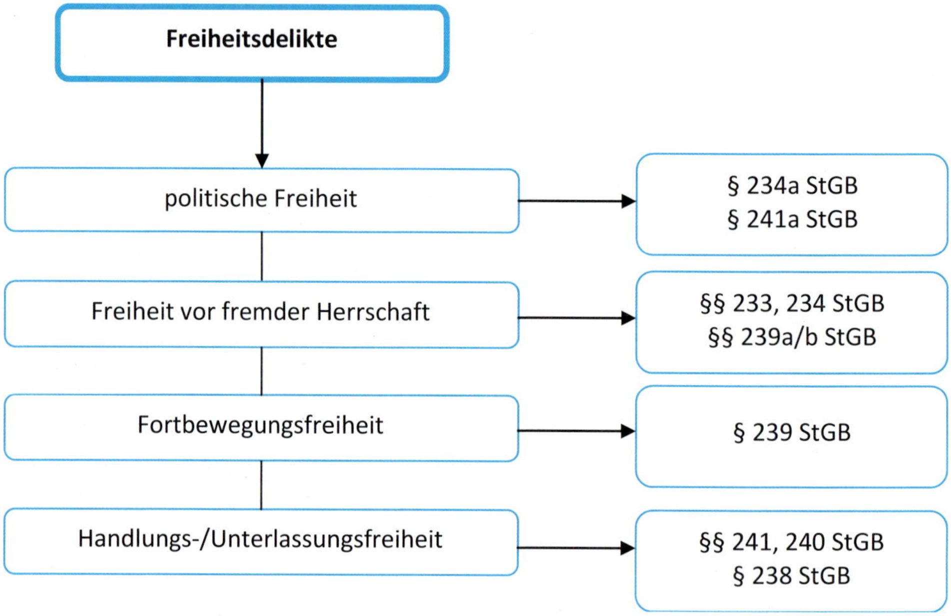

532 **Überblick**

Geschütztes Rechtsgut ist die Freiheit der Person. Im Wesentlichen sind damit die Willensentschließungsfreiheit (Dispositionsfreiheit) und die -ausübungsfreiheit (Handlungsfreiheit) gemeint.

Mögliche Beeinträchtigungsmittel sind Gewalt, Drohung und List. Dabei kommt dem Gewaltbegriff und seinem Wandel in der Rechtsprechung eine besondere Bedeutung zu.

533 **Polizeiliche Kriminalstatistik**

Nach der Polizeilichen Kriminalstatistik 2014 stagnieren die Freiheitsdelikte mit 195.036 Fällen im Vergleich zum Vorjahr. Hiervon betrafen über die Hälfte den Deliktsbereich der Bedrohung.[349] Weiterhin rückläufig sind die Stalking-Fälle: 2010: 26 848 Fälle; 2011: 25 038 Fälle, 2012: 24 592 Fälle, 2014: 21.857 Fälle.[350]

349 BKA, PKS 2014 Jahrbuch, S. 9.

350 BKA, PKS 2010 Jahrbuch, S. 38; BKA, PKS 2012 Jahrbuch, S. 291; BKA, PKS 2014 Jahrbuch, S. 9.

3.1 Nachstellung, § 238 StGB

- ***Aufsatz-Literatur***: *Schöch NStZ 2013, 221 (Zielkonflikte beim Stalking-Tatbestand; Baldarelli Kriminalistik 2009, 126 (Polizeiliche Maßnahmen zur Entziehung der Freiheit bei Stalkern – Zugleich eine Darstellung zur Deeskalationshaft); Krüger NStZ 2010, 546 (Stalking in allen Instanzen – Kritische Bestandsaufnahme erster Entscheidungen zu § 238 StGB); Peters NStZ 2009, 238 (§ 238 StGB in der staatsanwaltlichen Praxis); Mosbacher NStZ 2007, 665 (Allgemeine Darstellung); Nimtz Kriminalistik 2007, 493 (Allgemeine Darstellung); Valerius JuS 2007, 319 (Stalking: Der neue Straftatbestand der Nachstellung); Mitsch NJW 2007, 1237 (Der neue Stalking-Tatbestand im Strafgesetzbuch); Mitsch JURA 2007, 401 (Strafrechtsdogmatische Probleme des neuen Stalking-Tatbestandes).* 534
- ***Leitentscheidungen***: *BGH NStZ 2010, 277 (Beharrlichkeit, schwerwiegende Beeinträchtigung).*

Nachstellung, § 238 StGB

I. Tatbestandsmäßigkeit
  1. Objektiver Tatbestand
    a) Nachstellungshandlung
      aa) unbefugt
      bb) beharrlich
      cc) Tathandlung nach Nr. 1-5
    b) Nachstellungserfolg
      Lebensgestaltung schwerwiegend beeinträchtigt
  2. Subjektiver Tatbestand
    Vorsatz
ggf. Qualifikationstatbestände:
    -- § 238 Abs. 2: Gefahr des Todes oder schweren Gesundheitsschädigung
    -- § 238 Abs. 3: Erfolgsqualifikation Todeseintritt
II. Rechtswidrigkeit
III. Schuld
IV. Besonderheiten
V. Ergebnis

Unbefugt ist die Nachstellung, wenn sie nicht von einem Einverständnis oder einem berechtigten Interesse getragen ist. 535

Beharrlich ist die Nachstellung, wenn sie wiederholt aus Missachtung des entgegenstehenden Willens erfolgt.

Die Lebensgestaltung ist schwerwiegend beeinträchtigt, wenn eine erhebliche Belastung feststellbar ist, die über durchschnittliche, regelmäßig hinzunehmende Beeinträchtigungen objektivierbar hinausgeht.

Nachstellen ist jede Handlung, mit der der Täter in den Lebensbereich des Opfers eindringt.

Überblick 536

Die Vorschrift erfasst den strafrechtlichen Schutz gegen Tathandlungen, die durch fortlaufendes Auflauern, Bedrohen, Belästigen oder andere unerwünschte Kontaktaufnahmen (= „Stalking“) gekennzeichnet sind. Die Vorschrift wurde 2007 in das Strafgesetzbuch eingeführt. In den USA und in Australien gibt es seit den 1990er Jahren Straftatbestände gegen Stalking, ebenso in Kanada. In Europa gibt es in England/Wales, Österreich und in den Niederlanden vergleichbare „Belästigungstatbestände“.

Geschützte Rechtsgüter sind Freiheit der Willensentschließung und -betätigung, darüber hinaus auch die körperliche Unversehrtheit und das Leben. Das Delikt ist in seiner Grundform Erfolgsdelikt, § 238 Abs. 2 StGB beschreibt eine klassische (Vorsatz-) Qualifikation als konkretes Gefährdungsdelikt, § 238 Abs. 3 StGB stellt eine Erfolgsqualifikation dar. Der Versuch ist nicht strafbar.

Die Vorschrift erfährt durch ihre tatbestandliche Struktur erhebliche Kritik. Denn einerseits sind die Tathandlungen weit gefasst, andererseits werden hohe Anforderungen an den Taterfolg – der schwerwiegenden Beeinträchtigung der Lebensgestaltung – gestellt. Dies führt dazu, dass nur wenige Taten tatsächlich angeklagt werden: von 21698 Tatverdächtigen im Jahre 2010 wurden lediglich 748 angeklagt (= 3,4 %); verurteilt wurden nur 414 Angeklagte (= 1,9 %).[351] Daher sind Gesetzesvorhaben in Planung, das Delikt umzugestalten. Nach einem Vorschlag soll es ein Eignungsdelikt werden. Demnach soll kein Nachstellungserfolg erforderlich sein, sondern die Handlung braucht zukünftig nur geeignet sein, die Lebensgestaltung schwerwiegend zu beeinträchtigen. Eine ähnliche Lösung hat sich im österreichischen Strafrecht (§ 107a öStGB) bereits seit 2006 bewährt.[352]

Eine weitere strafrechtliche Abwehrmöglichkeit gegen Nachstellungen bietet § 4 GewSchG. Demnach ist strafbar, wer einer einstweiligen Unterlassungsverfügung des Zivilgerichts gemäß § 1 GewSchG zuwiderhandelt und den darin angeordneten Kontakt-, Näherungs-, Betretungs- oder Aufenthaltsverboten zuwiderhandelt.[353]

537 **Unbefugt**

Es muss sich um ein unbefugtes Nachstellen handeln. Damit wollte der Gesetzgeber Handlungen, die nicht strafwürdig sind, ausschließen. Fälle, bei denen ein ausdrückliches oder konkludentes Einverständnis vorliegt, fallen somit nicht unter den Tatbestand. Ebenso ist Handeln von Personen, die sich auf eine Befugnisnorm stützen können, nicht unbefugt. Darunter sind beispielsweise Gerichtsvollzieher zu subsumieren, die einen Schuldner wiederholt aufsuchen, um eine Vollstreckungshandlung durchführen zu können. Eine privatrechtliche Befugnis kann vorliegen, wenn ein Elternteil in Wahrnehmung des Umgangsrechts bei der Übergabe des Kindes zwangsläufig Kontakt mit dem anderen Elternteil aufnimmt.

Ebenso soll der investigative Journalismus, soweit von Art. 5 Abs. 1 GG gedeckt, kein unbefugtes Verhalten im Sinne der Norm darstellen.[354] Entgegen der Forderung des Berufsverbandes Deutscher Zeitungsverleger wurde eine explizite Ausnahmeregelung für Journalisten nicht geschaffen.

538 **Beharrlich**

Die Tathandlungen müssen „beharrlich" ausgeführt sein. Dieser Terminus ist dem Strafgesetzbuch nicht fremd. Bereits in §§ 56f Abs. 1 Nr. 2 und 3, § 67g Abs. 1 Nr. 2 und 3, § 70b Abs. 1 Nr. 2 und 3 sowie in § 184d StGB wird er verwandt und ist gekennzeichnet durch ein wiederholtes Handeln oder andauerndes Verhalten. Dies soll nicht bereits bei bloßer Wiederholung gegeben sein. Vielmehr wird dem Merkmal auch eine subjektive Seite gesteigerter Gleichgültigkeit beigemessen. Daraus folgt, dass die Wiederholung

351 Statistisches Bundesamt, Strafverfolgungsstatistik 2010; www.destatis.de; vgl. auch Schoch NStZ 2013, 221 (222).
352 Schoch NStZ 2013, 221 (224).
353 Vgl. dazu Pechstaedt NRW 2007, 1233 (Zivilrechtliche Abwehrmaßnahmen gegen Stalking).
354 Vgl. aber dazu Fischer § 238, Rn. 179.

zwar notwendig, aber nicht ausreichend zur Bejahung dieses Tatbestandsmerkmales ist. Erforderlich ist zusätzlich, dass aus Missachtung des entgegenstehenden Willens oder aus Gleichgültigkeit gegenüber den Wünschen des Opfers gehandelt wurde und zu erwarten ist, dass sich der Täter auch zukünftig so verhalten wird. Dadurch sollen beispielsweise Elternteile, die Kontakt zu ihrem Ex-Partner zur Regelung des Umgangsrechtes oder auch Gläubiger, die eine bestehende Forderung wiederholt anmahnen, nicht vom Tatbestand erfasst werden. [355] Eine gewisse Mindestzahl von Handlungen wird nicht gefordert. Eine Gesamtwürdigung der Tat soll über die Erfüllung des Tatbestandsmerkmales befinden. Jedoch kann man bei wenigen Handlungen nicht von Beharrlichkeit sprechen. Eine Mindestanzahl von 3 Handlungen wird notwendig sein.[356]

Tathandlungen 539

Diese werden allgemein beschrieben mit „Nachstellen". Dieser Begriff ist in § 292 Abs. 1 Nr. 1 StGB (Jagdwilderei) im Strafgesetzbuch enthalten. Diesbezüglich dürfte jedoch mangels Vergleichbarkeit auf bestehende Rechtsprechung nicht zurückzugreifen sein. Vielmehr erhellt sich der Begriff durch die normierten Tatalternativen, welche nach derzeitigen Erkenntnissen häufigste Formen des Stalking erfassen.[357]

„seine räumliche Nähe aufsucht" (Nr. 1) 540

Mit dieser Tatalternative wird die besonders belastende Situation des direkten physischen Kontaktes aufgegriffen. Dies können beispielsweise das Auflauern vor der Wohnung, Aufsuchen am Arbeitsplatz oder der Aufenthalt vor dem Haus sein.[358] Dabei ergibt sich aus dem Wort „aufsucht", dass zufällige Kontakte davon nicht erfasst werden. Fraglich wird jedoch sein, welcher Nähegrad erreicht werden muss. Dabei ist wohl restriktiv zu fordern, dass das Opfer den Täter jedenfalls ohne Zuhilfenahme von Ferngläsern o.ä. wahrnehmen kann.[359]

„unter Verwendung von Telekommunikationsmitteln oder sonstigen Mitteln der Kommunikation oder über Dritte Kontakt zu ihm herzustellen versucht" (Nr. 2) 541

Untersuchungen zeigen, dass die Kontaktaufnahme mittels Telefon, SMS, E-Mail, Briefe, Nachrichten an der Windschutzscheibe etc. häufige Tathandlungen von Stalkern sind. [360] Darunter fallen auch Nachstellungshandlungen in Chatrooms, Online-Gästebücher und Kontaktplattformen wie StudiVZ, MeinVZ, Xing oder Facebook. [361]

Kontakt über Dritte könnte beispielsweise hergestellt werden durch Ansprechen von Arbeitskollegen oder Freunden aus der Clique.

„unter missbräuchlicher Verwendung von dessen personenbezogenen Daten Bestellungen von Waren oder Dienstleistungen für ihn aufgibt oder Dritte veranlasst, mit diesen Kontakt aufzunehmen" (Nr. 3) 542

Hierunter ist insbesondere das Bestellen von Waren im Namen des Opfers zu verstehen. Aber auch das Schalten von Anzeigen für das Opfer, beispielsweise zum angeblichen An-

355 BT-Drs. 16/575, 7.
356 Der alte Bundesratsentwurf forderte mindestens 5 Handlungen, vgl. BT-Drs. 15/5410, 7.
357 Vgl. Dressing/Kühne/Gass, FPR 2006, 176.
358 BT-Drs. 16/575, 7.
359 So auch Gazeas, KJ 2006, 247 (257).
360 Vgl. Dressing, Kühner, Gass FPR 2006, 176 (179).
361 Peters NStZ 2009, 238 (240).

gebot sexueller Dienstleistungen, ist hiervon erfasst. Dabei spielt es keine Rolle, ob die Anzeige unter dem Namen des Täters oder des Opfers bei der Zeitung aufgegeben wird. Entscheidend ist, dass aufgrund der Zeitungsannonce Dritte veranlasst werden, mit dem Opfer Kontakt aufzunehmen.

543 **„ihn mit der Verletzung von Leben, körperliche Unversehrtheit, Gesundheit oder Freiheit seiner selbst oder einer ihm nahe stehenden Person bedroht" (Nr. 4)**
Die Bedrohung ist bereits seit Langem in § 241 StGB normiert. Jedoch ist dort lediglich die Drohung mit einem Verbrechen tatbestandlich erfasst. In § 238 StGB sind auch Drohung mit Körperverletzungen oder Freiheitsberaubungen strafbar. Dabei genügt es, dass der Bedrohte die Drohung ernst nehmen soll; ob der Drohende sie verwirklichen will oder kann, ist ohne Bedeutung.[362] Ebenso ist ohne Belang, ob der Bedrohte sie tatsächlich ernst nimmt. Jedoch dürfte in diesem Fall die – weiter unten erörterte – schwerwiegende Beeinträchtigung der Lebensgestaltung nicht gegeben sein, so dass der Tatbestand nicht erfüllt ist.

544 **„eine andere vergleichbare Handlung vornimmt" (Nr. 5)**
Die Einfügung einer Auffangklausel wurde als notwendig erachtet, um Handlungen trickreicher Stalker erfassen zu können, die einer Strafbarkeit durch Vermeidung der benannten Tatvarianten entgehen wollen. Solche Auffangnormen zum Ausschluss von Strafbarkeitslücken gibt es bereits in anderen Straftatbeständen, wie beispielsweise in § 315b Abs. 1 Nr. 3 StGB (Gefährlicher Eingriff in den Straßenverkehr). Dabei hat sich die Auslegung dieser Tatalternative in Schwere und Häufigkeit an den der normierten Varianten zu orientieren, um ihrem Handlungs- und Erfolgsunwert gleichzukommen. Es ist jedoch fraglich, ob sie dem verfassungsrechtlichen Gebot der Bestimmtheit gemäß Art. 103 Abs. 2 GG entspricht.[363] Es fällt schwer, Handlungen zu benennen, die nicht den benannten Fällen entsprechen könnten und somit für eine innertatbestandliche Analogie ungeeignet wären. Damit verliert die Norm aber ihre verfassungsrechtlich gebotene begrenzende Funktion.

Beispiele
Täter legt laufend eine Rose vor die Tür des Opfers; schaltet Todesanzeigen des Opfers; verwendet Bildmaterial des Opfers; macht unzutreffende, verletzende Einträge in Internetforen.

545 **Schwerwiegende Beeinträchtigung der Lebensgestaltung**
Der Täter muss durch die Handlungen die „..Lebensgestaltung (des Opfers) schwerwiegend beeinträchtigt.." haben. Dies ist das subsumtionstechnische Nadelöhr der Vorschrift, an der eine Strafbarkeit vielfach scheitert.[364] Es muss eine erhebliche Belastung des Opfers feststellbar sein, die über durchschnittliche, regelmäßig hinzunehmende Beeinträchtigungen objektivierbar hinausgeht.

Beispiele
Das Opfer verlässt die Wohnung nur noch in Ausnahmefällen; Opfer wechselt die Wohnung, den Arbeitsplatz; Opfer meidet Veranstaltungen und geht nur noch in Begleitung aus dem Haus.

362 Fischer § 241, Rn. 3.
363 So auch Gazeas KJ 2006, 247 257); Vander KritV 2006, 81 (90).
364 Peters NStZ 2009, 238 (241).

Eine ärztlich behandlungsbedürftige psychische Erkrankung erfüllt das Tatbestandsmerkmal nicht von vornherein. Entscheidend sind deren Auswirkungen auf die Lebensgestaltung. Keine schwerwiegenden Beeinträchtigungen sind Wechsel des E-Mail-Accounts, der Telefonnummer, Beunruhigungszustand.

Vorsatz 546

Der Täter muss vorsätzlich handeln, § 15 StGB. Dies bedeutet, dass er es mindestens bedingt-vorsätzlich weiß und in Kauf nimmt, unbefugt und beharrlich dem Opfer nachzustellen und dadurch eine schwerwiegende Beeinträchtigung der Lebensumstände erreicht.

Qualifikationen 547

Dem erhöhten Unrechts- und Schuldgehalt Rechnung tragend, wurde ein konkretes Gefährdungsdelikt in § 238 Abs. 2 StGB normiert. Damit macht sich qualifiziert strafbar, wer durch die Tathandlungen des § 238 Abs. 1 StGB zusätzlich das Opfer, einen Angehörigen oder eine sonst nahe stehenden Person in die (konkrete) Gefahr des Todes oder einer schweren Gesundheitsschädigung bringt. Die konkrete Gefahr ist gegeben, wenn objektiv feststellbar es nur noch vom Zufall abhängt, dass der Erfolg eintritt oder nicht.

Der Begriff der schweren Gesundheitsschädigung ist durch das 6. Strafrechtsreformgesetz in eine Vielzahl von Tatbeständen getreten. Dieser erfasst weiter als die schwere Körperverletzung auch langwierige ernsthafte Erkrankungen sowie den Verlust oder die erhebliche Einschränkung im Gebrauch der Sinne, des Körpers oder der Arbeitsfähigkeit. [365]

Bei § 238 Abs. 2 StGB handelt es sich um eine Vorsatzqualifikation. Der Vorsatz des Täters muss sich auch auf die Gefahrverursachung beziehen.

Zu beachten ist, dass mangels Strafbarkeit des Versuches des Grunddeliktes selbst dann keine Bestrafung nach § 238 Abs. 2 StGB erfolgen kann, wenn beim Versuch die schwere Folge eingetreten ist.

Zum Verbrechen wird Stalking gemäß § 238 Abs. 3 StGB, wenn durch die Tathandlung der Tod des Opfers, eines Angehörigen oder einer sonst nahe stehenden Person eintritt. Damit soll namentlich der Suizid des Opfers erfasst werden. [366] Dies stellt als Erfolgsqualifikation gemäß § 18 StGB den auch nur fahrlässig herbeigeführten Erfolg schwerer unter Strafe. Damit stellt diese Qualifikation eine Kombination zwischen dem vorsätzlich herbeigeführten Grunddelikt und der fahrlässig herbeigeführten Todesfolge dar.

Dabei ist zu beachten, dass diese Alternative zu einer weiten Ausweitung der Strafbarkeit führen kann. Wird nämlich das Grunddelikt nur versucht, der Täter erfüllt jedoch fahrlässig die schwere Folge, so kann er nach § 238 Abs. 3 StGB bestraft werden.[367]

Beispiel

Somit ist der Täter, der erstmalig des Nachts, in der Absicht, die Ex-Freundin fortan zu tyrannisieren, an ihre Schlafzimmerfensterscheibe klopft, wodurch diese vor Angst einem tödlichen Herzinfarkt zum Opfer fällt, nach § 238 Abs. 3 StGB mit einem Strafrahmen von 1 Jahr bis zu 10 Jahren zu bestrafen, während man sonst über § 222 StGB allenfalls zu einer Strafe bis zu 5 Jahren käme.[368]

365 Fischer § 306b, Rn. 4.

366 Vgl. BT-Drs. 15/5410, S. 7.

367 Bejahend dazu bei der vergleichbaren Norm § 221 StGB: Fischer § 221, Rn. 12; Laubenthal JZ, 87, 1069.

368 Beispiel nach Gazeas, KJ 2006, 247 (261).

Sollte der Todeserfolg gar vom Vorsatz erfasst sein, tritt § 238 Abs. 3 StGB hinter das dann gegebene Tötungsdelikt zurück. Der Täter ist in diesem Falle wegen des vorsätzlichen Tötungsdeliktes zu bestrafen.[369]

548 **Strafantrag**

Das Grunddelikt ist gemäß § 238 Abs. 4 StGB relatives Antragsdelikt.

549 **Privatklagedelikt**

Das Grunddelikt ist gemäß § 374 Abs. 1 Nr. 5 Privatklagedelikt. Kann dem Verletzten nicht zugemutet werden, die Privatklage zu erheben, weil er die Straftat nicht oder nur unter großen Schwierigkeiten aufklären könnte, so soll die Staatsanwaltschaft gemäß RiStBV Nr. 86 die erforderlichen Ermittlungen anstellen, bevor sie den Verletzten auf die Privatklage verweist. Dies gilt aber nicht für unbedeutende Verfehlungen.

Die Qualifikationstatbestände stellen Offizialdelikte dar.

369 Wie im sogenannten „Allgäuer Stalker-Prozess", Urteil LG Kempten v. 22.1.2007.

3.2 Freiheitsberaubung, § 239 StGB

- ***Aufsatz-Literatur***: *Jahn JuS 2015, 180 (Strafrecht AT: Freiheitsberaubung durch Unterlassen); Park/Schwarze JURA1995, 294 (Die Freiheitsberaubung).* 550
- ***Leitentscheidungen***: *RGSt 61, 239 (Potenzielle Fortbewegung ist geschützt); BGH NStZ 2003, 371 (Kurzzeitige Beschränkung der Freiheit).*

Freiheitsberaubung, § 239 StGB

I. Tatbestandsmäßigkeit

1. Objektiver Tatbestand

   Menschen einsperren

   oder

   Berauben der Freiheit auf andere Weise

2. Subjektiver Tatbestand

   Vorsatz

ggf. Qualifikationen

-- § 239 Abs. 3 StGB

-- § 239 Abs. 4 StGB

II. Rechtswidrigkeit

III. Schuld

IV. Besonderheiten

V. Ergebnis

Einsperren ist das Verhindern des Verlassens eines Raumes durch äußere Vorrichtungen gegen den Willen des Opfers. 551

Auf sonstige Weise der Freiheit beraubt bedeutet, dass dem Opfer durch ein anderes Mittel die Möglichkeit der Fortbewegung genommen wird.

Überblick 552

Die Vorschrift schützt die Freiheit der Willensentschließung und Willensbetätigung, nämlich die Freiheit, einen bestimmten Ort zu verlassen. Wenn dieser Wille nicht gebildet werden kann, ist der Schutzbereich der Norm nicht eröffnet.

Beispiel
Baby wird im Zimmer eingesperrt.

Nach h.M. ist auch der potenzielle Wille – soweit er gebildet werden könnte – geschützt.

Beispiel
Schlafender wird im Zimmer eingesperrt. Er merkt nichts davon.

Im Beispielsfall soll bereits eine vollendete Freiheitsberaubung vorliegen.[370] Dies überzeugt seit der Einführung der Versuchsstrafbarkeit durch das 6. StrRG vom 26.1.1998 jedoch nicht. Denn nach der h.M. ist nicht die Fortbewegungsfreiheit, sondern die Fortbewegungsmöglichkeit geschützt. Dies ist aber nicht ratio der Norm.[371] Daher ist im Beispielsfall eine versuchte Freiheitsberaubung gemäß §§ 239, 22, 23 StGB gegeben.

§ 239 StGB ist ein Dauerdelikt. Das Delikt ist erst beendet, wenn der Freiheitsentzug aufgehoben ist.

370 Vgl. Übersicht bei Fischer § 239, Rn. 3 m.w.N.
371 Vgl. Kritik bei Fischer § 239, Rn.4.

Die Beschränkung der Freiheit darf nicht ganz unerheblich sein. Kurzzeitiges Festhalten des Gegners im Verlauf einer körperlichen Auseinandersetzung erfüllt den Tatbestand nicht.[372]

553 **Einsperren**

Diese benannte Alternative ist lediglich eine Konkretisierung des allgemeinen Merkmals „der Freiheit beraubt". Wenn das Opfer auf einfachem Wege den erzwungenen Ort verlassen kann, liegt vollendete Freiheitsberaubung nicht vor.

Beispiel

A sperrt B in ein Zimmer und verlässt das Haus. B kann durch eine nicht verschlossene Hintertür fliehen. Hier liegt der Versuch der Freiheitsberaubung vor.

554 **Auf sonstige Weise der Freiheit berauben**

Dies ist immer dann zu bejahen, wenn dem Opfer durch eine dem Einsperren vergleichbare Handlung die Möglichkeit der Fortbewegung genommen wird.

Beispiele

Fesselung des Opfers an einen Pfahl. Verhinderung des Verlassens eines Pkw durch Weiterfahrt.[373]

Tatmittel können neben Gewalt auch Drohung und Täuschung sein. Die Täuschung muss dabei aber eine psychische Schranke bedeuten, die auf zumutbare Weise nicht zu überwinden ist.[374]

Beispiel

A täuscht seiner erst kürzlich eingereisten ausländischen Freundin vor, dass bei Verlassen der Wohnung ohne männliche Begleitung die Aufenthaltserlaubnis erlischt. Dadurch bleibt O in der Wohnung.

Hier ist eine Freiheitberaubung auf andere Weise durch Täuschung zu bejahen.

555 **Tatbestandsausschließendes Einverständnis**

Ist das Opfer mit der Freiheitsberaubung einverstanden, ist bereits der Tatbestand nicht gegeben.[375]

556 **Vorsatz**

Bedingter Vorsatz ist ausreichend, § 15 StGB.

557 **Tatbestandsqualifikation**

Gemäß § 239 Abs. 3 Nr. 1 StGB ist die Tat stärker bestraft, wenn die Freiheitsberaubung länger als eine Woche dauert. Diesbezüglich muss Vorsatz bestehen, da es sich nicht um eine Erfolgsqualifikation handelt.[376]

Entscheidend ist eine über eine Woche dauernde Unfreiheit des Opfers. Es kommt dabei darauf an, ob eine Freiheitsberaubungstat vorliegt.

Entscheidend ist also, ob eine einheitliche Tat vorliegt. Dies kann auch bei unterbrochenen, aber als einheitlich zu bewertendes Geschehen vorliegen.

Beispiel

A täuscht O vor, bei Verlassen der Wohnung tagsüber ohne männliche Begleitung erlösche ihre Aufenthaltserlaubnis. Daher bleibt A tagsüber in der Wohnung, nur nachts verlässt sie das Haus. Dies passiert so 2 Wochen, bis ein Nachbar den Irrtum aufklärt.

---

372 BGH NStZ 2003, 371.
373 BGH NStZ 2005, 507.
374 Vgl. Lackner/Kühl § 239, Rn. 2; Joecks § 239, Rn. 14.
375 Vgl. W-Hettinger BT/1 Rn 374; BGH NJW 93, 1807; Schmidt BT 1, Rn. 858.
376 Str., so auch W-Hettinger BT/1, Rn. 377.

Die Freiheitsberaubung ist zwar nicht durchgängig länger als eine Woche. Aufgrund des einheitlichen Tatplans und bei natürlicher Betrachtung liegt aber ein einheitlich zu bewertendes Geschehen vor. A macht sich der Qualifikation nach § 239 Abs. 3 Nr. 1 StGB schuldig.

Erfolgsqualifikationen 558

Gemäß § 239 Abs. 3 Nr. 2 StGB wird stärker bestraft, wer eine schwere Gesundheitsschädigung des Opfers verursacht. Der Begriff der schweren Gesundheitsbeschädigung ist durch das 6. Strafrechtsreformgesetz[377] in einer Vielzahl von Tatbeständen vertreten. Dieser erfasst weiter als die schwere Körperverletzung auch langwierige ernsthafte Erkrankungen sowie den Verlust oder die erhebliche Einschränkung im Gebrauch der Sinne, des Körpers oder der Arbeitsfähigkeit.[378] Gemäß § 239 Abs. 4 StGB wird die (mindestens fahrlässig) herbeigeführte Todesfolge als Verbrechen bestraft.

Konkurrenzen 559

Idealkonkurrenz möglich mit §§ 113, 211 ff., 222. § 239 StGB tritt dagegen zurück, wenn die Freiheitsberaubung Bestandteil anderer strafbarer Handlungen ist, mit denen eine Freiheitsberaubung regelmäßig verbunden ist, wie bei §§ 177, 249 ff., 239a, b StGB.[379] Als Begleittat entfällt § 239 StGB regelmäßig bei Körperverletzungsdelikten, kann jedoch ideal konkurrieren, wenn die Freiheitsberaubung eigenständige Bedeutung über das notwendige Maß zur Körperverletzung hat. § 239 StGB verdrängt regelmäßig als spezielleres Delikt § 240 StGB.

377 Sechstes Gesetz zur Reform des Strafrechts v. 26.1.1998.

378 Fischer § 306b, Rn. 4.

379 Sch/Sch-Eser § 241, Rn. 14.

3.3 Nötigung, § 240 StGB

560 • ***Aufsatz-Literatur***: *Eisele JA 2009, 698 (Nötigung durch Gewalt im Straßenverkehr); Sinn JuS 2009, 577 (Die Nötigung); Geppert JURA 2006, 31 (Die Nötigung), Maatz NZV 2006, 337 (Rechtsprechungsübersicht über Nötigung im Straßenverkehr); Zöller GA 2004, 147 (Der Gewaltbegriff des Nötigungstatbestandes).*

• ***Leitentscheidungen***: *BVerfG StV 2011, 668 (Nötigung durch Sitzblockade; Versammlungsfreiheit); BVerfGE 73, 257 (1. Sitzblockadenentscheidung); BVerfGE 104, 92 (2. Sitzblockadenentscheidung: Autobahnblockade zur Erzwingung der Einreise); BGHSt 31, 195 (Drohung mit einem Unterlassen); BGHSt 5, 246 (Berücksichtigung von Fernzielen); BGHSt 41, 182 („Zweite-Reihe-Rechtsprechung").*

• ***Übungsfälle:*** *Krahl JuS 2003, 1187 (Der praktische Falle – Strafrecht: Streit um einen Parkplatz); JuS 2003, 1187.*

561 **Nötigung, § 240 StGB**

I. Tatbestandsmäßigkeit
   1. Objektiver Tatbestand
      a) Nötigungshandlung
         Gewalt
         oder
         Drohung mit empfindlichem Übel
      b) Nötigungserfolg
         Handeln, Duldung oder Unterlassung
   2. Subjektiver Tatbestand
      Vorsatz
II. Rechtswidrigkeit
   1. ggf. Rechtfertigungsgründe
   2. Verwerflichkeitsprüfung § 240 Abs. 2 StGB
      - verwerflicher Zweck
      - verwerfliches Mittel
      - Zweck/Mittel-Relation
III. Schuld
IV. Besonderheiten
V. Ergebnis

Gewalt ist der physisch vermittelte Zwang zur Überwindung eines geleisteten oder erwarteten Widerstandes.

Drohung ist das Inaussichtstellen eines künftigen Übels, auf dessen Erfolg der Drohende Einfluss hat oder zu haben vorgibt.

Empfindliches Übel ist jede, über bloße Unannehmlichkeiten hinausgehende Einbuße an Werten bzw. die Zufügung von Nachteilen zu verstehen.

Verwerflich ist, was sozial unerträglich und wegen seines grob anstößigen Charakters sozialethisch in besonders hohem Maße zu missbilligen ist.

562 **Überblick**

Geschütztes Rechtsgut ist die Freiheit der Willensentschließung und Willensbetätigung. § 240 StGB ist ein sogenannter offener Tatbestand, die Rechtswidrigkeit muss aufgrund der Weite des Tatbestandes immer gesondert festgestellt werden.

Gewalt 563

Der Gewaltbegriff ist seit jeher in Streit. Nach der neueren Rechtsprechung ist Gewalt zu bejahen, wenn eine Kraftanstrengung beim Täter zu einer körperlich empfundenen Zwangswirkung beim Opfer führt, um dessen wirklichen oder erwarteten Widerstand zu brechen. [380] Die Kraftentfaltung des Täters muss dabei keine bestimmte Intensität besitzen. Geringfügige körperliche Energie, wie das Anbringen einer Metallkette an zwei Torpfosten oder die Betätigung des Gaspedals eines Kraftfahrzeuges, kann für die Annahme von Gewalt ausreichen.

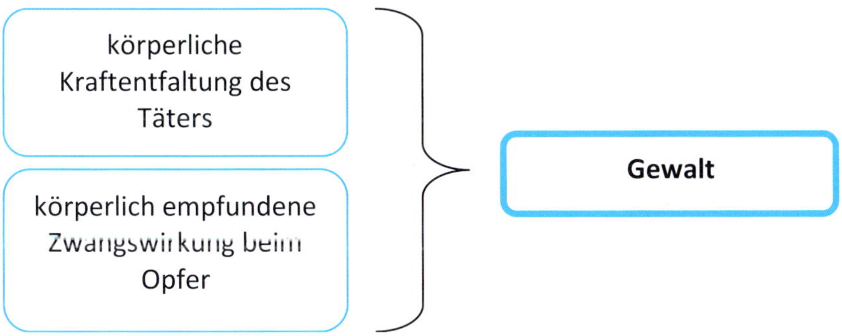

Rein physisch vermittelter Zwang, etwa durch Sitzblockaden, stellt keine Gewalt dar. [381]

Nach dem Bundesgerichtshof soll es jedoch anders sein, wenn dadurch ein körperliches Hindernis entsteht. [382]

Beispiel
Demonstranten blockieren die Fahrbahn. Das erste Fahrzeug hält an. Die weiteren Fahrzeuge können nicht weiterfahren, da die Fahrbahn blockiert ist.

Gewalt kann in der Erscheinungsform des vis absloluta oder vis compulsiva auftreten: 564

- vis absoluta = Ausschaltung der Willensbildung oder Unmöglichmachung der Willensbetätigung

  Beispiele
  Betäubung, Fesselung.

- vis compulsiva = willensbeugende Gewalt

  Beispiel
  Zufahren auf eine Person, die zur Seite springen soll.

Von der Drohung (Rn. 565) unterscheidet sich die vis compulsiva dadurch, dass bei der Drohung eine rein psychische Beeinflussung stattfindet und ein Übel erst in Aussicht gestellt wird, während es bei der vis compulsiva schon zugefügt wird. [383] Hier ist die Übelzufügung gegenwärtig.

Drohung 565

Darunter versteht man das Inaussichtstellen eines Übels, auf dessen Verwirklichung der Täter Einfluss zu haben vorgibt.

380 Vgl. BVerfG NJW 95, 1141 (Sitzblockadeentscheidung).
381 BVerfGE 73, 257.
382 BGHSt 41, 195.
383 Vgl. Fischer § 240, Rn. 9a.

Die Drohung kann auch mit einem Unterlassen erfolgen, denn auch dies kann ein empfindliches Übel darstellen.

Beispiel
Chef C droht an, der Gehaltserhöhung nicht zuzustimmen, wenn sich Mitarbeiterin M nicht sexuell gefügig zeigt.

Unerheblich ist, ob das Unterlassen rechtlich erlaubt oder geboten ist. Entscheidend ist allein, dass die Drohung sozialwidrig als Druckmittel zum Zweck der Willensbeugung eingesetzt wird.[384]

Besteht keine Einflussmöglichkeit des Täters und gibt er dies auch nicht vor, handelt es sich lediglich um eine tatbestandslose Warnung.

Beispiel
A weist wahrheitswidrig seine erst kürzlich eingereiste ausländische Freundin darauf hin, dass bei Verlassen der Wohnung ohne männliche Begleitung ihre Aufenthaltserlaubnis erlischt. Daher bleibt sie in der Wohnung.

A hat nicht gedroht, sondern nur – wenn auch wahrheitswidrig – gewarnt. Dieses Verhalten ist nicht von § 239 StGB erfasst. In Betracht kommt aber eine Straftat nach § 239 StGB, vgl. Rn. 554.

566 **Empfindliches Übel**

Dies ist gegeben, wenn der drohende Verlust oder der zu befürchtende Nachteil geeignet ist, einen besonnenen Menschen zu dem mit der Drohung erstrebten Verhalten zu bestimmen.[385] Unbesonnene Reaktionen durch besonders Ängstliche sind nicht erfasst.[386]

567 **Nötigungserfolg**

Die Tat ist vollendet, wenn das Opfer mit dem abgenötigten Verhalten begonnen hat. Zwischen der Nötigungshandlung und dem Nötigungserfolg muss eine kausale Beziehung bestehen. Dies bestimmt sich nach den allgemeinen Regeln der Kausalität und der objektiven Zurechnung.

568 **Vorsatz**

Eventualvorsatz ist ausreichend.

569 **Verwerflichkeit**

Der Tatbestand ist weit gefasst. Eine Einschränkung erfährt er durch das Erfordernis der ausdrücklichen Rechtswidrigkeitsfeststellung. Die Tat ist rechtswidrig, wenn die Beziehung zwischen angestrebtem Zweck und Einsatz des Mittels als verwerflich anzusehen ist. Die Verwerflichkeit nur des Zwecks oder nur des Mittels ist Indiz für die Gesamtverwerflichkeit. Dabei meint Verwerflichkeit einen erhöhten Grad sittlicher Missbilligung.[387]

Verwerflicher Zweck ist nur der unmittelbare Nötigungserfolg, weitere Fernziele des Täters bleiben unberücksichtigt.[388] Der Zweck heiligt also nicht die Mittel.[389]

384 Vgl. BGHSt 31, 195.
385 Sch/Sch-Eser § 240, Rn. 20.
386 Joecks § 240, Rn. 26.
387 BGHSt 17, 331.
388 BGHSt 5, 246, 35; Fischer § 240 Rn. 42, 44.
389 Joecks § 240, Rn. 33.

Beispiel
A versperrt mit seinem Lkw die Zufahrt zu einer Aufbereitungsanlage für Atommüll. Mitarbeiter sind gehindert zu passieren. A will damit gegen die Nutzung der Kernenergie demonstrieren.

Verwerflicher Zweck ist gegeben, wenn die Nötigung der Straftatenbegehung dient.

Anwendung von Gewalt ist ein Indiz für Verwerflichkeit des Nötigungsmittels.

Die Abwägungsprüfung ist insbesondere problematisch, wenn Zweck und Mittel für sich nicht sozialethisch zu beanstanden sind.

Beispiel
Drohung mit berechtigter Strafanzeige, um Schulden einzutreiben (= nicht verwerflich, wenn innerer Zusammenhang besteht).

Bei der Prüfung sind alle Umstände des Einzelfalls einzubeziehen. Dies sind insbesondere Art, Weise, Umfang und Veranlassung der Freiheitsbeeinträchtigung.

Geringfügige Beeinträchtigungen sind eher nicht verwerflich.

Besonders schwere Fälle, § 240 Abs. 4 StGB 569a

Besonders schwere Fälle der Nötigung gemäß § 240 Abs. 4 StGB liegen in der Regel in folgenden Fällen vor:

- **Nr. 1: andere Person zu einer sexuellen Handlung nötigen**
  Zum Begriff der sexuellen Handlung siehe Legaldefinition in § 184g StGB und Erläuterungen Rn. 611. Gemeint sind aktive Handlungen des Nötigungsopfers, die einen Bezug zur Intimsphäre aufweisen. In Abgrenzung zu § 177 StGB (sexuelle Nötigung) sind dort die Nötigungsmittel qualifiziert, nämlich Gewalt gegen eine Person und Drohung mit gegenwärtiger Gefahr für Leib oder Leben, vgl. Rn. 612 ff.
- **Nr. 2: eine Schwangere zum Schwangerschaftsabbruch nötigen**
- **Nr. 3: Befugnisse oder seine Stellung als Amtsträger missbrauchen**
  Diese Alternative ist ebenso bei Betrug, § 263 StGB normiert. Sie ist gegeben, wenn der Täter unter Ausnutzung der durch das Amt gegebenen Handlungsmöglichkeiten nötigt.

  Beispiel
  Polizeibeamter P legt keine Anzeige wegen erfolgter Ruhestörung gegen A vor, wenn dieser ihm seinen Lkw für einen Umzug leiht.

  Der Begriff des Amtsträgers ergibt sich aus der Legaldefinition in § 11 Abs. 1 Nr. 2 StGB. Die Amtsträgereigenschaft im Sinne von § 240 Abs. 4 Nr. 3 StGB ist besonderes persönliches Merkmal i.S.v. § 28 Abs. 2 StGB, vgl. dazu Rn. 361 ff.

Nötigung im Straßenverkehr 570

Entscheidend für das Vorliegen von Zwangsgewalt im Straßenverkehr sind Dauer und Intensität der Beeinträchtigung. Sie darf nicht bloß Folge eines Verkehrsverstoßes, sondern muss intendiert sein. Abgegrenzt werden müssen Behinderungen mit körperlichen Zwangswirkungen von rein psychischen Einwirkungen. Letztere sind nicht von § 240 StGB erfasst.

Im Rahmen der Verwerflichkeitsprüfung ist zu beachten, dass geringfügige Verstöße, selbst wenn sie als Gewalt zu qualifizieren sind, nicht rechtswidrig i.S.v. § 240 StGB sind. Fahrerisches Fehlverhalten wird grundsätzlich durch die StVO sanktioniert.

Beispiele
Einmaliges kurzes, aber dichtes Auffahren. Antippen des Bremspedals, um Überholen zu verhindern.

Beispiele
aus der Rechtsprechung, bei denen § 240 StGB bejaht wurde:[390]

- Versperren eines Weges mit Kraftfahrzeug
- Verhinderung des Überholens durch Ausscheren nach links
- Erzwingen des Überholens durch Verdrängen von der Überholspur
- „Kolonnenspringen" trotz Gegenverkehrs
- Blockieren der Überholspur
- Beharrliches Linksfahren auf freier Autobahn
- Dichtes, bedrängende Auffahren mit erheblicher Zwangseinwirkung und Gefährdung (auf Autobahn und innerorts)
- Willkürliches scharfes Abbremsen
- Starke Reduzierung der Geschwindigkeit über einen längeren Zeitraum, ohne verkehrsbedingten Grund

Mit Blick auf die Sitzblockadenentscheidung des Bundesverfassungsgerichts wendet ein Fußgänger, der beim Streit um eine Parklücke diese freihält, keine Gewalt an. Er macht sich nicht wegen Nötigung strafbar.

571 **Konkurrenzen**

§ 240 StGB tritt zurück gegenüber Tatbeständen, in denen die Freiheit mit geschützt ist, so bei §§ 177, 249, 253, 255 StGB. Dies ist nicht der Fall, wenn diese spezielleren Delikte nur versucht wurden.

§ 239 StGB verdrängt regelmäßig als spezielleres Delikt § 240 StGB. Dies gilt nicht, wenn das Einsperren dazu dienen soll, andere Nötigungserfolge herbeizuführen.

§ 113 StGB ist Privilegierung zu § 240 StGB. Leistet der Täter Widerstand durch Gewalt oder Drohung mit Gewalt, ist daher nur § 113 StGB geben, § 240 StGB wird im Wege der Gesetzeskonkurrenz verdrängt. Dies gilt bei Vollstreckungshandlungen auch dann, wenn die geforderte Tatintensität des § 113 StGB nicht erreicht wird.[391] Droht der Täter also bei Vollstreckungshandlungen eines Amtsträgers (Tatsituation des § 113 StGB) lediglich mit einem empfindlichen Übel (Tathandlung von § 113 StGB nicht erfasst), ist § 113 StGB nicht einschlägig. Eine Bestrafung nach § 240 StGB ist durch die Privilegierung § 113 StGB gesperrt. Das Handeln ist nicht strafbar. Damit wollte der Gesetzgeber die besondere Situation bei Vollstreckungshandlungen berücksichtigen.

390 Vgl. Fischer § 240, Rn. 28; Maatz NZV 2006, 337.
391 Sch/Sch-Eser § 113, Rn. 68.

3.4 Bedrohung, § 241 StGB

- ***Aufsatz-Literatur***: *Satzger JURA 2015, 156 (Der Tatbestand der Bedrohung).* 572
- ***Leitentscheidungen***: *BGH NStZ 2015, 394 (Bedrohung mit einem bedingt in Aussicht gestellten Übel; mit Anm. Nestler); BGH NStZ 2003, 45 (zu Begleitumständen der Drohung); BayObL NJW 2003, 91 (Ernstlichkeit der Bedrohung).*

Bedrohung, § 241 StGB

I. Tatbestandsmäßigkeit
   1. Objektiver Tatbestand
      a) Abs. 1: Menschen bedrohen
         oder
      b) Abs. 2: Vortäuschung der Verwirklichung
         mit einem/eines Verbrechen
         - gegen Bedrohten selbst
         oder
         - nahe stehenden Person
   2. Subjektiver Tatbestand
      Abs. 1: Eventualvorsatz
      Abs. 2: Wissentlichkeit
II. Rechtswidrigkeit
III. Schuld
IV. Besonderheiten
V. Ergebnis

Drohung ist das Inaussichtstellen eines künftigen Übels, auf dessen Erfolg der Drohende Einfluss hat oder zu haben vorgibt. 573

Eine nahe stehende Person ist eine solche, bei der das persönliche Verhältnis der Intensität des Zusammengehörigkeitsgefühls unter Angehörigen gleichzusetzen ist.

Verbrechen sind rechtswidrige Taten, die im Mindestmaß mit Freiheitsstrafe von 1 Jahr oder darüber bedroht sind.

Überblick 574

Das Delikt ist ein abstraktes Gefährdungsdelikt. Geschützt ist das Vertrauen des Einzelnen vor besonders gravierenden Bedrohungen, somit der individuelle Rechtsfrieden. Unerheblich ist, ob sich das Opfer auch tatsächlich beunruhigen lässt. Entscheidend ist, dass die Tathandlung nach Art und Umständen objektiv geeignet ist, einen solchen Effekt bei einem durchschnittlich empfindenden Menschen auszulösen.[392]

Es kommt daher also nicht in erster Linie darauf an, ob der Adressat die Bedrohung tatsächlich ernst nahm, sondern ob sie objektiv als ernstzunehmend einzustufen ist.

Drohung (Abs. 1) 575

Entscheidend ist die objektive Eignung der Ankündigung. Bedrohungen sind von bloßen Beschimpfungen zu trennen.

Beispiel
„Du sollst verrecken!"[393]

392 Sch/Sch-Eser § 241, Rn. 2.
393 Nach RGSt 32, 102 keine Bedrohung im Sinne von § 241 StGB.

576 **Begehung eines Verbrechens**

Gemäß § 12 Abs. 1 StGB sind Verbrechen rechtswidrige Taten, die im Mindestmaß mit Freiheitsstrafe von 1 Jahr oder darüber bedroht sind. Die Drohung muss sich auf ein Verbrechen beziehen. Allgemeine Ankündigungen reichen nicht aus.

Beispiele

„Du wirst noch was erleben!" oder „Du wirst keine ruhige Minute mehr haben!" reichen nicht aus.[394]

577 **Nahe stehende Person**

Das Näheverhältnis muss auf Gegenseitigkeit beruhen und zur Tatzeit noch bestehen, sodass die „heimliche Liebe" und die Exfreundin keine nahestehenden Personen sind.

Beispiele

Nahe stehende Personen: naher Freund, Partnerin in eheähnlicher Beziehung, langjährige Haushälterin.[395]

578 **Vortäuschung des Bevorstehens eines Verbrechens (Abs. 2)**

Bestraft wird die falsche Ankündigung, ein vom Täter nicht (mehr) beeinflussbares Verbrechen würde in naher Zukunft geschehen. Diese Warnung muss objektiv falsch sein.

Beispiel

„Ich habe gehört, die ‚Organisation´ will Dich umbringen."

579 **Subjektiver Tatbestand**

Die Tat erfordert Eventualvorsatz, hinsichtlich des objektiven Nichtbevorstehens muss der Täter wissentlich handeln.

580 **Konkurrenzen**

Das Delikt tritt hinter §§ 113, 177, 240, 253, 255 StGB zurück, es sei denn, diese gelangen nur ins Versuchsstadium. Dann hat § 241 StGB wieder eigenständige Bedeutung.

394 Vgl. BGH NStZ-RR 2003, 45.

395 Nach Sch/Sch-Lackner/Perron § 35, Rn. 15.

3.5 Erpresserischer Menschenraub, § 239a StGB

- ***Aufsatz-Literatur***: *Zöller JA 2000, 476 (Erpresserischer Menschenraub, Geiselnahme und das Zwei-Personen-verhältnis in der Fallbearbeitung); Elsner JuS 2006, 784 (§§ 239a, 239b StGB in der Fallbearbeitung-Delikts-aufbau und (bekannte und weniger bekannte) Einzelprobleme); Satzger Jura 2007, 114 (Erpresserischer Men-schenraub (§ 239a StGB) und Geiselnahme (§ 239b StGB) im Zweipersonenverhältnis); Immel NStZ 2001, 67 (Zur Einschränkung der §§ 239a I, 239b I StGB in Fällen „typischer Erpressung/Nötigung" im Drei-Personen-Verhältnis).* 581
- ***Leitentscheidungen***: *BGHSt-GS 40, 350 (Zweipersonenverhältnis).*

Erpresserischer Menschenraub, § 239a 1. Alt StGB

I. Tatbestandsmäßigkeit
   1. Objektiver Tatbestand
      Menschen entführen
      oder
      Sich-Bemächtigen
   2. Subjektiver Tatbestand
      a) Vorsatz
      b) Handeln um die
         Sorge eines Dritten um Wohl des Opfers
         oder
         Sorge des Opfers um eignes Wohl
         zur Erpressung auszunutzen

ggf. Erfolgsqualifikation § 239a Abs. 3 StGB

II. Rechtswidrigkeit

III. Schuld

IV. Besonderheiten
   Tätige Reue-Regelung § 239a Abs. 4 StGB

V. Ergebnis

Entführen ist das Herbeiführen einer Ortsveränderung gegen oder ohne den Willen des Opfers. 582

Sich-Bemächtigen bedeutet Begründung eigener physischer Herrschaft über den Körper eines anderen.

Leichtfertig handelt der Täter, wenn er die ihm obliegenden Sorgfaltspflichten in einem besonders hohen Maße missachtet oder sich in gleichgültiger Weise über die Möglichkeit der Todesfolge hinweggesetzt hat.

583

Erpresserischer Menschenraub, § 239a 2. Alt StGB

I. Tatbestandsmäßigkeit
  1. Objektiver Tatbestand
    a) Menschen entführen
      oder
      Sich-Bemächtigen
    b) obj. Erpressungshandlung, § 253 StGB
  2. Subjektiver Tatbestand
    a) Vorsatz
    b) Bereicherungsabsicht
ggf. Erfolgsqualifikation § 239a Abs. 3 StGB
II. Rechtswidrigkeit
III. Schuld
IV. Besonderheiten
  Tätige Reue-Regelung § 239a Abs. 4 StGB
V. Ergebnis

584 **Überblick**

Die Vorschrift schützt die persönliche Freiheit und Unversehrtheit des Opfers, aber auch das Vermögen des Erpressten. Der Tatbestand erfasst sowohl das Dreipersonenverhältnis (Täter – Entführter/Bemächtigter – Erpresster) als auch das Zweipersonenverhältnis, bei dem der Entführte/Bemächtigte selbst erpresst wird.

Wesentliche Tatbestandsmerkmale müssen insbesondere bei § 239a Abs. 1 Alt. 1 StGB (nur) subjektiv erfüllt werden. Damit ist die Vollendung des Deliktes schon früh mit dem Bemächtigen gegeben.

585 **Entführen**

Entführen verlangt im Gegensatz zur Alternative des „Sich-Bemächtigens" eine Ortsveränderung. Gibt das „Opfer" sich nur zum Schein in die Hand des Täters, so ist § 239a StGB nicht erfüllt, da es an dem gegenstehenden Willen des „Opfers" mangelt. Dagegen soll der Tatbestand erfüllt sein, wenn es sich um eine Austauschgeisel handelt.[396]

586 **Sich-Bemächtigen**

Dies bedeutet Begründung eigener physischer Herrschaft über den Körper eines anderen, ist somit tatbestandlich sehr weit. Problematisch ist die Abgrenzung beim Zweipersonenverhältnis zu den Tatbeständen des §§ 253, 255 StGB.

Beispiel
A hält den Kassierer einer Tankstelle mit einer geladenen Pistole in Schach und verlangt die Herausgabe des Geldes.

396 Sch/Sch-Eser § 239a, Rn. 9.

A erlangt durch die Drohung eine physische Herrschaft über den Kassierer. Somit wäre neben dem Tatbestand des §§ 253, 255 StGB auch § 239a StGB einschlägig. Im Ergebnis wird § 239a StGB jedoch zu verneinen sein. Denn der Bemächtigungssituation muss eine selbstständige Bedeutung[397] zukommen, es muss ein zeitlich hinreichend gestrecktes Herrschaftsverhältnis[398] gegeben sein. Voraussetzung ist, dass die Bemächtigungssituation sich nach der Vorstellung des Täters in gewissem Umfang stabilisieren und neben den Nötigungsmitteln des §§ 253, 255 StGB eigenständige Bedeutung für die Durchsetzung der erpresserischen Forderung erlangen wird. Darüber hinaus muss aus der Sicht des Täters zwischen der Entführungs- oder Bemächtigungslage und der beabsichtigten Erpressung ein solcher funktionaler und zeitlicher Zusammenhang hergestellt werden, dass dem Opfer während der Dauer der Zwangslage die erstrebte Vermögensverfügung abgenötigt werden soll. Der Tatbestand ist deshalb nicht erfüllt, wenn die dem Opfer abgepresste Handlung erst nach der Freilassung erfolgen soll.[399]

Vorsatz 587

Der objektive Tatbestand muss bedingt vorsätzlich herbeigeführt werden.

Erpressungsabsicht 588

Über den bloßen Vorsatz hinaus wird ein Handeln in Erpressungsabsicht gefordert. Damit sind in erster Linie die §§ 253, 255 StGB gemeint. Da nach dem BGH der Raub ein Spezialfall der räuberischen Erpressung darstellt, ist auch dies taugliches Delikt.

Unterscheidung der Tatalternativen 589

Bei der 1. Tatalternative wird die Bemächtigungs-/Entführungslage zum Zwecke der Erpressungsabsicht herbeigeführt. Bei der 2. Tatalternative wird die aus anderen Gründen (beispielsweise aus sexuellen Motiven) herbeigeführte Zwangslage zu einer Erpressung ausgenutzt.

Erfolgsqualifikation, § 239a Abs. 3 StGB 590

Die Todesfolge muss mindestens leichtfertig herbeigeführt worden sein. Ist sie vom Vorsatz umfasst, gehen die Tötungsdelikte §§ 212, 211 StGB vor.

Das irrtümliche Erschießen des Opfers durch Polizeibeamte ist eine typische Gefahr gezielter Befreiungsaktionen. Daher ist sie durch den Täter leichtfertig herbeigeführt.[400]

Tätige Reue, § 239a Abs. 4 StGB 591

Lässt der Täter das Opfer unter Verzicht auf die erstrebte Leistung in den Lebenskreis zurück, so kann die Strafe gemildert werden. Auf Freiwilligkeit des Täterhandelns kommt es nicht an.

Gelangt das Opfer ohne Zutun des Täters zurück in seinen Lebenskreis oder das Geld zurück an das Opfer, so genügt für eine Strafmilderung das ernsthafte Bemühen des Täters, dies zu erreichen.

Konkurrenzen 592

Wurde eine Erpressung tatsächlich begangen, steht § 239a StGB dazu in Idealkonkurrenz. §§ 239, 240, 239b StGB treten hinter § 239a StGB zurück.

397 BGHSt 40, 350.
398 Vgl. Joecks § 239a, Rn. 18.
399 BGH NStZ-RR 2009, 16.
400 SK-Horn, § 239a, Rn. 28; LK-Träger/Schluckebier § 239a, Rn. 24; vgl. auch Sch/Sch-Eser § 239a, Rn. 30.

3.6 Geiselnahme, § 239b StGB

593 • ***Aufsatz-Literatur***: *Zöller JA 2000, 476 (Erpresserischer Menschenraub, Geiselnahme und das Zwei-Personenverhältnis in der Fallbearbeitung); Elsner JuS 2006, 784 (§§ 239a, 239b StGB in der Fallbearbeitung-Deliktsaufbau und (bekannte und weniger bekannte) Einzelprobleme); Satzger Jura 2007, 114 (Erpresserischer Menschenraub (§ 239a StGB) und Geiselnahme (§ 239b StGB) im Zweipersonenverhältnis); Immel NStZ 2001, 67 (Zur Einschränkung der §§ 239a I, 239b I StGB in Fällen „typischer Erpressung/Nötigung im Drei-Personen-Verhältnis")*

• ***Leitentscheidungen***: *BGHSt 40, 350 (Zweipersonenverhältnis).*

594 **Geiselnahme, § 239b 1. Alt StGB**

I. Tatbestandsmäßigkeit

1. Objektiver Tatbestand

a) Menschen entführen

oder

Sich-Bemächtigen

2. Subjektiver Tatbestand

a) Vorsatz

b) Absicht der qualifizierten Nötigung

Nötigungsmittel
Drohung mit Tod, schwerer KV, oder Freiheitsentzug über eine Woche

Nötigungserfolg
Handeln, Dulden oder Unterlassen

ggf. Erfolgsqualifikation § 239b Abs. 2 StGB

II. Rechtswidrigkeit

III. Schuld

IV. Besonderheiten

Tätige Reue-Regelung § 239b Abs. 2 StGB

V. Ergebnis

Entführen ist das Herbeiführen einer Ortsveränderung gegen oder ohne den Willen des Opfers.

Sich-Bemächtigen bedeutet Begründung eigener physischer Herrschaft über den Körper eines anderen.

Leichtfertig handelt der Täter, wenn wer er die ihm obliegenden Sorgfaltspflichten in einem besonders hohen Maße missachtet oder sich in gleichgültiger Weise über die Möglichkeit der Todesfolge hinweggesetzt hat.

Geiselnahme, § 239b 2. Alt StGB 595

I. Tatbestandsmäßigkeit
   1. Objektiver Tatbestand
      a) Menschen entführen
         oder
         Sich-Bemächtigen
      b) Nötigungsmittel
         Drohung mit Tod, schwerer KV, oder
         Freiheitsentzug über eine Woche
   2. Subjektiver Tatbestand
      a) Vorsatz
      b) Absicht des Nötigungserfolges
         Handeln, Dulden oder Unterlassen

ggf. Erfolgsqualifikation § 239b Abs. 2 StGB

II. Rechtswidrigkeit

III. Schuld

IV. Besonderheiten
   Tätige Reue-Regelung § 239b Abs. 2 StGB

V. Ergebnis

Überblick 596

Die Vorschrift schützt die persönliche Freiheit und Unversehrtheit des Opfers, aber auch das Vermögen des Erpressten.

Wesentliche Tatbestandsmerkmale müssen insbesondere bei § 239b Abs. 1 Alt. 1 StGB (nur) subjektiv erfüllt werden. Damit ist die Vollendung des Deliktes schon früh mit dem Bemächtigen gegeben.

Entführen 597

Entführen verlangt im Gegensatz zur Alternative des „Sich-Bemächtigens“ eine Ortsveränderung. Gibt das „Opfer“ sich nur zum Schein in die Hand des Täters, so ist § 239b StGB nicht erfüllt, da es an dem gegenstehenden Willen des „Opfers“ mangelt. Dagegen soll der Tatbestand erfüllt sein, wenn es sich um eine Austauschgeisel handelt.[401]

Sich-Bemächtigen 598

Dies bedeutet Begründung eigener physischer Herrschaft über den Körper eines anderen, ist somit tatbestandlich sehr weit gefasst.

Vorsatz 599

Der objektive Tatbestand muss bedingt vorsätzlich herbeigeführt werden.

401 Sch/Sch-Eser § 239a, Rn. 9.

600 **Nötigungsabsicht**

Der Täter muss in der Absicht einer qualifizierten Nötigung handeln. Qualifiziert ist diese angestrebte Nötigung, weil nur bestimmte Nötigungshandlungen tatbestandlich erfasst sind. Dies sind die Drohung mit dem Tod oder einer schweren Körperverletzung oder mit Freiheitsentziehung über einer Woche Dauer. Zum Zeitpunkt der Verwirklichung der objektiven Tatbestandsmerkmale muss der Täter also die Absicht haben, durch die genannten qualifizierten Mittel einen bestimmten Erfolg herbeizuführen.

Beispiel
Der Sohn eines Bundespolitikers wird in ein Auto gezerrt. Der Täter will ihn in einem Waldloch versteckt halten und droht dessen Tötung an, falls die Bundesrepublik sich weiter an bestimmten kriegerischen Auseinandersetzungen beteiligt.

601 **Unterscheidung der Tatalternativen**

Bei der ersten Tatalternative wird die Bemächtigungs-/Entführungslage zum Zwecke der Nötigungsabsicht herbeigeführt. Bei der zweiten Tatalternative wird die aus anderen Gründen (beispielsweise aus sexuellen Motiven) herbeigeführte Zwangslage zu einer qualifizierten Nötigung ausgenutzt.

602 **Erfolgsqualifikation § 239b Abs. 2 StGB**

Durch den Verweis in § 239b Abs. 2 StGB gelten die § 239a Abs. 2–4 StGB entsprechend. Die Todesfolge muss mindestens leichtfertig herbeigeführt worden sein. Ist sie vom Vorsatz umfasst, gehen die Tötungsdelikte §§ 212, 211 StGB vor.

Das irrtümliche Erschießen des Opfers durch Polizeibeamte ist eine typische Gefahr gezielter Befreiungsaktionen. Daher ist sie durch den Täter leichtfertig herbeigeführt.[402]

603 **Tätige Reue § 239b Abs. 2 StGB**

Durch den Verweis in § 239b Abs. 2 StGB gelten die §§ 239a Abs. 2 – 4 StGB entsprechend. Lässt der Täter das Opfer unter Verzicht auf die erstrebte Leistung in den Lebenskreis zurück, so kann die Strafe gemildert werden. Auf Freiwilligkeit des Täterhandelns kommt es nicht an.

Gelangt das Opfer ohne Zutun des Täters zurück in seinen Lebenskreis oder das Geld zurück an das Opfer, so genügt für eine Strafmilderung das ernsthafte Bemühen des Täters, dies zu erreichen.

604 **Konkurrenzen**

§ 239b StGB tritt hinter § 239a StGB zurück.

402 SK-Horn, § 239a, Rn. 28; LK-Träger/Schluckebier § 239a, Rn. 24; vgl. auch Sch/Sch-Eser § 239a, Rn. 30.

3.7 Klausur- und Praxishinweise: Freiheitsdelikte

§ 238 StGB 605

Wie kaum ein anderes Delikt erfordert die Verfolgung von Stalking Spezialwissen über Phänomenologie und Tatverläufe. Die Kumulation unbestimmter Rechtsbegriffe und die Ausgestaltung des § 238 StGB als Erfolgsdelikt stellen zusätzliche Anforderungen an die Ermittlungstätigkeit. Dabei sind insbesondere nicht nur die Tathandlungen, sondern die Auswirkungen dessen auf das Opfer zu dokumentieren. Es wird oft erforderlich sein, Stalking-Opfer an der Beweiserhebung zu beteiligen, indem sie angewiesen werden, alle Täterhandlungen genau zu beschreiben und festzuhalten.[403] Sonst ist eine Verurteilung nicht zu erwarten. Ebenso bestehen in der Praxis große Schwierigkeiten, die schwerwiegende Beeinträchtigung des Opfers gerade durch die Handlungen des Täters verurteilungssicher zu beweisen. Auf dieses Tatbestandsmerkmal ist schon bei der Anzeigenaufnahme besonders zu achten.

Zudem ist es erforderlich, dass das Opfer deutliche Stopp-Signale tätigt, um Einwänden hinsichtlich der Unbefugtheit vorzubeugen. Hinreichende Konkretisierung des Straftatbestandes ist jedoch erst durch die Rechtsprechung zu erwarten.

§ 239 StGB 606

Das Delikt ist oft Bestandteil weiterer Delikte, wie etwa §§ 177, 249 ff. StGB. Dann tritt § 239 StGB im Wege der Gesetzeskonkurrenz zurück.

§ 239 StGB kann gerechtfertigt werden durch das elterliche Erziehungsrecht, insbesondere auch durch polizeiliche Eingriffsermächtigungen wie §§ 127 Abs. 2 i.V.m. § 112 ff. StPO oder Befugnisse zur polizeirechtlichen Ingewahrsamnahme.

§ 240 StGB 607

Die Nötigungsmittel sind hier Gewalt oder Drohung mit einem empfindlichen Übel. Dagegen sind sogenannte qualifizierte Nötigungsmittel der §§ 249, 255 StGB Gewalt gegen eine Person und Drohung mit gegenwärtiger Gefahr für Leib oder Leben abzugrenzen.

Im Rahmen der Rechtswidrigkeit ist vor der Verwerflichkeitsprüfung festzustellen, ob das tatbestandliche Verhalten gerechtfertigt ist oder nicht. Denn ein Handeln, welches die Rechtsordnung durch einen Rechtfertigungsgrund billigt, kann nicht verwerflich sein.

§ 239a/b StGB 608

Schwierigkeiten in der Klausur können auftreten bei einer Bemächtigung im Zwei-Personen-Verhältnis. Dabei ist herauszuarbeiten, ob eine eigenständige Bemächtigungslage gegeben ist, die über den Einsatz des Erpressungsmittels hinausgeht. Dann ist § 239a StGB zu bejahen.

> **Beispiel**
> T bedroht einen Juwelier in seinem Geschäft und fordert Geld und Schmuck. Da dieser den Schlüssel zum Tresor in seinem benachbarten Wohnhaus hat, geht T mit ihm unter ständiger Drohung in seine Wohnung und wieder zurück, um so an die Beute zu gelangen.

§§ 240, 253, 255, 222 StGB treten hinter § 239a StGB zurück.

403 Vgl. Stürmer, FPR 2006, 190 (194) unter Bezugnahme auf FHöV Villingen-Schwenningen.

Lernkontrolle „Freiheitsdelikte“

1	Erläutern Sie die Systematik der Freiheitsdelikte.
2	Welche Rechtsgüter schützt § 238 StGB?
3	Erläutern Sie den erforderlichen Taterfolg des § 238 StGB.
4	Nennen Sie Beispiele für qualifizierte Nachstellungen i.S.v. § 238 Abs. 2 und 3 StGB.
5	Welche Rechtsgüter schützt § 239 StGB?
6	Definieren Sie „Gewalt“ im Sinne von § 240 StGB.
7	Unter welchen Voraussetzungen ist eine tatbestandliche Nötigung verwerflich i.S.v. § 240 Abs. 2 StGB?
8	Unter welchen Voraussetzungen ist eine Bedrohung nach § 241 StGB, wann nach § 238 StGB strafbar?
9	Erläutern sie die Deliktsstruktur von § 239a StGB.
10	Wie wird § 239a StGB beim Zwei-Personen-Verhältnis von §§ 253, 255 StGB abgegrenzt?

4 Sexualdelikte

- ***Aufsatz-Literatur***: *Hömle ZIS 2015, 209 (Warum § 177 StGB durch einen neuen Tatbestand ergänzt werden sollte); Eckstein NStZ 2011, 18 (Ist das „Surfen" im Internet strafbar?); Adelmann JURA 2009, 24 (Straflosigkeit des „Busengrapschens"); Schmidtbauer NJW 2005, 871 (Das Prostitutionsgesetz zwischen Anspruch und Wirklichkeit aus polizeilicher Sicht); Duttge/Hörnle/Renzikowski NJW 2004, 1065 (Gesetz zur Änderung der Vorschriften über die Straftaten gegen die sexuelle Selbstbestimmung); Heger StrV 2003, 350 (Einfluss des Prostitutionsgesetzes auf das Strafrecht).* 609
- ***Leitentscheidungen***: *BGH NStZ 2015, 152-156 (Schwere Misshandlung durch anale Penetration); BGH NStZ 2015, 153 (Begriff der Kinderpornographie); Pfister NStZ-RR 2011, 361 (Aus der Rechtsprechung des BGH zu materiell-rechtlichen Fragen des Sexualstrafrechts 2010/2011):*

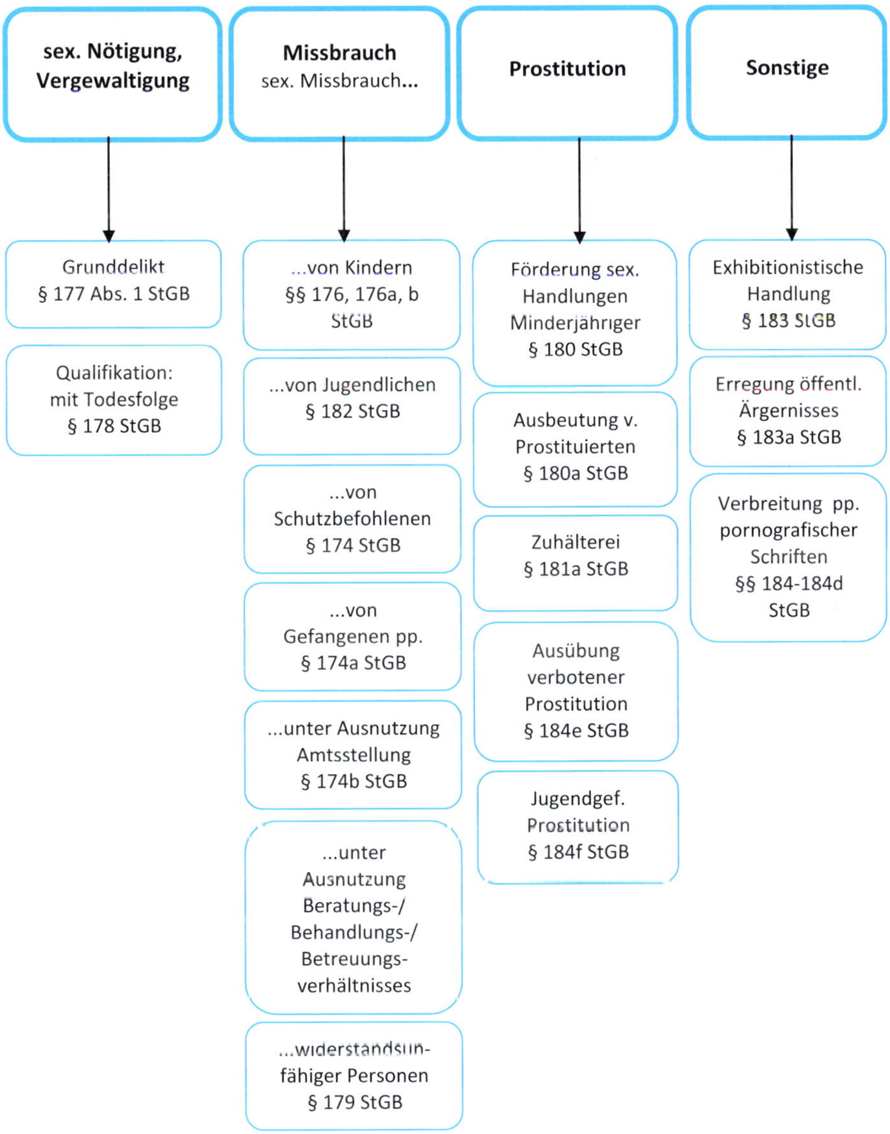

610 **Überblick**

Durch die „Sexualdelikte“ soll in erster Linie die Freiheit der sexuellen Selbstbestimmung geschützt werden. Darunter ist die Freiheit zu verstehen, über Zeitpunkt, Art, Form und Partner sexueller Betätigung nach eigenem Belieben zu bestimmen.[404] Einige Vorschriften schützen darüber hinaus die sexuelle Entwicklung der Person oder dienen dem Schutz vor sexueller Belästigung Unbeteiligter oder vor Prostitution.

611 **Sexuelle Handlung**

Zentralbegriff der Vorschriften ist die „sexuelle Handlung“. Nach der Legaldefinition in § 184g Nr. 1 StGB sind darunter nur solche Handlungen zu verstehen, die im Hinblick auf das jeweils geschützte Rechtsgut von einiger Erheblichkeit sind. Der Begriff „sexuelle Handlung“ wird damit nicht definiert, allenfalls eingeschränkt.

Sexuell ist eine Handlung, die das Geschlechtliche im Menschen zum unmittelbaren Gegenstand hat, und zwar unter Einsatz des eigenen oder eines fremden Körpers.[405]

Die Handlung muss nach dem äußeren Erscheinungsbild, mithin objektiv für das allgemeine Verständnis, die Sexualbezogenheit erkennen lassen. Subjektiv muss sie nicht mit sexueller Motivation erfolgen. Die Einstellung des Täters ist nur erheblich bei äußerlich ambivalenten Handlungen. Solche Handlungen sind nur dann sexuelle Handlungen, wenn der Täter in dieser Absicht handelte. Immer ist jedoch erforderlich, dass der Täter sich jedenfalls des sexuellen Charakters seine Tun bewusst ist.[406]

Beispiel

Ärztliche Untersuchung an einer Patientin. Es handelt sich nur dann um eine sexuelle Handlung i.S.d. Vorschrift, wenn die Untersuchung nur zum Schein mit tatsächlicher sexueller Motivation durchgeführt wird.

Einschränkung erfährt das Tatbestandsmerkmal der sexuellen Handlung durch das Erfordernis der Erheblichkeit. Dies ist qualitativ wie auch quantitativ zu verstehen. Es muss eine sozial nicht mehr hinnehmbare Rechtsgutbeeinträchtigung zu besorgen sein, die Wertung hat sich letztlich am sozialethischen Maßstab zu orientieren.[407]

Beispiele

erheblich:

Entblößen des Geschlechtsteils, Betasten der weiblichen Brust, Anfassen des nackten Körpers in der Nähe des Geschlechtsteils, Entkleidungsversuch; in bekleidetem Zustand vorgenommene beischlafsähnliche Bewegungen bei einem Kind.

nicht erheblich:

Misslungener Kussversuch, grobe Zudringlichkeiten (Begrapschen), Streicheln des bekleideten Oberschenkels, flüchtiger Griff an die Genitalien einer bekleideten Person.

Wenn im Gesetz von „sexuellen Handlungen vor einem anderen“ die Rede ist, muss dieser andere den Vorgang wahrnehmen (§ 184g Nr. 2 StGB). Sexualbezogene Äußerungen am Telefon sind nicht erfasst.[408]

---

404 Fischer § 177, Rn. 2.
405 Fischer § 184g, Rn. 2.
406 BGH StV 2009, 467.
407 Fischer § 184g, Rn. 5.
408 BGHSt 41, 285.

Polizeiliche Kriminalstatistik 611a

Sexualdelikte machten 2014 – wie in den Vorjahren – 0,8 % der registrierten Gesamtkriminalität aus.[409] Nachdem 2009 der niedrigste Wert seit 1993 zu verzeichnen war, sind die bekannt gewordenen Fälle des sexuellen Missbrauchs von Kindern (§§ 176, 176a, 176b StGB) von 2009 bis 2012 kontinuierlich angestiegen, allerdings seit 2013 wieder leich rückläufig.410

In diesem Deliktsbereich muss nach Aussage des BKA nach wie vor von einem hohen Dunkelfeld ausgegangen werden. 2011 und 2012 war eine deutliche Abnahme der Fallzahlen im Bereich der Verbreitung pornographischer Schriften (Erzeugnisse) zu registrieren 2013 und 2014 stiegen die Fälle jedoch wieder an (2014: Zunahme zum Vorjahr um 7,4 % auf 10.192 Fälle.[411]

Aktuelle Gesetzesentwicklung 611b

Aufgrund aktueller Vorkommnisse wird die Reform der Sexualdelikte wieder vermehrt diskutiert. Hintergrund sind insbesondere die zahlreichen Übergriffe auf Frauen in der Silvestrnacht 2015/2016 u.a. in Köln. Die Vorfälle lösten im gesamten Bundesgebiet eine Debatte über Sexismus und die Reformbedürftigkeit des Sexualstrafrechts aus. Dabei steht die Zweistufigkeit des Grundtatbestandes § 177 StGB vor allem in der Kritik. Nach derzeitger Rechtslage liegt der Tatbestand der Norm erst vor, wenn der Täter auf die Willensbildung des Opfers einwirkt, um daraufhin an dem Opfer sexuelle Handlungen vorzunehmen. Damit ist der Schutz vor sexuellen Übergriffen nicht lückenlos, das sogenannte „Grapschen" und weitere Ausnutzungen des Überraschungsmomentes werden von der Vorschrift derzeit nicht erfasst.[412] Daher stehen mehrere Gesetzesentwürfe im Raume, die Strafbarkeitslücken zu schließen. Diese reichen von einer Erweiterung des § 179 StGB („Sexueller Missbrauch unter Ausnutzung besonderer Umstände") bis zu einer grundlegenden Reform des Sexualstrafrechts.[413] Nachdem der Gesetzesentwurf der Bundesregierung vom 25.04.2016 [414] soll § 179 Abs. 1 StGB in dieser Weise neu gefasst werden:

§ 179 Abs. 1 StGB neu:
„Wer unter Ausnutzung einer Lage, in der eine andere Person
1. aufgrund ihres körperlichen oder psychischen Zustandes zum Widerstand unfähig ist,
2. aufgrund der überraschenden Begehung der Tat zum Widerstand unfähig ist oder
3. im Fall ihres Widerstandes ein empfindliches Übel befürchet,
sexuelle Handlungen an dieser Person vornimmt oder an sich von dieser Person vornehmen lässt, wird mit Freiheitsstrafe von sechs Monate bis zu zehn Jahren, in minder schweren Fällen der Nummern 2 und 3 mit Freiheitsstrafe von drei Monaten bis zu fünf Jahren bestraft."

Damit wäre die Ausnutzung eines Überraschungsmomentes unter Strafe gestellt, jedoch das „Grapschen" erfüllt weiterhin nicht die Erheblichkeitsschwelle des § 184h Nr. 1 StGB und wäre nach diesem Reformvorschlag auch zukünftig nicht strafbar.

409 BKA, PKS 2014 Jahrbuch, S. 15.
410 BKA, PKS 2014 Jahrbuch, S. 9.
411 BKA, PKS 2014 Jahrbuch, S. 9
412 Vgl. Adelmann JURA 2009, 24 (Die Straflosigkeit des Busengrapschens).
413 BT-Drs. 18/7719, Gesetzesentwurf der Fraktion Die Linke; http://dip21.bundestag.de/dip21/btd/18/077/1807719.pdf, abgerufen 04.06.2016.
414 BT-Drs.: 18/8210, http://dip21.bundestag.de/dip21/btd/18/082/1808210.pdf, abgerufen 04.06.2016.

4.1 Sexuelle Nötigung; Vergewaltigung, § 177 StGB

612 • ***Aufsatz-Literatur***: *Roos/Nohe Kriminalistik 2009, 553 (Sexueller Missbrauch nach Beibringung von „KO-Tropfen"); Folkers JR 2007,11 (§§ 176a Abs. 1, 177 Abs.2 Nr. 2 StGB-Anwendungsbereiche und Abgrenzung zu den Grundtatbeständen); Folkers NStZ 2005, 181 (Schutzlos -widerstandsunfähig- und trotzdem vergewaltigt?); Sankol StV 2006, 607 (Der besonders schwere Fall des § 177 StGB); Duttge/Hörnle/Renzikowski NJW 2004, 1065 (1066) (Das Gesetz zur Änderung der Vorschriften über die Straftaten geen die sexuelle Selbstbestimmung); Harbecke NJW 2004, 3750 (Handlungsunrecht der sexuellen Nötigung bei schutzloser Lage des Opfers); Gaede NStZ 2002, 238 (Die Vergewaltigung von Prostituierten).*

• ***Leitentscheidungen***: *BGH NStZ 2000, 254 (sex. Handlungen innerhalb der Ehe sind mit erfasst).*

613 **Sex. Nötigung, Vergewaltigung, § 177 StGB**

I. Tatbestandsmäßigkeit

1. Objektiver Tatbestand

a) Nötigungshandlung

Gewalt gegen eine Person
oder
Drohung mit ggwärtiger Gefahr für LoL
oder
Ausnutzung einer Lage, in der das Opfer der Einwirkung des Täters schutzlos ausgeliefert ist

b) Nötigungserfolg

Duldung sex. Handlung an sich
oder
Vornahme sex. Handlung am Täter o. Dritten

2. Subjektiver Tatbestand

Vorsatz

Ggf. Qualifikation § 177 Abs. 3 StGB

Ggf. Qualifikation § 177 Abs. 4 StGB

II. Rechtswidrigkeit - Immer indiziert

III. Schuld

IV. Besonderheiten

Bes. schwerer Fall § 177 Abs. 2 (Vergewaltigung)

V. Ergebnis

Schutzlos ausgeliefert ist das Opfer, wenn es in seinen Abwehrmöglichkeiten erheblich eingeschränkt ist und von dritter Seite keine Hilfe erwarten werden kann (BGHSt 44, 228).

Gewalt i.S.v. § 177 StGB ist eine gegen den Körper des Opfers gerichtete Kraftentfaltung, die vom Opfer als körperlicher Zwang empfunden wird (BGH StV 2005, 269).

614 **Überblick**

Sexuelle Nötigung und Vergewaltigung wurden im Straftatbestand § 177 StGB zusammengefasst. Dabei regelt § 177 Abs. 1 StGB die sexuelle Nötigung, § 177 Abs. 2 StGB die Vergewaltigung. In den Absätzen 3 und 4 sind Vorsatzqualifikationen normiert.

Sexuelle Nötigung (Abs. 1) 615

Erfasst sind 3 Tatvarianten. Die Begrifflichkeiten der Gewalt- und der Drohungsvariante entsprechen im Wesentlichen den anderer Tatbeständen, vgl. § 249 StGB. Gewalt i.S.v. § 177 StGB ist aber restriktiv auszulegen. Zudem erfordert die Drohung einen gewissen Schweregrad des in Aussicht Gestellten. Ob der Täter die Drohung wahrmachen will oder kann, ist unerheblich. Es kommt darauf an, ob das Tatopfer die Ernsthaftigkeit der Drohung glaubt und der Täter darauf Vorsatz hat.

> **Beispiel**
> Drohung gegenüber einem 15-jährigen Mädchen, sie im Fall des Widerstandes zu vergewaltigen.[415]

Die Ausnutzungsvariante soll insbesondere den Fall erfassen, in dem das Opfer wegen der Aussichtslosigkeit des Widerstandes von vonherein auf Gegenwehr verzichtet. Es genügt nicht, dass das Opfer Widerstand aus Angst vor der Zufügung anderer Übel unterlässt.[416] Die Schutzlosigkeit des Opfers kann sich etwa aus der Lage des Ortes, Erreichbarkeit von Hilfe, Alter und körperlichen Konstitution des Opfers ergeben.[417]

> **Beispiel**
> Schutzlosigkeit des Opfers ergibt sich nicht bereits daraus, dass sich der Täter mit dem Opfer allein in einer Wohnung befindet, kann aber bei Hinzutreten weiterer Umstände zu bejahen sein.[418]

Nötigungserfolg ist das Dulden sexueller Handlungen des Täters oder eines Dritten an sich oder das Vornehmen derselben am Täter oder einem Dritten. Zum Begriff der sexuellen Handlung siehe oben, Rn. 611.

Vergewaltigung (Abs. 2) 616

Die Vergewaltigung ist ein besonderes schwerer Fall der sexuellen Nötigung. Neben dem erzwungenen Beischlaf sind die Fälle oraler oder analer Penetration oder jene, bei denen Finger oder Gegenstände eingeführt werden, einschlägig.[419] Im Übrigen liegt eine besondere Erniedrigung vor, wenn das Opfer unter Missachtung der Menschenwürde über die Verwirklichung des Grundtatbestandes hinaus zum bloßen Objekt herabgesetzt wird und dies gerade durch die Art und Weise der sexuellen Handlung zum Ausdruck kommt.[420]

Vorsatz 617

Eventualvorsatz ist ausreichend.

Rechtswidrigkeit 618

Eine Rechtfertigung des Deliktes ist nicht denkbar, daher ist die Tat bei tatbestandsmäßigem Handeln immer rechtswidrig.

Qualifikationen 619

§ 177 Abs. 3 und 4 sind Vorsatzqualifikationen. § 178 StGB ist eine Erfolgsqualifikation. Demnach wird der Täter qualifiziert bestraft, wenn er bei der vorsätzlichen Begehung des § 177 StGB leichtfertigt den Tod des Opfers herbeiführt.

Konkurrenzen 620

§ 177 StGB geht § 240 StGB als lex specialis vor. Bei mehreren sexuellen Handlungen während fortdauernder Gewalt oder Drohung liegt eine Tat vor.

415 BGH NStZ 2001, 246.
416 BGH NStZ 2009, 263.
417 Sch/Sch-Eisele § 177, Rn. 9.
418 BGH NStZ 2005, 267; BGH NStZ-RR 2003, 44).
419 Vgl. BGH NJW 2000, 672; BGH NStZ 2001, 598.
420 Sch/Sch-Eisele § 177, Rn. 20.

4.2 Sexueller Missbrauch von Kindern, § 176 StGB

621 • ***Aufsatz-Literatur***: *Schilling Kriminalistik 2012, 34 (Wie ein Ei dem anderen!? Die Suche nach Gemeinsamkeiten in der hetrogenen Gruppe Pädosexueller); Peter/Bogerts NK 2010, 45 (Sexualstraftaten an Kindern – Wer sind die Täter?); Folkers JR 2007, 11 (§§ 176a Abs. 1, 177 Abs.2 Nr. 2 StGB-Anwendungsbereiche und Abgrenzung zu den Grundtatbeständen); Folkers NStZ 2005, 181 (Schutzlos -widerstandsunfähig- und trotzdem vergewaltig?); Duttge/Hörnle/Renzikowski NJW 2004, 1065 (1066, Das Gesetz zur Änderung der Vorschriften über die Straftaten gegen die sexuelle Selbstbestimmung).*

• ***Leitentscheidungen***: *BGH NJW 2005, 1133 (Einbeziehen des Opfers bei Vornahme von sexuellen Handlungen vor einem Kind); BGHSt 38, 68 (geschützt ist auch das schlafende Kind).*

622 **Sexueller Missbrauch von Kindern, § 176 StGB**

I. Tatbestandsmäßigkeit

1. Objektiver Tatbestand

a) Tatopfer: Kind
b) Tathandlung:

Abs. 1: Missbrauch durch
- Vornahme sex. Hand. am Opfer
- Vornehmen lassen sex. Hand. am Täter

Abs. 2: Bestimmen des Opfers
- Vornahme sex. Handl. an einem Dritten
- Vornehmen lassen sex. Handl. von einem Dritten

Abs. 4:
- Vornahme sex. Handl. vor Opfer
- Bestimmen des Opfers zur Vornahme sex. Handl. an sich selbst
- Einwirkung auf Opfer durch Schriften
- Einwirken auf Opfer durch Vorzeigen Abbildungen, Abspielen von Tonträgern mit jeweils pornografischem Inhalt oder entsprechende Reden

Abs. 5: Anbieten, nachzuweisen versprechen, Verabreden

2. Subjektiver Tatbestand
Vorsatz

ggf. Qualifikation § 176a StGB
ggf. Qualifikation § 176b StGB

II. Rechtswidrigkeit - Immer indiziert
III. Schuld
IV. Besonderheiten

ggf. besonders schwerer Fall, § 176 Abs. 3 StGB

V. Ergebnis

Einwirkung auf das Kind liegt vor, wenn der verkörperte Gedankeninhalt tatsächlich zur Kenntnis gebracht wird.

Kind ist, wer bei Begehung der Tat noch nicht 14 Jahre alt ist.

Überblick 623

Die Vorschrift schützt die ungestörte geschlechtliche Entwicklung von Mädchen und Jungen bis zu 14 Jahren. Es muss nicht zu schädlichen Entwicklungen kommen, sondern die Eignung der Handlungen ist ausreichend. Die Tat ist damit ein abstraktes Gefährdungsdelikt. Daher ist es auch unerheblich, ob das Kind bereits sexuell erfahren ist oder die Handlung an seinem Körper überhaupt wahrnimmt.

§ 176 Abs. 1 StGB 624

Erfasst sind sexuellen Handlungen, bei denen es zu einem Kontakt mit dem Täter kommt. Das Geschlecht des Opfers und des Täters ist irrelevant. Entsprechende Handlungen an schlafenden Kindern oder solchen, die die Bedeutung der Handlungen nicht verstehen, sind ebenfalls erfasst.[421]

§ 176 Abs. 1 StGB ist ein eigenhändiges Delikt, kann also nur vom ausführenden Täter selbst begangen werden. Mittelbare Täterschaft ist ausgeschlossen.

Zum Begriff der sexuellen Handlung vgl. oben, Rn. 611.

§ 176 Abs. 2 StGB 625

Erfasst sind sexuelle Handlungen, bei denen es zu einem Kontakt des Opfers mit einem Dritten kommt. Unerheblich ist, ob der Dritte einwilligt oder diese Behandlung wahrnimmt, denn das Kind ist geschützt. Bei dem Dritten kann es sich auch selbst um ein Kind handeln.

§ 176 Abs. 4 StGB 626

§ 176 Abs. 4 StGB erfasst Tathandlungen, bei denen es nicht zu einem Körperkontakt kommt. Dies erklärt den milderen Strafrahmen.

- **Nr. 1** erfasst Fälle der sexualbezogenen Handlungen an sich oder an Dritten vor Kindern. Voraussetzung dabei ist, dass das Kind in das sexuelle Geschehen derart einbezogen ist, dass für den Täter gerade die Wahrnehmung der sexuellen Handlung durch das Tatopfer von Bedeutung ist. Dies ist nicht der Fall, wenn das Kind sexuelle Handlungen der Eltern mitverfolgt, dies aber vom Täter nicht in sexueller Absicht geduldet wird.[422]
  Der Tatbestand ist auch erfüllt, wenn das Opfer die über das Internet übermittelten sexuellen Handlungen des Täters zeitgleich am Bildschirm mitverfolgt.[423]
  Es ist zur Erfüllung des Tatbestands auch ausreichend, dass die sexuelle Handlung von dem Kind zeitgleich akustisch – über Telefon – wahrgenommen wird.[424]
- **Nr. 2** erfasst die Fälle, bei denen das Kind dazu bestimmt wird, an sich selbst sexuelle Handlungen vornzunehmen. Hier ist insbesondere die Erheblichkeitsschwelle zu beachten.[425]
  Beispiele
  Kind auffordern, Rock hochzuheben, in Unterwäsche die Beine zu spreizen (Erheblichkeitsschwelle noch nicht überschritten).[426] Kind auffordern, eine obszöne Stellung einzunehmen (Erheblichkeitsschwelle überschritten).[427]
- **Nr. 3** erfasst die Einwirkung mittels Schriften. Gemäß § 11 Abs. 3 StGB sind diesen Ton- und Bildträger, Datenspeicher, Abbildungen und andere Darstellungen gleichgestellt. Somit sind Kommunikationen mittels Internet/E-Mail ebenfalls einschlägig. Die Schrif-

421 Vgl. BGHSt 38, 68.
422 BGH NJW 2005, 1133.
423 BGH StV 2009, 466.
424 BGH StR 2015, 488 mit kritischer Anm. Auffermann/Vogel.
425 Siehe dazu Rn. 611.
426 BGH NJW 1992, 325.
427 OLG Koblenz NJW 1979, 1467.

ten müssen keinen Sexualbezug aufweisen. Es soll damit insbesondere das Anlocken in der Absicht des späteren Sexualkontaktes bestraft werden. Subjektiv muss die Absicht dazukommen, das Kind zu sexuellen Handlungen zu bringen.

- **Nr. 4** erfasst im Gegensatz zu § 176 Abs. 4 Nr. 3 StGB das Einwirken mittels Medien bzw. Aussagen mit Sexualbezug.

627 **§ 176 Abs. 5 StGB**

Die Vorschrift stellt Vorbereitungshandlungen zu den Tathandlungen von § 176 Abs. 1 StGB unter Strafe. Der Gesetzgeber wollte damit erkannte Strafbarkeitslücken im Versuch bzw. in der Anstiftung schließen.

Strafbar ist demnach in Bezug auf die Tathandlungen von § 176 Abs. 1–4:

- Das Anbieten eines Kindes
  Erforderlich ist eine auf ein bestimmten Kind bezogene Äußerung gegenüber einem anderen, wonach der Anbietende willens und in der Lage ist, das Kind „zur Verfügung zu stellen“ [428].
- Das Versprechen
  Der Täter muss bekunden, willens und in der Lage zu sein, selbst oder über einen Dritten den Kontakt mit einem Kind für Taten des sexuellen Missbrauchs herzustellen.
- Die Verabredung
  Die Tatvariante erweitert die Verabredung i.S.v. § 30 Abs. 2 StGB auf die Vergehen § 176 StGB.

628 **Subjektiver Tatbestand**

Generell erforderlich ist Eventualvorsatz, dieser muss sich insbesondere auch auf das Alter des Opfers erstrecken. Hat der Täter sich überhaupt keine Gedanken um das Alter gemacht, ist Eventualvorsatz zu verneinen. War es ihm gleichgültig, ist Eventualvorsatz zu bejahen.

Bei § 176 Abs. 4 Nr. 3 StGB muss als besonderes subjektives Merkmal die Absicht hinzutreten, das Kind zu sexuellen Handlungen zu bringen, die es an oder vor dem Täter oder einem Dritten vornehmen oder von dem Täter oder einem Dritten an sich vornehmen lassen soll.

629 **Rechtswidrigkeit**

Eine Rechtfertigung des Deliktes ist nicht denkbar, daher ist die Tat bei tatbestandsmäßigem Handeln immer rechtswidrig.

630 **Qualifikationen**

§ 176a StGB ist eine Vorsatzqualifikation. § 176a StGB ist als Erfolgsqualifikation erfüllt, wenn der Täter durch die Tathandlungen von § 176 und § 176a StGB mindestens leichtfertig den Tod des Opfers verursacht.

631 **Konkurrenzen**

Gegenüber § 184 Abs. 1 Nr. 1 StGB geht § 176 Abs. 4 Nr. 4 StGB vor. § 176 Abs. 1 Nr. 1 StGB geht § 183 StGB vor.

---

428 Fischer § 176, Rn. 22.

4.3 Exhibitionistische Handlung, 183 StGB

- ***Aufsatz-Literatur***: *Sander ZRP 1997, 447 (Ist eine Strafbarkeit exhibitionistischer Handlungen gerechtfertigt?)* 632
- ***Leitentscheidungen***: *BVerfG, Beschluss v. 22.3.1999- 2 BvR 398/99 (Verfassungsmäßigkeit der Vorschrift).*

Exhibitionistische Handlung, § 183 StGB

I. Tatbestandsmäßigkeit

1. Objektiver Tatbestand

a) Belästigung einer anderen Person durch

b) exhibitionistische Handlung eines Mannes

2. Subjektiver Tatbestand

Absicht hinsichtlich des Vorzeigens und der Wahrnehmung durch das Tatopfer im Übrigen Eventualvorsatz

II. Rechtswidrigkeit

III. Schuld

IV. Besonderheiten

V. Ergebnis

Belästigung ist jede negative Gefühlsempfindung von einigem Gewicht (Sch/Sch-Eisele § 183, Rn. 4). 633

Exhibitionistische Handlung i.S.d. § 183 StGB ist das Entblößen des männlichen Gliedes gegenüber einer anderen Person ohne deren Einverständnis in der Absicht, sich hierdurch oder zusätzlich durch die Reaktion des Gegenübers sexuell zu erregen oder zu befriedigen.

Überblick 634

Das Erfolgsdelikt schützt die Bewahrung des Einzelnen vor ungewollter Konfrontation mit sexuellen Handlungen anderer. Täter kann nur ein Mann sein, entsprechende Handlungen von Frauen wurden wegen der Seltenheit der in Frage kommenden Fälle nicht vom Tatbestand erfasst.

Exhibitionistische Handlung 635

Gemeint ist eine Entblößungshandlung des männlichen Gliedes mit sexueller Motivation. Handlungen, denen eine primär sexuelle Tendenz fehlt – etwa die Entblößung zur Provokation – fallen nicht unter den Tatbestand.[429]

Belästigung 636

Erforderlich ist eine negative Gefühlsregung beim Opfer. Verwunderung, Belustigung, Interesse oder Zustimmung erfüllen den Tatbestand nicht.

Subjektiver Tatbestand 637

Absicht muss hinsichtlich des Vorzeigens und der Wahrnehmung bestehen. Hinsichtlich des Belästigungserfolges ist Eventualvorsatz ausreichend.

Schuld 638

Die Täter leiden oft an einer Neurose, die als schwere seelische Abartigkeit von §§ 20, 21 StGB erfasst ist. Dies ist justiziell stets zu prüfen.

Antrag 639

Die Tat ist relatives Antragsdelikt, wird also nur auf Antrage verfolgt, es sei denn, die Staatsanwaltschaft bejaht das besondere öffentliche Interesse an der Strafverfolgung.

429 Fischer § 183, Rn. 5.

4.4 Erregung öffentlichen Ärgernisses, 183a StGB

640 • ***Aufsatz-Literatur***: *Kett-Straub JR 2006, 188 (Ist Flitzen über ein Fußfallfeld strafbar?).*

641 **Erregung öffentlichen Ärgernisses, § 183a StGB**

I. Tatbestandsmäßigkeit

1. Objektiver Tatbestand

a) Erregung von Ärgernis

durch

b) sexuelle Handlung in der Öffentlichkeit

2. Subjektiver Tatbestand

Absicht oder Wissentlichkeit hinsichtlich der Ärgerniserregung
im Übrigen Eventualvorsatz

II. Rechtswidrigkeit

III. Schuld

IV. Besonderheiten

V. Ergebnis

Ärgernis ist erregt, wenn eine Person erheblich in ihrem Empfinden, nicht mit Handlungen gegen ihren Willen konfrontiert zu werden, verletzt ist (Joecks § 183a, Rn. 3).

Öffentlich vorgenommen ist eine sexuelle Handlung, wenn eine unbestimmte Vielzahl oder eine bestimmte, nicht durch persönliche Beziehung miteinander verbundene Mehrzahl von Personen sie wahrgenommen hat oder hätte wahrnehmen können (BGHSt 11, 282).

642 **Überblick**

Die Vorschrift schützt nach h.M. den Anspruch des Einzelnen, sexuelle Handlungen nicht wahrnehmen zu müssen. Die Kriminalisierung der erfassten Handlungen wird kritisch gesehen, da Ärgernis und Belästigung typisches Verwaltungsunrecht darstellen. Die Regelung wäre daher besser von § 119 OWiG erfasst.[430] Die Vorschrift ist ein Erfolgsdelikt.

643 **Erregung von Ärgernis**

Dies setzt voraus, dass eine andere Person die Handlung unmittelbar persönlich wahrgenommen und deren sexuellen Gehalt erfasst hat. Die andere Person muss sich ernstlich verletzt fühlen, bloße Belustigung reicht nicht aus. Wenn Kinder die Handlung nicht als sexuelle Handlung erfassen, ist der Tatbestand nicht erfüllt, aber ggf. kommt § 176 Abs. 4 Nr. 1 StGB in Betracht.

644 **Sexuelle Handlung**

Zum Begriff der sexuellen Handlung siehe oben, Rn. 611.

645 **Subjektiver Tatbestand**

Erforderlich ist hinsichtlich der Handlung Eventualvorsatz, der insbesondere die Öffentlichkeit der Handlung erfassen muss. Bezüglich der Erregung des Ärgernisses ist Absicht erforderlich.

646 **Konkurrenzen**

Das Delikt ist formell subsidär gegenüber § 183 StGB. Tateinheit möglich mit § 176 StGB.

430 So auch Fischer § 183a, Rn. 2a.

4.5 Verbreitung pornographischer Schriften, § 184 StGB

- ***Aufsatz-Literatur**: Matzky JURA 2004, 339 (Dialer als wirksame Zugangshinderung für einfache Pornographie); Duttge/Hörnle/Renzikowski NJW 2004, 1065 (1069) (Das Gesetz zur Änderung der Vorschriften über die Straftaten geen die sexuelle Selbstbestimmung); Harms NStZ 2003, 646 (Ist das „bloße" Anschauen von kinderpornographischen Bilder im Internet strafbar?); Hörnle NJW 2002, 1008 (Pornographische Schriften im Internet).* 647
- ***Leitentscheidungen**: BVerfGE 83, 130 (Josefine Mutzenbacher - pornographischer Roman als Kunst; BVerfGE 47, 109 (zur Bestimmtheit der Norm); BGH StV 2005, 605 (zum Merkmal „Gelangenlassen").*

Verbreitung pornographischer Schriften, § 184 StGB

I. Tatbestandsmäßigkeit

1. Objektiver Tatbestand

a) pornographische Schriften

b) Tathandlung nach § 184 Abs. 1[414]:

Nr. 1: Verbreiten an Minderjährige

Nr. 2: Zugänglich-Machen für Minderjährige

Nr. 3: Gewerblicher Vertrieb

Nr. 3a: Gewerbliche Gebrauchsüberlassung

Nr. 4: Einführen im Versandhandel

Nr. 5: Öffentliche Werbung

Nr. 6: Aufdrängen der Kenntnisnahme

Nr. 7: Öffentliche Filmvorführung

Nr. 8: Vorbereitung der Verwendung

Nr. 9: Ausfuhr

2. Subjektiver Tatbestand

Eventualvorsatz

II. Rechtswidrigkeit

III. Schuld

IV. Besonderheiten

V. Ergebnis

Schriften stehen Ton- und Bildträger, Datenspeicher, Abbildungen und anderen Darstellungen gleich (§ 11 Abs. 3 StGB). 648

Pornographisch sind Schriften, wenn sie nach ihrem objektiven Gehalt zum Ausdruck bringen, dass sie ausschließlich oder überwiegend auf die Erregung eines sexuellen Reizes bei den Betrachtern abzielen und eindeutig die Grenzen allgemein anerkannten sexuellen Anstandes überschreiten (Joecks § 184 Rn. 2).

Überblick 649

Schutzzweck der Norm ist uneinheitlich. § 184 Abs. 1 Nr. 1–5 StGB dienen dem Jugendschutz, § 184 Abs. 6 und 7 StGB dienen dem Schutz vor ungewollter Konfrontation mit Pornografie.

In § 184 Abs. 1 Nr. 6 geht es nicht um die sexuelle Selbstbestimmung, sondern um das staatliche Interesse, das bei einer Ausfuhr von Pornographie verletzt werden könnte. [431]

Das Delikt ist ein abstraktes Gefährdungsdelikt. § 184 StGB erfasst die Verbreitung sogenannter einfacher Pornographie, §§ 184a, b StGB von harter Pornographie.

650 **Pornographische Schriften**

Inhaltlich ist der unbestimmte Rechtsbegriff geprägt von der Verabsolutierung sexuellen Lustgewinns und die Entmenschlichung der Sexualität, formal von der vergröbernden, aufdringlichen, übersteigerten Art der Darstellung.[432]

Strafbare Verbreitung von Pornographie ist abzugrenzen von strafloser pornographischer Kunst. Im Einzelfall ist eine Abwägung vorzunehmen, wobei weder der Kunstfreiheit aus Art. 5 Abs. 3 GG noch den Schutzzwecken des § 184 StGB Vorrang zukommt. Die Abwägung kann zugunsten der Kunstfreiheit zu einem Tatbestandsausschluss führen.

651 **Tathandlungen**

Die Vorschrift stellt – im weitesten Sinne – das Verbreiten pornographischer Schriften unter Strafe.

- **Nr. 1**: Verbreiten an Minderjährige
  Zugänglichmachen kann auch über E-Mails bzw. Internet erfolgen.[433] Es muss aber eine tatsächliche Abgabebeziehung zu einem bestimmten Jugendlichen bestehen. [434] Die Schrift muss dem Minderjährigen tatsächlich zugänglich gemacht worden sein. Zum Erzieherprivileg des § 184 Abs. 2 StGB siehe unten.
- **Nr. 2**: Besondere Fälle des Zugänglichmachens für Minderjährige
  In Abgrenzung zu Nr. 1 muss die Schrift nicht einem konkreten Minderjährigen zugänglich gemacht wird. Es reicht, wenn die Möglichkeit für Jugendliche besteht.
- **Nr. 3**: Gewerblicher Vertrieb
  Das Anbieten muss nicht an konkret individualisierte Person erfolgen, es reicht die Bereitstellung.
- **Nr. 3a**: Gewerbliche Gebrauchsüberlassung
  Die Alternative betrifft insbesondere Vidoteheken oder ähnliche Betriebe.
- **Nr. 4**: Einführen im Versandhandel
  Erfasst ist das Absenden der Schrift aus dem Ausland. Es gilt das Weltrechtsprinzip. Die Alternative gilt nicht für inländische Versandhändler, sie unterfallen der Nr. 8.
- **Nr. 5**: Öffentliche Werbung
  Die Variante enthält ein partielles Werbeverbot für pornographische Schriften. Verboten ist die Werbung an bestimmten Orten und durch pornographische Schriften.

---

431 Joecks § 184, Rn. 3.

432 Vgl. Sch/Sch- Lenckner-Perron-Eisele § 184, Rn. 4.

433 Zur Verbreitung von pornographischen Schriften in Computernetzwerken, insbesondere im World Wide Web vgl. instruktiv SK-Wolters § 184, Rn.9 ff.

434 SK-Wolters § 184, Rn. 18.

- **Nr. 6**: Aufdrängen der Kenntnisnahme
  Erfasst ist insbesondere das unverlangte Zusenden entsprechender Schriften. Es kommt nicht darauf an, ob tatsächlich Kenntnis genommen wurde, sondern ob das Opfer dies konnte. Dies ist regelmäßig der Fall, wenn das Material in den Gewahrsam einer Person gelangt ist. [435] Ein Aufdrängen liegt auch vor bei Versendung von E-Mails mit pornographischem Material als Anhang.
- **Nr. 7**: Öffentliche Filmvorführung
- **Nr. 8**: Vorbereitung der Verwendung
  Hier werden Vorbereitungshandlungen unter Strafe gestellt.
- **Nr. 9**: Ausfuhr

Subjektiver Tatbestand 652

Eventualvorsatz ist ausreichend. Er muss sich insbesondere auch auf die Klassifizierung als Pornographie beziehen. Bei § 184 Abs. I Nr. 8 und 9 StGB sind zusätzlich besondere Verwendungs- bzw. Verbreitungsabsichten erforderlich.

Erzieherprivileg 653

Der Tatbestandsausschluss des § 184 Abs. 2 StGB gilt nur für § 184 Abs. 1 Nr. 1 StGB und ist ein sogenanntes Erzieherprivileg. Begründet wird es mit dem Spannungsfeld zum Recht auf Erziehung aus Artikel 6 Abs. 2 GG. Wegen der Nichtbeweisbarkeit schädlicher Auswirkungen von Pornographie auf Jugendliche ist es nicht angemessen, das garantierte Erziehungsrecht unter dem Gesichtspunkt bloßer abstrakter Gefährdung einzuschränken. [436]

Qualifikationen 654

§§ 184a, b StGB stellen Qualifikation zu § 184 StGB dar, soweit dort Handlungen für harte Pornograpfie beschrieben werden, die auch in § 184 StGB für einfache Pornographie unter Strafe stehen.

Konkurrenzen 655

§ 184 Abs. 1–7 StGB geht § 184 Abs. 1 Nr. 8 innertatbestandlich vor. Gegenüber § 176 Abs. 3 Nr. 3 StGB tritt § 184 StGB zurück.

---

435 BGH StV 2005, 605.
436 Sch/Sch-Lenckner/Perron/Eisele § 184, Rn. 9b.

4.6 Klausur- und Praxishinweise: Sexualdelikte

656 **Allgemein**

Das Sexualstrafrecht ist unübersichtlich und komplex, für den Bürger schwer verständlich.[437] Dazu kommt, dass es wie kaum ein anderer Deliktsbereich ständigem gesetzgeberischem Wandel unterliegt. Wichtig ist daher, die Systematik und die dargestellten (insbesondere schutzpolizeilich) relevanten Kernvorschriften zu kennen. Vieles ergibt sich aus dem Gesetz.

657 **Sexuelle Handlung**

Praxis- und klausurrelevant sind die Bestimmung der sexuellen Handlungen und deren Erheblichkeit, da dies vom Gesetzgeber offen gelassen wurde. Im Zweifel ist beides mit Hinblick auf das geschützte Rechtsgut zu bejahen.

Liegt unproblematisch eine erhebliche sexualbezogene Handlung vor, ist dies in der Klausur nur kurz festzustellen.

658 **§ 176 StGB**

§ 176 Abs. 4 Nr. 3 StGB ist aufgrund der Tatbestandsstruktur praktisch nicht verfolgbar. Denn bestraft werden Kontaktversuche in der Absicht, das Kind später zu sexuellen Handlungen zu bestimmen. Dies wird wohl im so frühen Stadium nicht beweisbar sein. Daher hat der Tatbetand mehr den Charakter einer Absichtserklärung.

659 **§ 184 StGB**

Letztlich fehlt ein hinreichender Maßstab, wann eine Schrift als „pornographisch“ zu bezeichnen ist. Im Grenzfall kommt es – wie immer – auf die gelungene Argumentation an.

437 So auch Kritik bei Fischer vor § 174, Rn. 3b.

Lernkontrolle „Sexualdelikte“

1	Definieren Sie „sexuelle Handlung“ i.S.v. § 184g Nr. 1 StGB.
2	Erläutern Sie den Tatbestandsaufbau der sexuellen Nötigung.
3	Woraus kann sich die schutzlose Lage i.S.v. § 177 StGB ergeben?
4	Welches Rechtsgut soll durch § 176 StGB geschützt werden?
5	Erläutern Sie abstrakt den Unterschied zwischen den Tatalternativen von §§ 176 Abs. 1, Abs. 2 und Abs. 4 StGB.
6	Unter welchen Umständen ist eine exhibitionistische Handlung nach § 183 StGB strafbar?
7	Nennen Sie ein Fallbeispiel für § 183a StGB.
8	Was sind Schriften i.S.v. § 184 StGB?
9	Wie ist § 184 Abs. 1 Nr. 1 von Nr. 2 StGB abzugrenzen?
10	Was bedeutet das „Erzieherprivileg“ bei § 184 StGB?

5 Ehrverletzungsdelikte

660 • ***Aufsatz-Literatur***: *Mavany JURA 2010, 594 (Die Beleidigungsdelikte [§ 185 ff. StGB] in der Fallbearbeitung); Göddeke Die Polizei 2010, 80 (Von Bullen, Oberförstern und Stinkefingern – Polizeibeamte zwischen Meinungsfreiheit und Ehrenschutz); Eppner/Hahn JA 2006, 860 (Die Tatbestände der Beleidigungsdelikte); Otto NJW 2005 oder 2006, 575 (Der strafrechtliche Schutz vor ehrverletzenden Meinungsäußerungen);Geppert JURA 2005, 244 (Die passive Beleidigungsfähigkeit vor Personengemeinschaften und von Einzelpersonen unter einer Kollektivbezeichnung); Geppert JURA 2002, 820 (Die Systematik der Beleidigungsdelikte); Kubiciel/ Winter ZStW 113 (2001), 305 (Globalisierungsfluten und Strafbarkeitsinseln – Ein Plädoyer für die Abschaffung des strafrechtlichen Ehrschutzes).*

- ***Leitentscheidungen***: *BVerfG NJW 1995, 3306; BGHSt 6, 186 (zur Beleidigungsfähigkeit von Institutionen).*
- ***Übungsfälle***: *Kasper JuS 2005, 526.*

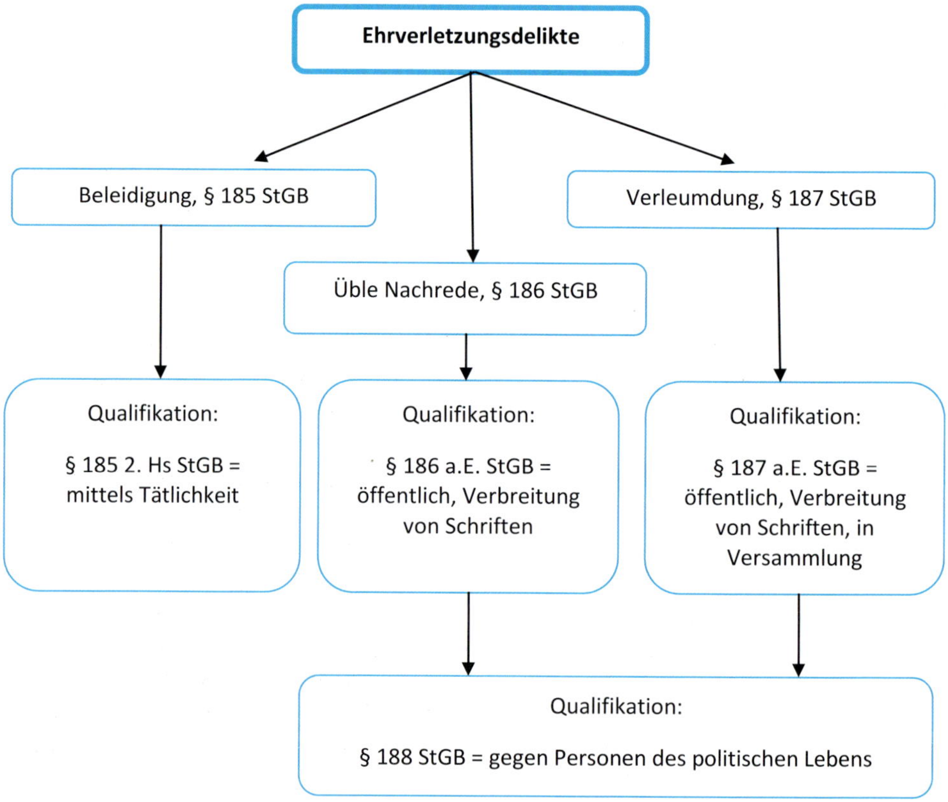

661 **Überblick**

Geschütztes Rechtsgut ist die Ehre. Darunter ist der Wert zu verstehen, der dem Menschen kraft seiner Personenwürde und aufgrund seines sittlich-sozialen Verhaltens zukommt.[438] Geschützt wird der Anspruch auf Achtung der Persönlichkeit.

§ 185 StGB bildet den Auffangtatbestand und erfasst ehrverletzende Äußerungen in Form von Werturteilen oder Behauptung von Tatsachen. Bei Tatsachenbehauptungen können vorrangig §§ 186, 187 StGB einschlägig sein.

438 W-Hettinger Rn. 464.

§ 186 StGB erfasst im Gegensatz zu § 187 StGB Tatsachenbehauptungen, deren Wahrheit nicht erweislich sind. § 187 StGB erfasst dagegen nur definitiv unwahre Tatsachenbehauptungen.

Ehrträger 662

Ehrträger sind

- **Natürliche lebende Personen**
  - alleine

  oder
  - unter einer Kollektivbezeichnung, soweit das Kollektiv räumlich umgrenzt und zahlenmäßig begrenzt, mithin klar bestimmbar ist.

  Beispiel
  „Die Beamten der Wache PI Mitte sind alles Schweine."
  „Die Polizei", aber nur, wenn erkennbar Beamte bei einem bestimmten Einsatz gemeint sind; „Die GSG 9", „Die Familie Breuer".

- Personengemeinschaft und Verbände, nach herrschender Meinung soweit sie eine rechtlich anerkannte soziale Funktion erfüllen und einen einheitlichen Willen bilden können.[439] Auf den rechtlichen Status kommt es nicht an.

  Beispiele
  Parteien, Gewerkschaften, Bundeswehr[440], BKA.
  Nicht: Familie, Polizei (fehlende einheitliche Willensbildung).

Daher ist allein das Tragen eines Ansteckers mit der Aufschrift „FCK CPS" für sich genommen nicht tauglich, um eine Beleidigung i.S.v. § 185 StGB zu begehen. Es fehlt an der hinreichenden Individualisierung des negativen Werturteils.[441]

Äußerungen im engen Vertrautenkreis 663

Anerkannt ist, dass ehrverletzende Äußerungen über Dritte im Kreise enger Vertrauter nicht nach §§ 185, 186 StGB strafbewährt sein sollen. Zu diesem engen Kreis gehören insbesondere die Familie, aber auch langandauernde, enge Freundschaften.

Zur Straflosigkeit werden verschiedene Begründungen vertreten: Zum einen soll die Straflosigkeit gemäß § 193 StGB eintreten oder zum anderen soll bereits eine teleologische Reduktion des Tatbestandes das gleiche Ergebnis erzielen. Andererseits soll es bereits an einer Kundgabe mangeln.[442] Einigkeit besteht jedenfalls darüber, dass der Mensch im Kreise enger Vertrauter zur psychischen Entlastung auch deutliche Worte sagen können soll, ohne jedes Wort genau abwägen zu müssen. Dies gilt nicht für bewusst unwahre Tatsachen, sodass § 187 StGB vom Strafausschluss nicht erfasst ist.

Verfolgung 664

Alle Ehrverletzungsdelikte sind gemäß § 194 StGB grundsätzlich Antragsdelikte. Dies gilt nicht bei Fällen, bei denen der Verletzte durch eine Gewalt- oder Willkürherrschaft verfolgt wurde, vgl. dazu § 194 StGB. Die Strafverfolgung erfolgt im Wege der Privatklage, § 374 Abs. 1 Nr. 2 StPO.

---

439 BGHSt 6, 186.
440 BGHSt 36, 87.
441 BVerfG StV 2015, 548.
442 Vgl. zum Ganzen Joecks § 185, Rn. 27 ff.

665 **Straffreiheit**

Gemäß § 199 StGB kann das Gericht die Täter für straffrei erklären, wenn es sich um wechselseitige Ehrverletzungen handelt. Die Vorschrift gilt für alle Ehrverletzungsdelikte.

666 **Rechtfertigungsgrund § 193 StGB**

Die Vorschrift stellt einen speziellen Rechtfertigungsgrund für die §§ 185, 186 StGB dar. Sie ist bei einer Meinungsäußerung eine Ausprägung des Grundrechts auf freie Meinungsäußerung nach Art. 5 Abs. 1 S. 1 GG.[443] Enthalten ist eine Vielzahl von schwer abgrenzbaren Fallgruppen. Für den Hauptanwendungsfall – der Wahrnehmung berechtigter Interessen – bietet sich folgender Aufbau an:

667 **Rechtfertigung gemäß § 193 StGB**

I. Tatbestandsmäßigkeit von § 185 oder § 186 StGB

II. Rechtswidrigkeit

1) Objektives Rechtfertigungselement

a) berechtigtes Interesse

b) Wahrnehmung in rechtfertigender Weise

2) Subjektives Rechtfertigungselement

Handeln in der Absicht der Interessenwahrnehmung

III. Schuld

IV. Besonderheiten

V. Ergebnis

Berechtigtes Interesse ist ein vom Recht als schutzwürdig anerkannter öffentlicher oder privater, ideeller oder materieller Zweck.

Wahrnehmung in rechtfertigender Weise ist gegeben, wenn die ehrverletzende Äußerung zur Wahrnehmung des Interesses geeignet, erforderlich und angemessen ist.

668 **Beispiel**

Vorwurf der „Wegelagerei" bei einer verdeckten Geschwindigkeitskontrolle. Das Gericht sah hinsichtlich der Äußerung die Verfolgung des Interesses an Kritik als Meinungsäußerung im Vordergrund, welches nach § 193 StGB zu bewerten sei.[444]

669 **Polizeiliche Kriminalstatistik**

Die Anzahl der registrierten Beleidigungsdelikte (§§ 185-187, 189 StGB) steigt seit Jahren. 2014 wurden 225.089, 2013 222.892 Fälle registriert.[445] 2010 waren es nur 208.183 Fälle.[446] Die Aufklärungsquote lag 2014 bei 90,6 %.[447]

443 BVerfGE 42, 143 (152).
444 Vgl. OLG Düsseldorf NStZ-RR 2003, 295.
445 BKA, PKS 2014 Jahrbuch, S. 6.
446 BKA, PKS 2010 Jahrbuch, S. 28.
447 BKA, PKS 2014 Jahrbuch, S. 6.

5.1 Beleidigung, § 185 StGB

- ***Aufsatz-Literatur***: *Adelmann JURA 2009, 24 (Straflosigkeit des „Busengrapschens"); Eppner/Hahn JA 2006, 702 (Allgemeine Fragen der Beleidigungsdelikte); Eppner/Hahn JA 2006, 860 (Die Tatbestände der Beleidigungsdelikte); Otto NJW 2006, 575 (Der strafrechtliche Schutz vor ehrverletzenden Meinungsäußerungen).* 670
- ***Leitentscheidungen***: *BVerfG StV 2015, 548 („FCK CPS", zur notwendigen Individualisierung des negativen Werturteils); BVerfGE 93, 266 („Soldaten sind Mörder", Zum Verhältnis von Meinungsfreiheit und Ehrenschutz bei Kollektivurteilen über Soldaten; zur Bestimmtheit des Beleidigungstatbestandes); BVerfGE 30, 173 (Mephisto-Urteil: Zum Verhältnis zwischen Persönlichkeitsrecht und Freiheit der Kunst).*
- ***Übungsfälle***: *Reinbacher/Brodowski JA 2016, 106 (§§ 242, 243, 185, error in persona, aberratio ictus); Kasper JuS 2005, 526.*

Beleidigung, § 185 StGB

I. Tatbestandsmäßigkeit
   1. Objektiver Tatbestand
      a) Ehrträger
      b) beleidigen
   2. Subjektiver Tatbestand
      Vorsatz

Ggf. Qualifikation: beleidigen durch ehrverletzende Tätigkeit

II. Rechtswidrigkeit
   Insbesondere § 193 StGB

III. Schuld

IV. Besonderheiten

V. Ergebnis

Beleidigen ist die Kundgabe der Nicht- oder Missachtung gegenüber einem anderen (BGHSt 1, 288 (289)). 671

Überblick 672

Der Beleidigungstatbestand ist trotz seiner Kürze hinreichend bestimmt.[448] Bestrebungen, ihn als Ordnungswidrigkeit herabzustufen, sind ohne Erfolg geblieben.[449] Die Norm erfasst Werturteile und falsche Tatsachenbehauptungen, Letztere müssen sich gegen den Verletzten richten. Betreffen sie Dritte, so sind §§ 186, 187 StGB einschlägig.

448 So BVerfGE 93, 266.
449 BT-Drs. 11/1040, 7.

673 **Ehrträger**

Siehe dazu Rn. 662.

674 **Beleidigen**

Die Kundgabe der Nicht- oder Missachtung kann durch Äußerungen von Tatsachenbehauptungen oder Werturteilen geschehen. Bei Tatsachenbehauptungen müssen diese grundsätzlich unwahr sein.[450]

Ebenso kann die Kundgabe durch symbolische Handlungen[451] oder der Zumutung von strafbaren oder unsittlichen Handlungen erfolgen.[452]

Schließlich kann die Beleidigung allein durch die Form geschehen, sogenannte Formalbeleidigung. Bei dieser Art der Beleidigung stellt § 192 StGB lediglich klar, dass die Bestrafung trotz Beweis der Wahrheit der behaupteten oder verbreiteten Tatsache nicht ausgeschlossen ist.

Beispiel

Wahrheitsgemäße Schilderung von Intimitäten aus dem „Vorleben" der Braut durch einen Hochzeitsgast zur Auflockerung seiner Tischrede.[453]

Jedenfalls muss die ehrenrührige Äußerung einem anderen – dem Verletzen oder einem Dritten – zur Kenntnis gelangt sein.

Beispiel

Ausgestreckter Mittelfinger wird gegenüber der Autobahnüberwachungskamera gehalten.[454]

675 Der ehrverletzende Gehalt einer Äußerung ist nach dem objektiven Sinngehalt zu bestimmen, welcher durch Auslegung zu ermitteln ist. Bei einer mehrdeutigen Äußerung müssen die anderen Deutungsvarianten nachvollziehbar ausgeschlossen werden.

Beispiel

„Sie können mich mal ......". Diese Aussage kann unterschiedlich gedeutet werden. So etwa auch „Sie können mich mal gerne haben!" oder „Sie können mich mal kreuzweise!".[455]

Maßgebend sind die Gesamtumstände. Dabei zu berücksichtigen sind insbesondere Verkehrskreis, Alter der Beteiligten, üblicher Umgangston, Ortsüblichkeit.

Beispiel

Bei einer Fahrausweiskontrolle in der U-Bahn sagt T zu einem uniformierten Polizeibeamten: „Da kann ja jeder Clown kommen, ich möchte ihren Dienstausweis sehen!" Hier sah das Gericht nur eine Deutungsvariante. Ein Clown sei nach dem üblichen Sprachgebrauch ein Spaßmacher, Hanswurst bzw. ein dummer, sich lächerlich machender Mensch. Die Diffamierung des Polizeibeamten habe im Vordergrund gestanden, da sich T durch die Fahrausweiskontrolle schikaniert gefühlt und nicht daran gezweifelt habe, dass es sich um einen Polizisten handelte.[456]

676 **Vorsatz**

Ausreichend ist Eventualvorsatz, der sich auf die Eignung der Äußerung zur Ehrverletzung und der Wahrnehmung der Äußerung durch andere erstrecken muss. Im Fall der Beleidigung durch Äußerung von Tatsachen muss der Vorsatz auch die Unwahrheit der Tatsache erfassen.

---

450 Ausnahme: bei der sogenannten Formalbeleidigung.
451 „Vogel zeigen", ausgestreckten Mittelfinger zeigen.
452 OLG Karlsruhe NJW 2003, 1263.
453 W-Hettinger Rn. 508.
454 BayObLG NJW 2000, 1584.
455 Vgl. OLG Karlsruhe NStZ 2005, 158.
456 KG Berlin NStZ 2005, 693.

Rechtswidrigkeit 677

Als Rechtfertigungsgrund kommt neben den allgemeinen Gründen insbesondere § 193 StGB als spezieller Rechtfertigungsgrund in Betracht. Die Vorschrift ist Ausprägung des Grundrechts aus Art. 5 Abs. 1 S. 1 GG. Allerdings gewährleistet Art. 5 Abs. 2 GG das Grundrecht auf freie Meinungsäußerung nur in den Schranken der allgemeinen Gesetze. Eine ehrverletzende Äußerung ist dann nicht mehr hinzunehmen, wenn mit ihr die Grenze zur Schmähkritik überschritten wird. Aber selbst eine überzogene und ausfällige Kritik macht für sich genommen eine Äußerung noch nicht zur Schmähkritik. Eine herabsetzende Äußerung nimmt erst dann den Charakter einer Schmähung an, wenn in ihr nicht mehr die Auseinandersetzung mit der Sache, sondern die Diffamierung der Person im Vordergrund steht.

Beispiel:
A bezeichnet eine Polizeibeamtin im Rahmen einer lang andauerenden Kontrolle als „You are completely crazy!“ Zuvor wurde A noch – fehlerhaft –- der falschen Personalienangabe bezichtigt.

Nach Beschluss des OLG München war die Beleidigung nach § 193 StGB nicht rechtswidrig. Dem Recht, Maßnahmen der öffentlichen Gewalt auch mit drastischen Worten zu kritisieren, stehe eine im Licht der Rechtsprechung weniger schwerwiegend zu beurteilende Ehrverletzung der Beamtin gegenüber, die hinter dem Recht des A aus Art. 5 Abs. 1 GG zurückzustehen habe.[457]

Qualifikation 678

Wird die Beleidigung mittels ehrverletzender Tätlichkeit begangen, so ist der Strafrahmen erweitert (Freiheitsstrafe bis zu 2 Jahren). Bei der Tätlichkeit muss es sich nicht um eine Körperverletzung handeln.

Beispiel
Anspucken.[458]

Abgrenzungen zu Sexualdelikten 679

Angriffe auf die Ehre durch sexualbezogene Handlungen erfüllen den Beleidigungstatbestand nur, wenn nach den Gesamtumständen in dem Verhalten des Täters zugleich eine gewollte herabsetzende Bewertung des Opfers zu sehen ist.[459] Insofern ist das Sexualstrafrecht abschließend, dessen Lücken sind nicht mithilfe des Beleidigungstatbestandes zu schließen. In einer sexualbezogenen Handlung allein kann üblicherweise nicht die Kundgabe gesehen werden, der Geschädigte weise einen seiner Ehre mindernden Mangel auf.[460]

Beispiel
Sogenanntes „Busengrapschen“, Fotografieren unter den Rock.

Von vornherein stellen dies keine Beleidigungen i.S.v. § 185 StGB dar. Entscheidend ist vielmehr, ob besondere Umstände eine über die bloße Schamverletzung hinausgehende Ehrverletzung, insbesondere ein Angriff auf die Geschlechtsehre, deutlich machen.[461]

Kunstfreiheit 680

Ehrverletzende Äußerungen, die Kunst darstellen, können den Tatbestand des § 185 StGB rechtfertigen. Es ist im Einzelfall aufgrund einer Abwägung der miteinander in Konflikt be-

457 OLG München, StV 2015, 570.
458 OLG Zweibrücken NJW 1991, 240.
459 BGH NJW 1989, 78.
460 BGH NStZ 2007, 218.
461 Joecks § 185, Rn. 14.

findlichen verfassungsrechtlich geschützten Güter zu entscheiden, ob die in einem Kunstwerk enthaltene Beleidigung noch durch Art. 5 Abs. 3 StGB gedeckt ist.[462]

681 **Meinungsäußerungsfreiheit**

Eine Einschränkung des Tatbestandes kommt nach der Rechtsprechung des Bundesverfassungsgerichts im Hinblick auf die Meinungsäußerungsfreiheit in Betracht, wenn die Äußerung ein Element der Stellungnahme und des Dafürhaltens in einer öffentlichen Meinungsäußerung enthält. Dabei ist regelmäßig das Gewicht der Ehrbeeinträchtigung mit dem Interesse an der pointierten Meinungsäußerung abzuwägen.[463]

462 SK- Rudolph/Rogall § 185, Rn. 22.
463 BVerfGE 93, 293 („Soldanten sind Mörder").

5.2 Üble Nachrede, § 186 StGB

- ***Aufsatz-Literatur***: *Hochhuth NJW 2006, 189 (Kein Grundrecht auf üble Nachrede); Eppner/Hahn JA 2006, 860 (Die Tatbestände der Beleidigungsdelikte);* 682
- ***Übungsfälle***: *Kasper JuS 2005, 526.*

Üble Nachrede, § 186 StGB

I. Tatbestandsmäßigkeit

1. Objektiver Tatbestand

   a) Behaupten

   oder

   Verbreiten

   b) einer ehrenrührigen Tatsache über einen Ehrträger

2. Subjektiver Tatbestand

   Eventualvorsatz

3. Objektive Bedingung der Strafbarkeit

   Nichterweislichkeit der Wahrheit

ggf. Qualifikation: öffentlich oder durch Verbreiten von Schriften (§ 186 2. HS StGB)

ggf. Qualifikation: gegen Person des politischen Lebens (§ 188 StGB)

II. Rechtswidrigkeit

Insbesondere § 193 StGB

III. Schuld

IV. Besonderheiten

V. Ergebnis

Behaupten heißt, etwas als nach eigener Überzeugung richtig hinzustellen, auch wenn man es von dritten Personen erfahren hat (Fi. § 186, Rn. 8). 683

Verbreiten ist die Weitergabe einer von anderen gehörten Tatsache (Sch/Sch-Lenckner, § 186, Rn. 7).

Tatsachen sind Ereignisse, Vorgänge oder Zustände der Außen- oder Innenwelt, sofern sie der Gegenwart oder der Vergangenheit angehören (Geppert JURA 1983, 541).

Ehrenrührig ist eine Tatsache, wenn sie geeignet ist, den Betroffenen verächtlich zu machen oder in der öffentlichen Meinung herabzuwürdigen (W-Hettinger Rn. 493).

Öffentlich ist die Äußerung, wenn sie eine größere, nicht durch nähere Beziehung zueinander verbundene Anzahl von Personen zur Kenntnis nehmen kann (vgl. Fi. § 186, Rn. 16).

Überblick 684

Die Vorschrift erfasst nur ehrrührige Tatsachenbehauptungen gegenüber einem Dritten. Werden sie gegenüber dem Verletzten direkt erhoben, ist § 185 StGB einschlägig. Diese Tatsache muss „nicht erweislich wahr sein". Die Tat ist nicht strafbar, wenn sich die Tatsache als wahr erwiesen wird. Ist sie erweislich unwahr, so kommt § 187 StGB in Betracht. Da hinsichtlich der Äußerung die Eignung der Ehrverletzung ausreicht, ist die Tat ein abstraktes Gefährdungsdelikt.

Behaupten – Verbreiten 685

Die Tathandlungen unterscheiden sich in der nach außen erkennbaren Überzeugung des Täters. Stellt er die Tatsache als eigene Überzeugung dar, ist ein Behaupten gegeben, auch wenn er sie von dritter Seite gehört hat.

Beispiel
„Die Meier geht auf den Strich! Das habe ich auch von Herrn Schulz gehört!"

Verbreiten liegt dagegen vor, wenn der Täter die Tatsache als Wissen eines anderen dargestellt. Von der Verbreitung ist also insbesondere das Kolportieren von Gerüchten erfasst.

Beispiel
„Ich habe gehört, die Meier geht auf den Strich!"

686 **Ehrenrührige Tatsache**

Gegenstand der Äußerung muss eine ehrenrührige Tatsache sein. Im Gegensatz dazu sind Werturteile Äußerungen, die durch Elemente der subjektiven Stellungnahme, des Dafürhaltens oder Meinens geprägt sind und daher nicht wahr oder unwahr sind, sondern je nach der persönlichen Überzeugung nur richtig oder falsch sein können.[464] Enthält eine Äußerung sowohl wertende als auch tatsächliche Elemente, so entscheidet der überwiegende Teil.[465]

Beispiel
Bezeichnung eines bei einer Versammlung eingesetzten Polizeibeamten in Zivil als „Spitzel".[466]

687 **Ehrträger**

Siehe dazu Rn. 663.

688 **Subjektiver Tatbestand**

Der Vorsatz des Täters muss sich auf die objektiven Tatbestandsmerkmale, nicht jedoch auf die objektive Bedingung der Strafbarkeit beziehen. Der Eventualvorsatz des Täters muss also insbesondere die Ehrenrührigkeit der Tatsache erfassen, nicht jedoch die Unwahrheit oder Nichterweislichkeit derselben.

689 **Objektive Bedingung der Strafbarkeit**

Ist die behauptete oder verbreitete Tatsache wahr, liegt ein Strafausschließungsgrund vor. Das Beweisrisiko liegt beim Täter. Ein Wahrheitsbeweis kann gemäß § 190 StGB insbesondere durch Strafurteil erfolgen, wenn die behauptete Tatsache eine Straftat ist. Ist die Wahrheit nicht erweislich, so ist Strafbarkeit gegeben. Somit gilt der Grundsatz „in dubio pro reo" hier nicht.

Beispiel
A sagt zu B: „X ist ein Kinderschänder, er hat schon mal kleine Mädchen angepackt!"

War bislang gegen X kein diesbezügliches Verfahren anhängig, so wird die Äußerung wohl nicht bewiesen werden können. A hat sich gemäß § 186 StGB strafbar gemacht.

690 **Rechtswidrigkeit**

Als Rechtfertigungsgrund kommt neben den allgemeinen Gründen insbesondere § 193 StGB als spezieller Rechtfertigungsgrund in Betracht.

691 **Qualifikationen**

Erfolgt die Äußerung öffentlich oder durch das Verbreiten von Schriften, ist der Strafrahmen gemäß § 186 a.E. StGB erweitert.

§ 188 StGB qualifiziert die Tat, wenn sie sich gegen Personen des politischen Lebens richtet.

---

464 BayObLG NStZ-RR 2002, 40.
465 Fischer § 186, Rn. 3 m.w.N.
466 BayObLG NStZ 2005, 215.

5.3 Verleumdung, § 187 StGB

- ***Aufsatz-Literatur***: *Eppner/Hahn JA 2006, 860 (Die Tatbestände der Beleidigungsdelikte).* 692

Verleumdung, § 187 StGB

I. Tatbestandsmäßigkeit

1. Objektiver Tatbestand

a) Behaupten

oder

Verbreiten

b) einer ehrenrührigen Tatsache über einen Ehrträger

c) Unwahrheit der Tatsache

2. Subjektiver Tatbestand

Eventualvorsatz hinsichtlich Behaupten/Verbreiten und Ehrenrührigkeit der Tatsache

Wissentlichkeit hinsichtlich der Unwahrheit der Tatsache

ggf. Qualifikation: öffentlich, durch Verbreiten von Schriften oder in Versammlung (§ 187 a.E. StGB)

ggf. Qualifikation: gegen Person des politischen Lebens (§ 188 StGB)

II. Rechtswidrigkeit

Insbesondere § 193 StGB

III. Schuld

IV. Besonderheiten

V. Ergebnis

Behaupten heißt, etwas als nach eigener Überzeugung richtig hinstellen, auch wenn man es von dritten Personen erfahren hat (Fi. § 186, Rn. 8).

Verbreiten ist die Weitergabe einer von anderen gehörten Tatsache (Sch/Sch-Lenckner, § 186, Rn. 7).

Tatsachen sind Ereignisse, Vorgänge oder Zustände der Außen- oder Innenwelt, sofern sie der Gegenwart oder der Vergangenheit angehören (Geppert JURA 1983, 541).

Unwahr ist die Tatsache, wenn sie in ihren wesentlichen Punkten falsch ist; geringfügige Übertreibungen oder die Unrichtigkeiten von Nebensächlichkeiten genügen nicht (Sch/Sch-Lenckner § 186, Rn. 2).

Ehrenrührig ist eine Tatsache, wenn sie geeignet ist, den Betroffenen verächtlich zu machen oder in der öffentlichen Meinung herabzuwürdigen (W-Hettinger Rn. 493).

Öffentlich ist die Äußerung, wenn sie eine größere, nicht durch nähere Beziehung zueinander verbundene Anzahl von Personen zur Kenntnis nehmen kann (vgl. Fi. § 186, Rn. 16).

Überblick 693

Die Vorschrift erweitert § 186 StGB dahingehend, dass die behauptete oder verbreitete Tatsache objektiv unwahr sein muss. Die Unwahrheit muss auch vom Vorsatz des Täters umfasst sein in Form der Wissentlichkeit.

Kreditgefährdung 694

Die Variante der Kreditgefährdung ist ein Vermögensdelikt. Aus Zweckmäßigkeitsgründen wurde sie in § 187 StGB mit aufgenommen, wird hier aber nicht weiter erläutert.

Übrige Voraussetzungen 695

Zu den weiteren Voraussetzungen siehe die Erläuterungen bei § 186 StGB. Der spezielle Rechtfertigungsgrund § 193 StGB gilt hier nicht.

5.4 Klausur- und Praxishinweise: Ehrverletzungsdelikte

696 **§ 185 StGB**

In Klausuren werden insbesondere 2 Problemkreise vorrangig thematisiert: zum einen der Kreis der Ehrträger, zum anderen die Auslegung der Äußerung nach dem objektiven Sinngehalt. In beiden Bereichen ist die Rechtsprechung nicht einheitlich, es besteht eine umfangreiche Kasuistik.

697 Aufgrund dieser Schwierigkeiten hat in der Praxis im Zweifel eine Anzeigenaufnahme zu erfolgen. Abschließende Rechtsbewertung ist dann Aufgabe der Staatsanwaltschaft.

698 **§§ 185, 186 StGB**

Ehrverletzende Äußerungen im Vertrautenkreis sollen grundsätzlich nicht nach §§ 185, 186 StGB strafbar sein. Die rechtliche Konstruktion ist umstritten, daher in Klausuren nicht entscheidungserheblich. Wichtiger ist die Darstellung des dahinter stehenden Bedürfnisses nach Raum für eine ungezwungene, vertrauliche Aussprache, eine Lebensnotwendigkeit, die zur menschlichen Natur gehört. Daran kann die Rechtordnung nicht vorbeigehen.[467]

467 W-Hettinger Rn. 485.

Lernkontrolle „Ehrverletzungsdelikte“

1	Erläutern Sie das System der Ehrverletzungsdelikte.
2	Was versteht man unter „Ehre“ im Sinne des Strafgesetzbuches?
3	Wer ist Ehrträger bei den Ehrverletzungsdelikten?
4	Erläutern Sie den Regelungsinhalt von § 193 StGB.
5	Definieren Sie „beleidigen“ i.S.v. § 185 StGB.
6	Unter welchen Umständen stellen sexualbezogene Handlungen eine Beleidigung i.S.v. § 185 StGB dar?
7	Unter welchen Umständen liegt bei ehrverletzenden Kunstwerken eine Strafbarkeit nach § 185 StGB vor?
8	Erläutern Sie den Unterschied zwischen §§ 186 und 187 StGB.
9	Nennen Sie den Deliktsaufbau von § 187 StGB.
10	Wann ist eine Tatsache „unwahr“ i.S.v. § 187 StGB?

Stichwortverzeichnis